本書爲廣東省哲學社會科學規劃項目
“敦煌非經文獻疑難字詞考釋”（GD14YZW02）研究成果

敦煌非經文獻疑難字詞考釋

趙静蓮◎著

中国社会科学出版社

圖書在版編目(CIP)數據

敦煌非經文獻疑難字詞考釋／趙静蓮著．—北京：中國社會科學出版社，2020.6

ISBN 978－7－5203－6602－1

Ⅰ.①敦… Ⅱ.①趙… Ⅲ.①敦煌學—文獻—古詞語—研究②敦煌學—文獻—古文字—研究 Ⅳ.①K870.64②H121③H131

中國版本圖書館 CIP 數據核字(2020)第 092866 號

出 版 人　趙劍英
策劃編輯　李凱凱
責任編輯　張冰潔
責任校對　朱妍潔
責任印製　王　超

出　　版　中國社會科學出版社
社　　址　北京鼓樓西大街甲 158 號
郵　　編　100720
網　　址　http://www.csspw.cn
發 行 部　010－84083685
門 市 部　010－84029450
經　　銷　新華書店及其他書店

印　　刷　北京君昇印刷有限公司
裝　　訂　廊坊市廣陽區廣增裝訂廠
版　　次　2020 年 6 月第 1 版
印　　次　2020 年 6 月第 1 次印刷

開　　本　710×1000　1/16
印　　張　18.75
字　　數　262 千字
定　　價　89.00 圓

凡購買中國社會科學出版社圖書，如有質量問題請與本社營銷中心聯繫調換
電話：010－84083683

目　　録

凡　例 …………………………………………………………………… (1)

第一章　緒論 ………………………………………………………… (1)

第一節　選題緣由 ……………………………………………………… (1)

一　題解 ………………………………………………………………… (1)

二　選擇敦煌非經文獻作爲研究對象的緣由 ………………………… (1)

第二節　敦煌非經文獻字詞訓釋研究綜述 …………………………… (2)

一　第一階段（1900—1980 年） ………………………………………… (2)

二　第二階段（1981—2000 年） ………………………………………… (4)

三　第三階段（2001—2019 年） ………………………………………… (7)

四　小結 ………………………………………………………………… (15)

第三節　研究方法 ……………………………………………………… (17)

一　詞例求證 …………………………………………………………… (17)

二　文化參證 …………………………………………………………… (17)

第二章　敦煌非經文獻疑難字詞的研究價值 ……………………… (19)

第一節　敦煌非經文獻疑難字詞研究有助於敦煌文獻的整理 ……… (19)

一　訂訛誤 ……………………………………………………………… (19)

二　補充校釋 …………………………………………………………… (41)

第二節　敦煌非經文獻疑難字詞研究的辭書學價值…………………………………………（60）
一　補充未收條目 ……………………………………………（60）
二　補充未收義項 ……………………………………………（62）
三　助改字典辭書訛誤 ………………………………………（66）
第三節　敦煌非經文獻疑難字詞研究的音韻學價值 …………（78）
一　止攝、遇攝相混 …………………………………………（79）
二　支脂之微合併 ……………………………………………（83）
三　喻母三四等合併 …………………………………………（86）
第四節　敦煌非經文獻疑難字詞研究的俗字學價值 …………（87）
一　有助於梳理俗字的源流變化 ……………………………（87）
二　有助於俗字典增補漏收的俗字 …………………………（89）

第三章　敦煌非經文獻疑難俗字考釋 ……………………………（93）
第一節　增省或改變偏旁、筆畫 …………………………………（94）
一　增加或改換偏旁 …………………………………………（94）
二　增省或改變筆畫 …………………………………………（102）
第二節　類化 ………………………………………………………（111）
一　受上下文影響而類化 ……………………………………（111）
二　受常見字形影響而類化 …………………………………（112）
第三節　草體俗字、古體隸定及多種俗體混合……………………（114）
一　草體俗字 …………………………………………………（114）
二　古體隸定 …………………………………………………（116）
三　多種俗體混合 ……………………………………………（118）
第四節　綜合 ………………………………………………………（120）

第四章　敦煌非經文獻疑難詞語考釋 ……………………………（123）
第一節　誤釋詞語原因試析 ………………………………………（123）

一 脱離上下文而誤釋 …………………………………… (123)
二 曲解上下文而誤釋 …………………………………… (127)
三 忽視語言的社會性而誤釋 ……………………………… (129)
四 不明文例而誤釋 ……………………………………… (131)
五 刻意求新而誤釋 ……………………………………… (133)
六 濫言通假而誤釋 ……………………………………… (135)
七 濫用方言而誤釋 ……………………………………… (141)
八 誤録文字而誤釋 ……………………………………… (144)
第二節 疑難詞語分類考釋 …………………………………… (145)
一 釋名稱 ………………………………………………… (145)
二 釋事爲 ………………………………………………… (209)
三 釋情狀 ………………………………………………… (251)
四 釋虚字 ………………………………………………… (259)
五 釋其他 ………………………………………………… (262)

結 語 ……………………………………………………… (291)

凡　　例

第一，敦煌文獻符號説明：

1. “S.”代表英藏敦煌文獻。

2. “P.”代表法國國家圖書館藏敦煌西域文獻。

3. “Φ”代表俄藏敦煌文獻中的符盧格編號。

4. “Дх”代表俄藏敦煌文獻中的符盧格所編之外的編號。

5. “BD”代表中國國家圖書館（原北京圖書館）藏敦煌文獻。

6. “北大 D”代表北京大學圖書館藏敦煌文獻。

7. “Ch. IOL”代表倫敦英國前印度事務部圖書館藏敦煌文獻。

8. “甘博”代表甘肅博物館藏敦煌文獻。

9. “敦研”代表敦煌研究院藏敦煌文獻。

第二，校録説明：

1. □表示缺損或難以辨認之字。

2. ＿＿＿、＿＿＿、＿＿＿表示不能確定所缺字數，分别指前缺、中缺、後缺。

3. 音借字、訛字在原字後用（）注出本字或正字。

4. ［］內有字，爲增補之字。

5. （）內有?，表示前一文字認讀困難，不能確定。

第三，文中《大詞典》《大字典》《真跡釋録》《碑銘贊》《變文校注》《契約輯校》《社邑輯校》《解夢書校録研究》《邈真贊校録》《願文集》《變文集》分别指：《漢語大詞典》（漢語大詞典出版社

1986—1993 年版),《漢語大字典》(湖北長江出版集團 2010 年版),唐耕耦、陸宏基編《敦煌社會經濟文獻真跡釋録》(國家圖書館文獻縮微複製中心 1986—1990 年版),鄭炳林《敦煌碑銘贊輯釋》(甘肅教育出版社 1992 年版),黄征、張涌泉《敦煌變文校注》(中華書局 1997 年版),沙知《敦煌契約文書輯校》(江蘇古籍出版社 1998 年版),寧可、郝春文《敦煌社邑文書輯校》(江蘇古籍出版社 1997 年版),鄭炳林《敦煌寫本解夢書校録研究》(民族出版社 2005 年版),饒宗頤《敦煌邈真贊校録並研究》(台灣新文豐出版公司 1994 年版),黄征、吴偉《敦煌願文集》(岳麓書社 1995 年版),王重民《敦煌變文集》(人民文學出版社 1957 年版)。這些工具書及著作出現頻率較高,注釋採用简称加文中注的形式,如"《大字典》第八册(965 頁)"表示《漢語大詞典》第八册第 965 頁。

第一章　緒論

第一節　選題緣由

一　題解

（一）關於敦煌非經文獻

本書中所説的敦煌非經文獻指敦煌文獻中除佛經、道經、儒經以外的文獻。雖然敦煌文獻中絶大多數是經類文獻，但除經類文獻外，還有小説、願文、碑銘贊、詩詞、書儀、帳籍文書等，這些非經文獻涉及經濟、人文、地理、政治、文學藝術等各個方面，是公認的研究價值最高的一類。所以我們把研究範圍定位在對經外文獻的研究上。

（二）關於疑難字詞

我們這裡指的疑難字詞主要包括兩類：一類是前人已有論述但釋義有誤的；一類是前人未涉及但理解起來比較困難的，特別是前人在研究過程中列爲待質、待考、俟考等的。

二　選擇敦煌非經文獻作爲研究對象的緣由

（一）敦煌資料的真實性

現代漢語有活生生的口頭語言作爲我們語言研究的材料，古代漢語研究只能借助於書面形式的材料。因此古代流傳下來的材料越真實、越準確，那麼我們研究所得出的結論可信度就越高。但傳世文獻從古代流傳到現代，幾乎都經過後人的校改、整理，其中存在許多脱漏、增衍、修補、删改等問題，已經很難保持作者寫作時的原貌了。雖然歷代的傳抄翻刻對於保存與傳播這些文獻起到了重要作用，但經過校改的文獻已非文獻的“原生態”了，在這種非“原生態”語言材料的基礎上得出的結論，可信度是大打折扣的。敦煌文獻由於被儲存在敦煌藏經洞中，主要是以寫本的形式保存下來的，基本上反映了當時人們用字用詞的原貌，因此對於我們研究唐宋時期的字詞有很高的價值。

（二）敦煌資料年代的確定性

敦煌寫卷上一部份寫有明確的撰著或抄寫年代，如Дх18993《西夏光定十二年（1222年）正月李春狗等賃租餅房契》：“光定十二年正月廿一日文字人李春狗、劉番家等，今於王元受處撲到面北燒餅房舍一位。”文獻時間具體到了年月日。而其他没有記録抄録年代的寫卷，學者們通過寫卷透漏出來的資訊也大致能確定其抄寫或撰著年代。這爲我們研究某個詞語使用的上限或下限提供了有力的證據。

（三）敦煌資料内容的豐富性

敦煌卷子數量衆多，内容龐雜，其中不僅有佛經、道經、儒家典籍等傳世文獻中能看到的著作，還有變文、俗講等俗文學作品和轉帖、帳籍、文牒、契約、碑文等社會經濟文書，這些都是僅見于敦煌文獻的材料。其中包含着豐富的俗字和俗語詞，這些都爲我們研究唐宋時期的語言文字提供了絶佳材料。

第二節　敦煌非經文獻字詞訓釋研究綜述

一　第一階段（1900—1980年）

這一時期敦煌非經字詞訓釋的作品主要集中出現在20世纪50年代中期到60年代中期，字詞研究的重點主要集中在敦煌俗文學作品方面。

（一）主要成績

任二北是對敦煌歌辭中的俗語方言進行大量解釋者中較早的一位。他在《敦煌曲初探》[①]一書的“修辭”與“考屑”兩節中對“尤泥、相料、不揀、過與、支分”等100多個唐宋俗語詞進行了考釋。雖然一些論證比較簡單，還有一些僅列詞條，未加考釋，但也不乏論證充分、見解精闢的詞條。

蔣禮鴻的《敦煌變文字義通釋》是敦煌變文字詞研究的開山之作，主要研究對象是敦煌變文中不易理解的疑難字詞。此書於1959年初版後，36年間，蔣禮鴻鍥而不捨，6次補訂，從5.7萬字增補到42萬字。該書能够一版再版，足見其受歡迎程度；作者對其不斷的增訂修改，也可見作者用功之勤、治學態度之踏實嚴謹。徐復認爲此書“既全面系統，而又謹嚴條達。它和張相先生的《詩詞曲語辭匯釋》一書可以互相媲美”[②]，其研究方法多爲後代學者所繼承，被奉爲圭臬。

徐復在《敦煌變文詞語研究》[③]中對敦煌變文中69個俗語詞進行了考索。他在釋詞時善以聲音通訓詁，破通假，考語源。

蔣禮鴻在《〈敦煌資料〉（第一輯）詞釋》[④]中對敦煌契約文書中“寒盜”“大例”“東西”“遷變”“行巷”等多個常見俗語詞進行了考釋，揭開了敦煌社會經濟文書字詞專門研究的序幕。

（二）不足之處

這一時期，敦煌非經文獻釋詞作品雖然數量不多，整體較爲精良，但也有失誤之處。特別是這一時期學者們在釋詞及引例時所採用的敦煌文獻均依據校録整理過的成果，而非原卷，難免存在一些錯誤。由於蔣禮鴻《敦煌變文字義通釋》成書時作者未能見到敦煌變

① 任二北：《敦煌曲初探》，上海文藝聯合出版社1954年版。

② 徐復：《評〈變文字義通釋〉（增訂本）》，《中國語文》1961年第11、12期合刊。

③ 徐復：《敦煌變文詞語研究》，《中國語文》1961年第8期。

④ 蔣禮鴻：《〈敦煌資料〉（第一輯）詞釋》，《中國語文》1978年第2期。

文原卷或縮微膠卷，有些條目隨著王重民《敦煌變文集》而產生錯誤，如説“乘”有“我”義，是“朕”的假借，其實例句中的“乘”在 P. 3079 號卷子中作“[illegible]”，是“我”的俗寫，可惜的是在以後的幾次增訂版中仍收有“乘”條。又如 S. 1897《龍德四年（942）二月一日敦煌鄉百姓張某甲僱工契》：“大例賊打輸身却者，無親表論説之分。”BD03925 背《甲戌年慈惠鄉百姓竇跛蹄雇工契稿》：“作兒賊打將去，壹看大例。”其中第二例中“例”字，蔣禮鴻《〈敦煌資料〉（第一輯）詞釋》據《敦煌資料》第一輯録爲“㓷”，並認爲“㓷”是“例”之訛字，而原卷實爲“例”字。他認爲“大例”猶如説“大命、天命”，意思是説所雇的工或牲口如被賊掠騙而去，視同天命，雇主不負責任，受雇方面不許論説。“大例”在敦煌契約文書中頗多，爲通則、慣例之義，蔣禮鴻在《敦煌文獻語言詞典》中已經修正了此條解釋。① 另外，由於學者們所見敦煌原卷不廣，对敦煌俗字書寫規律还不十分熟悉，許多疑難字詞没有得到很好的解釋。

二　第二階段（1981—2000 年）

這一時期敦煌非經文獻字詞研究的重點仍然在敦煌俗文學作品方面，另外，敦煌社會經濟文獻及敦煌願文字詞研究也有不同程度的進展。

（一）主要成績

1. 敦煌俗文學作品字詞研究情況

這一時期敦煌俗文學作品字詞訓釋研究出現了空前繁榮的局面，産生了一大批質量較高的專著和單篇論文。

（1）變文方面

項楚在《敦煌變文選注》② 中共選取變文中的精華 27 篇詳加校釋，該書是繼《敦煌變文字義通釋》之後又一部敦煌變文字詞研究

---

① 蔣禮鴻：《敦煌文獻語言詞典》，杭州大學出版社 1994 年版，第 65 頁。

② 項楚：《敦煌變文選注》，巴蜀書社 1990 年版。

的優秀成果，任仲贊其爲“敦煌學中的柱石之作”①。

這一時期郭在貽、黄征、張涌泉對敦煌變文字詞研究貢獻也較大。三人的著作《敦煌變文集校議》② 通過核對原卷，對王重民《敦煌變文集》進行了系統、全面、嚴實的校訂考釋，蔣冀騁認爲其是“老老實實的笨學問”③。黄征、張涌泉《敦煌變文校注》④ 是目前收録敦煌變文最多的校釋本，其校釋廣納各家説法，又融入自己的觀點，可以説是變文字詞研究的集大成者。三人在敦煌變文字詞研究上的成功之處在於重視敦煌原卷。在他們之前研究敦煌變文的學者多是依靠王重民的《敦煌變文集》進行研究，對敦煌原卷重視不够。而他們三人能够廣泛地閲讀敦煌卷子，熟悉敦煌俗字書寫特點和書寫規律，解決了許多之前人不能解決的疑難問題。另外，他們引證資料更爲廣泛，不僅包括傳世典籍和敦煌漢文文獻，敦煌畫卷也成爲他們佐證論點的依據。如他們以 P. 2807《十王經》圖畫卷子爲佐證，對“服子”這一疑難詞語做出了新的解釋，論點較爲可信。

除專著外，這一時期敦煌變文語詞考釋的單篇論文主要還有江藍生《敦煌變文詞語瑣記》⑤、袁賓《變文詞語考釋録》⑥、蔣冀騁《敦煌釋詞》⑦、張生漢《敦煌變文語詞雜釋》⑧、施謝捷《敦煌文獻語詞校釋叢劄》⑨ 等。

---

① 任仲：《敦煌學的柱石之作——簡評〈敦煌變文選注〉》，《人民日報》1990 年 10 月 12 日。

② 郭在貽、黄征、張涌泉：《敦煌變文集校議》，岳麓書社 1990 年版。

③ 蔣冀騁：《老老實實的笨學問——評〈敦煌變文集校議〉》，《古漢語研究》1991 年第 4 期。

④ 黄征、張涌泉：《敦煌變文校注》，中華書局 1997 年版。

⑤ 江藍生：《敦煌變文詞語瑣記》，《語言研究》1985 年第 1 期。

⑥ 袁賓：《變文詞語考釋録》，杭州大學古籍研究所等編《敦煌語言文學論文集》，浙江古籍出版社 1988 年版，第 134—166 頁。

⑦ 蔣冀騁：《敦煌釋詞》，《湖南師範大學學報》1993 年第 4 期。

⑧ 張生漢：《敦煌變文語詞雜釋》，《語言研究》1996 年第 1 期。

⑨ 施謝捷：《敦煌文獻語詞校釋叢劄》，《敦煌研究》1999 年第 4 期。

（2）王梵志詩和敦煌歌詞方面

項楚在《王梵志詩校注》[①] 中搜集王梵志詩敦煌殘卷30件，加上從傳世文獻中勾稽的若干首王梵志詩，共得390首，分爲7卷，加以校注，是輯録王梵志詩最多的一種，其校注詳審，可以説是王梵志詩字詞研究方面最優秀的成果。他在《敦煌歌詞總編匡補》[②] 中糾正了前人在敦煌歌詞字詞訓釋上的一些失誤之處。

2. 敦煌社會經濟文獻字詞研究情況

在蔣禮鴻《〈敦煌資料〉（第一輯）詞釋》[③] 之後很長一段時間，語言文字學者對敦煌社會經濟文獻字詞的研究仍然很少。蔣禮鴻《敦煌文獻語言詞典》[④] 中所收詞語雖以敦煌俗文學作品中的爲主，但也收了一些社會經濟文獻中的語詞。季羨林《敦煌學大詞典》[⑤] 中涉及一些敦煌社會經濟文獻詞語的解釋，但主要是專業術語，普通語詞較少。單篇論文方面，董志翘《敦煌文書詞語考釋》《敦煌文書詞語瑣記》[⑥] 兩文均涉及敦煌社會經濟文獻常見俗語詞的考索，曾良《敦煌文獻字義雜考》[⑦] 考釋了一些敦煌文獻里的疑難語詞，其中也涉及敦煌社會經濟文獻中的俗語詞。

3. 敦煌願文字詞研究情況

在這一時期敦煌願文字詞研究取得了長足進步。其中貢獻最大者當屬黃征。他與吴偉合著的《敦煌願文集》[⑧] 首次對敦煌願文進行了全面整理、輯録，被柴劍虹譽爲是“一部填補空白的開拓性著作”[⑨]，

① 項楚：《王梵志詩校注》，上海古籍出版社1991年版。

② 項楚：《敦煌歌詞總編匡補》，巴蜀書社2000年版。

③ 蔣禮鴻：《〈敦煌資料〉（第一輯）詞釋》，《中國語文》1978年第2期。

④ 蔣禮鴻：《敦煌文獻語言詞典》，杭州大學出版社1994年版。

⑤ 季羨林：《敦煌學大詞典》，上海辭書出版社1998年版。

⑥ 董志翹：《敦煌文書詞語考釋》，《敦煌研究》1998年第1期；董志翹：《敦煌文書詞語瑣記》，《敦煌研究》1999年第4期。

⑦ 曾良：《敦煌文獻字義雜考》，《語言研究》1998年第2期。

⑧ 黃征、吴偉：《敦煌願文集》，岳麓書社1995年版。

⑨ 柴劍虹：《一部填補空白的開拓性著作——〈敦煌願文集〉評介》，敦煌研究院編《段文傑敦煌研究五十年紀念文集》，世界圖書出版公司1996年版，第549頁。

這部著作雖以校勘爲主，但也包含着許多字詞訓釋的内容。除黄征外，曾良在《敦煌願文在漢語詞彙史上的研究價值》① 一文中專門討論了敦煌願文的語言研究價值。

（二）不足之處

1. 這一時期，許多學者在引例時仍依據他人的校録本而不注意核對原卷。

2. 釋義錯誤仍不少。如龔澤軍《〈敦煌變文校注〉讀劄》②、周掌勝《〈敦煌變文校注〉獻疑》③、李倩《〈敦煌變文校注〉注誤兩則》④ 等都曾對黄征、張涌泉《敦煌變文校注》中存在的問題進行过補正商榷。

三　第三階段（2001—2019 年）

這一時期敦煌非經文獻字詞研究的重點逐步轉向敦煌社會經濟文獻方面。

（一）主要成績

1. 敦煌俗文學作品字詞研究情況

這一時期敦煌俗文學作品詞語研究的專著性成果很多轉向了新詞新義與常用詞演變研究。如陳秀蘭《敦煌變文辭彙研究》⑤、陳明娥《敦煌變文辭彙計量研究》⑥ 等均是以探討敦煌變文常用詞演變爲主。但也有部分專著及博士學位論文關注敦煌文學作品詞語的考釋。如楊小平在其博士學位論文《敦煌變文詞語研究》中⑦探討了敦煌變文裡的一些疑難詞語。張春秀《敦煌變文名物研究》⑧ 以《敦煌變文校

---

① 曾良：《敦煌願文在漢語詞彙史上的研究價值》，《文獻》2000 年第 1 期。
② 龔澤軍：《〈敦煌變文校注〉讀劄》，《敦煌研究》2005 年第 2 期。
③ 周掌勝：《〈敦煌變文校注〉獻疑》，《語言科學》2007 年第 3 期。
④ 李倩：《〈敦煌變文校注〉注誤兩則》，《圖書館雜誌》2006 年第 3 期。
⑤ 陳秀蘭：《敦煌變文辭彙研究》，四川民族出版社 2002 年版。
⑥ 陳明娥：《敦煌變文辭彙計量研究》，百花洲文藝出版社 2006 年版。
⑦ 楊小平：《敦煌變文詞語研究》，博士學位論文，四川大學，2008 年。
⑧ 張春秀：《敦煌變文名物研究》，西南交通大學出版社 2015 年版。

注》爲底本，選取了133個名物進行考釋，但總體所釋詞語均爲前人已考詞語，突破性不强。劉傳啓《敦煌歌詞文獻語言研究》[①] 是一部專門針對敦煌歌詞文獻語言進行研究的著作，分爲緒論、敦煌歌詞的語言特色、敦煌歌詞語詞研究、敦煌歌詞語法初探、敦煌歌詞校釋商補等幾個部分，其中敦煌歌詞語詞研究考釋了一批敦煌歌詞中常見的俗詞、俚語，但很多前人均研究過。"校釋商補"部分對《敦煌歌辭總編》中一些俟訂的語詞以及諸家校釋分歧較大的語詞作了商補，其説大多較爲可信。

這一時期一些單篇論文在疑難詞語研究方面頗有創新。如劉傳鴻《讀〈敦煌變文校注〉劄記三則》[②]、蕭旭《敦煌變文校正舉例》[③]、張小豔《敦煌變文疑難詞語考辨三則》[④]《敦煌變文校讀劄記》[⑤] 等均在前人基礎上有所突破。

2. 敦煌社會經濟文獻字詞研究情況

與前兩個階段相比，這一時期敦煌社會經濟文獻字詞研究取得了很大進展，出現了一系列专著类研究成果。

曾良《敦煌文獻字義通釋》[⑥] 遵循蔣禮鴻《敦煌變文字義通釋》的體例，以整個敦煌文獻爲研究對象，對300條詞語和俗字、訛字做了梳理、考證，其中也涉及許多社會經濟文獻中的字詞，解決了不少疑難問題。

王啓濤在《中古及近代法制文書語言研究》[⑦] 中對中古及近代法制文書中的語言進行了全面考察，其中涉及許多敦煌法制文書的詞語。該論文雖以常用詞演變研究爲主，但也兼及疑難詞語的考釋，文

① 劉傳啓:《敦煌歌詞文獻語言研究》，中國社會科學出版社2016年版。
② 劉傳鴻:《讀〈敦煌變文校注〉劄記三則》，《中國語文》2006年第2期。
③ 蕭旭:《敦煌變文校正舉例》，《敦煌研究》2014年第2期。
④ 張小豔:《敦煌變文疑難詞語考辨三則》，《中國語文》2011年第5期。
⑤ 張小豔:《敦煌變文校讀劄記》，《漢語史學報》2018年第1期。
⑥ 曾良:《敦煌文獻字義通釋》，厦門大學出版社2001年版。
⑦ 王啓濤:《中古及近代法制文書語言研究》，巴蜀書社2003年版。

中分析了敦煌法制文書裡一部分字面義普通而意義迥然有别的詞語，如“高下”有“三長兩短”的意思。

高啓安《唐五代敦煌飲食文化研究》[①] 首次對敦煌文獻中飲食文化現象進行了全面系統的研究。其中考證了許多與飲食相關的詞語。由於其能够將敦煌文獻、傳世文獻、敦煌石窟材料與現代方言等相結合，考證大多比較可靠。

黑維强《敦煌、吐魯番社會經濟文獻詞彙研究》[②] 首次對敦煌經濟文獻語詞做了全面的研究，共釋詞語達 1264 個。所釋詞語以敦煌吐魯番文獻與傳世文獻均習見的普通語詞爲主。另外，他也考證出了一些僅見於敦煌文獻中的特殊俗語詞，如“圧良爲賤”（指押賣貧民爲奴隸）等。方法上，他注重以方言證古語，解決了一些疑難問題。如敦煌帳籍文書中有“針氈”一詞，不好理解，他廣泛考察了敦煌吐魯番文獻中“針氈”的用例，又結合傳世文獻，輔以方言證據，指出“針氈”乃是婦女用的針線荷包，結論比較可靠。不過他的考證方法比較單一，不重源流的探討，主要使用排比歸納和方言佐證的方法，許多詞語考釋過於簡略，難免存在一些問題。

杜朝暉《敦煌文獻名物研究》[③] 綜合運用時空定位、審形辨音、量詞推斷、類比互證、語境索求、圖像佐證、專科知識證物等方法，考釋了一批敦煌漢文文獻中以文字形式存在且具有敦煌特色的名物詞，其中許多爲敦煌社會經濟文獻中的語詞。所釋名物詞不僅盡闡明其形制，而且常能闡明其源流演變。

揚之水《曾有西風半點香：敦煌藝術名物叢考》[④] 探討了敦煌藝術中出現的種種名物，由於書中提供大量的圖像材料，使得讀者能够對其探討的名物形制、源流變化等一目了然。其對“者舌”“牙盤”

---

① 高啓安：《唐五代敦煌飲食文化研究》，民族出版社 2004 年版。

② 黑維强：《敦煌、吐魯番社會經濟文獻詞彙研究》，民族出版社 2010 年版。

③ 杜朝暉：《敦煌文獻名物研究》，中華書局 2011 年版。

④ 揚之水：《曾有西風半點香：敦煌藝術名物叢考》，生活 · 讀書 · 新知三聯書店 2012 年版。

等疑難詞語的考釋堪稱典範。

陳曉强《敦煌契約文書語言研究》[①] 是首次針對敦煌契約文書語言進行專門研究的一本專著。全書分爲前言、勘正、敦煌契約文書詞語匯釋、敦煌契約文書選注四部分。其中勘正部分從録文、校勘、標點等幾方面對《契約輯校》進行了辯證。“詞語匯釋”部分主要圍繞《大詞典》等大型字典辭書未收條目、義項、釋義訛誤、書證滯後等詞語，“文書選注”選取了契約文書中有代表性的、内容相對完整的買賣類、貸便類、雇工類、分書、放書、遺書等37件進行注釋。但作者對前人的成果借鑒不够，有許多爲重複性工作。

葉嬌《敦煌文獻服飾詞研究》[②] 是一部專門探討敦煌文獻服飾詞語的著作。共分上下兩部分，上編爲總論篇，總結了敦煌文獻所見服飾詞的用字特徵、文化特徵，服飾詞的構成和應用及其研究價值。下編爲考釋篇，分作頭衣、體衣、足衣、飾物四個系列。其中上編以服飾詞爲例分析了敦煌文獻的異稱現象，較有特色。下編考釋出了敦煌文獻服飾詞中的一些詞語，有些爲疑難詞語。

張小豔在《敦煌書儀語言研究》[③] 中糾正了前人在敦煌書儀校録及釋詞中的一些錯誤。她的論證常能結合俗字書寫、訛誤規律，輔以異文，大多十分可信。另外，她考證出了一些書儀語言常見但不易理解的特殊詞語，如“少理”“珍割”等。張小豔在博士後出站報告《敦煌社會經濟文獻語詞考釋》[④] 中共考釋敦煌社會經濟文獻中字詞115個，後其專著《敦煌社會經濟文獻語詞論考》[⑤] 又在《敦煌社會經濟文獻語詞考釋》基礎上進行了擴充，所釋詞語大都是前人未曾措意或作者与前人持有不同見解者，解決了不少疑難問題，爲同類著作

① 陳曉强：《敦煌契約文書語言研究》，人民出版社2012年版。

② 葉嬌：《敦煌文獻服飾詞研究》，中國社會科學出版社2012年版。

③ 張小豔：《敦煌書儀語言研究》，商務印書館2007年版。

④ 張小豔：《敦煌社會經濟文獻語詞考釋》，博士後研究工作報告，浙江大學，2006年。

⑤ 張小豔：《敦煌社會經濟文獻語詞論考》，上海人民出版社2013年版。

中的佼佼者。

吴藴慧的《〈敦煌社會經濟文獻真跡釋録〉研究》[①] 是專門針對《真跡釋録》中字詞進行研究的著作。主要做了以下兩個工作：一是對其進行校勘工作，主要是修正了其中缺録、誤録、誤校的錯誤和補充了一些失校的地方；二是研究《真迹释録》中存在的新詞新義。她对前人成果借鉴不够，對字詞的解釋錯誤者不少。

鍾書林、張磊的專著《敦煌文研究與校注》[②] 分爲上下兩編：上編“敦煌文研究”分爲八章，分别對敦煌文的文學風格、所用文體、語詞訓詁、民族歷史文化、文史疑竇、文獻價值及未來發展諸方面，逐一進行考察和探討；下編“敦煌文校注”匯集了一大批敦煌文作品，分爲表、啓、書信、傳、記、論、序、題記、箴、銘、遺令、祭文 12 類文體，共計 354 篇，參照蕭統《文選》的文體分類順序，予以整理和編排。其“校注”部分，能够做到認真核對原卷，糾正了前人録文中的部分失誤，但由於其選擇篇目衆多，精力有限，注釋部分往往過於簡略，部分注釋有誤。

于正安《敦煌曆文詞彙研究》[③] 研究了敦煌曆文中的字词，全文分緒論、敦煌曆文詞彙的特點及其構成情況、敦煌曆文的新詞新義、敦煌曆文疑難語詞考釋等幾個部分，其中疑難詞部分考釋除了部分曆文中出現的疑難字詞，有些可成定論，有些還有待商榷。

張志勇《敦煌邈真讚釋譯》[④] 雖是主要在前人基礎上把諸篇邈真贊譯成現代白話，但也對部分不易理解的詞語做了解釋。

此外，還有很多博士學位論文涉及敦煌社會經濟類文獻詞語的考釋。

黄英在《敦煌社會經濟文獻詞彙研究》[⑤] 中介紹了敦煌社會經濟

① 吴藴慧：《〈敦煌社會經濟文獻真跡釋録〉研究》，花木蘭出版社 2013 年版。
② 鍾書林、張磊：《敦煌文研究與校注》，武漢大學出版社 2014 年版。
③ 于正安：《敦煌曆文詞彙研究》，中國經濟出版社 2014 年版。
④ 張志勇：《敦煌邈真讚釋譯》，人民出版社 2015 年版。
⑤ 黄英：《敦煌社會經濟文獻詞彙研究》，博士學位論文，四川大學，2008 年。

文獻（主要是敦煌社邑文書、契約文書和帳籍文書）中的古語詞、口語詞和地獄文化詞語。她的釋義有一些新見，如她考證出敦煌寺院帳籍文書中常出現的“恩子”一詞不是人名，而是指“由寺院供養的需在寺院服役的人”。

趙家棟在《敦煌文獻疑難字詞研究》[①] 中專門針對敦煌文獻中疑難字詞進行考釋，涉及範圍較廣，包括敦煌佛經，也包括社會經濟文獻、變文、詩歌等，解決了許多前人遺留的疑難問題。但有些條目由於其對通假的認定條件過於寬泛，考釋存在失誤。

姬慧《敦煌社邑文書常用動作語義場詞語研究》[②] 從語義場角度分析了敦煌社邑文書幾組常用動詞。

這一時期也有許多單篇論文涉及社會經濟文獻詞語的考釋。如：董志翹在《敦煌社會經濟文獻詞語略考》[③]《敦煌社會經濟文書詞彙語法劄記》[④] 中均涉及對敦煌社會經濟文獻常見俗語詞的考索。葉貴良《敦煌社邑文書詞語選釋》[⑤]、王建軍《敦煌社邑文書詞語補釋》[⑥] 等均考釋了敦煌社邑文書中的一些常見俗語詞。李倩《〈敦煌契約文書輯校〉校讀劄記》[⑦] 探討了敦煌契約文書中的一些字詞。張小豔《敦煌邈真讚校讀記》[⑧]，楊曉宇、劉瑶瑶《敦煌寫本碑銘贊釋録勘補》[⑨] 等均考釋了敦煌碑銘贊中的一些字詞。

3. 敦煌願文字詞研究情況

曾良在《敦煌文獻字義通釋》[⑩] 中對願文中的多個詞語進行了訓

---

① 趙家棟：《敦煌文獻疑難字詞研究》，博士学位论文，南京師範大學，2011 年。

② 姬慧：《敦煌社邑文書常用動作語義場詞語研究》，博士學位論文，蘭州大學，2018 年。

③ 董志翹：《敦煌社會經濟文獻詞語略考》，《語文研究》2002 年第 3 期。

④ 董志翹：《敦煌社會經濟文書詞彙語法劄記》，《古漢語研究》2009 年第 1 期。

⑤ 葉貴良：《敦煌社邑文書詞語選釋》，《敦煌研究》2004 年第 5 期。

⑥ 王建軍：《敦煌社邑文書詞語補釋》，《古籍整理研究學刊》2007 年第 3 期。

⑦ 李倩：《〈敦煌契約文書輯校〉校讀劄記》，《敦煌研究》2009 年第 5 期。

⑧ 張小豔：《敦煌邈真讚校讀記》，《出土文獻與古文字研究》2010 年第 3 輯。

⑨ 楊曉宇、劉瑶瑶：《敦煌寫本碑銘贊釋録勘補》，《敦煌研究》2015 年第 1 期。

⑩ 曾良：《敦煌文獻字義通釋》，厦門大學出版社 2001 年版。

詁考釋，解決了敦煌願文中的一些疑難問題。

敏春芳在《敦煌願文詞彙研究》[①] 中就敦煌願文詞彙的特點、新詞新義及成語、詞彙的雙音化、委婉詞、虛詞進行了探討。由於論文探討的詞語絶大多數是比較易懂的願文常用詞語，所以除了敦煌願文中的委婉詞部分從文化和認知等角度分析了疾病類委婉語和死亡類委婉語的形成機制外，其餘各個部分對詞語的探討均比較簡單。

單篇論文，如龔澤軍《敦煌願文校補五十例》[②]、趙鑫曄《敦煌願文詞語考釋劄記》[③]、任偉《〈敦煌願文集〉之〈兒郎偉〉再校補》[④] 等均對敦煌願文字詞研究有所貢獻。

4. 敦煌占卜文書字詞研究情況

占卜文書字詞的專門研究較敦煌文獻其他領域字詞的研究起步較晚，主要是集中在一些單篇論文中。鄭炳林《俄藏敦煌文獻ДX. 10787號〈解夢書〉劄記》[⑤]、周晟《俄藏敦煌文獻〈解夢書〉字詞校釋八則》[⑥] 等均考釋了敦煌解夢書中的一些字詞。吴盼《敦煌寫本相書文獻校讀劄記》[⑦] 訂正了敦煌相書録文的一些訛誤。

（二）不足之處

這一時期敦煌非經文獻字詞研究出現了空前繁榮的景象，各方面均有所突破，但也有一些不足之處。

1. 由於交流不暢，重複性工作不少。

2. 詞語誤釋的情況不在少數。如張小豔在考詞時比較喜歡運用同義類聚的方法，有時也把本不同義的語詞類聚到了一起，從而出現了一些錯誤。她認爲敦煌帳籍文書中的“擘毛”即“拔毛”，並放在

---

① 敏春芳：《敦煌願文詞彙研究》，民族出版社2013年版。

② 龔澤軍：《敦煌願文校補五十例》，《圖書館雜誌》2005年第2期。

③ 趙鑫曄：《敦煌願文詞語考釋劄記》，《敦煌學輯刊》2006年第2期。

④ 任偉：《〈敦煌願文集〉之〈兒郎偉〉再校補》，《敦煌學輯刊》2017年第1期。

⑤ 鄭炳林：《俄藏敦煌文獻ДX. 10787號〈解夢書〉劄記》，《敦煌學輯刊》2003年第2期。

⑥ 周晟：《俄藏敦煌文獻〈解夢書〉字詞校釋八則》，《敦煌研究》2016年第4期。

⑦ 吴盼：《敦煌寫本相書文獻校讀劄記》，《古籍整理研究學刊》2018年第1期。

一起解釋，但二者並非同一性質（詳考見本書第四章“擘毛”条）。

又如敦煌社會經濟文獻中有表布帛義的“朝霞”一詞，杜朝暉認爲是在“憍奢耶（一種野蠶絲織物）基礎之上形成的譯音詞”[①]。“朝霞”作爲布帛類物品，傳世典籍習见。晉王嘉《拾遺記》卷2：“六年，燃丘之國獻比翼鳥，雌雄各一，以玉爲樊，其國使者皆拳頭尖鼻，衣雲霞之布，如今‘朝霞’也。”[②]“朝霞”，宋李昉《太平御覽》卷820《布帛部》引作“朝霞布”。《隋書》卷82《林邑傳》：“王戴金花冠，形如章甫，衣朝霞布，珠璣瓔珞，足鑷革履，時複錦袍。”[③]既然“雲霞之布”似“朝霞”“朝霞布”，説明“朝霞（布）”的命名還是與雲霞有關係，應是因顔色或圖案似雲霞而得名，爲譯音詞的可能性不大。

又如莫高窟332窟《武则天圣历元年（698年）李克讓修莫高窟佛龕碑》：“假令手能拉日，力可拔山，□□□□□□□□□□條之露，何用區碌榮利，棄擲光陰者哉!”再如S. 6829背《戌年八月氾元光請施宅乾元寺牒並判》：“右元光自生已來，不食薰茹，白衣道向，歷卅馀年。”黄英認爲其中的“薰”通“葷”，指蔥、韭、薤、蒜等具有辛辣味的蔬菜，是。[④]但她認爲“葷茹”泛指一切食物[⑤]，不確切。説氾元光從出生以來就不吃任何食物，明顯不合情理。“薰（葷）茹”應即葷菜，“茹”可泛指一切蔬菜。《漢書》卷24《食貨志上》：“還廬樹桑，菜茹有畦。”顔師古注：“茹，所食之菜也。”[⑥]佛家戒律忌食葷菜。宋法賢譯《衆許摩訶帝經》卷13：“净飯王曰：‘速令所司辦造種種珍饌飲食，令極香美，又勑潔净内外，除去葷

---

① 杜朝暉：《敦煌文獻名物研究》，中華書局2011年版，第245—247頁。

② （晉）王嘉《拾遺記》卷2，《文淵閣四庫全書》，台灣商務印書館1986年影印版，子部，第1042册，第322頁。

③ （唐）魏徵等：《隋書》，中華書局1973年點校本，第1832頁。

④ 黄英：《敦煌社會經濟文獻詞彙研究》，博士學位論文，四川大學，2008年。

⑤ 同上。

⑥ （漢）班固著，（唐）顔師古注：《漢書》，中華書局1962年點校本，第1120—1121頁。

穢。'"（T3p973b）[1] 所以"不食薰茹"是説氾元光一心向佛，雖未入佛門，但常吃齋飯。

再如S.4642《文様·李十一父》："伏願法師名流梵宇，長謠辯鼎之才；聲簡帝心，坐見同車之請。"又S.2832《文様·律》："侍御及諸公等赤心佐國，常簡帝心。"曾良認爲例中"簡"爲獲得義。[2] 不妥。"簡帝心"本出自《尚書》卷4《湯誥》："惟簡在上帝之心，所以不蔽善人，不赦己罪，以其簡在天心故也。"[3]《論語》卷20《堯曰》引作"帝臣不蔽，簡在帝心"。宋邢昺《正義》引鄭玄注云："簡閲在天心，言天簡閲其善惡也。"[4] 可見"簡"本是"檢閲"之義。後來人們用"簡帝心"形容爲皇帝所賞識。南朝宋范曄《後漢書》卷19《耿弇列傳》："每公卿會議，常引秉上殿，訪以邊事，多簡帝心。"[5]"簡"字本身並無"獲得"義。

四　小結

縱觀多年來敦煌非經文獻字詞訓釋情況，不難發現敦煌非經文獻字詞訓釋的範圍逐步擴大，研究深度也不斷加强。第一個階段，學者們主要研究重心在敦煌俗文學作品方面，唯蔣禮鴻《〈敦煌資料〉（第一輯）詞釋》涉及了少量敦煌社會經濟文獻中的字詞。第二個階段，學者們的研究雖然仍以敦煌俗文學作品字詞爲主，但與前一階段相比，已經有更多的學者致力於敦煌俗文學作品以外的敦煌文獻字詞的研究。第三個階段，由於經過蔣禮鴻、項楚、郭在

① 文中所引佛經，"T"代表日本大正一切經刊行會刊行的《大正新修大藏經》，"X"代表東京國書刊行會刊行的《卍新纂續藏經》，數字從左往右依次代表册數和頁數，a、b、c分别代表上中下欄。

② 曾良：《敦煌文獻字義通釋》，厦門大學出版社2001年版，第66—67頁。

③（漢）孔安國傳，（唐）孔穎達疏：《尚書注疏》卷8，（清）阮元校刻《十三經注疏》，江蘇廣陵古籍出版社1995年影印版，上册，第162頁。

④（漢）趙岐注，（宋）邢昺疏：《論語注疏》卷20，（清）阮元校刻《十三經注疏》，江蘇廣陵古籍出版社1995年影印版，下册，第2535頁。

⑤（南朝宋）范曄：《後漢書》，中華書局1965年點校本，第3册，第716頁。

貽、黄征、張涌泉等多位學者的不懈努力，敦煌俗文學作品中的大多數疑難字詞已經得到了解決，所以學者們的研究重心逐步轉移到了其他方面。

敦煌非經文獻字詞的研究能够逐步得以深入，分析其原因，我們認爲主要有以下兩個方面：

第一，新材料方面的發現和應用。許多疑難問題的解決得益于新材料的發現。如 BD14666《李陵變文》："臥氈若重從抛却，鞾𩌦輕時任意□。"蔣禮鴻在 1988 年版及之前的《敦煌變文字義通釋》中均把"鞾𩌦"列到《變文字義待質録》中，黄征發現阿斯塔那 178 號墓出土的吐魯番文書《唐袁大壽等資裝簿》中多處出現"𩌦蒙"一詞，是指古代西域禦寒的一種長筒氈靴，他借助俗字知識及其他一些材料指出，吐魯番文書中的"𩌦蒙"一詞，就是變文中的"鞾𩌦"，字形都作了簡省。[①] 其説十分可信。

第二，方法上不斷改進。首先，在對待原卷的問題上，從最初學者們大多不够重視原卷到後來學者們在研究中大都認真審核原卷，這是一個很大的改進。正是由於學者們對原卷材料的摸索才使得敦煌俗字的書寫規律不斷得到總結，許多疑難字詞也迎刃而解。其次，網絡與電腦的普及給研究古代漢語的學者帶來了極大的便利，也促進了敦煌文獻字詞的研究。許多古代典籍有了電子版，許多研究敦煌語詞的學者也充分利用了這一有利條件，這使得他們在研究中所歸納的語例更爲全面，研究成果也更令人信服。最後，學者們在敦煌語詞訓釋過程中不斷應用一些現代語言學理論和方法，如義素分析、定量統計等，在一定程度上也推動了敦煌語詞訓釋工作。

當然，敦煌字詞考釋方面也還存在許多不盡如人意的地方，主要是許多字詞尚未得到合理的解釋，許多字詞的解釋尚不够深入。

① 黄征：《〈變文字義待質録〉考辯》，《敦煌語言文字學研究》，甘肅教育出版社 2002 年版，第 61—62 頁。

第三節　研究方法

我們除了採用連文、異文、對文求義，排比歸納，古注佐證，因聲求義，方言參證，图像资料作證等傳統訓釋方法外，還會採用以下兩種方法。

一　詞例求證

這種訓釋方法是楊琳師提出來的。① “詞例求證法就是利用一組詞共有的發展演變規律來求證詞義的方法，它將詞置於系統演變模式中進行考察，從而發現新的詞義，辨明已知詞義産生的原由。”實際上，研究敦煌語詞的學者早就自覺不自覺地在實踐中使用這種方法。

二　文化參證

某些語詞的使用有它獨特的文化背景，特别是敦煌文獻中許多篇章都與佛教文化有密切聯繫，所以在研究敦煌文獻的字詞時必須充分考慮背後的文化背景因素，用文化背景知識來參證詞義往往會使論據更充分，也幫助我們理解一些疑難詞語。如：

P. 3730《寅年正月尼惠性牒》：**亡人遺囑，追齋冥路，希望福利。倘違先願，何成拔濟之慈，乍可益死損生，豈可令他鬼恨？**

王震亞、趙熒：“乍可益死損生：乍可，即寧可也。高適《奉丘尉詩》：‘乍可狂歌草叢中，寧堪作吏風塵下。’益，過分也。《三國志・蜀書・諸葛瞻傳》：‘美聲溢譽，有過其實。’損，減少也。《老子》曰：‘損有餘而補不足。’乍可益死損生，即寧可多死少生也。”②

这是僧官洪辯在尼惠性所呈狀上寫的判詞。“寧可多死少生”，这

① 楊琳：《論詞例求證法》，《語言研究》2003 年第 4 期。

② 王震亞、趙熒：《敦煌殘卷争訟文牒詞語校釋》，甘肅人民出版社 1993 年版，第 102 頁。

很明顯是現代人口過多才有可能出現的觀念，將“乍可益死損生”解釋成這樣很顯然不合情理。況且這種解釋從上下文而言也説不通。該判詞總體意思是説要尊重死者的意願，按照死者賀闍梨的遺囑去做事。“死”當指死者，“乍可益死損生”是“寧可損害生者，也要使死者獲益”。古代中國人好將養生與送死等量齊觀，有時送死更重於養生。《荀子》卷 13《禮論》：“喪禮者，以生者飾死者也，大象其生，以送其死，事死如生，事亡如存。”①《論語》卷 1《學而》：“曾子曰：‘慎終追遠，民德歸厚矣。’”② 唐代普遍厚葬，對於貧苦農民來説厚葬僅憑自己可能負擔不起，不得不借助群體的力量，敦煌社邑文書中有許多是營葬互助内容的，這也從側面反映了當時人們對死者的重視。至於爲什麼要事死如生呢？這與古人“靈魂不滅”的觀念有關。古人臆造出一個虚幻的冥界，認爲人死後要變成鬼，鬼和人的一切相似。後文“豈可令他鬼恨”，正是通過反問的口吻説不能讓死者留下遺憾。所以有了對古人重葬這一文化風俗的了解，“益死損生”這一詞語理解起來就很容易。

---

① （戰國）荀況：《荀子》卷 13《禮論》，《文淵閣四庫全書》，台灣商務印書館 1986 年影印版，子部，第 695 册，第 240 頁。

② 金良年：《論語譯注》，上海古籍出版社 2012 年版，第 6 頁。

第二章　敦煌非經文獻疑難字詞的研究價值

第一節　敦煌非經文獻疑難字詞研究有助於敦煌文獻的整理

敦煌非經文獻目前已經出版了各種校録整理類著作，但由于疑難字詞的存在，這些整理校録著作存在一些不完善之處，我們對其中疑難字詞的研究有助于敦煌非經文獻的進一步整理。

一　訂訛誤

（一）正誤録

夢見燕子，有十口舌。（S. 2222《**解夢書・雜事章**》）

《解夢書校録研究》："十，衍字。"[①]《英藏敦煌社會歷史文獻釋録》第11卷："十，疑爲衍文，據文義當删。"[②]"十"不是衍文，此"十"字當是"小"的俗字，俗體中丨兩旁的兩點常連成一横。P. 2305《妙法蓮華經講經文》："面載驚惶，心生怕怖，一一申陳，重重告訴：欲過齋時，將臨日午。""怖"作"怖"。又："聞法是時，

① 鄭炳林：《敦煌寫本解夢書校録研究》，民族出版社2005年版，第216頁。

② 郝春文主編：《英藏敦煌社會歷史文獻釋録》，社會科學文獻出版社2014年版，第11卷，第353頁。

更莫慵惰，汝今要聽《法花經》，爲我須求七寶坐。”“惰”作“墮”。丨兩旁的兩點均連成一橫。而敦煌俗體字中亅與丨又常混而不分。如：S. 203《度仙靈録儀》：“以一杯水著案前。”“杯”字作“抔”，木部中間的丨即作亅。甘博 003《佛説觀佛三昧海經》卷 5：“寒地獄者，八方冰山。”“冰”字作“氷”，中間的亅作丨。“小”字中間的亅作丨，兩旁的兩點再連成一横即與“十”混同。敦研 358《佛經》：“複好食動新（薰辛）。”“新”字作“新”，左下角的“小”即與“十”混同。故此句應録爲“夢見燕子，有小口舌”，小口舌即是小糾紛。宋邵雍《夢林玄解》卷 8《夢占・形貌部・口齒》“口變小”條：“口變小，貞吉，否凶。占曰當有小口舌之兆。”[①] 敦煌文獻中還有“小小口舌”的説法。P. 4071《星占書》：“五十五，行年至天牛宫，火星在四月入，注小小口舌。”

夢見𢎗人，憂凶，亦不吉。（ДX. 10787《解夢書》）

“𢎗人”，《解夢書校録研究》録爲“矛人”[②]，但“矛人”不辭。周晟認爲應該爲“牙人”[③]，但原卷很清晰，實作“𢎗”，與“牙”字不似。此字當是“弔”的俗字。唐顔元孫《干禄字書・去聲》：“吊弔，並上俗下正。”[④] 宋處觀《精嚴新集大藏音・巾部》：“弔吊帀，並弔。”“吊”本爲弔的俗體字，“吊”字上部的口變爲“マ”，所以有了“帀”這樣的俗體，“帀”又省去左邊的豎筆作“予”。《碑别字新編》6 畫載《魏顯祖嬪侯氏墓誌》“弔”字即作“予”。[⑤] S. 4642《受八關齊戒文》：“不圖黄（皇）天不弔，凶門遄臨；君子道消，大邦喪寶。”“弔”亦作“予”。而“予”字形正近“予”。曾良指：古籍中往往“予”“弔”不分。[⑥]“予”字又增丿筆而近矛。

① （宋）邵雍：《夢林玄解》卷 8《夢占・形貌部》，明崇禎刻本。
② 鄭炳林：《敦煌寫本解夢書校録研究》，民族出版社 2005 年版，第 258 頁。
③ 周晟：《俄藏敦煌文獻〈解夢書〉字詞校釋八則》，《敦煌研究》2016 年第 4 期。
④ 施安昌編：《顔元孫書〈干禄字書〉》，紫禁城出版社影故宫博物院拓本，第 53 頁。
⑤ 秦公：《碑别字新編》，文物出版社 1985 年版，第 22 頁。
⑥ 曾良：《隋唐出土墓誌文字研究及整理》，齊魯書社 2007 年版，第 240 頁。

S. 6981《癸亥年八月十日親情社轉帖》：“右缘張贤者阿婆故，准例合有吊酒壹甕。”“弔”原卷作“[illegible]”，正近“矛”。本條夢語原卷的“[illegible]”正是“弔”增丿筆而形成的，故接近“矛”字。在夢書中弔孝他人一般爲吉兆。P. 3908《新集周公解夢書·生死疾病章》：“夢見弔孝，大吉利。”傳世版《周公解夢·衰樂病死歌唱》：“見先亡尊長大吉，問吊他人主生子。”《夢林玄解》卷11《夢占·政事部·喪葬》“弔喪”條：“占曰志在安民，夢行弔於鄉邑，欲圖貴顯，夢奠慰於宦家，執香稽首，是孕育孝慈之兆，撫棺哭踴，乃獲人財利之徵。”① 而本條夢語中“夢見弔人”斷辭爲“憂凶，亦不吉”，與其他斷辭相反。疑此“弔人”不是指弔唁他人，而是指吊喪的人。唐岑參《故僕射裴公挽歌三首》其三：“遥知九原上，漸覺弔（吊）人稀。”②“弔人”即指弔唁的人。本條夢語“夢見弔人”當指夢見弔問自己的人。夢書中夢像相反往往占斷之辭也相反，如花開爲吉兆，花落爲凶兆，牙齒生爲吉兆，牙齒落爲凶兆。P. 3908《新集周公解夢書·山林草木章》：“夢見花發者，身大貴。”“夢見花落者，妻拜（敗），凶。”又《人身梳鏡章》：“夢見牙齒生者，大旺。”“夢見牙齒落者，大衰。”據此，吊問他人爲吉兆，被人吊問很有可能就爲凶兆。有弔唁的人來説明自己正在舉辦喪事，而據《夢林玄解》夢見自己舉辦喪事就是凶兆。《夢林玄解》卷11《夢占·政事部·喪葬》“行喪”條：“行喪，凶。……商賈夢之財利去，疾軀夢見看誰行，答是父母丈夫病，寤來妻子淚盈盈。夫夢妻喪親夢子，破家亡産禍非輕。”③“行喪”即舉辦喪事之義。

夢見宴會，襟事。（S. 620《解夢書·佛法仙篇》）

《解夢書校録研究》録“襟”爲“襟”，並認爲：“襟，劉録釋作

① （宋）邵雍：《夢林玄解》卷11《夢占·政事部》，明崇禎刻本。
② （清）彭定求等編：《全唐詩》，中華書局1979年標點本，第6册，第2093頁。
③ （宋）邵雍：《夢林玄解》卷11《夢占·政事部》，明崇禎刻本。

‘樂’，以爲‘樂’前脱‘有’字，疑誤。襟，疑原作‘禁’。”①《英藏敦煌社會歷史文獻釋録》第3卷録文與《解夢書校録研究》同②，未出校釋。

録爲“襟”不確切。原卷“襟”字的“衤”部實作“礻”部，故應録爲“禁”，此“禁”當是“禁”的增旁俗字。本條目在《佛法仙篇》，多與神仙鬼怪等神異現象有關。此條目也當與此相關。“禁”在這裡當爲禁咒義，禁咒指古代治病驅邪的一種巫術。晉葛洪《抱朴子·内篇》卷5《至理》：“吴越有禁咒之法，甚有明勲，多炁耳。知之者可以入大疫之中，與病人同床而己不染……又能禁虎豹及蛇蜂，皆悉令伏不能起。以炁禁金瘡，血即登止。又能續骨連筋，以炁禁白刃，則可蹈之不傷，刺之不入，若人爲虵虺所中，以炁禁之則立愈。”③在迷信横行、巫醫不分的古代社會中，禁咒之術十分流行，甚至許多古代醫學典籍中也有記載。唐孫思邈《千金翼方》卷30《自防身禁咒法》：“咄，某甲左青龍蓋章甲寅，右白虎監兵甲申，頭上朱雀陵光甲午，足下玄武執明甲子，脾爲貴子中央甲辰甲戌，急急如律令。上此一法，凡是學人，常以旦夕暗誦令熟，莫使聲出，若有縣官口舌，軍危險、厄難之處，四方興功起土殃禍之氣，或入他邦未習水土，及時行疫癘，但以晨夜數數存念誦之勿忘，若弔喪問病臨屍凶禍之家，入門一步誦一遍，出門三步誦二遍，皆先叩齒三通，並捻鬼目。”④可以看出古人視禁咒之術爲防災驅禍的絶好手段。S. 2222背、P. 2829《解夢書·人間事章》：“夢見宴會，人謀。”“人謀”並不是衆人謀劃之意，敦煌解夢書占斷之辭中多有類似的説法。S. 2222

① 鄭炳林：《敦煌寫本解夢書校録研究》，民族出版社2005年版，第288頁。

② 郝春文：《英藏敦煌社會歷史文獻釋録》，社會科學文獻出版社2003年版，第3卷，第473頁。

③（晉）葛洪：《抱朴子》，《四部叢刊初編》，上海商務印書館影印魯藩刊本，子部，539册。

④（唐）孫思邈撰，李景榮等校釋：《千金翼方校釋》，人民衛生出版社1998年標點版，第460頁。

背《解夢書·人間事章》："夢見披頭，賊人謀。" S. 2222《解夢書·雜事章》："夢見披髮，爲人所謀。" S. 2222 背《解夢書·人間事章》："夢見社頭者，爲人謀。" "人謀" 即别人暗算自己的意思。爲防止别人暗算帶來的災禍，要採取禁咒的手段，故云 "襟事"。夢語中有夢像相同，但斷辭有的是災禍本身，有的是解除災禍的手段的。元佚名《居家必用事類全集》丙集《夢牛馬六畜等物》："夢犬咬人，鬼來求食。"① S. 620《解夢書·豬羊篇》："夢見爲犬咬，解事。" "鬼來求食" 義爲鬼來糾纏自己求得食物，"解事" 即對鬼神進行祭拜饗祀以消除災禍（詳見本節 "補充校釋" 部分第 3 條）。"禁" 單用可有禁咒、施禁咒之義，典籍習見。《北史》卷 88《張文詡傳》："文詡常有腰疾，會醫者自言善禁，文詡令禁之，遂爲刀所傷，至於頓伏床枕。"②《南齊書》卷 26《陳顯達傳》："矢中左眼，拔箭而鏃不出，地黄村潘嫗善禁，先以釘釘柱，嫗禹步作氣，釘即時，乃禁顯達目中鏃出之。"③ 俗字中，爲了與 "禁" 的禁止、阻止等意義相區别，在專門爲其禁咒義造了 "襟" 這樣的俗字。所以此條應是 "夢見宴會，襟（禁）事"。

出[illegible]之宫，聲王[illegible]之論鼓，為大法將也。（P. 3276 背《常定政事樓廳》）

"[illegible]"，王志鵬録爲 "怡□"，鍾書林、張磊録爲 "忪民"④；"[illegible]" 王志鵬録爲 "崔"，鍾書林、張磊亦録爲 "崔"⑤。

根據文意及字形，"[illegible]" 當録爲 "慈氏"，"玆" 俗體上部 "丷" 可省去一點作 "亠"。《碑别字新編》9 畫載唐《甯思真墓誌》

---

① （元）佚名：《居家必用事類全集》丙集《夢牛馬六畜等物》，《續修四庫全書》，上海古籍出版社 2002 年影印版，子部，第 1184 册，第 431 頁。

② （唐）李延壽：《北史》，中華書局 1974 年點校本，第 9 册，第 2917 頁。

③ （南朝梁）蕭子顯：《南齊書》卷 26《陳顯達傳》，《文淵閣四庫全書》，台灣商務印書館 1986 年影印版，史部，第 259 册，第 295 頁。

④ 王志鵬：《敦煌僧人彦熙生平創作考論》，《敦煌研究》2004 年第 1 期；鍾書林、張磊：《敦煌文研究與校注》，武漢大學出版社 2014 年版，第 629 頁。

⑤ 同上。

“玆”作“玆”[①]，而張涌泉指出“亠草書或行書常連寫作‘∠’”[②]，“[illegible]”上部正作“∠”，下部“丝”草寫，與上部“∠”連筆即作“[illegible]”，又將“慈”心部置左，故有“[illegible]”字。“氏”字俗寫，l筆常與其他筆劃不連續，右側又常加丶。S. 5440《捉季布傳文》：“周氏低聲而對曰。”“氏”字作“[illegible]”。“[illegible]”字當是在“[illegible]”基礎上又增一丿筆。慈氏即彌勒菩薩。丁福保《佛學大辭典》“慈氏”條：“（慈氏菩薩）舊稱彌勒。新稱梅怛麗耶 Maitreya，譯曰慈。是爲其姓，故稱慈氏。”[③] 慈氏宫即兜率天宫，又稱“兜率陀”“覩史多”等，爲彌勒菩薩和衆菩薩的居所。唐達摩流支譯《佛説寶雨經》卷1：“後當往詣覩史多天宫，供養承事慈氏菩薩。”（T16p284c）南齊曇景譯《佛説未曾有因緣經》卷上：“何以故？兜率天中，多有菩薩，説法教化，爲諸天人求佛道故。”（T17p580b—580c）“慈氏宫”佛典有用例。宋代惟俊、法雲等編《虚堂和尚語録》卷2《婺州雲黄山寶林禪寺語録》：“慈氏宫中今日説甚麼法。”（T47p994a）

“[illegible]”實爲“庭”字。S. 2832《文樣・十二月應時》：“片片落花，灑庭而（如）碎錦。”“庭”作“[illegible]”，與此類似。“論鼓”爲佛教術語。丁福保《佛學大辭典》“論鼓”條：“（物名）論場之大鼓也，欲論議者鳴之而集衆也。”[④]“聲王庭之論鼓”是化用提婆菩薩與外道論辯的典故。隋吉藏《三論玄義》：“提婆菩薩震論鼓于王庭，九十六師一時雲集，各建名理立無方論。提婆面拆邪師，後還閑林，撰集當時之言，以爲《百論》。”（T45p13b）“聲”即震動、敲擊之義。佛典有用例。《大唐西域記》卷8《摩揭陀國上》：“今諸外道不自量力，結党連群，敢聲論鼓，唯願大師摧諸異道。”（T51p914b）《漢語大詞典》第5册（1044頁）：“法將，佛教中指

① 秦公：《碑别字新編》，文物出版社1985年版，第137頁。

② 張涌泉：《敦煌俗字研究》（第2版），上海教育出版社2015年版，第143頁。

③ 丁福保：《佛學大辭典》，上海書店出版社1991年版，下册，第2321頁。

④ 同上書，第2367頁。

菩薩。”丁福保《佛學大辭典》“法將”條：“（雜語）佛法之大將，高德之于弟子，如大將之于軍。”① 唐實叉難陀《大方廣佛華嚴經》卷68《入法界品》：“菩薩難可得見，難可得聞，希出世間……爲大導師，引諸衆生入佛法門，爲大法將，善能守護一切智城。”（T10p368a）“出慈氏之宫，聲王庭之論鼓，爲大法將也”是形容曹氏統治者如菩薩下世。

有□章之長才，協親躬之妙略者，即我敦煌郡三台。（P. 3276背《常定政事樓廳》）

□，王志鵬録作“節”，鍾書林、張磊録作“隸”。②

原卷作“□”，當爲“豫”字。俗書予、矛常混而不分，“矛”上增“丷”即爲“□”，“象”俗書作“□”。S. 4642《發原文範本等》：“庶望象院，希夷諦聽。”“象”即作“□”。S. 6825背《老子道經上想爾注》卷上：“豫（喻）若冬涉川，猶若畏四鄰。”“豫”作“□”，與“□”類似。“豫章”，又作“豫樟”，是枕木與樟木的並稱。《左傳·哀公十六年》：“子期曰：‘昔者吾以力事君，不可以弗終。抉豫章以殺人，而後死。’”③《史記》卷117《司馬相如列傳》：“其北則有陰林巨樹，楩枏豫章。”唐張守節正義：“案：《活人》云：‘豫，今之枕木也。章，今之樟木也。二木生至七年，枕樟乃可分别。’”④“豫章”可比喻優秀的人才或才能出衆。唐賈至《授張孚給事中制》：“果行育德，疏通知遠，是瑚璉之良器，抱豫章之美才。”⑤ 宋舒璘《上林漕啓名㸦》：“有彭蠡潤身之澤，真豫章出衆

---

① 丁福保：《佛學大辭典》，上海書店出版社1991年版，下册，第1409頁。

② 王志鵬：《敦煌僧人彦熙生平創作考論》，《敦煌研究》2004年第1期；鍾書林、張磊：《敦煌文研究與校注》，武漢大學出版社2014年版，第629頁。

③ （晉）杜預注，（唐）孔穎達疏：《左傳注疏》卷60，（清）阮元校刻《十三經注疏》，江蘇廣陵古籍出版社1995年影印版，下册，第2178頁。

④ （漢）司馬遷撰，（南朝宋）裴駰集解，（唐）司馬貞索隱，（唐）張守節正義：《史記》，中華書局1963年點校本，第3004—3008頁。

⑤ （唐）賈至：《授張孚給事中制》，《文苑英華》卷381《北省二》，《文淵閣四庫全書》，台灣商務印書館1986年影印版，集部，第1336册，第509頁。

之材。"[1]"有豫章之長才"，是比喻曹氏統治者才能出衆。

唯以停飧腵寐，慮刑濫於亙朝。（P. 3276 背《常定政事樓廳》）

腵寐，王志鵬録爲"搬竊"，鍾書林、張磊録爲"粥竊"。[2]亙朝，王志鵬未録而以"□□"代替，鍾書林、張磊録爲"亙朝"[3]。

"腵"字當録爲"腵"。《玉篇·肉部》："腵，腸病。"[4]"腵"又爲"腶"的俗體字。《集韻·换韻》："腶脩，捶脯施姜桂也。"[5]但"腸病"或"腶脩"義在這裡均不合適。"腵"當爲"暇"的俗體字。《廣韻·禡韻》："暇，閑也，俗作暇。"[6]俗體中目部、月部常混而不分，故有"腵"這樣的俗體。"寐"當爲"寐"的草書。俗書中宀部、穴部常混而不分。《碑别字新編》12 畫"寐"字引北齊《高獻國妃敬氏墓誌》作"寐"[7]，正與此類似。王志鵬，鍾書林、張磊均在"停飧腵"後點斷，以"寐"聯下讀。[8]按文意，"暇寐"當連讀，"暇寐"即"假寐"，"假""暇"音近，古常通用。《六臣注文選》卷 11 載漢王粲《登樓賦》："登兹樓以四望，聊暇日以銷憂。"李善注："（暇），五臣本作假字。"[9]《列子》卷 2《黄帝》："試語之有暇。"唐殷敬順釋文："暇本又作假。"[10]"假寐"指不脱衣冠而睡

[1]（宋）舒璘：《上林漕啓名枅》，《舒文靖集》卷下，《文淵閣四庫全書》，台灣商務印書館 1986 年影印版，集部，第 1157 册，第 552 頁。

[2] 王志鵬：《敦煌僧人彦熙生平創作考論》，《敦煌研究》2004 年第 1 期；鍾書林、張磊：《敦煌文研究與校注》，武漢大學出版社 2014 年版，第 629 頁。

[3] 同上。

[4]（南朝梁）顧野王著，（宋）陈彭年等重修：《宋本玉篇》卷 7，中國書店 1983 年據張氏澤存堂本影印，第 146 頁。

[5]（宋）丁度等：《集韻》，上海古籍出版社 1985 年影宋述古堂本，上册，第 559 頁。

[6] 余乃永：《新校互注宋本廣韻》，上海辭書出版社 2000 年版，第 422 頁。

[7] 秦公：《碑别字新編》，文物出版社 1985 年版，第 197 頁。

[8] 王志鵬：《敦煌僧人彦熙生平創作考論》，《敦煌研究》2004 年第 1 期；鍾書林、張磊：《敦煌文研究與校注》，武漢大學出版社 2014 年版，第 629 頁。

[9]（漢）王粲：《登樓賦》，《六臣注文選》（6）卷 11，《四部叢刊初編》，上海商務印書館影宋本，集部，第 1899 册。

[10]（戰國）列禦寇撰，（晉）張湛注，（唐）殷敬順釋文：《列子》卷 2《黄帝》，清光緒二年（1876 年）浙江書局刻本。

覺。《詩·小雅·小弁》:“假寐永歎，維憂用老。”鄭玄箋:“不脱冠衣而寐曰假寐。”① 停餐、假寐連用是形容廢寢忘食憂國憂民，典籍有相似用例。宋代宋敏求《唐大詔令集》卷 86《政事·咸通七年大赦》:“是用連宵假寐，每日忘飡，思所以拯我黎元。”②“無辜”當即“無辜”,“無”爲“無”的草書。《碑别字新編》12 畫載北魏《高道悦墓誌》“無”字作“無”③, 與此正類似。“辜”上部爲“古”，下部爲“手”,“辜”正是“辜”的俗體。《龍龕手鑒·古部》:“辜，俗；辜，正。”④“刑濫於無辜”謂給無辜的人濫施刑罰。典籍有類似用例。後唐莊宗《南郊赦文》:“網羅之中，無由自奮，蜂蠆之内，竟至無辜，既淪没於濫刑，宜申明於真節。”⑤ 宋劉才邵《論漢景帝明慎刑獄》:“則屈法而縱有罪，濫刑以及無辜，不能無之，其何以致治哉?”⑥

當獬豸（豸）之腹心，投筆星郎，掌金蟬之館闟。（P. 3276 背《常定政事樓廳》）

“投筆”，王志鵬録爲“投畢”，鍾書林、張磊録爲“救集”⑦。

“投筆”實爲“投筆”,“投筆”是借用班超投筆從戎的典故形容曹元忠文武全才。星郎指郎官。《後漢書》卷 2《明帝紀》:“館陶公主爲子求郎，不許，而賜錢千萬。謂群臣曰:‘郎官上應列宿，出宰

① （漢）毛亨傳，（漢）鄭玄箋，（唐）孔穎達疏:《詩經注疏》卷 12,（清）阮元校刻《十三經注疏》，江蘇廣陵古籍出版社 1995 年影印版，上册，第 452 頁。

② （宋）宋敏求:《唐大詔令集》卷 86《政事·咸通七年大赦》,《文淵閣四庫全書》，台灣商務印書館 1986 年影印版，史部，第 426 册，第 652 頁。

③ 秦公:《碑别字新編》，文物出版社 1985 年版，第 212 頁。因俗書草寫“𠂊”多作“ㄥ”，故此“無”字上部錯誤還原爲“𠂊”。

④ （遼）釋行均:《龍龕手鑒》卷 2《古部》，中華書局 1985 年影印版，第 339 頁。

⑤ （後唐）莊宗:《南郊赦文》,《册府元龜》卷 92《赦宥》，明刻初印本。

⑥ （宋）劉才邵:《論漢景帝明慎刑獄》,《檆溪居士集》卷十,《文淵閣四庫全書》，台灣商務印書館 1986 年影印版，集部，第 1130 册，第 546 頁。

⑦ 王志鵬:《敦煌僧人彦熙生平創作考論》,《敦煌研究》2004 年第 1 期；鍾書林、張磊:《敦煌文研究與校注》，武漢大學出版社 2014 年版，第 629 頁。

百里，苟非其人，則民受，是以難之。'”① 後因稱郎官爲“星郎”。“館闟”，王志鵬和鍾書林、張磊兩家均録爲“倫館”②，義無所取，查原卷實爲“館闟”。《廣雅·釋宮》：“投謂之闟。”清王念孫疏證：“闟字又作籥，鄭注《金縢》云開藏之管也。”③ “館闟”即“管籥”，指鑰匙。

委任兮玄麻（區?）一方，曉譽兮明告九垓。默敕兮二典，宣旨兮兩關。洪荒兮連白馬之蹤，紫陌兮接青牛之[illegible]。（P. 2605《**敦煌郡羌戎不雜德政序**》）

“[illegible]”字，王志鵬先録爲“論”④，而在《全唐文補遺》中又認爲字跡模糊而用□代替⑤，鍾書林、張磊亦録爲“論”⑥。

“青牛之論”文意不通，此“[illegible]”當是“跡”字草書。“亦”字俗體作“[illegible]”。甘博 78《維摩詰所説經怨》卷中《觀衆生品》：“諸佛菩薩亦複如是。”“亦”即作“[illegible]”。又省作“[illegible]”。S. 388《正名要録》：“亦：複。”“亦”即作“[illegible]”。“灬”又可連筆作一横畫。津藝 38《大方廣佛華研經》卷 17：“如善根亦爾。”“亦”即作“[illegible]”。而“[illegible]”草書中連筆即作“[illegible]”。“辶”最後的捺筆縮短即變作“讠”。《行草大字典》載武則天《升仙太子碑》“跡”字作“[illegible]”，又載智永《真草千字文》“跡”作“[illegible]”⑦，正與此“[illegible]”類似。蹤、跡同義對文。古以紫微星垣代指皇帝的居處，稱皇宮爲紫宮，以“紫陌”代稱京城的道路。白馬、青牛是用公孫龍子與老子的典故。漢劉向《列仙傳》卷上“老子”條：“後周德衰，乃乘青牛

---

① （南朝宋）范曄：《後漢書》，中華書局 1965 年點校本，第 1 册，第 124 頁。

② 王志鵬：《敦煌僧人彦熙生平創作考論》，《敦煌研究》2004 年第 1 期；鍾書林、張磊：《敦煌文研究與校注》，武漢大學出版社 2014 年版，第 629 頁。

③ （三國魏）張揖著，（清）王念孫疏證：《廣雅疏證》卷 7，江蘇古籍出版社 2000 年影印版，第 211 頁。

④ 王志鵬：《敦煌僧人彦熙生平創作考論》，《敦煌研究》2004 年第 1 期。

⑤ 吴鋼：《全唐文補遺》，三秦出版社 2007 年標點版，第 9 輯，第 136 頁。其中，《敦煌郡羌戎不雜德政序》爲王志鵬校録。

⑥ 鍾書林、張磊：《敦煌文研究與校注》，武漢大學出版社 2014 年版，第 688 頁。

⑦ 盧公：《行草大字典》，光明日報出版社 2007 年版，上册，第 653 頁。

車去，入大秦過西關，關令尹喜，待而迎之知真人也，乃强使著書作《道德經》上下二卷。”[①] 唐徐堅《初學記》卷7《關第八》“白馬青牛”條引劉向《七略》：“公孫龍持白馬之論以度關。”[②] 據《敦煌學大辭典》曹議金曾向後唐朝廷求授旌節，得到過後唐皇帝的正式册封。“洪荒兮連白馬之蹤，紫陌兮接青牛之跡”[③]，是化用紫陌、青牛、白馬等的典故來形容册封場面之隆重。

干戈血染，恐傷寰（鰥）寡之心；劍戟霜櫕，慮動雎鳩之思。(P. 2605《敦煌郡羌戎不雜德政序》)

“櫕”，王志鵬在《敦煌僧人彦熙生平創作考論》及《全唐文補遺》中録作“櫻”，鍾書林、張磊録作“構”[④]。均不確切。仔細辨别當是“攢”，爲“攢”之俗體字。《字彙・手部》：“攢，俗攢字。”[⑤]“攢”即聚集義。《集韻・换韻》：“攢，聚也。”[⑥]“霜攢”典籍有用例。唐王悚《開元寺隴西公經幢贊並敘》：“至若武賁贔屭，鐵騎夭翹，森斂棘以霜攢，聳□幢而嶽立。”[⑦] 遼張儉《聖宗皇帝哀册》：“戈戟霜攢而蔽野，鼓鼙雷動于連營。”[⑧]

不祐四知之珠金，幸投三光之膠漆。(P. 2605《敦煌郡羌戎不雜德政序》)

“**祐**”字，王志鵬先録爲“佑”，而在《全唐文補遺》第9册中

---

① （漢）劉向：《列仙傳》卷上，《文淵閣四庫全書》，台灣商務印書館1986年影印版，子部，第1058册，第490—491頁。

② （唐）徐堅等：《初學記》，中華書局1962年版，第1册，第160頁。

③ 季羡林：《敦煌學大詞典》，上海辭書出版社1998年版，第358—359頁。

④ 王志鵬：《敦煌僧人彦熙生平創作考論》，《敦煌研究》2001年第4期；吴鋼：《全唐文補遺》，三秦出版社2007年標點版，第9輯，第136頁；鍾書林、張磊：《敦煌文研究與校注》，武漢大學出版社2014年版，第688頁。

⑤ （明）梅膺祚：《字彙》卯集，《續修四庫全書》，上海古籍出版社2002年影印版，經部，第232册，第587頁。

⑥ （宋）丁度等：《集韻》卷7，上海古籍出版社1985年影宋述古堂本，上册，第557頁。

⑦ （唐）王悚：《開元寺隴西公經幢贊並敘》，《全唐文》後附《唐文續拾》，山西教育出版社2002年版，第7册，第6716頁。

⑧ 向南：《遼代石刻文編》，河北教育出版社1995年版，第194頁。

又認爲字跡模糊而用“□”代替，鍾書林、張磊亦録爲“沽”。[①]

録爲“佑”或“沽”均不確切，據文意及字形，當爲“沾”字。《後漢書》卷54《楊震傳》：“楊震嘗舉荆州茂才王密爲昌邑令。其後震過其處，密暮夜懷金十斤送震，震辭不受。密曰：‘幕夜無知。’震曰：‘天知，地知，子知，我知。何謂無知！’密愧，懷金而退。”[②]後遂用“四知金、四知”等指非義之贈，多用來描寫居官清廉、潔身自好。《隋書》卷47《韋世康傳》：“志除三惑，心慎四知，以不貪而爲寶，處膏脂而莫潤。”[③]《全唐詩》卷60李嶠《金》：“方同楊伯起，獨有四知名。”[④]《舊唐書》卷185《李尚隱傳》：“有懷金以贈尚隱者，尚隱固辭之，曰：‘吾自性分，不可改易，非爲慎四知也。’”[⑤]

曩因崇修，蓋敬浄斛之德；久植善根，深信精梵之階。（P. 2605**《敦煌郡羌戎不雜德政序》**）

斛，王志鵬在期刊及《全唐文補遺》中録作“斛”，鍾書林、張磊均録爲“斛”[⑥]。

“浄斛”不辭，“**斛**”當爲“解”的省筆草寫俗字。P. 2717《碎金》：“澥㴑，音解速。”“澥”作“**澥**”，右部“**斛**”，正與“**斛**”類似。“浄解”即清浄解脱之意。隋闍那崛多譯《佛本行集經》卷22《問阿羅邏品下》：“如是清浄解脱法，我今知已複廣宣。”（T3p755a）唐般若譯《大乘本生心地觀經》卷5《無垢性品》：“汝以大慈問於如

---

① 王志鵬：《敦煌僧人彦熙生平創作考論》，《敦煌研究》2004年第1期；吴鋼：《全唐文補遺》，三秦出版社2007年標點版，第9輯，第137頁；鍾書林、張磊：《敦煌文研究與校注》，武漢大學出版社2014年版，第688頁。

② （南朝宋）范曄：《後漢書》，中華書局1965年點校本，第7册，第1760頁。

③ （唐）魏徵等：《隋書》，中華書局1973年點校本，第5册，第1266頁。

④ （清）彭定求等：《全唐詩》，中華書局1979年標點本，第3册，第711頁。

⑤ （後晉）劉昫：《舊唐書》，中華書局1975年點校本，第15册，第4823頁。

⑥ 王志鵬：《敦煌僧人彦熙生平創作考論》，《敦煌研究》2004年第1期；吴鋼：《全唐文補遺》，三秦出版社2007年標點版，第9輯，第136頁；鍾書林、張磊：《敦煌文研究與校注》，武漢大學出版社2014年版，第688頁。

來清淨解脱，饒益未來諸修行者，功德無量。”（T3p316a）宋施護譯《佛説佛母出生三法藏般若波羅蜜多經》卷6《隨喜迴向品》：“迴向法界善得圓滿，内心清淨解脱無礙。”（T8p610c）省作“淨解”。（T3p316a）唐實叉難陀譯《大方廣佛華嚴經》卷77《入法界品》：“往因今淨解，及事善友力。”（T10p427c）

秉律則龍堆獨步，修空乃雁塔罕儔。（P. 3677**《沙州報恩寺故大德禪和尚劉金霞遷神志銘並序》**）

罕儔，《真跡釋録》第5輯（290頁）、《碑銘贊》（29頁）、《全唐文新編》第5部第1册均録爲“星條”[①]。

“星條”不辭，當爲“罕儔”。“罕”爲“罕”綴點俗字。“儔”爲“儔”草寫，同篇：“將謂化浹長年，寧期壽命短折。”“壽”作“寿”，與“儔”右部偏旁類似。“罕儔”指少有可相比者。典籍習見。《南齊書》卷43《王思遠傳》：“陛下矜遇之厚，古今罕儔。”[②]《全唐詩》卷217載杜甫《晦日尋崔戢李封》：“晚定崔李交，會心真罕儔。”[③] 明沈鯨《雙珠記·賣兒系珠》：“娘珍重，莫過憂，我東人仁慈罕儔。”[④]“罕儔”與上句的“獨步”意思上正可對應，均爲出類拔萃之義。

右康七等先聞制署，為同赤心，情願鎮守納力，兼移家□，沙州一物不殘，去載輸却城池，着見鄉人，不恨快死，空身走到沙州，承大夫恩泰，衣食複得充身命，聞大軍東行，心則萬里不退，脚垂、弓箭全無，求覓無處，伏乞大夫祥（詳）察，官（哀）矜裁下，處分。（S. 4622背**《先情願鎮守瓜州人户馮訥崙略王康七等十人狀》**）

垂字，鄭炳林在《敦煌歸義軍史專題研究三編》中録作“垂”[⑤]，

---

① 周紹良主編：《全唐文新編》，吉林文史出版社2000年12月標點版，第5部第1册，第12551頁。

② （南朝梁）蕭子顯：《南齊書》卷68，《文淵閣四庫全書》，台灣商務印書館1986年影印版，史部，第259册，第442頁。

③ （清）彭定求等：《全唐詩》，中華書局1979年標點本，第7册，第2270頁。

④ （明）沈鯨：《雙珠記》，《六十種曲》，中華書局1958年版，第61頁。

⑤ 鄭炳林：《敦煌寫本〈張義潮處置涼州進表〉拼接綴合與歸義軍對涼州的管理》，鄭炳林主編《敦煌歸義軍史專題研究三編》，甘肅文化出版社2005年版，第494頁。

王使臻、王使璋、王惠月在《敦煌所出唐宋書牘整理與研究》未録而以“□”代替[①]。“脚垂”不辭。“垂”當是“乘”的俗字。“乘”之俗體作“乗”。《隸辨·蒸韻》引《景北海碑》“乘”即作“乗”[②]，《正字通·丿部》：“乘，《説文》作椉……俗作乗，舊本從北作乘。”[③]“乗”形似於“垂”之異體“垂”。故“乘”俗體有訛混爲“垂”者。P. 2305《妙法蓮華經講經文》：“時有仙人，來白王言我有大乘，名妙法蓮華。”“乘”字原卷作“垂”。“垂”當是在“垂”基礎上下部又增一横筆。“脚乘”在這裡指運輸工具，此用法典籍習見。宋司馬光《涑水記聞》卷12：“臣尋急令保德、火山、苛嵐軍人户各備脚乘于府州，請搬上件隨軍。”[④]宋蘇軾《上執政乞度牒賑濟及因修廨宇書》：“輒以一面告諭商旅，令儲峙米斛，具水陸脚乘，以須度牒之至。”[⑤]上例敦煌文獻中的這段話是説從沙洲調往瓜州鎮守的王康七等十人在城陷敗逃至沙州以後，聽説大軍要東行，仍想獲得運輸工具及弓箭等武器裝備，隨軍東征，希望上級批准。

（二）正誤校

夢見戈（閣）高樓上，貴。（S. 2222**《解夢書·市章》，《解夢書校録研究》**205**頁**）

夢見死人者戈堂，得財。（P. 3281**背** + P. 3685**背《周公解夢書一卷·器服章》，《解夢書校録研究》**220**頁**）

第一條，鄭炳林注：“劉録於戈後有‘上’，誤。又校‘戈，閣

① 王使臻、王使璋、王惠月：《敦煌所出唐宋書牘整理與研究》，西南交通大學出版社2016年版，第175頁。

② （清）顧藹吉編：《隸辨》，中華書局1986年影印康熙五十七年項氏玉淵堂刻本，第155頁。

③ （明）張自烈：《正字通》子集，《續修四庫全書》，上海古籍出版社2002年影康熙二十四年秀水吴源起清畏堂刊本，經部，第234册，第42頁。

④ （宋）司馬光：《涑水記聞》卷12，《文淵閣四庫全書》，台灣商務印書館1986年影印版，子部，第1036册，第425頁。

⑤ （宋）蘇軾：《上執政乞度牒賑濟及因修廨宇書》，《東坡全集》卷76，《文淵閣四庫全書》，台灣商務印書館1986年影印版，集部，第1108册，第227頁。

之誤。' P. 3908 號："夢見宫室樓店，大吉。……夢見上樓閣者，得官'。戈高樓上，疑作'上高樓閣'。"第二條，鄭炳林曰："劉校曰：'戈，"擱"之誤。'按此章'器服'，故'戈'不應校作'擱'。"[①]第一條夢語，《英藏敦煌社會歷史文獻釋録》第11卷認同鄭炳林的校録[②]。無論是校"戈"作"閣""擱"，還是校作"戈高樓上""上高樓閣"，均不確切。"擱"爲"閣"的後起俗字，"閣"本有放置義。唐張鷟《游仙窟》："十娘則唤桂心，並呼芍藥，與少府脱韡履，疊袍衣，閣襆頭，掛腰帶。"[③]"閣襆頭"即放下襆頭。後"閣"增旁作擱。但"擱"字在唐五代時期尚未産生。所以若是認爲"戈堂"爲"擱置堂中"之意，當校爲"閣堂"。閣，《廣韻》古落切，見母，鐸韻；古禾切，見母，戈韻。二者雖然聲母相同，但一爲宕攝開口一等入聲韻字，一爲果攝合口一等陰聲韻字。韻母並不相近。雖然唐五代方言中一些入聲韻字消失入聲韻尾後變成了陰聲韻字。但"在唐五代還不是一種普遍的現象，當時入聲還能完整地保存它的體系"[④]。羅常培也把鐸韻歸入鐸攝，爲［-k］韻尾的入聲字。[⑤]没有證據證明"閣"已經失落韻尾變成了"戈"的同音字。所以校"戈"爲"閣"是可疑的。

至於鄭炳林先生認爲"夢見死人者戈堂，得財"在《器服章》，因此"戈"不應出校，此説也是不對的。這句話明顯文意不通。雖然此章名爲《器服章》，但是很多條目與器服無關。"夢見食犬肉，諍訟。夢見妻飲酒肉，吉。夢見飲酒肉，天雨。夢見夫妻相拜，應别離。夢見哀泣，有慶賀事。夢見身死，長命。夢見大醉，［憂病］。"

---

① 鄭炳林：《敦煌寫本解夢書校録研究》，民族出版社2005年版，第213、230頁。

② 郝春文主編：《英藏敦煌社會歷史文獻釋録》，社會科學文獻出版社2014年版，第11卷，第353頁。

③ 汪辟疆校録：《唐人小説》，上海古籍出版社1978年版，第31頁。

④ 周大璞：《敦煌變文用韻考（續完）》，《武漢大學學報》（人文科學版）1979年第5期。

⑤ 羅常培：《唐五代西北方音》，國立中央研究院歷史語言研究所1933年版，第120頁。

可以看出，這些條目與飲食、死亡、夫妻相關，而與器服無關。

疑“戈”當爲“過”之音誤字。戈、過《廣韻》均可讀古禾切，音同可通。敦煌文獻二字多有通借者。S. 5444、S. 5451、S. 5553、S. 5669、S. 5965、S. 6726、P. 2876、P. 3398、P. 3497 等《金剛般若波羅密經》皆題據“西川過家真印本”而抄，但 S. 5544 作“戈家真印本”。P. 3257《後晉開運二年寡婦阿龍等口分地案牒》：“其義成地分賜進君，更不迴戈。”其中“戈”字，劉敬林認爲“戈”是“過”的借音字，“迴過”爲“回轉”“回還”之意，是。[①] 但“夢見戈（過）高樓上”“夢見死人者戈（過）堂”，“過”若理解爲“經過”義，“人經過高樓上”，“死人經過堂中”文意也不很順暢。“過”當不是經過之意，而是至、到達之義。《吕氏春秋》卷 10《異寶》：“伍員過於吴，使人求之江上，則不能得也。”高誘注：“過猶至也。”[②]《漢書》卷 43《賈逵傳》：“一歲中以往來過它客，率不過再過。”顔師古注：“率計一歲之中，每不過再過至。”[③] 過、至同義連文。《全唐詩》卷 344 韓愈《過襄城》：“郾城辭罷過襄城，潁水嵩山刮眼明。”[④] 明馮夢龍《夢磊传奇·翁婿敘情》：“甥女見勢頭不好，一時間不知逃過那裡去了。”[⑤] 上二例“過”亦均爲“至”義。“過堂”在典籍中也多爲“到堂”義。進士及第後由主司帶領至都堂謁見宰相，叫過堂。五代王定保《唐摭言》卷 3《慈恩寺題名遊賞賦詠雜記》：“進士及第過堂後，便以騾從，車服侈靡之極。”[⑥] 僧衆到齋堂用食也叫過堂。日本道忠無著甫輯《禪林象器箋》卷 9《叢軌門》：“上僧堂喫食，亦云過堂。”“維那先送首

① 劉敬林：《敦煌文牒詞語校釋》，《敦煌學輯刊》2003 年第 1 期。

② （戰國）吕不韋等：《吕氏春秋》10《異寶》，《文淵閣四庫全書》，台灣商務印書館 1986 年影印版，子部，第 848 册，第 347 頁。

③ （漢）班固著，（唐）顔師古注：《漢書》，中華書局 1962 年點校版，第 7 册，第 2114—2115 頁。

④ （清）彭定求等：《全唐詩》，中華書局 1979 年標點本，第 10 册，第 3856 頁。

⑤ 魏同賢主編：《馮夢龍全集·墨憨齋定本傳奇》，鳳凰出版社 2007 年版，第 11 册，第 802 頁。

⑥ （五代）王定保：《唐摭言》卷 3《慈恩寺題名遊賞賦詠雜記》，《文淵閣四庫全書》，台灣商務印書館 1986 年影印版，子部，第 1035 册，第 715 頁。

座，入鉢位，次接都寺，送鉢位，首座都寺，掛鉢過堂。”[①] 可見這兩種情況的“過堂”，“過”均取“至”之意。敦煌文獻亦有用例。P. 3595《蘇武李陵執別詞》：“於是泣啼相送，漸過峻溪（浚稽）。”“過峻溪（浚稽）”即“至峻溪（浚稽）”。夢見死人在夢書中一般爲吉兆。S. 2222《解夢書・雜事章》：“夢見父母亡，富貴。”傳世版《周公解夢》之《哀樂病死歌唱》：“見人死自死皆吉。”P. 3908《新集周公解夢書・生死疾病章》：“夢見死人却活，主貴。”《夢林玄解》卷 11《夢占・政事部・喪葬》“死人”條：“大凡夢見死人，喜利居多。”[②] 若是死人與棺槨相連則更爲得財、得官之吉兆。S. 2222《解夢書・塚墓章》：“夢見棺中死人，得財。”P. 3908《塚墓棺槨篇》：“夢見棺木中人語，得財。”S. 2222《解夢書・塚墓章》：“夢見身人棺，遷進，吉。”S. 620《解夢書・塚墓棺槨篇》：“夢見死人棺槨在堂，得財。”概因棺槨又名棺材，與官、財諧音，所以夢語中夢見棺槨常有得官、得財之説。而“夢見死人者戈（過）堂”（夢見死人至堂）與死人相關，如果是死人在棺槨内，更是與棺槨有關，所以有得財之説。《夢林玄解》卷 14《夢占・什物部・喪禮》：“舁棺至堂吉。”[③] 而樓閣爲高大的象徵，有步步高升之意，所以夢見樓閣也爲吉兆。P. 3908《新集周公解夢書・樓閣傢俱錢帛章》：“夢見上樓閣者，得官。”“夢見戈（過）高樓上，貴”，即“夢見至高樓上”，也爲顯貴的吉兆。

夢見帶（戴）冠佩者，大富貴。（ДX. 10787《解夢書》，《解夢書校録研究》257 頁）

鄭炳林校“帶”爲“戴”[④]。但“帶”字自有“戴”義，不必出校。“帶”本指系在腰間的帶子。後引申指佩戴、穿戴。《戰國策》卷 8《齊策一》：“齊地方二千里，帶甲數十萬。”[⑤] “帶”即爲穿戴

① 藍吉富主編：《大藏經補編》，華宇出版社 1984 年標點版，第 19 册，第 340 頁。
② （宋）邵雍：《夢林玄解》卷 11《夢占・政事部》，明崇禎刻本。
③ （宋）邵雍：《夢林玄解》卷 14《夢占・什物部》，明崇禎刻本。
④ 鄭炳林：《敦煌寫本解夢書校録研究》，民族出版社 2005 年版，第 257 頁。
⑤ （漢）劉向集：《戰國策》，上海古籍出版社 1985 年版，上册，第 337 頁。

義。也可用在戴冠、戴帽上面，用同戴。P. 3595《蘇武李陵執别詞》："且見李陵，身卦（掛）胡裘，頂帶胡帽，脚跢赤荆。"《太平廣記》卷234《食》"尚食令"條："坐飲茶一甌便起出廳，脱衫靴，帶小帽子，青半肩。"① 金代無名氏：《劉知遠諸宫調·君臣弟兄子母夫婦團圓》："欲帶金冠，争奈髮污齊眉，難爲擐得，怎帶金冠?"② "帶"均用同"戴"。冠佩爲古代官員的配飾，故夢語中出現斷爲吉兆。

夢見從高向下，吏失任（位），凶。（P. 3990**《解夢書·船車遊行死騰篇》，《解夢書校録研究》**291 **頁**）

鄭炳林注："任，作‘位’。本卷此條有脱誤。"③

按："任"可通，不應校作"位"。鄭炳林此校是依據S. 620《解夢書》。S. 620、P. 3990《解夢書》内容大致相同，爲同一種解夢書的不同版本。S. 620《解夢書》此條夢語作"夢見從高處向下，吏失位，凶"。但是"任"本有官職、職務義。《國語》卷1《周語》："夫晉侯非嗣也，而得其位，亹亹怵惕，保任戒懼，猶曰未也。"韋昭注："任，職也。"④ 典籍習見用例。《晉書》卷46《劉頌傳》："隨才授任，文武並敍。"⑤ 唐韓愈《奉和虢州劉給事使君三堂新題二十一詠序》："劉兄自給事中出刺此州，在任逾歲。"⑥《宋史》卷264《盧多遜傳》："數年，普子承宗娶燕國長公主女，承宗適知潭州，受詔歸闕成婚禮，未踰月，多遜白遣歸任，普由是憤怒。"⑦ 所以"任"與"位"爲不同版本造成的同義異文，"任"不必校爲"位"。漢王

① （宋）李昉：《太平廣記》卷234《食》，《文淵閣四庫全書》，台灣商務印書館1986年影印版，子部，第1044册，第515頁。

② （金）無名氏：《劉知遠諸宫調》，《中國文學大系》，學海出版社1976年版，第3册，第24頁。

③ 鄭炳林：《敦煌寫本解夢書校録研究》，民族出版社2005年版，第293頁。

④ （三國吴）韋昭注：《國語》，中華書局1978年標點版，上册，第38—39頁。

⑤ （唐）房玄齡：《晉書》，中華書局1974年點校本，第5册，第1295頁。

⑥ （宋）廖瑩中：《東雅堂昌黎集注》卷9《律詩》，《文淵閣四庫全書》，台灣商務印書館1986年影印版，集部，第1075册，第167頁。

⑦ （元）脱脱等：《宋史》，中華書局1977年點校本，第26册，第9118頁。

符《潛夫論》卷7《夢列》："凡察夢之大體，清潔鮮好，貌堅［體］健，竹木茂美，宮室器械新成，方正開通，光明温和，升上向興之象，皆爲吉喜，謀從事成。諸臭汙腐爛，枯槁絶霧，傾倚徵邪，劓刖不安，閉塞幽昧，解落墜下，向衰之象，皆爲計謀不從，舉事不成。"[①] 所以夢見從高向下有"吏失任（或吏失位）"的占斷之辭。

（三）正断句错误

夢見男子陰雲，大吉。（ДХ. 10787《解夢書》，《解夢書校録研究》258頁）

關於"陰雲"，鄭炳林先是認爲其包含兩層含義，一是指男根；二是指男女房事[②]。但可能又覺得不妥當，故在《解夢書校録研究》去掉了相關解説，不作解釋。

"陰"可指男女生殖器。《史記》卷85《吕不韋列傳》："（吕不韋）私求大陰人嫪毐以爲舍人。"[③] 清蒲松齡《聊齋志異》卷2《巧娘》："生一子，名廉。甚慧，而天閹，十七歲，陰裁如蠶。"[④] 二例"陰"字均指男子生殖器。"雲"可作爲雲雨的省略形式，代指男女歡愛之事。南唐馮延巳《菩薩蠻》："驚夢不成雲，雙蛾枕上顰。"[⑤] 但"陰雲"連用多用於形容天氣，並不能指男子生殖器或男女歡愛之事。如果理解成指男根和男女歡愛之事，此條應斷爲"夢見男子陰、雲，大吉"。不過"雲"作爲"雲雨"的省稱一般出現在詩詞中，是爲了文辭簡練和用典。而解夢書一般面向的是普通老百姓，語言大多俚俗、直白，關於生老病死及男女之事，一般不做諱飾。比如ДХ. 10787《解夢書》："夢見解與人交，喜辱事。"P. 3908《新集周

① （漢）王符：《潛夫論》卷7，《文淵閣四庫全書》，台灣商務印書館1986年影印版，子部，第696册，第408頁。

② 鄭炳林：《俄藏敦煌文獻ДХ. 10787號〈解夢書〉札記》，《敦煌學輯刊》2003年第2期。

③ （漢）司馬遷撰，（南朝宋）裴駰集解，（唐）司馬貞索隱，（唐）張守節正義：《史記》，中華書局1963年點校本，第8册，第2511頁。

④ （清）蒲松齡：《聊齋志異》，中華書局2004年標點版，上册，第87頁。

⑤ （南唐）李煜：《李煜詞集》，上海古籍出版社2010年標點版，第155頁。

公解夢書·夫妻花粉章》："夢見與女子交，夫（大）力（凶）。"均直言男女交合爲交，在夢書出現"雲"這樣的委婉説法值得懷疑。而且關於夢像中的男女性交，斷辭不一定是吉利的。傳世版《周公解夢》："與婦人交有邪祟。"《夢林玄解》卷11《夢占·政事部·姤孕》"姤合"條："與婦交者凶，與男人交者吉。"[①]《居家必用事類》丙集《夢夫妻産孕交合》："夢與女交，主邪祟。"[②] ДХ. 10787《解夢書》也説："夢見解與人交，喜辱事。"斷辭爲喜事或辱事。

查原卷，"雲"字確實作繁體的"雲"。夢書中天陰爲不祥之兆。P. 3105《解夢書》："夢見天陰雨，身有患。"雲開日出則爲吉兆。傳世版《周公解夢·天地日月星辰》："雲開日出凶事散。"而且本條夢語緊連的下條夢語爲"夢見解與人交，喜辱事"，可推斷本條也應與生殖、交媾有關。所以按照天氣"陰雲"理解確實不合適。疑此繁體"雲"爲"云"之訛字。ДХ. 10787《解夢書》常在占斷之辭前加"云"字，如"夢見吏人録，有神事，云佶命""夢見高飛，憂遠行，云凶，云吉"。此條應斷句爲"夢見男子陰，雲（云）大吉"。由於"陰雲"作爲天氣現象經常連用而致誤。夢見女人陰爲凶兆。《夢林玄解》卷9《夢占·形貌部·陽臀類》"見女人陰户凶"條："夢見女人陰户，凶。占曰陰口張開，脱露無收之象。"[③] 傳世版《周公解夢·夫婦産孕交歡》："見婦人陰，主口舌。"夢見女人陰轉爲男子陰則爲吉兆。《夢林玄解》卷9《夢占·形貌部·陽臀類》"女子陰變爲陽物"條："夢女人陰户變爲陽物，夢此當配良夫，生男子，長成家業，爲女中丈夫。"[④] 可推知夢見男子生殖器應爲吉兆。

古人認爲女子屬陰，男子屬陽，故夢與女子相關一般都代表陰邪之事，爲凶兆，夢與男子相關，則爲吉兆。當然這也是古代男尊女卑

---

① （宋）邵雍：《夢林玄解》卷11《夢占·政事部·姤孕》，明崇禎刻本。

② （元）佚名：《居家必用事類全集》丙集《夢牛馬六畜等物》，《續修四庫全書》，上海古籍出版社2002年影印版，子部，第1184册，第428頁。

③ （宋）邵雍：《夢林玄解》卷9《夢占·形貌部》，明崇禎刻本。

④ 同上。

思想的一種反映。

竊以敦煌胜境，地傑（傑）人奇，每習儒风，皆存禮故（教）。談量幸解言詁（語）美辭，自不能置，須憑衆賴。所以共諸無（英）流，結為壹會。先且欽崇禮曲（典），後乃逐告（吉）追凶。春秋二社舊窺（規），建福三齋本分。應有條流，勒截（載）俱（具）件，壹［壹］別漂（標）。各取衆人義壞（懷）。嚴切丁寧，別列事段。（S. 6537 背《文样・社条》，《社邑輯校》42 頁）

例中"談量"爲談説、談論義，敦煌文獻習見。P. 4995 背《社邑修功德記》："今載初修功德，社人説好談量。麥飯早夜少吃，都來不飲黄湯。" P. 3302 背《長興元年河西度僧統和尚依宕泉建龕一所上樑文》："若説和尚功業，難可談量者矣！"《社邑輯校》以"談量幸解言詁（語）美辭"爲一句，但從上下文來看，句式基本上比較整齊，均爲六字一句或四字一句，以"談量幸解言詁（語）美辭"爲一句，似乎不妥，且下句"自不能置"缺少主語，無法理解。《真跡釋録》第 1 輯（280 頁）據 P. 3730 背斷爲"談量幸解，言語美辭"。但"談量幸解"亦難通。疑此"美辭"當連下讀，應斷爲"談量幸解言語，美辭自不能置"。"幸"有希望義。典籍習見。《漢書》卷 52《灌夫傳》："（竇）嬰乃使昆弟子上書言之，幸得召見。"顏師古注："幸，冀也。"[①]《後漢書》卷 29《鮑永傳》："永離席叩頭曰：'臣事更始，不能令全，誠慚以其衆幸富貴，故悉罷之。'"李賢注："幸，希也。"[②]"解"爲理解之意。"談量幸解言詁（語）"言談論時希望聽懂彼此所説。"美辭自不能置"指華麗的辭藻自己不能（隨意）設置。"須凴衆賴"，"賴"有取得，獲得義。《廣雅・釋詁一》："賴，取也。"[③]《莊子》卷 9《讓王》："若伯夷、叔齊者，其於富貴

---

① （漢）班固著，（唐）顏師古注：《漢書》，中華書局 1962 年點校本，第 2392、2393 頁。

② （南朝宋）范曄：《後漢書》，中華書局 1965 年點校本，第 1018、1019 頁。

③ （三國魏）張揖著，（清）王念孫疏證：《廣雅疏證》卷 1，江蘇古籍出版社 2000 年影印版，第 18 頁。

也，苟可得已，則必不賴。”[①] 北魏賈思勰《〈齊民要術〉序》：“令種紵麻，數年之間，大賴其利，衣履温煖。”[②] 《太平廣記》卷 469《水族六》引唐無名氏《廣古今五行記・晉安民》：“明日，果有大魚，長七八丈，逕來衝網。其人即賴殺之。”[③] “須憑衆賴”，需要依靠衆人才能獲得。

移書長駒，恐藏姦於狡吏，遂得遊民懶婦，歸耕織絹之勤。飽食重衣，蘇鉀生芽之兆。（P. 3276 背《常定政事樓廳》）

王志鵬録爲：“移書長駒，恐藏奸於狡，更遂得遊民懶婦。歸耕織絹之勤。飽食重衣，蘇鉀生芽之兆。”[④] 鍾書林、張磊録爲：“移書長駒，恐藏女妙於狡，更遂得遊民懶婦，織絹歸耕之勤。飽食重衣，蘇鉀生芽之兆。”[⑤] “姦”字，王志鵬録爲“奸”，鍾書林、張磊録爲“女妙”，從字形上看當爲“姦”字。“吏”，二家俱録爲“更”，並認爲應連下讀，但從文意及字形來看“吏”當爲“吏”之訛誤，更、吏俗書常混而不分。《河東先生集》卷 3《斷刑論下》：“魏其，大將也，衣赭，關三木，加連鎖，而致之獄吏。”宋廖瑩中注：“吏，一作更。”[⑥]《文苑英華》卷 422《赦書三》載唐孫逖《開元二十七年册尊號大赦制》：“宜於宗子及嗣王郡王中揀擇有德望者，令攝三公行事，其異姓官更，不須差攝。”注：“更，一作吏。”[⑦]《本草綱目》卷

① （清）郭慶藩：《莊子集釋》，《新編諸子集成》（第 1 輯），中華書局 1961 年標點版，第 4 册，第 998 頁。

② （後魏）賈思勰著，繆啓愉校釋：《齊民要術校釋》，農業出版社 1982 年版，第 3 頁。

③ （漢）揚雄著，（晉）郭璞注：《方言》，《文淵閣四庫全書》，台灣商務印書館 1986 年影印版，子部，第 1046 册，第 451 頁。

④ 王志鵬：《敦煌僧人彦熙生平創作考論》，《敦煌研究》2004 年第 1 期。

⑤ 鍾書林、張磊：《敦煌文研究 與校注》，武漢大學出版社 2014 年版，第 629 頁。

⑥ （唐）柳宗元著，（宋）廖瑩中注：《河東先生集》卷 3《斷刑論下》，宋廖瑩中刻本。

⑦ （唐）孫逖：《開元二十七年册尊號大赦制》，《文苑英華》卷 422《赦書三》，《文淵閣四庫全書》，台灣商務印書館 1986 年影印版，集部，第 1337 册，第 2 頁。

21《草部》"常吏之生"條："《蜀本》：吏作更。"① "狡吏"典籍習見。《文苑英華》卷423《赦書四》載唐武宗《會昌二年四月二十三日上尊號赦文》："方聞本地多被狡吏及豪强平直隱蔽。"② 又《全唐詩》卷608載皮日休《橡媼歎》："狡吏不畏刑，貪官不避贓。"③ 所以此段當斷爲："移晝長駒，恐藏姦於狡更（吏），遂得遊民懶婦，歸耕織絹之勤；飽食重衣，蘇鋽（舒）生芽之兆。"

二　補充校釋

夢見乘使，吉，純，凶。（S. 2222**《解夢書·雜事章》**）

鄭炳林認爲："此條亦有脱誤。"④《英藏敦煌社會歷史文獻釋録》第11卷亦認爲此條有脱誤⑤，但未出校釋。

按：本條夢語位於《雜事章》，但此章中其餘所有條目全部與六畜相關，所以鄭炳林校"雜事"爲"六畜"是有道理的。可推測本條夢語也應與六畜相關。疑此"使"當校爲"豕"，而"純"當校爲"肫"。使，《廣韻》生母，止韻；豕，書母，紙韻。羅常培認爲唐五代西北方言："跟《切韻》聲類的最大異點：第一，'舌上音'混入'正齒音'；第二，'正齒音'的二三等不分。"⑥ 邵榮芬討論唐五代西北方音中知系字聲母時認爲："漢藏對音莊組除生母和止攝崇母字同章組的書、船、常三母不分以外，其餘大致有分别。"⑦ 而根據黎新第最新研究成果，在敦煌文獻中，生、書代用例頗多，所以他認爲：

① （明）李時珍：《本草綱目》，中醫古籍出版社1994年據金陵版點校本，第607頁。

② 唐武宗：《會昌二年四月二十三日上尊號赦文》，《文苑英華》卷423《赦書四》，《文淵閣四庫全書》，台灣商務印書館1986年影印版，集部，第1337册，第15頁。

③ （清）彭定求等：《全唐詩》，中華書局1979年標點本，第18册，第7019頁。

④ 鄭炳林：《敦煌寫本解夢書校録研究》，民族出版社2005年版，第217頁。

⑤ 郝春文主編：《英藏敦煌社會歷史文獻釋録》（第11卷），社會科學文獻出版社2014年版，第354頁。

⑥ 羅常培：《唐五代西北方音》，國立中央研究院歷史語言研究所1933年版，第16頁。

⑦ 邵榮芬：《敦煌俗文學中的别字異文和唐五代西北方音》，《中國語文》1963年第3期。

"莊組聲母中的擦音聲母已與章、知組聲母合併，但塞擦音聲母仍舊保存。""併入章組聲母的並不限於已經變讀擦音的止攝崇母和禪母，生母的確也應當包括在内。"① 以上幾位先生在章組、莊組聲母在唐五代西北方言中的分合上意見雖然有異，但是可以看出，他們都認同莊組生母已經同章組聲母合併，所以我們有理由推測分屬生母（莊組）、書母（章組）的使、豕二字聲母相同，而唐五代西北方音中支、脂、之、微四韻已經合併，使、豕二字語音相同，可通用。"肫"可指小豬仔，爲"豚"之異體字。《方言》卷8："豬，其子或謂之豚。"②《廣韻·魂韻》："豚，豕子。"③《集韻·魂韻》："豚，《説文》小豕也。或作豘、豘，通作肫。"④"肫"在敦煌解夢書中有用例。S. 620《豬羊篇》："夢見煞豬肫者，凶。"在古代常把豕與豚並列對舉。《墨子》卷5《非攻上》："至攘人犬、豕、雞、豚者，其不義又甚入人園圃竊桃李，是何故也？"⑤《三國志》卷16《魏書·杜畿傳》："漸課民畜牸牛、草馬，下逮雞、豚、犬、豕，皆有章程。"⑥ 明羅僑《東川羅先生潛心語録》卷9《論事》："牛、羊、鵞、鴨、雞、豚、犬、豕、魚、鱉之類，使其自生自育，固仁矣。"⑦ 純、肫形似而訛。在夢書中夢到大的動物與小的動物吉凶往往不同。S. 620《解夢書·魚鱉篇》："夢見大魚，凶；小魚，吉。"S. 620《解夢書·雜蟲篇》："夢見小蟲，吉；大蟲，凶。"所以騎豕與騎豚，占斷不同。

---

① 黎新第：《對幾組聲母在五代西北方音中表現的再探討》，《語言研究》2015年第1期。

② （漢）揚雄著，（晉）郭璞注：《方言》，《文淵閣四庫全書》，台灣商務印書館1986年影印版，經部，第221册，第332頁。

③ 余乃永：《新校互注宋本廣韻》，上海辭書出版社2000年版，第119頁。

④ （宋）丁度等：《集韻》卷2，上海古籍出版社1985年影宋述古堂本，上册，第142頁。

⑤ （清）孫詒讓：《墨子閒詁》，中華書局2001年版，上册，第128頁。

⑥ （晉）陳壽撰，（南朝宋）裴松之注：《三國志》卷16《魏書·杜畿傳》，中華書局2011年點校本，第2册，第496頁。

⑦ （明）羅僑：《東川羅先生潛心語録》卷9《論事》，《續修四庫全書》，上海古籍出版社2002年影印版，經部，第938册，第24頁。

夢見六畜共人語，得行有六（吉）。（S. 2222**《解夢書·雜事章》，《解夢書校録研究》**207 **頁）**

按，六與吉音、形皆不近，校爲“吉”恐不妥當。此“六”當爲“禄”的音誤字。六、禄《廣韻》同屬力竹切，來母屋韻，音同可通。P. 3990、S. 620《解夢書·六畜篇》：“夢見六畜共人言語，大吉。”可見夢見六畜共人言語爲吉兆。有禄，敦煌解夢書習見。ДX. 10787《解夢書》：“夢見膿汙衣，有禄。”P. 3990、S. 620《解夢書·六畜篇》：“夢見爲馬所，作福有禄。”S. 2222《解夢書·雜事章》：“夢見被馬交（咬），有禄。”有禄即有官禄、有俸禄，亦爲吉兆。“得行”前疑脱“事”字。

夢見吏人録，有神事，云佶命。（ДX. 10787**《解夢書》，《解夢書校録研究》**258 **頁）**

“神事”，鄭炳林認爲意義不明，未做解釋。《國語》卷5《魯語下》：“天子及諸侯合民事于外朝，合神事於内朝；自卿以下，合官職於外朝。”韋昭注：“神事，祭祀也。内朝在路門内也。”① 在夢書中出現應指祭祀鬼神禳災的活動。敦煌夢書中又稱“解事”“解神”“解”等。S. 620《解夢書·豬羊篇》：“夢見爲犬咬，解事。”《魚鱉篇》：“夢見吴公（蜈蚣）咋人，解神，不吉。”又《鬼魅軍旅污辱篇》：“夢見大病，先人欲解。”“解”可指禳除、向鬼神祈禱消災。《莊子》卷2《人間世》：“故解之以牛之白顙者，與豚之亢鼻者，與人有痔病者，不可以適河。”郭象注：“巫祝解除，棄此三者，必妙選騂具，然後敢用。”② 其他傳世夢書也有夢像中爲犬吠、犬咬，而斷辭爲須解神禳災的相似記載。元佚名《居家必用事類全集》丙集《夢牛馬六畜等物》：“夢犬咬人，鬼來求食。”③ 傳世版《周公解夢·牛馬豬羊六畜》：“犬

① （三國吴）韋昭注：《國語》，中華書局1978年標點版，上册，第204頁。

② （清）郭慶藩：《莊子集釋》，《新編諸子集成》（第1輯），第1册，中華書局1961年標點版，第177—178頁。

③ （元）佚名：《居家必用事類全集》丙集《夢牛馬六畜等物》，《續修四庫全書》，上海古籍出版社2002年影印版，子部，第1184册，第431頁。

吠主鬼來求食。"《夢林玄解》卷3《夢占·地理部·田園》"入園門犬吠"條："占曰吠犬嘮嘮，驚阻奸邪之象，夢者主有野鬼相侵，須祀祖解禳爲吉。"[①] S. 620《解夢書·捕禁刑罰篇》："夢見吏人禄有神事者了"，鄭炳林斷爲"夢見吏人，禄有神事者了"[②]，《英藏敦煌社會歷史文獻真跡釋録》第3卷與鄭點斷相同。按此正與"夢見吏人録，有神事，云佶命"相近，且在《捕禁刑罰篇》，當斷作"夢見吏人禄（録），有神事者了"，意思是夢見吏人捕録自己，進行解神禳災活動可消除災禍。"了"即了斷災禍之義。本條中"佶命"當校爲"吉命"。

古人在天災人禍面前常常感到無能爲力，於是許多古人採取祈禱的方式來禳除災禍。《禮記》卷14《祭法》："山林川谷丘陵能出雲，爲風雨，見怪物，皆日神。有天下者祭百神。"[③]《周禮》卷3《地官·黨正》："國索鬼神而祭祀。"[④]"索鬼神"即祭祀祈禱禳災。敦煌文獻中也記載了許多禳災活動。P. 4640背《歸義軍己未至辛酉年布紙破用曆》："（庚申年六月）二日，壤（禳）送蝗蟲錢財粗紙一帖。"S. 4400《太平興國九年（984年）二月廿一日歸義軍節度使敦煌王曹延禄鎮宅文》："謹擇良月吉日，依法備朱書符，清酒雜果。乾魚鹿肉……敬祭於五方上帝、土地陰公、山川百靈一切諸神。"敦煌夢書斷詞中出現的這些"神事""解神""解事"等也反映了唐五代敦煌地區祭祀禳災活動的普遍性。

夢見腹中，得貴人力，或敕。（ДХ. 10787《解夢書》，《解夢書校録研究》258頁）

鄭炳林認爲"敕"意義不明[⑤]。從整條解夢語的斷辭來看，當爲

---

① 《夢林玄解》卷3《夢占·地理部·田園》，明崇禎刻本。

② 鄭炳林：《敦煌寫本解夢書校録研究》，民族出版社2005年版，第269頁。

③ （漢）鄭玄注，（唐）孔穎達疏：《禮記注疏》卷46，（清）阮元校刻《十三經注疏》，江蘇廣陵古籍出版社1995年影印版，下册，第1588頁。

④ （漢）鄭玄注，（唐）賈公彦疏：《周禮註疏》，（清）阮元校刻《十三經注疏》，江蘇廣陵古籍出版社1995年影印版，上册，第718頁。

⑤ 鄭炳林：《敦煌寫本解夢書校録研究》，民族出版社2005年版，第261頁。

吉兆。敕有委任義。杜甫有《秦州見敕目薛三璩授司議郎》詩，清仇兆鰲注："敕，一作除。"並引朱鶴齡："敕目，除官日（目）次也。"① "敕目"即爲委任官員的名單。"或敕"當指可能被委任爲官，即得官義。

類黄汗膠澄於中，貴濯纓而暇袂；況杞梓藤緑於上，益戴霧而連雲。（P. 2605《敦煌郡羌戎不雜德政序》）

"黄汗"，王志鵬在《敦煌僧人彦熙生平創作考論》及《全唐文補遺》第9輯及鍾書林、張磊均録爲"黄汗"而未出校釋。② "黄汗"當校爲"潢汙"。俗體中"于""干"混而不分。"潢汙"又作"潢污"，指集聚不流的水。《左傳·隱公三年》："筐筥錡釜之器，潢汙行潦之水，可薦於鬼神，可羞于王公。"杜預注："潢汙，停水。"孔穎達引服虔云："畜小水謂之潢，水不流謂之汙。"③ "潢汙"後可比喻小水流。柳宗元《柳州謝上表》："潢汙易竭，抑有朝宗之願。"④ 宋陳思：《和閤運使以詩見獎吏隱宜春郡》："自笑潢汙不盈尺，猶將學海去滔滔。"⑤ "膠"指阿膠。古人有用阿膠澄清濁水的説法。晉葛洪《抱朴子·外篇》卷1《嘉遁》："寸膠不能治黄河之濁。"⑥ 北周庾信《哀江南賦》："敝箄箄不能救鹽池之鹹，阿膠不能止黄河之濁。"⑦ 宋沈括《夢溪筆談》卷3《辯證》："東阿亦濟水所經，取井

---

① （清）仇兆鰲輯注：《杜詩詳註》，中華書局1999年標點版，第2册，第633頁。

② 王志鵬：《敦煌僧人彦熙生平創作考論》，《敦煌研究》2004年第1期；吴鋼：《全唐文補遺》，三秦出版社2007年標點版，第9輯，第136頁；鍾書林、張磊：《敦煌文研究與校注》，武漢大學出版社2014年版，第688頁。

③ （晉）杜預注，（唐）孔穎達疏：《左傳注疏》卷3，（清）阮元校刻《十三經注疏》，江蘇廣陵古籍出版社1995年影印版，下册，第1723頁。

④ （唐）柳宗元撰，（宋）童宗説等音釋：《柳河東集注》，《文淵閣四庫全書》，台灣商務印書館1986年影印版，集部，第1076册，第784頁。

⑤ （宋）陳思：《和閤運使以詩見獎吏隱宜春郡》，《兩宋名賢小集》卷87，《文淵閣四庫全書》，台灣商務印書館1986年影印版，集部，第1362册，第865頁。

⑥ （晉）葛洪：《抱樸子》，《四部叢刊初編》，上海商務印書館影印魯藩刊本，子部，542册。

⑦ （北周）庾信：《哀江南賦》，《周書》卷41《庾信傳》，《文淵閣四庫全書》，台灣商務印書館1986年影印版，史部，第263册，第758頁。

水煮膠，謂之‘阿膠’，用以攪濁水則清。”[①]“潢汙膠澄”當喻指水清，故下句接“貴濯纓”。“濯纓”語出《孟子》。《孟子》卷7《離婁上》：“滄浪之水清兮，可以濯我纓。滄浪之水濁兮可以濯我足。”[②]後用“水清濯纓”“亂世濯足”比喻治世則仕進，亂世則隱退。《梁書》卷34《張緬傳》：“逢濯纓之嘉運，遇井汲之明（明）時。”[③]“逢濯纓之嘉運”指遇清明治世。“暇袂”不辭，疑“暇”當爲“投”之形訛。“投袂”指奮發有所作爲。《左傳·宣公十四年》：“楚子聞之，投袂而起。”[④]《宋書》卷68《劉義宣傳》：“主上神武英斷，群策如林，忠臣發憤，虎士投袂，雄騎布野，舳艫蓋川。”[⑤]“類黄汗膠澄於中，貴濯纓而暇袂”整體是説遇清明治世當奮發有所作爲。

牒：某乙五翳面牆一方，未僧（曾）盜家之禄。得樓高流喘己，捫心未曾失禮。昨社人商量，修營小供，意在延上官録。呈表中懷，未擬思設衆人尊卑。一季揆昨營造已乞（訖），社官不來，某乙佇立街衢，支迎重涉，社官已緣事不至，某乙是不能覆會。諸公雜然破匪，仰攝疏唯，何謂反罪小人時不□（P. 2358《社牒稿》，《社邑輯校》723頁）

從文意來看，《社邑輯校》的録文有許多扞格不通之處。

五翳面牆一方：“翳”有遮蔽之意。《楚辭》卷1《離騷》：“百神翳其備降兮。”王逸注：“翳，蔽也。”[⑥]“五翳”原爲佛教用語，指

① （宋）沈括撰，胡道静校注：《新校正夢溪筆談》，中華書局香港分局1975年版，第44頁。

② （漢）趙岐注，（宋）孫奭疏：《孟子注疏》卷7，（清）阮元校刻《十三經注疏》，江蘇廣陵古籍出版社1995年影印版，下册，第2719頁。

③ （唐）姚思廉：《梁書》卷34《張緬傳》，《文淵閣四庫全書》，台灣商務印書館1986年影印版，史部，第260册，第293頁。

④ （晉）杜預注，（唐）孔穎達疏：《左傳注疏》卷24，（清）阮元校刻《十三經注疏》，江蘇廣陵古籍出版社1995年影印版，下册，第1886頁。

⑤ （南朝梁）沈約：《宋書》卷68《劉義宣傳》，《文淵閣四庫全書》，台灣商務印書館1986年影印版，史部，第258册，第308頁。

⑥ （漢）王逸：《楚辭章句》卷1，《文淵閣四庫全書》，台灣商務印書館1986年影印版，集部，第1062册，第12頁。

五種遮蔽眼目的東西。宋智圓述《涅盤玄義發源機要》卷2："五翳者，煙、雲、塵、霧、修羅手。"（T38p28a）佛典習見。南朝陳真諦譯《四諦論》卷1《分別苦諦品》："如熱時日解脱五翳，盛光普照。"（T32p382b）後秦竺佛念譯《出曜經》卷30《梵志品》："猶如月盛滿，清浄無瑕穢無有五翳。衆星圍繞放大光明，靡所不照。"（T4p771c）唐釋道世《法苑珠林》卷117《法滅篇·述意部》："則五翳有除昏之期，三明有逾光之日也。"（T53p1005a）"面牆"始見於《尚書》。《尚書》卷11《周官》："不學牆面，莅事惟煩。"孔安國傳："人而不學，其猶正牆面而立，臨政事必煩。"孔穎達疏："人而不學，如面向牆無所覩見，以此臨事，則惟煩亂不能治理。"① 後以"面牆"比喻因不學習而見識淺薄。漢蔡邕《表太尉董公可相國》："（邕）新來入朝，不更郎承，攝省文書，其由靣（面）牆。"②《後漢書》卷61《左雄傳》："郡國孝廉，古之貢士，出則宰民，宣協風教。若其面牆，則無所施用。"③ "五翳面牆"形容人學識淺陋，是自謙之詞。唐道綽《安樂集》卷下："余五翳面牆，豈寧自輒！但以遊歷披勘，敬有師承。"（T47p14b）若校爲"五翳面牆一方"則明顯説不通。

末僧："僧末"原卷實作"末僧"。"末"猶言淺薄、卑微。《廣韻·末韻》："末，弱也。"④《周易·咸》："咸其脢，志末也。"孔穎達疏："末，猶淺也。"⑤《吕氏春秋》卷18《精諭》："淺智者之所争則末矣。"高誘注："末，小也。"⑥ 又常用作自謙之詞。司馬遷《報

① （漢）孔安國傳，（唐）孔穎達疏：《尚書注疏》卷18，（清）阮元校刻《十三經注疏》，江蘇廣陵古籍出版社1995年影印版，上册，第236頁。

② （漢）蔡邕：《表太尉董公可相國》，《蔡中郎文集》卷8，《四部丛刊初編》，上海商務印書館影印明蘭雪堂活字本，集部，第583册。

③ （南朝宋）范曄：《後漢書》，中華書局1965年點校本，第7册，第2020頁。

④ 余乃永：《新校互注宋本廣韻》，上海辭書出版社2000年版，第485頁。

⑤ （魏）王弼注，（唐）孔穎達疏：《周易注疏》卷4，（清）阮元校刻《十三經注疏》，江蘇廣陵古籍出版社1995年影印版，上册，第47頁。

⑥ （漢）高誘注：《吕氏春秋》卷18《精諭》，《文淵閣四庫全書》，台灣商務印書館1986年影印版，子部，第848册，第427頁。

任少卿書》："向者，僕常厠下大夫之列，陪外廷末議。"南朝梁江淹《從建平王游紀南城》："恭承此嘉惠，末官至南荆。"[①]《陳書》卷33《儒林傳·沈不害》："臣末學小生，詞無足算。""末僧"在這裡亦應是自謙之詞。"五翳面牆一方"的"一方"應連下讀，"一方末僧"猶言"一個地方卑微的小僧人"。

盜家之録："盜"應爲"濫"，趙家棟已校[②]。"盜家"之"盜"原卷字跡模糊，"家"原卷作"蒙"。"之録"應校爲"齒録"。"齒録"指記録、收録，"齒"有"録"義。《禮記》卷4《王制》："屏之遠方，終身不齒。"鄭玄注："齒猶録也。"[③]《新唐書》卷126《盧懷慎傳》："臣請以贓論廢者，削跡不數十年，不賜收齒。"[④]"齒録"當"收録、記録"講，典籍習見。隋吉藏《金剛般若疏》卷3："佛常以佛眼觀此經卷，若受持者則爲佛護念，爲如來之所齒録。"（T33p106a）唐道宣《續高僧傳》卷5《法朗傳》："（法）朗稟性疎率，不事威儀，聲轉有聞義解傳譽，集注涅槃勒成部帙，而言謔調笑不擇交遊，高人勝己見必齒録，並卒於天監中。"（T50p460b）元王惲《題戒》："汝曹固當思其所尚，求其所當重者，充類至義之盡，昭然使身名齒録於賢士夫之行，曰此則某之孫也，則某之甥也。"之，《廣韻》止而切，章母，之韻；齒，《廣韻》昌里切，昌母，止韻，音近可通。"蒙齿録"典籍習见。《魏書》卷99《盧水胡沮渠蒙遜傳》："前後奉表，貢使相望……未審津塗寇險，竟不仰達，爲天朝高遠，未蒙齒録？"[⑤]宋衛涇《辭免被召申省劄辭赴闕狀》："豈意罪逆餘生，尚蒙齒録，甫臨吉月，猥頒詔旨，仰戴恩私，非某隕首所

① （南朝梁）江淹：《從建平王游紀南城》，《江文通集》卷4，《文淵閣四庫全書》，台灣商務印書館1986年影印版，集部，第1063册，第782頁。

② 趙家棟：《敦煌文獻疑難字詞研究》，博士学位论文，南京師範大學，2011年。

③ （漢）鄭玄注，（唐）孔穎達疏：《禮記注疏》卷13，（清）阮元校刻《十三經注疏》，江蘇廣陵古籍出版社1995年影印版，上册，第1342頁。

④ （宋）歐陽修：《新唐書》，中華書局1975年標點版，第14册，第4417頁。

⑤ （北齊）魏收等：《魏書》，中華書局1974年點校本，第6册，第2204頁。

能報。”①

得樓高流喘己，捫心未曾失禮：“樓”當爲“棲”字，趙家棟已校②。“喘己”應連下讀，即“喘己捫心”。“喘己”不辭，當爲“揣己”。《説文・手部》：“揣，量也。”③“揣己”即估量自己。韓愈《上考功崔虞部書》：“是以勞思長懷，中夜起坐，度時揣己，廢然而返。”④唐道宣《廣弘明集》卷21《法義篇》：“甘露妙典先降殊恩，揣己循愚不勝慶荷，不任頂戴之至。”（T52p251c）“捫”指摸、按、撫摸。慧琳《一切經音義》卷4《大般若波羅蜜多經》卷350“捫摩”條：“《聲類》：捫，摸也。”（T54p328a）“捫心”指撫摸胸口，表示反省，典籍習見。“揣己捫心”連用，表示反省自己。

延上官録：“官録”爲三官、録事的省稱形式，敦煌文獻習見。P. 2767背《釋門文範》：“惟官録等並是别宗昆季，追朋十室之間；異族弟兄，托交四海之内。”S. 5561《文様・社齋文》：“唯官録已下合邑人等，並是晉昌勝族，九郡名流，故能結異宗兄弟。”S. 6114《文様・社邑願文》：“惟官録等並是别宗昆季，追朋十室之間；異族弟兄，托交四海之内。”“延上”疑即“延上坐”的省略形式。《史記》卷8《高祖本紀》：“於是沛公起，攝衣謝之，延上坐。”⑤宋陳仁子《牧萊脞語》卷6《山南尹氏茅亭記》：“户外屨滿，虚左延上坐，磊落道古今成敗得失。”⑥“延上”又可與“坐”分開。《太平廣記》卷351《鬼三十六》引唐・張讀《宣室志》：“大中五年，檢校郎中知鹽鐵河陰院事李重罷職，居河東郡。被疾，旬日益甚，沉然在

① （宋）衛涇：《辭免被召申省劄》，《後樂集》卷14，《文淵閣四庫全書》，台灣商務印書館1986年影印版，集部，第1169册，第660頁。

② 趙家棟：《敦煌文獻疑難字詞研究》，博士学位论文，南京師範大學，2011年。

③ （漢）許慎：《説文解字》卷12，汲古閣本。

④ （唐）韓愈：《上考功崔虞部書》，《東雅堂昌黎集注》外集注卷2，《文淵閣四庫全書》，台灣商務印書館1986年影印版，集部，第1075册，第495頁。

⑤ （漢）司馬遷撰，（南朝宋）裴駰集解，（唐）司馬貞索隱，（唐）張守節正義：《史記》，中華書局1963年點校本，第2册，第358頁。

⑥ （宋）陳仁子：《山南尹氏茅亭記》，《牧萊脞語》卷6，《續修四庫全書》，上海古籍出版社2002年影印清初影元抄本，集部，第1320册，第296頁。

榻。一夕，告其僕曰：‘我病不起矣。’即令扃鍵其門。忽聞庭中率然有聲，重視之，見一人衣緋，乃河西令蔡行己也。又有一人，衣白疊衣在其後。重與行己善，即驚曰：‘蔡侍御來。’因命延上，與白衣者俱坐。頃之，見行己身漸長，手足口鼻亦隨而大焉。細視之，乃非行己也。”① 明張萱《西園聞見録》卷 31《考察》：“附啓以納交，少有私聞即專書以馳告，見必留飲，坐必延上，叙賓主之禮，而結兄弟之歡矣。”② “延上官録”即“邀請官録坐首位、坐上位”之意。

未擬思設衆人尊卑。一季揆昨營造已乞（訖）：“思”應爲“私”之借字。二者在敦煌文獻中屢相通借。日本龍谷大學藏本《悉達太子修道因緣》：“太子即上彩樓上，便思發願。”思，S. 2352 作“私”。P. 2653《燕子賦》：“至門外，良久立聽。正聞雀兒，窟裡語聲。雀兒云：‘昨夜夢惡，今朝眼瞤，若不私鬥，却被官嗔。’”私，P. 2491 作“思”。從整篇《社牒稿》來看，寫這篇牒狀的僧人當爲齋會組織者或負責人之一，“昨社人商量，修營小供，意在延上官録”説明在齋會上請三官録事坐首席是衆人商量的結果，所以此處説“未擬思設衆人尊卑”，僧人並没有自己私下設置衆人的尊卑。“季”字查原卷有涂抹痕跡，當已删掉。“一”疑爲衍文。

支迎重涉：原卷爲“支迎重涉出”。“支迎”當爲“祇迎”，即敬迎。祇，《廣韻》旨夷切，章母脂韻。支，《廣韻》章移切，章母支韻。唐五代西北方音脂支之微合併，二者音同。S. 2717《鎮宅文》：“白桂滿室，祇荆鵲而不窮；紫金盈階，布祇園而匪盡。”祇，《願文集》（656 頁）校爲“枝”，是。“枝”有分散義，與下文“布（分佈）”正相對。《周易》卷 8《繫辭下》：“將叛者其辭慙，中心疑者其辭枝。”孔穎達疏：“中心於事疑惑，則其心不定，其辭分散，若

---

① （宋）李昉：《太平廣記》卷 234《食》，《文淵閣四庫全書》，台灣商務印書館 1986 年影印版，子部，第 1045 册，第 513 頁。

② （明）張萱：《西園聞見録》卷 31《考察》，《續修四庫全書》，上海古籍出版社 2002 年影印民國哈佛燕京學社本，子部，第 1169 册，第 7 頁。

閒枝也。"[①] 支、枝《廣韻》均屬“章移切”。“祇迎”傳世典籍習見。唐崔致遠《考功蔣泳郎中》:“許垂訪别，專冀祇迎。伏惟眷私，幸賜鑒察。"[②]《太平廣記》卷194《聶隱娘》:“召衙將，令來日早至城北候一丈夫、一女子，各跨白黑衛至門，遇有鵲前噪，丈夫以弓彈之不中，妻奪夫彈，一丸而斃鵲。揖之曰：‘吾欲相見，故遠相祇（祇）迎也。’"[③]《舊唐書》卷121《懷恩傳》:“陛下以臣與其姻婭，令至太原祇迎，一切事宜，許臣逐便處置。"[④] 敦煌文獻亦見用例。P. 3702《兒郎偉驅儺文》:“朔方安下總了，沙州善使祇迎。比至正月十五，毬場必見喜聲。”然“祇迎重涉出”亦不辭[⑤]，疑當中有衍文。“涉”“出”俱與“步”字易混訛。“涉”“步”典籍中常混用。清陳熙晉《駱臨海集箋注》卷5《久客臨海有懷》:“欲知凄斷意，江上步安流。”箋注：“步，一作涉。"[⑥] 宋廖瑩中《東雅堂昌黎集注》卷31《碑誌・柳州羅池廟碑》:“宅有新屋，步有新船。”注：“步，或作涉。"[⑦] 清王琦《李太白集注》卷24《瑩禪師房觀山海圖》:“如登赤城裡，揭涉滄洲畔。”注：“（涉），繆本作步。"[⑧]“步”“涉”分别爲“步”“涉”的俗體字。《正字通・止部》:“步，步俗從少作步。"[⑨] 而“出”“步”俗體亦形近易訛。《文苑英華》卷152載南朝

① （魏）王弼注，（唐）孔穎達疏：《周易注疏》卷8，（清）阮元校刻《十三經注疏》，江蘇廣陵古籍出版社1995年影印版，上册，第90頁。

② （唐）崔致遠：《考功蔣泳郎中》，《全唐文》後附《唐文續拾》，山西教育出版社2002年版，第7册，第6431頁。

③ （宋）李昉：《太平廣記》卷194《聶隱娘》，《文淵閣四庫全書》，台灣商務印書館1986年影印版，子部，第1044册，第284頁。

④ （後晉）劉昫：《舊唐書》，中華書局1975年點校本，第11册，第3484頁。

⑤ “出”字若連下讀，“出社官已緣事不至”明顯不能成立。

⑥ （清）陳熙晉箋注，中華書局上海編輯所編輯：《駱臨海集箋注》，中華書局1961年重排標點本，第182頁。

⑦ （宋）廖瑩中：《東雅堂昌黎集注》卷31《碑誌・柳州羅池廟碑》，《文淵閣四庫全書》，台灣商務印書館1986年影印版，集部，第1075册，第411頁。

⑧ （清）王琦：《李太白集注》卷24《瑩禪師房觀山海圖》，《文淵閣四庫全書》，台灣商務印書館1986年影印版，集部，第1067册，第436頁。

⑨ （明）張自烈：《正字通》辰集，《續修四庫全書》，上海古籍出版社2002年影康熙二十四年秀水吴源起清畏堂刊本，經部，第234册，第581頁。

梁劉孝綽《望月有所思》："秋月始纖纖，微光垂出簷。"注："出，《類聚》作步。"[①] 清嚴可均《全上古三代秦漢三國六朝文》卷 46："開不周而出車兮，出九野之夷泰。"注："出，一作步。"[②] 俗書"山""止"易混，"步"俗體上部有作"山"者。《干禄字書·去聲》："步岁，並上俗下正。"[③]"岁"與"出"形似易訛。疑此"重涉出"，"涉"字本欲寫"步"而誤爲"涉"，其後欲改爲"步"但又誤爲"出"，所以應爲"支（衹）迎重步"。"重"又疑爲"衆"之音訛字。S. 236《禮懺文一本》："若欲懺悔者，端坐觀實相，重罪如霜露，慧日能消除。"《英藏敦煌社會歷史文獻釋録》第 1 卷校"重"爲"衆"[④]，是。此段話《普賢觀經》《法苑珠林》等佛經均有記載，均作"若欲懺悔者，端坐觀實相，衆罪如霜露，慧日能消除"。重，《廣韻》柱用切，用韻，澄母；众，《廣韻》之仲切，送韻，章母。二者，聲母一屬知組，一屬章組，唐五代西北方音中知、章兩組聲母合併，韻母一屬鐘韻，一屬東韻三等，音近可通。衆、重傳世典籍亦見通用的例證。唐虞世南《北堂書鈔》卷 50《設官部二》："漢名臣奏議曰：張禹奏：臣聞天有三光以成其化，方今三公之官不備，丞相獨綱領天下，萬事最重多，明不盡獨見，誠非一人之所作也。"注："今案陳俞本議作事，重作衆，餘同。"[⑤] 典籍習見"迎×步"的記載。《全唐詩》卷 58 李嶠《春日游苑喜雨應詔》："園樓春正歸，入苑弄芳菲。密雨迎仙步，低雲拂御衣。"[⑥]"仙步"本指仙人的步履，這裡特指天子的脚步。宋江公望《又題玉泉菴三首》其二："落崖碧

---

① （南朝梁）劉孝綽：《望月有所思》，《文苑英華》卷 152，《文淵閣四庫全書》，台灣商務印書館 1986 年影印版，集部，第 1334 册，第 353 頁。

② （三國魏）阮籍：《大人先生傳》，《全上古三代秦漢三國六朝文》卷 46，清光緒二十年黄岡王氏刻本。

③ 施安昌編：《顔元孫書〈干禄字書〉》，紫禁城出版社影故宫博物院拓本，第 47 頁。

④ 郝春文等：《英藏敦煌社會歷史文獻釋録》，科學出版社 2001 年版，第 1 卷，第 348 頁。

⑤ 《北堂書鈔》卷 50《設官部二》，清光緒十四年萬卷堂刻本。

⑥ （清）彭定求等：《全唐詩》，中華書局 1979 年標點本，第 3 册，第 696 頁。

水支流去，隔竹黄鸝相應鳴。飛絮落花迎野步，細風輕暖爽人情。”①宋韓琦《御製後苑賞花釣魚奉聖旨次韻》：“花簇香亭萬朵開，琱輿高自九闕來。輕陰閣雨迎天步，寒色留春送壽杯。”②“天步”指天子的脚步。“衆步”指衆人的脚步。典籍有記載。明徐日久《隲言》卷6《有司》：“甲長即豎鎗植立，衆步齊止，視其位置不差，衆目齊齊，顧瞻甲長者爲合式。”③“某乙佇立街衢，支迎重涉”指“自己站在街上，敬迎衆人”。

仰攝疏唯：原卷“仰”字處有涂抹痕跡，當已删除，右側補一“明”字。“疏唯”當爲“疏遺”。“唯”“遺”《廣韻》均爲“以追切”，音同可通。敦煌文獻有二者通用之例。S. 2199《咸通六年（865年）沙州尼靈惠唯書》：“尼靈惠唯書……並對諸親，遂作唯書，押署爲驗。”“唯書”即“遺書”。“疏遺”指疏忽遺漏。唐司馬貞《〈史記索隱〉序》：“初欲改更舛錯，裨補疏遺，義有未通，兼重注述。”④

所以這篇牒狀應當校録爲：**牒：某乙五翳面牆，一方末僧。濫蒙之（齒）録，得棲高流。喘（揣）己捫心，未曾失禮。昨社人商量，修營小供，意在延上官録。呈表中懷，未擬思（私）設衆人尊卑。揆昨營造已乞（訖），社官不來，某乙佇立街衢，支（祗）迎重（衆）涉（步）。社官已緣事不至，某乙是不能覆（複?）會。諸公雜然破匪，明攝疏唯（遺），何謂反罪小人？時不□**

諸佛見劫濁未清，告輪不息，法雖無得，緣則常慈，大聲隨穎而必告，兩稱物皆洽志（至）聖之作，豈其者哉云云。惟諸公等並俊楗烈，盛德標奇，有負左（佐）時之財（才），有懷濟代之量。乃相謂

---

① （宋）江公望：《又題玉泉菴三首》其二，（宋）董弅《嚴陵集》卷6，《文淵閣四庫全書》，台灣商務印書館1986年影印版，集部，第1348册，第574頁。

② （宋）韓琦撰，李之亮、徐正英箋注：《安陽集編年箋注》，巴蜀書社2000年標點版，上册，第348頁。

③ （明）徐日久：《隲言》卷6《有司》，明崇禎刻本。

④ （漢）司馬遷撰，（南朝宋）裴駰集解，（唐）司馬貞索隱，（唐）張守節正義：《史記》，中華書局1963年點校本，第10册，後附《史記索隱序》第7—8頁。

曰：夫盆者，三友宜合契一志，雖構世網之内，而慮出於骸之外，遂葺現生之津路，望來報之資糧，互習六齋，修（循）環累月，今兹會者，即興□歟？惟齋主公宿植善緣，早知因果，敬信□（恒）懷，崇重無掇（輟），所願國安人泰，家吉社宜，是以便（遍）舍彌（珍）修，今（令）之引供，於是云云。願獲功德身，成善提路，拔煩□之災，作解脱堅牢之果云云。（S. 4992 背《文樣·願文》，《願文集》141 頁）

□佛見劫（潔）濁未清，若輪轉而不息，法雖無得，緣則常慈大，聲隨類而必＿＿＿物而皆洽。志聖之作，豈註也哉？然此會齋主某公長跪持蘆（爐）＿＿＿為在坐合邑諸官尞（僚）等抱願功德之作崇設。惟諸公等，□□挺烈，盛德標奇，有負佐時之才，有懷濟代之量。乃相謂曰：夫益者□□，合契一志。雖居世網之内。而慮出形體之外，遂胥現生之津路，聚來□□互習，六齋旬（循）環累月，今兹會者，即其事歟。惟齋主某公宿善口知因果，敬信為念，崇重居懷。所願國安人泰，家吉社宜。是以徑舍珍口之引，供於是（釋）釋（氏）廷（庭）宇儼尊容，蘆（爐）焚海岸香，供烈（列）天厨撰。相此殊夫何以加，先用莊嚴。合邑諸公等，惟願獲功德身，成菩提心，拔煩惱生死之口，解脱堅宰之果，又持是福。[次] [用] 莊嚴，坐端齋主，惟願身安體固同山嶽□福益命，增等靈泉而不竭，闔家大小，並報（保）清宜，遠近支羅，咸蒙吉慶，□□法界，並施無鹽（邊），沐此盛因，咸登覺道。（S. 8178《文樣·社齋文》，《社邑輯校》587—588 頁）

從内容上看，這兩段文字有很多重合之處，S. 4992 背應是 S. 8178 的節略版本。但這兩段文字《願文集》及《社邑輯校》的標點及録文均有許多問題。下面主要以《願文集》對 S. 4992 背的校録來校正一下其中的問題。S. 4992 背未見而 S. 8178 多出的按《社邑輯校》校正。

告輪不息：“告”當爲“若”之形訛字，S. 8178 作“若輪轉而不息”。

大聲隨穎而必告，兩稱物皆洽志（至）聖之作：《願文集》：“原文此上二句疑有訛誤，俟考。”（145頁）按此段並無訛誤。“穎”原卷作“𩒗”，S. 8178作“𩒗”，《社邑輯校》録作“類”，是。“𩒗”亦應爲“類”。“類”字下部“米”下“八”連筆作一横，“犬”缺點筆即爲“𩒗”。佛教有“隨類”教化的说法。北齊那連提耶舍譯《大寶積經》卷62《阿修羅王授記品》：“佛以一音演说法，衆生隨類各得解。”（T11p361b）唐不空譯《仁王護國般若波羅蜜多經》卷上《觀如來品》：“復次無生忍菩薩，謂遠行地不動地善慧地，能斷三障色心習氣，而能示現不可説身，隨類饒益一切衆生。”（T8p836c）陳義孝《佛學常見詞彙》“隨類”條：“隨類，佛菩薩隨著衆生的種類而現形垂教。”[①] 又可説成“隨類遍告”。唐玄奘譯《瑜伽師地論》卷37《威力品》：“廣音具足者，謂佛菩薩所説化語其聲廣大，隨其所樂無量種類，天龍藥叉健達縛，阿素洛揭路荼緊捺洛牟呼洛伽，聲聞菩薩人非人等，健達縛，阿素洛揭路荼緊捺洛牟呼洛伽，聲聞菩薩人非人等，無量衆會，一踰繕那皆悉充滿，以妙圓音隨類遍告，又隨所樂小千世界二千世界三千世界，乃至十方無量無數諸世界中，若近若遠所有衆會，以妙圓音隨類遍告，於此聲中出種種音，爲諸衆生，説種種法，隨其所應各得義利。”（T30p493b）

“兩稱物皆洽”原卷“物”後有“而”字。“兩”疑應爲“雨”，“雨”“兩”俗書常混。“雨”可比喻教導之言，教誨之言。唐道宣《廣弘明集》卷20《法義篇》載南朝梁簡文帝《上大法頌表》：“躬紆尊極，降宣至理，澤雨無偏，心田受潤。”（T52p240a）“稱”指符合、相稱。典籍習見。“雨稱物而皆洽”指教化之言符合萬事萬物。“志（至）聖之作”應連下讀，“志”不當校爲“至”，“志聖之作”

① 陳義孝：《佛學常見詞彙》，文津出版社1988年版，第336頁。

即記録聖人聖言的作品。

豈其者哉云云："其"當爲"欺"的音訛字。S. 8178 作"豈詿也哉"。"詿"有欺騙義。《廣雅·釋詁二》："詿，欺也。"[①]《漢書》卷 99《王莽傳上》："即有所閒非，則臣莽當被詿上誤朝之罪。"[②]

惟諸公等並俊楗烈：《願文集》："原文此句當有脱字，俟考。"（145 頁）"楗"原卷作"揵"，S. 8178 作"[扌迋]"，《社邑輯校》録爲"挻"，不确。"揵""[扌迋]"並當是"挺"的俗字。"[扌迋]"右部作"迋"。《干禄字書·去聲》："迋廷，上通下正。"[③]"揵"當又是在"[扌迋]"的基礎上進一步訛變的結果。"挺烈"典籍習見。佚名《魏故直寢奉車都尉汶山侯吐谷渾璣墓誌》："叡德齊凝，輝彰挺烈，性和仁茂，重明峻發。"[④] 北齊佚名《李伯憲墓誌》："柱下道德，氣分表于隆周；將軍挺烈，鴻名振於炎漢。"[⑤]"烈"有光明、輝煌義。《六臣注文選》卷 11 載魏何晏《景福殿賦》："烈若鉤星在漢，焕若雲梁承天。"李善注："言宫殿烈然光明，若鉤星之在河漢。"[⑥]"挺"有"突出、傑出"義。《三國志》卷 20《魏志·武文世王公傳論》："爲法之弊，一至於此乎？"裴松之注引《魏氏春秋》載宗室曹冏上書曰："賴光武皇帝挺不世之姿，禽王莽於已成，紹漢嗣於既絶。"[⑦]《晉書》卷 1《宣帝紀論》："宣皇以天挺之姿，應期佐命。"[⑧]"挺烈"指輝煌傑出，與下文"標奇"意義類似。"標奇"

---

① （三國魏）張揖著，（清）王念孫疏證：《廣雅疏證》卷 2，江蘇古籍出版社 2000 年影印版，第 70 頁。

② （漢）班固著，（唐）顔師古注：《漢書》，中華書局 1962 年點校本，第 12 册，第 4071 頁。

③ 施安昌編：《顔元孫書〈干禄字書〉》，紫禁城出版社影故宫博物院拓本，第 56 頁。

④ 趙超：《漢魏南北朝墓誌彙編》，天津古籍出版社 1992 年標點版，第 90 頁。

⑤ 賈振林：《文化安豐》，大象出版社 2011 年版，第 289 頁。

⑥ （三國魏）何晏：《景福殿賦》，《六臣注文選》卷 11，《四部叢刊初編》，上海商務印書館影宋本，集部，1899 册。

⑦ （晉）陳壽撰、（南朝宋）裴松之注：《三國志》卷 20《魏志·武文世王公傳論》，中華書局 2011 年點校本，第 2 册，第 591、594 頁。

⑧ （唐）房玄齡：《晉書》，中華書局 1974 年點校本，第 1 册，第 21 頁。

也可某一方面突出，超出常人。唐杜謙《晉故太原郡小娘子幢記》："小娘子素質標奇，芳容挺秀，眉纖柳翠，臉潤花紅。"① 後梁宣帝《滑時賦》："彼云夢之舊都，乃標奇於昔者。"宋高宗《文宣王及其弟子贊·顔無繇》："人誰無子，爾嗣標奇，行爲世范，學爲人師。"② "俊挺烈"與"盛德標奇"相對，"俊"後有闕文，可補成"俊傑挺烈"。

夫盆者，三友宜合契一志："盆"原卷作"[illegible]"。S. 8178 作"[illegible]"，《社邑輯校》録作"益"，是。"[illegible]"亦當爲"益"的草體俗字。此句標點應爲"夫益者三友，宜合契一志"。"益者三友"典出《論語》卷 8《季氏》。

雖構世網之内：原卷作"[illegible]"，S. 8178 作"[illegible]"，並當是"拘"的俗字。P. 4640《翟家碑》："既世網而不拘，易相菩提之路。"

即興□歟、敬信□（恒）懷：原卷分别作"即其事歟""敬信爲懷"。

是以便（遍）舍彌（珍）修，今（令）之引供，於是云云："彌"原卷作"[illegible]"，當録爲"珎"，爲"珍"之俗字。《玉篇·玉部》："珎，同珍。"③ "珍修"當即"珍羞"，修、羞同屬《廣韻》息流切，音同可通。"引"原卷作"[illegible]"，當爲"列"之俗字。S. 8178 原卷作"[illegible]"，S. 8178"供烈天廚撰"，"烈"原卷作"[illegible]"，上部與"[illegible]""[illegible]"類似。"是以便（遍）舍彌（珍）修今（令）之引供於是云云"標點應爲"是以便（遍）舍彌（珍）修（羞），今（令）之列供，於是云云"，"列供"即"供列"，陳列供奉。

釋（氏）廷（庭）宇：此句僅見於 S. 8178。趙家棟認爲"釋"

---

① 吴鋼主編：《全唐文補遺》，三秦出版社 2000 年標點版，第 7 輯，第 189 頁。

② （宋）潛説友：《咸淳臨安志》卷 11，浙江省地方志編纂委員會編《宋元浙江方志集成》，杭州出版社 2009 年標點版，第 11 册，第 416 頁。

③ （南朝梁）顧野王著，（宋）陈彭年等重修：《宋本玉篇》卷 1，中國書店 1983 年據張氏澤存堂本影印，第 17 頁。

爲“拭”，爲清潔之義，可備一説。[①] 今謂“釋”疑當爲“飾”之借字。飾，《廣韻》賞職切，書母，職韻。釋，《廣韻》施隻切，書母，昔韻。唐五代西北方音職韻、昔韻已合流。“飾庭宇”，敦煌文獻有用例。上圖 060《亡考並社邑》：“是日也，飾庭宇，儼尊容，金爐焚海岸之香，玉饌下天廚之味。”

拔煩□之災：“□”原卷作“[illegible]”，爲“惱”之俗體。惱，《集韻·皓韻》：“惱，或作惱。”[②]

相此殊夫何以加：此句僅見於 S. 8178。“相”當爲“想”之訛字。“殊”後當有脱漏。疑脱“勝”字。S. 2146《布薩文等》：“故使虔虔一志，諷誦金剛，濟濟僧尼，宣揚般若，想此殊勝，夫何以加？先用莊嚴，護世四王，龍神八部，願使威光盛，福力增，使兩軍齊威，戎北伏款。”于淑健認爲“殊勝”爲同義連文，有美好、優美義。[③]“想此殊勝”中“殊勝”應特指美好的福因，與“勝福”義同。P. 2341 背《亡考文》：“總思（斯）勝福，夫何以加？先用莊嚴，亡靈所生魂路，舍不堅身，得金剛體，神遊浄域，識托寶方。”“總思（斯）勝福，夫何以加”與“想此殊勝，夫何以加”正類似。

願身安體固同山嶽□福益命，增等靈泉而不竭：此句僅見於 S. 8178。按《社邑輯校》所點斷，語義不暢，“願身安體固同山嶽□（而）□（無）□（窮），福益命增等靈泉而不竭”。

所以兩段分别應校録爲：

諸佛見劫濁未清，告（若）輪不息，法雖無得，緣則常慈，大聲隨類而必告，雨稱物而皆洽。志聖之作，豈其（欺）者哉云

① 趙家棟：《敦煌文獻疑難字詞研究》，博士学位论文，南京師範大學，2011 年。

② （宋）丁度等：《集韻》卷 6，上海古籍出版社 1985 年影宋述古堂本，上册，第 403 頁。

③ 于淑健：《敦煌佛典語詞和俗字研究——以敦煌古佚和疑僞經爲中心》，上海古籍出版社 2012 年版，第 260—262 頁。

云。惟諸公等並俊［傑］挺烈，盛德標奇，有負左（佐）時之財（才），有懷濟代之量。乃相謂曰：夫益者三友，宜合契一志，雖拘世網之內，而慮出於骸之外，遂葺現生之津路，望來報之資糧，互習六齋，修（循）環累月，今茲會者，即其事歟？惟齋主公宿植善緣，早知因果，敬信為懷，崇重無掇（輟），所願國安人泰，家吉社宜，是以便（遍）舍玢（珍）修（羞），今（令）之列供，於是云云。願獲功德身，成菩提路，拔煩惱之災，作解脱堅牢之果云云。（S. 4992 背）

□佛見劫濁未清，若輪轉而不息，法雖無得，緣則常慈，大聲隨類而必□，□□物而皆洽。志聖之作，豈註也哉？然此會齋主某公長跪持蘆（爐）________為在坐合邑諸官（寮）僚等抱願功德之作崇設。惟諸公等，□□挺烈，盛德標奇，有負佐時之才，有懷濟代之量。乃相謂曰：夫益者□□，合契一志。雖拘世網之內，而慮出形體之外，遂茸（葺）現生之津路，聚來□（報）□（之）□（資）□（糧），互習六齋，旬（循）環累月，今茲會者，即其事歟？惟齋主某公宿［植］善□（緣），□（早）知因果，敬信為念，崇重居懷。所願國安人泰，家吉社宜。是以徑舍珍□（羞），□（令）之列供，於是釋（飾）廷（庭）宇，儼尊容，蘆（爐）焚海岸香，供烈（列）天廚撰。相（想）此殊［勝］，夫何以加？先用莊嚴，合邑諸公等，惟願獲功德身，成菩提心，拔煩惱生死之□，解脱堅牢之果，又持是福。［次］［用］莊嚴，坐端齋主，惟願身安體固，同山嶽□（而）□（無）□（窮）；福益命增，等靈泉而不竭，闔家大小，並報（保）清宜，遠近支羅，咸蒙吉慶，□□法界，並施無盡（?），沐此盛因，咸登覺道。（S. 8178）

第二節　敦煌非經文獻疑難字詞研究的辭書學價值

一　補充未收條目

【蘇□（舒）】

遂得遊民懶婦，歸耕織絹之勤。飽食重衣，蘇□生芽之兆。（P. 3276 背《常定政事樓廳》）

“□”，王志鵬，鍾書林、張磊俱録爲“鉡”而無校①，“□”當爲“舒”的俗字。“予”字俗書作“𠄔”，“⼕”中增一横筆作“彐”，上又增“丷”，丨筆貫通全部横筆，故有“□”這樣的俗體。“蘇舒”即復蘇、舒展之意，典籍常用來形容擺脱困境、恢復生機和活力。唐薛融《請停營作疏》：“今天下黎民，莫非疲弊。天下州縣，靡不凋殘。加以率斂頻仍，徭役重疊，尤宜撫恤，俾遂蘇舒。”② 五代後蜀杜光庭《羅天普告詞》：“存亡開度，動植蘇舒。誓傾忠孝之誠，仰副神明之鑒。”③ 後周太祖《賜青州敕》：“朕臨御已來，安民是切，務除疾苦，俾逐蘇舒。”④ “蘇舒”一詞，《大詞典》等大型辭書均未載，可補。

【恩泰】

（1）承大夫恩泰，衣食復得充身命。聞大軍東行，心則萬里不退。（S. 4622 背《先情願鎮守瓜州人户馮訥崙略王康七等十人狀》）

（2）社内正月建福一日，人各税粟壹斗、燈油壹盞，脱塔印砂，

---

① 王志鵬：《敦煌僧人彦熙生平創作考論》，《敦煌研究》2004 年第 1 期；鍾書林、張磊：《敦煌文研究與校注》，武漢大學出版社 2014 年版，第 629 頁。

② 周紹良主編：《全唐文新編》，吉林文史出版社 2000 年標點版，第 4 部第 4 册，第 10703 頁。

③ （五代後蜀）杜光庭：《羅天普告詞》，《廣成集》卷 9，《文淵閣四庫全書》，台灣商務印書館 1986 年影印版，集部，第 1084 册，第 653 頁。

④ 周紹良主編：《全唐文新編》，吉林文史出版社 2000 年標點版，第 1 部第 2 册，第 1388 頁。

一則報君王恩泰，二乃以（與）父母作福。（S. 527**《顯德六年**（952**年）正月三日女人社再立條件》**）

從上下文來看，二例中的“恩泰”即恩情、恩惠。古人常用高山比喻恩情之深重。《文選》卷26載晉潘岳《河陽縣作二首》：“微身輕蟬翼，弱冠忝嘉招。”李善注：“岳弱冠舉秀才。曹植表曰：‘身輕蟬翼，恩重丘山。’”① 《文選》卷37載晉陸士衡《謝平原内史表》：“施重山岳，義足灰沒。”唐李善注：“葛龔《讓州闢》文曰‘恩重山岳’。言君之義，我身如灰之滅不足報也。”② 庾信《謝滕王集序啓》：“溟池九萬里，無踰此澤之深；華山五千仞，終愧斯恩之重。”③ 南朝陳徐陵《在北齊與楊僕射書》：“存其形魄，固已銘兹厚德，戴此洪恩，譬渤海而俱深，方嵩華而猶重。”④ 而作爲五岳之首的泰山在山岳地位中又自不同。《公羊傳・僖公三十一年》：“有能潤於百里者，天子秩而祭之。觸石而出，膚寸而合，不崇朝而遍雨乎天下者，唯泰山爾。”⑤ 泰山因爲能“不崇朝而遍雨乎天下”（不過一個早晨的時光就能遍雨天下），而受到人們更高級别的推崇，古代皇帝的封禪儀式一般在泰山舉行。用泰山比喻恩澤在文獻中很多見。如駱賓王《上郭贊府啓》：“雖滄溟遠量，敢不愧於牛涔；而嵩岱洪恩，終曾酬於蟻蛭。”⑥ 岱即泰山别名。宋范仲淹《出守桐廬道中十絶》其二：“君恩

---

① （晉）潘嶽《河陽縣作二首》，《六臣注文選》（14）卷26，《四部叢刊初編》，上海商務印書館影印上海涵芬樓藏宋本，集部，1907册。

② （晉）陸士衡：《謝平原内史表》，《六臣注文選》（17）卷37，《四部叢刊初編》，上海商務印書館影印上海涵芬樓藏宋本，集部，1912册。

③ （南朝北周）庾信：《謝滕王集序啓》，《庾子山集》卷8《啓》，《文淵閣四庫全書》，台灣商務印書館1986年影印版，集部，第1064册，第554頁。

④ （南朝陳）徐陵：《在北齊與楊僕射書》，（南朝陳）徐陵撰，（清）吴兆宜箋注《徐孝穆集箋注》卷2，《文淵閣四庫全書》，台灣商務印書館1986年影印版，集部，第1064册，第835頁。

⑤ （漢）何休注，（唐）徐彦疏：《公羊傳注疏》卷12，（清）阮元校刻《十三經注疏》，江蘇廣陵古籍出版社1995年影印版，下册，第2263頁。

⑥ （唐）駱賓王：《上郭贊府啓》，《骆丞集》卷3，《文淵閣四庫全書》，台灣商務印書館1986年影印版，集部，第1065册，第481頁。

泰山重，爾命鴻毛輕。”[①] 現在仍有“恩重如泰山”的説法。“恩泰”應是“恩重泰山”“恩如泰山”的縮略形式，縮略的動因是追求駢偶效果。“恩泰”，敦煌文獻中僅找到兩例，傳世典籍未見，應爲當時的新生詞語。《大詞典》等大型辭書均未載，可補。

二 補充未收義項

【撮】

右員定、員奴、員集，雖是同母兄弟，為貧鄙，三個於人邊寄貸，今被員奴、員集口承新鄉，三人債負停頭分張已定，其他去後債負仁（仍）追撮員定分料，舍一口子、城外園舍、地三畝，更寸壟不殘。（P. 3501《後周顯德元年押衙安元進等牒稿》）

此段言安員奴、安員定、安員集本爲三兄弟，後員奴、員集落户他鄉，三個人之前的債主都找留下來的安員定討要債務。其中“追撮”當爲討取、索要義。“追”有“討要”義，典籍習見。“撮”與“追”在此爲同義連文，“撮”亦爲索取、討要義。“撮”本義爲用手指持取。《説文・手部》：“撮，兩指撮也。”[②]《玉篇・手部》：“撮，三指取也。”[③] 引申爲“持取”義。慧琳《一切經音義》卷 53 於隋達摩笈多譯《起世因本經》卷 2《欝多囉究留品下》“多撮”條注引《字林》云：“撮，取也。”（T54p659c）《廣雅・釋詁三》：“撮，持也。”[④] 後來“撮”又由比較具體的“持取”義引申爲較爲抽象的“索取”“收取”義。傳世典籍多見用於賦税方面的斂取。宋李心傳《建炎以來繫年要録》卷 101：“癸未，殿中侍御史周秘言：‘昨見淮

① （宋）范仲淹：《出守桐廬道中十絶》，《范文正集》卷 3，《文淵閣四庫全書》，台灣商務印書館 1986 年影印版，集部，第 1089 册，第 581 頁。

② （漢）許慎著，（宋）徐鉉校訂：《説文解字》卷 12，汲古閣本。

③ （南朝梁）顧野王著，（宋）陈彭年等重修：《宋本玉篇》卷 6，中國書店 1983 年據張氏澤存堂本影印本，第 119 頁。

④ （三國魏）張揖著，（清）王念孫疏證：《廣雅疏證》卷 3，江蘇古籍出版社 2000 年影印版，第 102 頁。

南州軍相繼乞展放税限，朝廷皆從其請，聞淮南州縣皆有收撮課子之例，夏則撮麥，謂之義麥，冬則撮穀。……今誠欲信朝廷寬恤之令，發州縣官吏之姦，寬百姓輸納之力，則收撮課子，所當嚴禁，昨雖已有旨，收撮牛租不得過兩石，然既已許之收撮，則安能限以石數?'"[①] 清徐松輯《宋會要輯稿·食貨九之二十六》："淮南田土、除諸田依定課子輸納，屯田合官私主分外，其餘不得依前收撮課子，如舊倒牛租之類，亦令一切禁止。"[②] 上二例中"課子"指税銀，"收撮"同義連文。典籍又作"撮收"。《宋史》卷34《孝宗二》："壬寅，蠲两淮归正人撮收课子，淮东巡尉有纵逸归正户口过淮者，夺官。"[③] 有"撮租""撮課"的説法。宋袁燮《龍圖閣學士通奉大夫尚書黄公行狀》："而州縣以財計不充，履畝計粟，謂之撮課，朝廷嘗蠲放矣。"[④] 宋樓鑰《文華閣待制楊公行狀》："光宗時，以皇太子參決庶務，公辭於議事堂，論淮甸撮課，紹興和買，最爲民害。"[⑤] 日本池田温録文部分載《唐開元（728年）西州高昌縣武城鄉人田門孔辭》（龍圖橘文書二六）："被里正更索妻無那分大税錢。無□共妻無那，若有常部田地半畝，□昨蒙併合一户，夫妻即得□被里正撮兩户税錢切急。"[⑥] 王啓濤認爲："作'撮'不辭，應是'攝'字之誤。'攝'，'追討''追回''抓獲'。"[⑦] 王啓濤的觀點不正確，"撮兩户税錢"之"撮"正與"撮租""撮課"之"撮"義同，爲討取、收取義。S. 5818《請處分寫孝經判官安和子狀》："在於行（?）累，負

① （宋）李心傳：《建炎以來系年要録》卷101，中華書局1956年標點版，第1655頁。

② （清）徐松輯，劉琳等點校：《宋會要輯稿·食貨九》，上海古籍出版社2014年點校版，第13册，第6189頁。

③ （元）脱脱等：《宋史》，中華書局1977年點校本，第3册，第653頁。

④ （宋）袁燮：《龍圖閣學士通奉大夫尚書黄公行狀》，《潔齋集》卷13，中華書局1985年標點版，第224頁。

⑤ （宋）楼钥：《文華閣待制楊公行狀》，《攻媿集》卷91，《叢書集成初編》，中华书局1985年標點版，第1241頁。

⑥ ［日］池田温：《中國古代籍帳研究》，龔澤銑譯，中華書局1984年版，第356頁。

⑦ 王啓濤：《中古及近代法制文書語言研究》，巴蜀书社2003年版，第367頁。

衆別行，昨十□□商量致局席設，末兒悉給贊諸蕃判官等，差□著酒半甕，至今不與。又酒家徵撮。比日已前，手寫大乘，口常穢言不斷，皆是牽萬（挽）翁婆祖父，羞恥耆年。”這段文字中可以看出判官安和子惡行頗多，其中一條就是欠酒家的酒不還，以致“酒家徵撮”，“徵撮”亦爲“索取”“討要”義，“徵”之“討要”義。如：唐韓偓《欲明》：“岳僧互乞新詩去，酒家頻徵宿債來。”① “徵撮”同義連文。“撮”字當“索取”“討要”講，諸字典辭書未載。

【追游】

入社後不得隨意退社，本身若云亡，便須子孫丞（承）受，不得妄説辭理。格例合追遊，直至絶嗣無人，不許遺他枝眷。（S. 6537 背**《文様・社條》**）

右件轉念設齋、放良、捨施所申意者，奉為故慈母，一從掩（奄）世，三載星環，䰟（魂）歸善惡，不知魄牽往於何界。每慮生前積業，只為男女之中，煩惱（惱）纏心，總是追遊九族。中陰之苦，無人得知。（P. 2697**《清泰二年九月比丘僧紹宗迴向疏》**）

上二例“追遊”一詞諸家無釋，從文意來看，當指在父輩、子輩之間繼承、傳播。“追遊”，從前一例中“便須子孫承受”“直至絶嗣無人”等語可以看出，“追遊”是指社邑的規矩在父輩、子輩之間一輩輩傳承下去。後一例“煩惱纏心，總是追遊九族”，指“煩惱”在九族之間追逐遊走，“九族”指“高祖、曾祖、祖父、父親、己身、子、孫、曾孫、玄孫”等。“追遊”，《大詞典》第 10 册（789 頁）收其“尋勝而遊、追隨遊覽”和“追隨遊宦”兩個義項，而“在父輩、子輩之間繼承、傳播”義未見收録，可補。

【地子】

北仰大地並畔地壹畦貳畝，[兄]；尋渠南頭長地子壹畝，弟。北頭長地子兩畦各壹畝，西邊地子，弟；東邊，兄。（P. 2685**《沙州善**

① （唐）韓偓著，陳繼龍注：《韓偓詩注》，學林出版社 2001 年標點版，第 48 頁。

護遂恩兄弟分家契》）

“地子”一詞敦煌文獻常見，如：P. 3155 背《唐天復四年（904年）令狐法性出租土地契》：“其地内，除地子一色，餘有所著差税，一仰地主祇當。地子逐年於官，員子逞（承）納。”又大谷文書4936：“錢三百五十文充郡公廨地子，錢卅五文沽酒，更五文賣（買）醬二百賣（買）草。”鮑曉娜認爲“‘地子’是唐代的一種地税”[①]，是。蔣禮鴻認爲此當“地税”講的“地子”的“子”爲“子息”之義。[②] P. 2685《沙州善護遂恩兄弟分家契》中“南頭長地子”“北頭長地子”等與“畦”“畝”等詞語相連，顯然不是指租税。分家契中“地子”應爲“土地”“田地”之義，“子”爲詞尾。“地子”當“土地”“田地”講爲唐代新興口語詞，傳世典籍未見，諸字典辭書未載。

【藻镜】

恭惟又周之亞夫，一輪藻鏡。（P. 3276 **背《常定政事樓廳》）**

“藻鏡”本指背面刻有魚、藻之類紋飾的銅鏡，因“藻”有品藻義，“鏡”有照察義，古書中多用其品評鑒别的比喻義，作動詞可指評量、鑒定。隋江總《讓尚書僕射表》：“藻鏡官方，品才人物。”[③]作名詞可指考核、評鑒人才的職位。《北史》卷 55《郎基傳》：“子琮簿領見知，及居藻鏡，俱稱尸禄。”[④] 亦可指代品性道德達到一定高度，可爲楷模、典範的人。唐道宣《續高僧傳》卷 10《習禪四本傳》：“（智滿）又往雁門川依瓚禪師，涉緣念慧，瓚（慧瓚）僧中藻鏡，定室羽儀，言行清澄，具如别傳。”（T50p583a）又同書卷 24《護法下正傳》：“詳觀列代數賢，則紹隆之跡可見。藻鏡則日月同

① 鮑曉娜：《唐代“地子”考釋》，鮑曉娜《耕耘集》，中共中央黨校出版社 1998 年版，第 131 頁。

② 蔣禮鴻：《敦煌文獻語言詞典》，杭州大學出版社 1994 年版，第 78 頁。

③ （隋）江總：《讓尚書僕射表》，（明）梅鼎祚編《陳文紀》卷 8，《文淵閣四庫全書》，台灣商務印書館 1986 年影印版，集部，第 1399 册，第 729 頁。

④ （唐）李延壽：《北史》，中華書局 1974 年點校本，第 7 册，第 2017 頁。

仰，清范則高山是欽。”（T50p640c）《大詞典》第9册（625頁）收“藻鏡”條，認爲其義同“藻鑒”，而“藻鑒”条只列動詞“品鑒”義和名詞“考核、評鑒人才的職位”義（625頁），未收其“楷模、典範”義，可補。“輪”在古代漢語中作量詞可指修飾鏡子。《全唐詩》卷656唐羅隱《廣陵秋日酬進士藏泊見寄》：“數尺斷蓬慚故國，一輪清鏡泣流年。”[①]“周之亞夫，一輪藻鏡”是説曹氏統治者勇猛如周亞夫，品德又出衆，堪爲典範。

三 助改字典辭書訛誤

【矜放】

“矜放”一詞在敦煌典籍和傳世文獻中都很常見，《大詞典》第8册（582頁）“矜放”條解釋如下：

> 顧惜寬容。五代後晉劉昫《舊唐書》卷一百八十八《孝友傳·崔衍》：“臣伏見比來諸郡論百姓間事，患在長吏因循不為申請，不詣實，不患朝廷不矜放。”唐劉禹錫《謝恩放先貸斛斗表》：“伏以關輔之間，頻年歉旱。田租既須矜放，公用又不支持。”

《大詞典》所舉的這两个例子用“顧惜寬容”似乎還勉强説得過去，然而考察敦煌文獻和傳世文獻，許多例证用“顧惜寬容”來解釋似乎不太確切。P. 3100《乙巳年十二月寺主道行狀》：“寺主道行狀：右道行差充寺主，已經六七年，勾當寺徒，不曾虧闕，伏望都僧統和尚請別一替，請處分。”這是一道某寺寺主請求准予辭職的表狀，該文書後面附有都僧統的判詞：“寺主自任紀綱，已經數稔，成功益績，課效尤多。今既懇辭，理宜矜放。付寺，徒衆商量差替。”若將

① （清）彭定求等：《全唐詩》，中華書局1979年標點本，第19册，第7542頁。

“理應矜放”理解爲“理應當顧惜寬容”則明顯不合理，從表狀及判詞來看，寺主行爲并無不當之處，而是“成功益績，課效尤多”，怎麽説得上對他“顧惜寬容”?“矜放”明顯是批准其辭職之意。

“矜”有“同情”“憐憫”的意思。《詩·小雅·鴻雁》:“爰及矜人，哀此鰥寡。”毛傳:“矜，憐也。”① “放”當指放免、免除。“矜放”即因同情而放免、免除。

從敦煌文獻及傳世文獻的用例來看，“矜放”的用法主要有以下三種:

（1）因同情而免去債務、徭役、租税等。敦煌文獻中此種用法很多。如BD04698背《翟信子等爲矜放舊年宿債狀及判詞》:“右信子等三人，去甲戌年緣無年糧穜（種）子，遂於都頭高康子面上寄取麥三碩，到當年秋斷作陸碩，其陸碩内填還納壹碩貳斗，亥年斷作玖碩陸斗。於丙子年秋填還内（納）柒碩陸斗，更餘殘兩碩，今年阿［郎］起大慈悲，放其大赦，矜割舊年宿債，其他家乘兩碩，不肯矜放，今信子依理有屈，伏望阿郎仁慈，特賜公憑，裁下處分。”其中“寄取”指借入，此狀文大意是説翟信子等三人從高康子處借了三碩麥，在未還清之前，遇到當時的官員阿郎下令免除舊年債務，“矜割舊年宿債”之“割”應即是“除掉”之義，而“矜放”義與“矜割”義同。

又如S. 4452《開運三年（946年）二月十五日某寺癸卯年直岁保集應入諸司見存斛斗布緤案》:“開運三年丙午歲二月十五日，當寺徒衆就中院算會，癸卯年直歲保集應入諸司斛斗蘇油布緤等，一周年破除外見存:准帳尾麥三石陸斗，欠在保集;准帳尾粟肆碩柒斗，欠在保集;准帳尾油貳斗三升一抄，欠在保集;准帳尾黄麻三碩陸斗，欠在保集;准帳尾豆肆碩貳斗，欠在保集;准帳尾布六尺，欠在保集;准帳尾麥兩［石］六斗、粟兩石七斗，僧正法律徒衆矜放保

① （漢）毛亨傳，（漢）鄭玄箋，（唐）孔穎達疏:《詩經注疏》卷11，（清）阮元校刻《十三經注疏》，江蘇廣陵古籍出版社1995年影印版，上册，第431頁。

集用。”龔元華認爲“僧正法律徒衆矜放保集用”中“矜放”當爲“務放”，爲務必放在之意，不確。①

“矜放”爲傳世典籍、敦煌文獻習見之詞。“矜放保集”之“矜”原卷作“[illegible]”。“矜”草書右部常草寫作“令”，如唐懷素《小草千字文》“矜”作“[illegible]”。“令”右上部“𠆢”變作“夂”即作“[illegible]”。韓小荆《〈可洪音義〉研究——以文字爲中心》收“矜”之異體作“[illegible]”。② P. 3490 背《油破曆》：“油貳斗，衆僧矜放梁户石集子用。”“矜”作“[illegible]”。弟、予、矛俗體中易混，故“矜”之左部又可變作“弟”。P. 2049 背《浄土寺直歲願達牒》：“油壹斗，卯年，衆僧矜放梁户用。”“矜”原卷作“[illegible]”。“僧正法律徒衆矜放保集用”中“[illegible]”字即是“矜”左部作“弟”、右部變作“冬”的結果。“麥兩［石］六斗、粟兩石七斗，僧正法律徒衆矜放保集用”，“麥兩［石］六斗、粟兩石七斗”是寺院放免保集不須還的部分。S. 4452《開運三年（946 年）二月十五日某寺癸卯年直歲保集應入諸司見存斛斗布緤案》：“准帳尾：麥肆石貳斗、粟肆石三斗，伏緣都師造簷，一年周新（辛）苦，和尚及徒衆[illegible]放福信。”龔元華認爲“[illegible]”應爲“務”，不確，此“[illegible]”也應爲“矜”俗字。“矜”之俗字“[illegible]”與“務”字形相近，故俗體中“矜”“務”易混訛。《六臣注文選》卷 20 載南朝宋謝瞻《王撫軍庾西陽集别作》：“方舟析舊知，對筵曠明牧，舉觴矜飲餞，指途念出宿。”李善注：“矜，五臣作務。”③ 清仇兆熬《杜詩詳注》卷 23《清明》：“清明著處繁花矜是日，長沙千人萬人出。”注：“矜，一作務。”④ “[illegible]”作爲“矜”之俗字，是“[illegible]”進一步演變的結果。

除了免除債務的，也有免除科役和租税的。唐張九齡《皇太子納

① 龔元華：《英藏敦煌寫卷俗字字形誤釋考校舉例》，《中國語文》2014 年第 5 期。

② 韓小荆：《〈可洪音義〉研究——以文字爲中心》，巴蜀書社 2009 年版，第 516 頁。

③ （南朝宋）謝瞻：《王撫軍庾西陽集别作》，《六臣注文選》（11）卷 20，《四部叢刊初編》，上海商務印書館影宋本，集部，1904 册。

④ （清）仇兆鰲輯注：《杜詩詳註》，中華書局 1999 年標點版，第 5 册，第 2048 頁。

妃德音》："至彼勿許東西，諸道征行人家及鰥寡惸獨，委州縣長官檢校，矜放差科，使安其業。"① 唐蘇頲《遣王志愔等各巡察本管內制》："其河南河北遭蝗蟲州十分損二以上者，差科雜役量事矜放。"② 以上爲免除科役的例子。S. 4116《庚子年十月廿六日報恩寺徒衆分付牧羊人康富盈羊抄》："其算羊日牧羊人說理，矜放羔子兩口爲定。"唐長孫無忌《唐律疏儀》卷15《廄庫律議》規定："白羊一百口，每年課羔七十口，羖羊一百口，課羔八十口，准此欠數者，爲課不充。"③ 也就是說牧羊人每放一百隻白羊，就要向羊主人交納七十口羊羔子作爲課租，每放羖羊一百口，就要向羊主人交八十口。"矜放羔子兩口"也就是免除兩只羊羔子的課租，向主人少交兩只羊羔子。宋王溥《唐會要》卷59《十一年正月制令比部復舊勑句京兆留府稅租》："又當州或百姓贫穷纳税不逮，須矜放。"④ 以上是免除債務租稅的例子。

（2）（因同情）免去官員（或承擔某種職務的人）職務，即准予辭職之義。敦煌文獻用例，上舉 P. 3100《乙巳年十二月寺主道行狀》"矜放"即爲此種用法。傳世典籍也有用例。明葉向高《續綸扉奏草》卷8《乞休第二十疏》："螻蟻窮困，人猶哀憐，臣卽不敢望諸大臣，但願聖慈比臣於螻蟻而矜放焉，臣不勝激切吁祈之至。"⑤

（3）（因同情）釋放奴婢、宮人等爲自由人。這種情況在敦煌文獻中未見用例。P. 3490 背《油破曆》："油貳斗，众僧矜放梁户石集子用。"乜小紅認爲："石集子的身份是梁户，'矜放'的意思是被憐憫而放免。"⑥ "梁户"指"沙洲寺院油梁的承租人户，油梁即榨油

① 周紹良：《全唐文新編》，吉林文史出版社 2000 年標點版，第 2 部第 1 册，第 3216 頁。

② 同上書，第2840 頁。

③ 岳純之點校：《唐律疏議》，上海古籍出版社 2013 年版，第 231 頁。

④ （宋）王溥：《唐會要》卷 59，中華書局 1955 年標點版，上册，第 1037 頁。

⑤ （明）葉向高：《續綸扉奏草》卷 8《乞休第二十疏》，《續修四庫全書》，上海古籍出版社 2002 年影印中國科學院圖書館藏明刻本，史部，第 482 册，480 頁。

⑥ 乜小紅：《唐五代敦煌音聲人試探》，《敦煌研究》2003 年第 3 期。

坊，承租人户稱捉油梁户，習稱梁户……如同佃户”[①]。“這裏所記的‘矜放梁户石集子’時還給了他‘油貳斗’來看，這位梁户的地位並不高。”[②] 乜小紅認爲“矜放梁户石集子”是解除石集子與寺院的租佃關係，這種理解不確切，此“矜放”當是指免去石集子所欠的債務，即“油貳斗”。敦煌文獻中有梁户向寺院借貸東西的記載。S. 6154《某寺諸色斛斗入破計會》：“油肆斗柒升，在都師願進下樑（梁）户史懷子身上。”從這段話來看，梁户史懷子欠了寺院油柒升。作釋放宫人、奴婢講，傳世文獻有用例。明黄景昉《國史唯疑》卷 8《隆慶、萬曆》：“御史胡涍請矜放宫人，内云：‘唐高不君，則天爲虐。’”[③]

【旅拒】

（1）竊聞風夷畎［夷］之地，獷俗難逃（陶）；辰韓弁韓之鄉，狼心易擾。綿歷既久，職貢靡修，成其㧖（旅）拒之心，熾其飛走之路。（S. 1722**《兔園策府》卷** 1）

（2）自敦煌歸化，向歷八年，歃血尋盟，前後三度，頻招猜（猜）忌，屢發兵戈，豈敢違天，終當致地，彷徨㧖（旅）拒，陷在重圍，進退無由，甘從萬死。（S. 1438 **背《書儀》**）

曾良認爲其中的“旅拒”爲徘徊躕蹰義，其構詞方式與“依違（徘徊）”相同[④]，恐不確切。“旅拒”又作“旅距”，傳世典籍習見用例。漢劉珍《東觀漢記》卷 12《列傳七》：“若大姓侵小民，黠羌欲旅拒，此乃太守事耳。”[⑤] 南朝宋范曄《後漢書》卷 24《馬援列傳》記載與此類似，而“旅拒”作“旅距”。唐李賢注：“旅距，不從之貌。”[⑥] “旅距”即“旅拒”。從李賢的注釋來看，“旅拒（旅

① 季羡林：《敦煌學大詞典》，上海辭書出版社 1998 年版，第 651 頁。

② 乜小紅：《唐五代敦煌音聲人試探》，《敦煌研究》2003 年第 3 期。

③ （明）黄景昉：《國史唯疑》，上海古籍出版社 2002 年標點版，第 240 頁。

④ 曾良：《敦煌文獻字義通釋》，厦門大學出版社 2001 年版，第 101 頁。

⑤ （漢）劉珍：《東漢觀記》卷 12，《文淵閣四庫全書》，台灣商務印書館 1986 年影印版，史部，第 370 册，第 135 頁。

⑥ （南朝宋）范曄：《後漢書》，中華書局 1965 年點校本，第 4 册，第 836—837 頁。

距)”有不順從、抗拒之義。就敦煌文獻中這二例來看，也均爲此義。例（1）言朝廷發兵，敦煌無奈、彷徨地抵抗。例（2）“成其捄（旅）拒之心”是説邊疆地區不向朝廷進貢，有違逆之心。曾良舉了傳世典籍的一些用例來證明“旅拒”有徘徊蹣跚義，但這些例證仔細推敲起來恐怕也是站不住脚的。宋范成大《胭脂井》詩之三：“腰支旅拒更神游，桃葉山前水自流。”① 曾良認爲“腰支旅拒”指“腰肢笨重行動起來不方便，徘徊蹣跚”，而《大詞典》第6册（1586頁）認爲“旅拒”爲“矯健貌”，均不確切。范成大的《胭脂井》詩是一組詠史詩，説的是陳後主與其妃子張麗華的故事。宋阮閲《詩話總龜》卷18《紀實門中》也有類似描述：“因請麗華舞《玉樹後庭花》，麗華辭以拋擲歲久，自井中出，腰肢旅拒，無復往時。”② 張麗華不願跳舞，遂辭以久不跳舞而“腰肢旅拒”，“腰肢旅拒”是説其腰肢久不活動，不聽使喚，所以“旅拒”仍是“不順從、違逆”之義。宋岳柯《山居作報書竟夜有感戲成》：“筆研久荒穢，肩腕仍旅拒。”③ 也是説久不動筆，肩腕不聽使喚。宋江少虞《事實類苑》卷51《苦參損腰》：“予嘗苦腰重，久坐則旅距，十餘步然後能行。”④ 曾良認爲其中“旅距”“言脚笨重蹣跚、搖擺”，不確切，此句言其腰部有病，久坐剛起的話腰部不聽使喚，要走十多步才好。前蜀貫休《冬末病中作》詩之二：“胸中有一物，旅拒復攻擊。向下還上來，唯疑是肺石。”⑤ 曾良認爲“旅拒”是“搖擺徘徊”之義，《大詞典》認爲“旅拒”爲“抵住、頂着”義，亦均不確切，“旅拒複攻擊”言胸中之物上下逆竄、攻擊人的意思，“旅拒”仍爲“不順從”“抗拒”

① （宋）范成大：《范石湖集》，上海古籍出版社2006年標點版，第15頁。

② （宋）阮閲：《增修詩話總龜》（四）卷18《紀實門中》，《四部叢刊初編》，上海商務印書館影印景印明嘉靖間寫刻本，集部，2078册。

③ （宋）岳柯：《山居作報書竟夜有感戲成》，《玉楮集》卷5，《文淵閣四庫全書》，台灣商務印書館1986年影印版，集部，第1181册，第473頁。

④ （宋）江少虞：《宋朝事實類苑》卷51《苦參損腰》，《文淵閣四庫全書》，台灣商務印書館1986年影印版，子部，第875册，第431頁。

⑤ 陸永峰：《禪月集校注》，巴蜀書社2012年版，第62頁。

之意。

檢索整個中國基本古籍庫，對傳世文獻中“旅拒”（旅距）的所有用例進行考察，未發現有當“徘徊蹣跚”講的，而《大詞典》將“旅拒”分成“聚衆抗拒、違抗”“矯健貌”“抵住、頂着”三個義項也是不正確的。

明方以智《通雅》卷7《釋詁·謰語》：“吕鉅即旅距。”① 近人劉盼遂：“‘旅距’，古之連綿字，亦作據旅、吕鉅、吕拒、閭渠。《大戴禮·曾子·制言篇》：‘在田無野，行無據旅。’按：言‘道路無劫略’也。《莊子·列禦寇》：‘一命而吕鉅。’《釋文》：‘吕鉅，矯貌。’……《南齊書·五行志》：‘永元中童謡曰：“野豬雖嗃嗃。馬子空閭渠。”’按謂‘崔慧景嚄唶宿將，舉兵犯闕也。’亦不從之義也。”② 可見，據旅、吕鉅、旅拒、旅距、閭渠等是同一個詞的不同音轉形式，均爲“違逆”“不順從”之義。《莊子》卷10《列禦寇》：“一命而吕鉅，再命而於車上儛。”陸德明釋“吕鉅”爲“矯貌”③，“矯”亦拂逆、違背之義。《淮南子》卷2《俶真》：“賢人之所以矯世俗者，聖人未嘗觀焉。”漢高誘注：“矯，拂也。”④ “一命而吕鉅”之“吕鉅”有解爲“自高自大”“驕矜”的。宋林希逸《莊子口義》卷30《列禦寇》：“吕鉅，驕矜之貌也。”⑤ 清郭慶藩《莊子集釋》卷10《列禦寇》引郭嵩燾：“吕鉅謂自高大，當爲矜張之意，云‘矯’，非也。”⑥ 但考察“旅拒、旅距、據旅、閭渠、吕鉅”等的用例，未有其他作“驕矜”講的，此

① （明）方以智：《通雅》卷7《釋詁·謰語》，清康熙五年立教馆刻本。

② 劉盼遂：《後漢書校箋》，劉盼遂著，聶石樵輯校《劉盼遂文集》，北京師範大學出版社2002年版，第145頁。

③ （清）郭慶藩：《莊子集釋》，《新編諸子集成》（第1輯），第4册，中華書局1961年版，第1057頁。

④ 何寧：《淮南子集釋》，中華書局1998年版，上册，第131頁。

⑤ （宋）林希逸：《莊子口義》卷30《列禦寇》，《文淵閣四庫全書》，台灣商務印書館1986年影印版，子部，第1056册，第650頁。

⑥ （清）郭慶藩：《莊子集釋》，《新編諸子集成》（第1輯），第4册，中華書局1961年版，第1057頁。

一例釋爲"驕矜"當是具體語境産生的意義，因不順從而顯得驕矜。《大詞典》及許多《莊子》今人注本均將其直接釋爲"驕矜""驕矜之貌"，恐不確切。

"旅拒"，敦煌文獻中又作"拒膂"。P. 4640《陰處士碑》："肘唯股血，人畏多功。指抉懸門，先申拒膂。"而前揭"旅拒"又可作"據旅"。疑"拒膂（旅）"最初爲"拒（抗拒）"的緩讀分音詞形式。緩讀分音詞第二個音節聲母多爲古來母，如孔（窟窿）、錮（錮露）等。"旅拒""吕鉅"等又爲"拒（據）膂（旅）"的倒文。

【繻】

《大字典》第6册（3693頁）"繻"字條釋義與書證均存在一些問題。其解釋如下：

> 《説文》："繻，繒采色。從糸，需聲。讀若《易》'繻有衣袽'。"
>
> xū（又讀 rú）《廣韻》相俞切，平虞心。又人朱切。侯部。
>
> ①彩色的絲織品。《説文·糸部》："繻，繒采色。"
>
> ②色。《廣雅·釋詁二》："繻，色也。"
>
> ③細密的絲織品。《玉篇·糸部》："繻，細密之羅也。"《抱朴子·外篇·疾謬》："舉足不離綺繻紈袴之側，游步不去勢利酒客之門。"
>
> ④古代出入關隘的帛制通行證，上寫字，分為兩半，出入時驗合。《玉篇·糸部》："繻，帛邊也。古者過關以符書帛裂而分之，若今券也。"《漢書·終軍傳》："初，（終）軍從濟南當詣博士，步入關，關吏予軍繻。"顔師古注："張晏曰：'繻，符也。書帛裂而分之，若券契矣。'蘇林曰：'繻，帛邊也。舊關出入皆以傳。傳須（煩），因裂繻頭合以為符信也。'"唐元稹《奉和權相公行次》："棧閣纔傾蓋，關門已合繻。"

⑤通“襦”。短襖子。《易·既濟》：“繻有衣袽，終日戒。”王引之述聞：“……今按：《説文》‘襦，羅衣也’。‘羅，温也’，羅衣所以禦寒也。”《南史·康絢傳》：“在省每寒月，見省官有繿縷者，輒遣遺以繻衣。”五代花蕊夫人《宫詞》：“細風欹葉撼宫桐，早怯秋寒著繡繻。”

《大字典》“繻”字第三個義項爲“細密的絲織品”，這一義項的釋義依據是《玉篇》。《宋本玉篇·糸部》：“繻，汝俱切，細密之羅也。綵也。又思俱切，帛邊也。古者過關以符書帛裂而分之，若今券也。”[①] 但據此將“繻”釋爲細密的絲織品，值得商榷。《原本玉篇》殘卷《糸部》：“繻，汝俱反，《周禮》：‘羅氏掌蠟則作羅繻。’鄭衆曰：‘羅繻，細密之羅也。’《説文》：‘繒彩色也。’又音思俱反。《漢書》：‘關吏與終軍繻。’張晏曰：‘符書帛裂而分之，若券契矣。’”[②] “繻”爲“繻”的内部類化俗字。S. 388《正名要録》：“繻，帛。”《大字典》第6册（3680頁）收“繻”，但僅有“縛”一個義項，可再補一個義項，釋爲“同繻”。可以看出，《玉篇》釋“繻”爲“細密之羅”，依據是《周禮》的鄭衆注。《周禮》卷7《夏官·羅氏》：“羅氏，掌羅烏鳥，蠟則作羅襦；中春，羅春鳥，獻鳩以養國老，行羽物。”鄭玄注引鄭衆曰：“襦，細密之羅，襦讀爲‘繻有衣袽’之‘繻’。”[③] 鄭玄以“襦”爲“繻”之借字，是。《原本玉篇》殘卷引《周禮》“羅氏掌蠟則作羅繻”，正用其正字。但此“繻”釋爲“細密之羅”，非指細密的絲織品，而是指細密的羅網。從文意來看“羅繻”正是捕鳥之網。賈公彦疏：“言‘蠟’者，自取當蠟之月，用細密之網羅取禽獸。”孫詒讓正義：“云‘襦，細密之羅’者，謂罔

① （南朝梁）顧野王著，（宋）陈彭年等重修：《宋本玉篇》卷27，中國書店1983年據張氏澤存堂本影印，第490頁。

② 《原本玉篇》卷27《糸部》，日本昭和八年京都東方文化學院編東方文化叢書本。

③ （漢）鄭玄注，（唐）賈公彦疏：《周禮註疏》卷30，（清）阮元校刻《十三經注疏》，江蘇廣陵古籍出版社1995年影印版，上册，第846頁。

(網) 目之數密，可以捕小鳥者。”[①] 《大字典》第6册 (3324頁) “襦”字條下設“通‘繻’，細密的羅網”這一義項，但在正字“繻”下反没有“細密的羅網”這一義項，顯然不合適。《廣韻》“繻”字中未收“細密之羅”這一義項。《集韻·虞韻》：“繻，帛邊也。一曰細密網。”[②]《類篇·糸部》：“繻、緰、繡，詢趨切。《説文》‘繒彩色’，一説‘帛邊也’……繻，或從俞，亦作繡。又汝朱切，帛邊，一曰細密網緰。”[③] 字書“繻”字釋義，均未見有“細密繒帛”或類似的解釋，《集韻》“細密網”、《類篇》“細密網緰”均系承《原本玉篇》“細密之羅”而來。《大字典》“細密的絲織品”這一義項實爲誤解了“羅”的意義，概“羅”本有兩種常見義，一是指絲織品，一是指羅網。《大字典》把“細密之羅”誤解成了“絲織品”之羅。《大詞典》第9册 (1039頁) “繻$_1$”第一個義項釋爲：“彩色的繒帛，一説細密的羅。”將“彩色的繒帛”與“細密的羅”並列，説明也是將“羅”按絲織品意義理解，亦誤。

《大字典》第二個義項，依據是《廣雅·釋詁二》“繻，色也”。但“繻”作顔色講，未見典籍實際用例。王念孫疏證引《説文》“繻，繒采色也”，説明《廣雅》的釋義依據是《説文》，《説文》這一釋義是指呈現彩色的絲織品，不是指絲織品的色彩，所以這一義項可疑，可撤銷。

《大字典》“繻”字“細密的絲織品”這一義項引《抱朴子·外篇》卷25《疾謬》“舉足不離綺繻紈袴之側，游步不去勢利酒客之門”作爲書證，説明把《抱朴子》當中的“繻”當成絲織品解，實誤。《抱朴子·外篇·疾謬》的這個例子，“綺繻”“紈袴”構成對文。《説文·糸部》：“絝，脛衣也。”段注：“今所謂套袴也。左右各

① (清) 孫詒讓著，王文錦等點校：《周禮正義》，中華書局1987年版，第9册，第2449頁。

② (宋) 丁度等：《集韻》卷2，上海古籍出版社1985年影宋述古堂本，上册，第81頁。

③ (宋) 司馬光等：《類篇》卷13，中華書局1984年影印版，第480頁。

一，分衣兩脛。"[①]《禮記·内則》："衣不帛襦袴。"孫希旦集解："袴，下衣。"[②]"袴"爲"絝"的换旁異體字。"綺繻紈袴"中，袴爲衣服類，繻也當爲衣服類。唐魏徵《群書治要》卷50《疾謬》引《抱朴子》曰："舉足不離綺襦紈袴之側，游步不去勢利酒客之門。"[③]"綺繻紈袴"即是"綺襦紈袴"。"綺襦紈絝"典籍習見。《漢書》卷100《敘傳上》："數年，金華之業絶，出與王、許子弟爲群，在於綺襦紈絝之間，非其好也。"顔師古注："晉灼曰：'白綺之襦，冰紈之絝也。'師古曰：'紈，素也。綺，今細綾也，並貴戚子弟之服。'"[④]晉灼之釋明顯把襦、絝對舉，而分别以白綺、冰紈爲襦、絝之材質。《説文·衣部》："襦，短衣也。"正與"絝"意義相對。杜甫《奉贈韋左丞丈二十二韻》："紈袴不餓死，儒冠多誤身。"宋蔡夢弼箋："紈，胡官切，素絲也。袴，苦故切，脛衣也。班固《傳序》：'班伯與王、許子弟爲群，在於綺繻紈袴之間，非其所好也。'"[⑤]與上《漢書》例子構成異文，"綺繻紈袴"亦是"綺襦紈絝"。"綺繻"單用亦常作"綺羅做的衣服"講。王維《讚佛文》："綺襦方解，樹神獻無價之衣；香飯當消，天王持衆寶之鉢。"[⑥]明賀復徵《文章辨體匯選》卷39載此文作："綺繻方解，樹神獻無價之衣；香飯當消，天王持衆寶之鉢。"[⑦]宋葉廷珪《海録碎事》卷7《聖賢人事部上》"雙綺繻"條引梁庾肩吾《長安有狹斜行》中二句作："路逢双绮繻，問君

① （漢）許慎著，（清）段玉裁注：《説文解字注》卷13，浙江古籍出版社影印版，第654頁。

② （清）孫希旦：《禮記集解》，中華書局1989年標點版，中册，第769頁。

③ 《群書治要》50《疾謬》，日本天明刊本。

④ （漢）班固著，（唐）顔師古注：《漢書》，中華書局1962年點校本，第八册，第4198、4199頁。

⑤ （宋）蔡夢弼：《杜工部草堂詩箋》卷3《奉贈韋左丞丈二十二韻》，古佚叢書覆宋麻沙本。

⑥ （唐）王維：《讚佛文》，（清）趙殿成《王右丞集箋註》卷20，《文淵閣四庫全書》，台灣商務印書館1986年影印版，集部，第1071册，251頁。

⑦ （唐）王維：《爲崔常侍第十五娘子奉詔落髮讚佛文》，（明）賀復徵《文章辨體匯選》卷39，《文淵閣四庫全書》，台灣商務印書館1986年影印版，集部，第1402册，第186頁。

居遠近。”[①] 明馮惟訥《古詩紀》卷90載《長安有狹斜行》則作“路逢雙綺襦，問君居近遠”。以上幾例，“繻”均與“襦”形成異文，爲短衣、衣服的意思。作衣服（或與衣服相關的事物）講，糸部常與衣部形成换旁異體字，如絝、袴。又如：《字彙·衣部》：“裧，喪服，五服外之最輕者，亦作絻。”[②]《龍龕手鑒·衣部》：“𧝍，比争反，束兒衣，與綳同。”[③] 裧絻、𧝍綳亦構成换旁異體字。“繻”作短衣、衣服講亦爲“襦”的换旁異體字，敦煌文獻及吐魯番文獻均見用例。吐魯番出土文書75TKM96：15《龍興某年宋泮妻翟氏隨葬衣物疏》：“故緋襖一領，故結緋繻一領，故布小褌一立。”[④] 又2006TSYIM4：4《北涼趙貨隨葬衣物疏》：“故白縺（練）覆面一枚，故縺（練）繻一枚，故縺（練）兩當一枚。”[⑤] 2006TSYIM4：8《北涼缺名隨葬衣物疏》：“緋覆面一枚，紫繻一領，綺兩當一領。”[⑥] Φ252《維摩詰所説經講經文》：“思問訊而如渴待漿，希傳言而如繻索扣。”《變文校注》（908頁）：“繻，蓋襦的换旁字。”是。《大字典》第五個義項“通‘襦’”，應改爲“同襦”，所舉的第一個書證亦不妥。“繻有衣袽”目前分歧頗多，“繻”除了釋爲“襦”外，還有很多不同看法，如王弼認爲應當通“濡”：“繻宜曰濡，衣袽所以塞舟漏也。”[⑦] 引證書證雖然有始見書的原則，但是若是有争議，意義不够明確的話還是應該謹慎選擇。《大詞典》第9册（1039頁）

① （宋）葉廷珪：《海録碎事》卷7《聖賢人事部上》，《文淵閣四庫全書》，台灣商務印書館1986年影印版，子部，第921册，第287頁。

② （明）梅膺祚：《字彙》申集，《續修四庫全書》，上海古籍出版社2002年影印版，經部，第233册，第243頁。

③ （遼）釋行均：《龍龕手鑒》卷1《衣部》，中華書局2006年影印版，第102頁。《大字典》“束兒衣”訛作“小兒衣”，誤，查《龍龕》實作“束兒衣”。

④ 唐長孺主編：《吐魯番出土文書》，文物出版社1992年版，第1册，第29頁。

⑤ 榮新江、李肖、孟憲實主編：《新獲吐魯番出土文獻》，中華書局2004年版，第174—175頁。

⑥ 同上書，第172—173頁。

⑦ （魏）王弼注，（唐）孔穎達疏：《周易注疏》卷六，（清）阮元校刻《十三經注疏》，江蘇廣陵古籍出版社1995年影印版，上册，第72頁。

“繻$_2$”第一個義項爲“通濡”，並引《易》“繻有衣袽”王弼注作爲書證也存在類似問題。

《大詞典》“繻$_1$”之“彩色的繒帛，一説細密的羅”義項下引晉陸機《爲周夫人贈車騎一首》中“碎碎織細練，爲君作縟繻”作爲書證，亦是認爲“縟繻”之“繻”爲絲織品之意，誤。清吴兆宜《玉台新詠箋注》卷3載《爲周夫人贈車騎一首》此句作“碎碎織細練，爲君作褠襦”①。“縟繻”當即“褠襦”，“縟”爲“褠”换旁字。《釋名》卷5《釋衣服》：“褠，禪衣之無胡（袖）者。”②《隋書》卷12《禮儀志》：“絳褠衣公服，流外五品以下、九品以上服之。”原注：“褠衣，即單衣之不垂胡（袖）也。”③“縟”“繻”並列，“縟”爲衣服類，“繻”也應爲衣服類，應指短衣，而不是指繒帛。

“繻”作絲織品講，典籍是有用例的。唐劉軻《再上崔相公書》：“由是四十年間，威振四海，教加百姓，政歸有司，綺繻羅紈之家，請謁不行，而戚里束手矣。”④“綺繻羅紈之家”雖然在這裡也是代指富貴人家，但綺、繻、羅、紈並列，綺、羅、紈並爲絲織品名，“繻”也應爲絲織品之意。《宋史》卷364《韓世忠傳》：“親解孝宗丱角之繻傅其首，賜金器、筆研、監書、鞍馬。”⑤丱角之繻，當謂束頭髮的絲帛。

第三節　敦煌非經文獻疑難字詞研究的音韻學價值

敦煌非經文獻疑難字詞的研究依賴于敦煌文獻音韻方面的研究，同時也可印證唐五代西北方音的一些音韻現象。

---

① （清）吴兆宜：《玉台新詠箋注》卷3，陸機《爲周夫人贈車騎一首》，清乾隆三十九年刻本。

② （漢）劉熙：《釋名》卷5《釋衣服》，《文淵閣四庫全書》，台灣商務印書館1986年影印版，經部，第221册，第407頁。

③ （唐）魏徵等：《隋書》，中華書局1973年點校本，第1册，第258頁。

④ （宋）姚鉉：《唐文粹》卷79，唐劉軻《再上崔相公書》，烏程蔣氏密韻樓藏元翻宋小字本。

⑤ （元）脱脱等：《宋史》，中華書局1977年點校本，第32册，第11368頁。

一　止攝、遇攝相混

【跪—具】

樹幡也，螄蝀在目，熱爐也，雲煙滿空。嚴道場，跪飯賢。種種聖祐，穩穩福田。（S. 2832**《文樣》**）

"跪飯賢"不辭。《願文集》（102頁）録此段文字，但"跪飯賢"未校。"跪"當爲"具"之音近借字。具，《廣韻》群母，遇韻；跪，《廣韻》群母，紙韻。聲母相同，韻母"具"屬遇攝，"跪"屬止攝。敦煌文獻中止、遇兩攝的字常可通用。"具""跪"在敦煌文獻中有通用的例子。S. 6417《文樣·願文》："厥今具雙足，捧香爐，焚寶香，轉經捨施啓加（嘉）願者，有誰施焉?""具雙足"，《願文集》（307頁）校作"跪雙足"，是。P. 3825《亡文第五》："厥今則有坐前施主，跪雙足，捧香爐，焚寶香，陳願者，奉爲過往闍黎某七追福諸（之）嘉會也。"可證。"賢"當爲"資"之形近誤字。"資"有糧食義。《左傳·僖公三十三年》："吾子淹久於敝邑，唯是脯、資、餼、牽竭矣。"晉杜預注："資，糧也。"[①] 敦煌文獻中也有用例。P. 2058背《水則道場文》："爐焚六殊（銖），餐資百味。""飯資"指飯糧、飯食。"具飯資"指準備飯食。

【綺—去】

石不勿麵，並（餅），柴，粟，麻，弘（紅）綾子壹疋，白去壹疋，羅底二丈。（S. 5509**《甲申年十二月十七日王萬定男身亡納贈曆》**）

"白去"，《社邑輯校》（409頁）録爲"黑白去"，並出校語"去，義不明，俟考"。查原卷，"黑"字有塗抹痕跡，當是已刪除。所以"黑白去"應録爲"白去"。杜朝暉認爲"敦煌文書中的'羅

---

① （晉）杜預注，（唐）孔穎達疏：《左傳注疏》卷23，（清）阮元校刻《十三經注疏》，江蘇廣陵古籍出版社1995年影印版，下册，第1882頁。

底'多指羅底絹"[1]，"去"與"羅底""綾子"等並列，顯然是一種絲織品，後又有量詞"疋"，應該是一種未經加工成衣物等成品的絲綢品名。此"去"應是指"綺"。"綺"字《廣韻》墟彼切，溪母止攝紙韻，"去"，《廣韻》一讀爲羌舉切，溪母遇攝語韻。而"去"字在敦煌文獻中經常與止攝的字通用。P. 2718 王梵志詩《坐見人來起》："坐見人來起，尊親盡遠迎。無論貧與富，一概總須平。"P. 3266、P. 3558、P. 3716、P. 3656、S. 4669 均同 P. 2718 作"起"，而 S. 3393 作"去"。項楚（482 頁）校："人來起，丁七作'去'，乃音訛字。"[2] 項校是。"坐見人來起"意思是看到人來了應該起身之意，"去"爲"起"的借字。P. 2718 王梵志詩《欲得於身吉》："欲得於身吉，無過莫作非。但知牢閉口，禍去阿你來。"P. 3266、P. 3558、P. 3716、S. 2710、S. 3393、S. 4669、P. 2607 均同作"去"，P. 3656 作"豈"。項楚校："去，丁五作'豈'，音訛字。"[3] "豈"爲"去"的借字。"起"爲《廣韻》溪母止韻字，"豈"爲溪母尾韻字，"綺"爲溪母紙韻字，唐五代西北方音支、脂、之、微已合併，所以綺、起、豈爲同音字。而"去"能與起、豈通借，讀音應該近似於起、豈。P. 2578《開蒙要訓》："湘相縹鏢紺敢綺去。"以"去"給"綺"注音，正可證明此二字在當時是同音字。"白去"當即是"白綺"。

"綺"在敦煌文獻中有用例。P. 4518《辛卯年十二月十八日當宅現點得物色》："辛卯年十二月十八日，當宅現點得物色：黄鹿胎柒疋，紅透貝三疋，紅綺壹疋。"S. 4525 背《付什物曆》："栓都頭綺壹疋……陳都牙綺壹疋……密略丁紅綺壹疋，官大錦兩疋，綺三疋……綺兩疋付李保子……又付鄧願千輿屋綺三疋……紫繡禮巾壹，𦇧纈綺壹。"P. 3410《沙洲僧崇恩析産遺囑》："梁僧政青綺夾

[1] 杜朝暉：《敦煌文獻名物研究》，中華書局 2011 年版，第 243 頁。
[2] 項楚：《王梵志詩校注》，上海古籍出版社 1991 年版，第 482 頁。
[3] 同上書，第 491 頁。

長袖壹，緋藁絲蘭（襴）。”P. 2916《癸巳年十一月十二日張馬步女師遷化納贈曆》：“索指撝：生綾壹疋，白綿紬二丈，紫綺一丈五尺。”S. 5578《什物抄》：“大花擎盤一面，紫繡［裙］一腰，黄綺襠襠一禮（領）。”《釋名》卷4《釋彩帛》：“綺，欹也。其文欹邪，不順經緯之縱横也。”① 宋戴侗《六書故》卷30《工事六》：“織采爲紋曰錦，織素爲紋曰綺。”② 根據古代文獻的這些記載和出土實物，學者多以“綺”是一種單色通過紡織織出斜形花紋的織物。如：

> 綺：紋綺是一組經絲與緯絲交織的單色、素地、生織、煉染的提花織物，為平地起斜紋花的織物，質地鬆軟、光澤柔和，色調勻稱。③
>
> 綺、綾，指單色提花絲織品。……其中，綺，為平紋地起斜紋花。④
>
> 【綺】中國古代平紋類暗花單色絲織品名。為世界上最早的提花絲織物品種之一。⑤

從敦煌文獻的記載來看，敦煌綺也確實是以單色爲主，如上舉有關“綺”的文獻中提到的“紅綺”“紫綺”“青綺”“黄綺”當都是單色的綺類絲織品等。

“白綺”雖然在敦煌文獻中未見其他用例，但其他的出土材料可

① （漢）劉熙：《釋名》卷4，《文淵閣四庫全書》，台灣商務印書館1986年影印版，經部，第221册，第404頁。

② （宋）戴侗：《六書故》卷30《工事六》，《文淵閣四庫全書》，台灣商務印書館1986年影印版，經部，第226册，第563頁。

③ 路甬祥主編，何堂坤著：《中國古代手工業工程技術史》，山西教育出版社2012年，上册，第342頁。

④ 李希凡：《中華藝術通史簡編》，北京師範大學出版社2013年版，第2卷，第150頁。

⑤ 傅立民、賀名侖：《中國商業文化大辭典》，中國發展出版社1994年版，上册，第386頁。

看到相關記載。長沙漁陽西漢木楬：“素練、白綺緒布襌襦卌五、青綺複綢裙、練襌前襲四、青綺、紅複要衣二、白綺襌紗裙二、緹合裙一、白綺、素襌綢裙六、練、帛、素襌裙六十六、布素、練、帛襌□廿、素襌綢直裙七、帛綿敝膝一。”① 傳世文獻中也有用例。《漢書》卷100《敘傳上》：“與王許子弟爲群，在於綺襦紈絝之間，非其好也。”顔师古注引晉灼注：“白綺之襦，冰紈之絝也。”② 元陳樵《月庭賦》：“被輕容于平楚，鋪白綺于前池。”③ “白綺”當指用白色絲線織成花紋後未經染色的綺。

【氣—去】

人馴儉約，風俗儒流；性惡工商，好生氣煞。耽修十善，獨信三乘。（P. 4640《沙州釋門索法律窟銘》）

“好生氣煞”，《碑銘贊》（72頁）録作“好生氣熬”，熬字，原卷作“□”，當爲“煞”字俗體。敦研004（2—1）《優婆塞戒經》：“雖煞一羊，及不煞時，常得煞罪。”例中第一、二個煞分别作“□”“□”，均與“□”類似。P. 2021、S. 530有P. 4640此篇文獻的不同抄本，“好生氣煞”皆作“好生去煞”。上揭“去”多與止攝字通用。此“氣”亦爲“去”的音近借字。氣，《廣韻》去既切，溪母，未韻字。去，《廣韻》一讀爲丘倨切，溪母，御韻。音近可通。“好生去煞（殺）”爲佛教觀念。隋灌頂《隋天臺智者大師别傳》：“以慈修身見者歡喜，以慈修口聞聲發心，善誘殷勤導達因果，合境漁人改惡從善，好生去殺。”（T50p193c）宋志磐《佛祖統紀》卷6《東土九祖》：“漁者聞法皆好生去殺。”（T49p182b）

---

① 此段録文依據王曉光《新出漢晉簡牘及書刻研究》，榮寶齋出版社2013年版，第25頁。

② （漢）班固著，（唐）顔師古注：《漢書》，中華書局1962年點校版，第11册，第4198—4199頁。

③ 馬積高、康金聲主編：《歷代詞賦總匯·金元卷》，湖南文藝出版社2014年標點版，第5册，第4216頁。

二　支脂之微合併

【履—裡】

（1）朱履椀子壹，黑木椀子貳……黑木壘子貳拾壹，朱履柒壘子壹。（P. 3587《某佛寺常住器物交割點檢曆》）

（2）新附朱履椀拾枚，内壹破。（P. 3161《常住什物交割點檢曆》）

楊森認爲例（1）中的"朱履柒（漆）壘子"應是"底下加紅色圈足的壘子"①，"履"字在古代漢語中雖有鞋義，但並無脚義，當不會引申出與足相關的意義。高啓安直接校"履"爲"漆"②，亦不妥當。此"履"當是"裡"的借字。履、裡在《廣韻》中同屬來母，履爲旨韻，裡爲止韻。唐五代西北方言中，支、脂、之、微四韻已經合併。履、裡二者在唐五代西北方言中屬同音，可得通用。且在敦煌文獻中，有其通用的例子。如S. 5623《新集雜别紙·不赴打臘狀》："右某昨日偶轉著脚，行履稍難，不獲倍（陪）奉台旆打臘（獵）。"S. 5636《新集書儀·問發損書·答書》："自染疾苦，至甚厄羸。……行裡稍通，即常參拜。"張小豔認爲上二例中"行履""行裡"皆爲行走、走動義，"行履"爲正字，裡爲借字。③ 這是對的。吐魯番文獻中也有二者通用的例子。阿斯塔那151號墓所出《高昌重光元年（620年）氾法濟隨葬衣物疏》（72TAM151：6）"脚躧具、冗（無）跟裡具、手把玉豚一雙。"④ 阿斯塔那205號墓所出《高昌重光元年（620年）缺名隨葬衣物疏》（72TAM205：2）記載："脚躧一

① 楊森：《淺談敦煌籍帳文書中的漆器和小木器皿》，《敦煌研究》2009年第2期。
② 高啓安：《唐五代敦煌飲食文化研究》，民族出版社2004年版，第95頁。
③ 張小豔：《敦煌書儀語言研究》，商務印書館2007年版，第221頁。
④ 唐長孺主編：《吐魯番出土文書》，文物出版社1992年版，第2册，第85頁。

具，冗（無）跟履一兩。"[①]　"冗（無）跟裡"即是"冗（無）跟履"。敦煌文獻中有"朱裡"的用例。S.1624背《天福七年（942年）某寺常住什物交曆》："朱裡楪子陸枚，黑木樏子拾枚……朱裡椀子五枚，在櫃……朱裡楪子玖枚，在櫃……朱裡椀子楪子拾枚，在櫃。"S.1776《［顯］德伍年（958年）十一月十三日某寺判官與法律尼戒性等一伴交曆》："朱裡楪子陸枚，又花楪子肆，在櫃。"上面例（1）同篇文獻還有"傘貳拾肆，窠花兼布履"，"布履"也應校爲"布裡"，即布襯裡。

"朱裡"在敦煌文獻中又作"赤裡""赤心"。P.3638《辛未年正月六日沙彌善盛於□都師慈恩手上見領得諸物曆》："古黄得花樏子廿五個欠一個，黑樏子壹拾捌個，花盤子五個，黑盤子伍個，楪子捌個，又得黑樏子壹，赤裡椀子柒個。"又"赤裡樏子柒個"。S.1776《［顯］德伍年（958年）十一月十三日某寺判官與法律尼戒性等一伴交曆》："赤心擎盤壹。"朱裡、赤裡、赤心都是説器皿内部用紅漆染成紅色。例（1）正言"朱履柒（漆）壘子"。古代漆制器皿從很早開始就常常將内壁塗成紅顏色。《韓非子》卷3《十過》記載："禹作爲祭器，墨染其外，而朱畫其内。"[②]"這種外黑内紅的髹飾方式被歷代工匠沿襲，直到二十世紀，外黑内紅的色彩配置是原始祭器祭祀時發現的色彩效果：祭器用以盛生畜血液，器身表面的畜血疑固後呈黑色，盛血後便外黑内紅。"[③]

從出土實物來看，歷代有很多外黑裡紅的漆質器皿出土。如圖1[④]：

① 唐長孺主編：《吐魯番出土文書》，文物出版社1992年版，第1册，第360頁。

② （戰國）韓非：《韓非子》卷3《十過》，《文淵閣四庫全書》，台灣商務印書館1986年影印版，子部，第729册，第627頁。

③ 彭德：《中國美術史》，上海人民出版社2014年版，第62頁。

④ 采自李盛東主編《中國漆器收藏與鑒賞全書》，天津古籍出版社2007年版，下册，第279頁。

圖 1　西漢早期漆盤（外漆黑漆，内漆朱漆）

出土壁畫中也有關於朱裡碗的反映，如圖 2①：

圖 2　徐顯秀墓室壁畫夫婦對坐圖局部

① 采自揚之水《曾有西風半點香》，生活·讀書·新知三聯書店 2012 年版，第 90 頁。

從圖 2 來看，女主人手中所拿之碗正符合外黑内紅的特點，也應該是一個朱裡漆碗。

三　喻母三四等合併

【榮—營】

（1）加以违荣出俗，德風（得）爱道之芳踪；奉戒餐（参）禅，继《莲花》之轨躅。豈谓風摧道树，月暗禅堂；奄然游魂，邈然長别。（S. 6417**《文樣・亡尼》**）

（2）加以違營出俗，得愛道之芳蹤；奉戒喰禪，繼蓮葉（花）之軌躅（法則、規範）。豈謂風摧道樹，月暗掩於禪堂，掩然遊魂，邈以長别。（Φ263**《釋門文范・亡文》**）

上二例中“違營”當即“違榮”。敦煌文獻中“營”“榮”常通用。P. 3122《三長邑義設齋文》：“敬社請（清）齋，榮其妙供。”S. 1173 背《三長邑義設齋文抄》：“六和清衆，廚榮百味。”Ch. IOL. 77《社齋文》：“三長月榮一菜（齋）。”其中“榮”俱是“營”之借字。營，《廣韻》余傾切，以母，清韻永兵切，云母，庚韻。羅常培認爲唐五代西北方音喻三、喻四已合併，庚韻、青韻已合併，故二者可得相通。[①]“違榮”指離開世俗的繁華，即出家入道。“違”有離開義。《詩・邶風・谷風》：“行道遲遲，中心有違。”毛傳：“違，離也。”[②] 在傳世文獻中“違榮”又可指避開榮華富貴，即辭官歸隱。明劉球《送蘊州岳指揮致仕序》：“壯而擁甲兵冒矢石爭勝于戰鬬之場，以立能功取顯爵，老而違榮去勢，甘恬退於家，以康其懷，終其餘歲。”[③] 又明楊士奇《上清袁止安寄詩余以寫竹奉酬并

① 羅常培：《唐五代西北方音》，國立中央研究院歷史語言研究所 1933 年版，第 129 頁、137 頁。

② （漢）毛亨傳，（漢）鄭玄箋，（唐）孔穎達疏：《詩經注疏》卷 2，（清）阮元校刻《十三經注疏》，江蘇廣陵古籍出版社 1995 年影印版，上册，第 304 頁。

③ （明）劉球：《送蘊州岳指揮致仕序》，《兩谿文集》卷 7，《文淵閣四庫全書》，台灣商務印書館 1986 年影印版，集部，第 1243 册，第 491 頁。

步來韻》："京華一別歲頻更，長憶同年老弟兄。軒冕無心暫同俗，山林有道竟違榮。"[①] 又明王燧《青城山人集》卷 1《題雙壁堂》："佐邑初試用，躬畊尚違榮。"[②] "違榮" 還可婉指死亡。明程敏政《篁墩集》卷 67《詹駕部天澤出知建昌便道省母得五字》："采采碭中姬，肅肅詹氏姥。夫君久違榮，家事獨攻苦。"[③] 明楊士奇《東里詩集》卷 2《蒙賜葬祭謝恩奏狀》："夙夜兢惭，莫知攸措，值慈父違榮於三釜，致湛恩降賜於九重，既葬既祭，逮下之禮無以加。"[④] 明解縉等《古今列女傳原序》："皇妣每聽女史讀書至《列女傳》，謂宜加討論，刪定爲書，永作世範。請於皇考，命儒臣考正，有緒，未就，皇妣違榮，皇考每歎息傷悲其意，竟未及成書。"[⑤] "違榮" 即 "違榮養"，即不再享受朝廷的俸禄供養，金世宗完顏雍《祭高麗恭睿太后文》："惟靈早自慶閥，來嬪侯蕃。始以婦道相其夫，終以母慈保厥子。遽違榮養，良可哀憐，宜加賻贈之儀，仍致酒肴之奠。貞魂如在，寵歎其歆。"

第四節　敦煌非經文獻疑難字詞研究的俗字學價值

一　有助於梳理俗字的源流變化

有些俗字的來源比較複雜，考訂這些俗字有助於理清這些俗字的源流變化。

---

① （明）楊士奇：《上清袁止安寄詩余以寫竹奉酬并步來韻》，《東里詩集》卷 2，《文淵閣四庫全書》，台灣商務印書館 1986 年影印版，集部，第 1238 册，第 348 頁。

② （明）王燧：《雙壁堂》，《青城山人集》卷 1，《文淵閣四庫全書》，台灣商務印書館 1986 年影印版，集部，第 1237 册，第 690 頁。

③ （明）程敏政：《詹駕部天澤出知建昌便道省母得五字》，《篁墩集》卷 67，《文淵閣四庫全書》，台灣商務印書館 1986 年影印版，集部，第 1253 册，第 448 頁。

④ （明）王恕：《蒙賜葬祭謝恩奏狀》，《王端毅奏議》卷 2，《文淵閣四庫全書》，台灣商務印書館 1986 年影印版，史部，第 427 册，第 479 頁。

⑤ （明）解縉等：《古今列女傳原序》，《文淵閣四庫全書》，台灣商務印書館 1986 年影印版，史部，第 452 册，第 39 頁。

【烎】

油壹升，八日烎藿用。(S. 6330《某寺諸色斛斗破曆》)

“烎”即“烎”。但“烎”字諸家未釋，亦未見於諸辭書。敦煌文獻習見“炒臛”一詞。P. 4909《辛巳年十二月東窟油麵抄》：“二日，解齋麵七斗，炒臛油貳升。”P. 3490背《油破曆》：“油五勝（升）兩抄，北院修造中間四日衆僧及工匠齋時解齋夜飯炒臛、餺飥等用。”S. 6452《浄土寺諸色斛斗破曆》：“十二月八日，解齋麵陸斗，炒臛油壹升，䭔餅麵貳斗，胡餅麵三斗，䴺麩麵壹斗。”P. 2049背《浄土寺直歲保護牒》：“油貳勝，僧官窟下彭時零洛炒臛用。”P. 2049背《浄土寺直歲願達牒》：“油半抄，初日交庫齋時炒臛用。”“油壹勝，磑上燃燈及秤麵炒臛用。”“油壹抄，算西倉寫賬衆僧齋時炒臛用。”“油半勝，冬至解齋炒臛用。”“油貳勝，算會願達逐日炒臛用。”又作“抄臛”。S. 4642背《敦煌都司倉諸色斛斗入破計會》：“油半勝，抄臛用。”

“烎藿”當即是“炒臛”。“烎”當爲“炒”的一種俗體字。“炒”本作鬻。《説文·鬲部》：“鬻，熬也。從鬲，芻聲。”① 《廣韻·巧韻》：“鬻，同炒。”② 後形旁换爲火作“㷅”。《廣韻·巧韻》：“㷅，熬也。”③ 將“㷅”之火部書於底部，又作“煼”。《集韻·巧韻》：“鬻，《説文》‘熬也’，或作炒，亦書作煼。”④ “芻”字俗體受“丑”的影響，常類化爲“芻”。P. 3666《燕子賦》：“鵗鶵惡發，把腰即一併搊。雀兒煩惱，兩眉不皺。”“搊”字原卷作“搊”，“皺”字原卷作“皺”。《龍龕手鑒·火部》：“炪，古；炒，今。”⑤ 以“炪”爲“炒”古字。“炪”火部置於底部即爲“烎”。“烎”不見於文獻典籍，

① （漢）許慎著，（宋）徐鉉校訂：《説文解字》卷3，汲古閣本。

② 余乃永：《新校互注宋本廣韻》，上海辭書出版社2000年版，第301頁。

③ 同上。

④ （宋）丁度等：《集韻》卷6，上海古籍出版社1985年影宋述古堂本，上册，第398頁。

⑤ （遼）釋行均：《龍龕手鑒》卷2《火部》，中華書局2006年影印版，第241頁。

但文獻中有“𤆍”字。玄應《一切經音義》卷3《大集日藏分經》卷8“炒粳”條：“古文𤆍、聚，今作鬻，崔寔《四民月令》作炒。”（T54p415a）“𤆍”當是在“𤇁”基礎上又省筆的結果。文字演變過程中爲了書寫的便利和字形的美觀常常省略字形當中重複的構件。《説文·鬲部》：“融，炊氣上出也。從鬲，蟲省聲。䗀，籒文融不省。”① “䗀”字省去兩個重復的“蟲”即爲“融”。“𤇁”省去一個“丑”即爲“𤆍”。鬻、煼、炄、𤎌、𤇁、𤆍、𤆍、炒的關係當如下：

鬻→煼（換形符）→ 𤎌（偏旁換位置）
煼（換形符）→ 炒（換聲符）
煼（換形符）→ 炄（芻字俗寫）→ 𤇁（偏旁換位置）→ 𤆍（省筆）
𤇁（偏旁換位置）→ 𤆍（省構件）

“臛”本指肉羹。《説文·肉部》：“臛，肉羹也。”“藿”當爲“臛”的音訛字。

二　有助於俗字典增補漏收的俗字

【岁】

昆侖岁頭，萬里山河；溋（孟）津源上，玄域煙月。當獬豸（豸）之腹心，[illegible]星郎，掌金蟬之館闟。（P. 3276背《常定政事樓廳》）

岁，王志鹏録爲“**岁**”而未出校，鍾書林、張磊直録爲“山”，查原卷實作“**岁**”，此字當爲“峯”的草寫俗字，“峯”即“峰”之異體。《中國書法字典》載“峯”字草書作“**[illegible]**”②，除掉“山”的部分正與“爲”草書“**为**”③類似，俗寫中受“爲”字草書的影響，故有“**岁**”這樣的俗字。“**岁**”字，《敦煌俗字典》未收録。P. 2605

① （漢）許慎著，（宋）徐鉉校訂：《説文解字》卷3，汲古閣本。
② 陳斌：《中國書法字典》，三秦出版社2013年版，第320頁。
③ 陳斌：《草書字典》，三秦出版社2013年版，第524頁。

《敦煌郡羌戎不雜德政序》："高望乎又出昆侖東峰，英傑乎永霸孟津西曲。"正與"昆侖峯頭，萬里山河，湰（孟）津源上，玄域煙月"類似。P. 3276 背《常定政事樓廳》與 P. 2605《敦煌郡羌戎不雜德政序》均爲僧人彦熙的作品，所歌頌的都是歸義軍曹氏政權的領袖人物，根據王志鵬《敦煌郡羌戎不雜德政序》所寫當爲曹議金[①]，鍾書林、張磊則認爲《常定政事樓廳》歌頌的當爲其子曹元忠[②]。"昆侖峯頭，萬里山河，湰（孟）津源上，玄域煙月"與"高望乎又出昆侖東峰，英傑乎永霸孟津西曲"皆以"昆侖"與"孟津"對舉。"峰頭"即峰頂。典籍習見。宋正受《嘉泰普燈録》卷 2："（懷義）作投機偈曰：'一二三四五六七，萬仞峰頭獨足立。'"（X79p298a）"昆侖峯頭，萬里山河"即"（在）昆侖峰頂，（可覽）萬里山河"。"孟津"指"孟津渡"，爲古代洛陽東北黄河上的重要軍事渡口，所謂"孟津源"是指黄河源頭，也就是昆侖山區。宋智昭《人天眼目》卷 3《克符道者》："張騫尋得孟津源，推倒昆侖絶依倚。"（T48p315a）舊説黄河源頭在昆侖山。《爾雅·釋水》："河出崐崘虚。"[③]《史記》卷 123《大宛列傳》："漢使窮河源，河源出於窴。其山多玉石，采來。而天子案古圖書，名河所出山曰'崑崙'云。"[④]漢使即指張騫。

【𦄂𦅈】

貳屋壹張，𦄂𦅈（纐纈）壹條（押）。（S. 3405《付親情社色物曆》）

《社邑輯校》（460 頁）録爲"纐纈"，未出校釋。《社文獻》

① 王志鵬：《敦煌僧人彦熙生平創作考論》，《敦煌研究》2004 年第 1 期。

② 鍾書林、張磊：《敦煌文研究與校注》，武漢大學出版社 2014 年版，第 629 頁。

③（晉）郭璞注，（宋）邢昺疏：《爾雅注疏》卷 7，（清）阮元校刻《十三經注疏》，江蘇廣陵古籍出版社 1995 年影印版，下册，第 2620 頁。

④（漢）司馬遷撰，（南朝宋）裴駰集解，（唐）司馬貞索隱，（唐）張守節正義：《史記》，中華書局 1963 年版點校本，第 10 册，第 3173 頁。

(124 頁) 録爲“纈纐”，校爲“纐纈”[①]。查原卷，實作“纐纈”，中間有乙字符號，故應録爲“纈纐”。“纈”字未見於諸字書，而“結”字在敦煌卷子中俗體常增筆作“結”。Φ96《雙恩記》：“不結冤酬（讎）。”S. 6573 背《放妻文》：“男饑耕種，衣結百穿。”“結”字原卷均作“結”。故“纈”字應爲“纈”之俗字。“纈”類絲織品習見于敦煌文書。中間的乙字號當爲抄寫者誤乙。《社文獻》校“纐”爲“纐”，不確切。“纐”未見諸字書，雖然現代對“纈”的分類中有“絞纈”之説，但是無論是傳世文獻還是敦煌典籍均未見有“絞纈”的説法，所以當不會産生“纐”這樣的類化俗字。“纐”當校爲“纈”。“纈纈”敦煌文書習見。S. 4525《都司（？）付什物曆》：“又付纈纈縛壹條。”S. 4525 背《付什物曆》：“纈纈綺壹。”S. 5680《織物曆》：“纈纈衫子一、紅羅衫一。”“纐”爲“纈”之俗訛字。夾與來形近易混。“賚”俗字作“賫”。元李文仲《字鑒·泰韻》：“賚，《説文》‘賜也，從貝來聲’，俗上從夾輔字作賫，誤。”[②]又《全唐詩》卷 136 載儲光羲《幽人居》：“幽人下山徑，去去夾青林。”注：“夾，一作來。”[③] 而“來”又常與“束”混而不分。宋孫奕《履齋示兒編》卷 22“敕”條：“然世俗寫束字、來字並作來形，寫敕爲勑者，蓋俗書變。”[④] 不僅束字俗寫會寫作“來”，“來”也會訛寫作“束”。宋李昉《文苑英華》卷 234 唐綦毋潛《題浄林寺山頂禪院》：“且駐西來駕，人天日未曛。”注：“來，集作束。”[⑤] 典籍中也有“夾”徑訛誤爲“束”的例子。《全唐詩》卷 587 載李頻《漢上

---

① ［日］山本達郎、土肥義和：《敦煌吐魯番社會經濟史資料集》第 4 卷《社組織及相關文獻》，東洋文庫 1988—1989 年版，録文第 124 頁。

② （元）李文仲：《字鑒》卷 4，中華書局 1985 年影印版，第 125 頁。

③ （清）彭定求等：《全唐詩》，中華書局 1979 年標點本，第 4 册，第 1376 頁。

④ （宋）孫奕：《履齋示兒編（附校補）》卷 22，中華書局 1985 年標點版，第 229 頁。

⑤ （唐）綦毋潛：《題浄林寺山頂禪院》，《文苑英華》卷 234，《文淵閣四庫全書》，台灣商務印書館 1986 年影印版，集部，第 1335 册，第 189 頁。

送人西歸》："野銜天去盡，山夾漢來深。"注："夾，一作束。"①"⿰糹頼纈"在敦煌文獻中又作"甲纈""夾纈""綊纈"，"夾纈是一種用兩塊雕刻的對稱花板夾持織物進行防染印花的工藝及其產品"，這裡當指其製成品。而"⿰糹頼"應是受纈的影響產生的類化俗字。"⿰糹頼""⿰糹頼"等《敦煌俗字典》均未收録。

① （清）彭定求等：《全唐詩》，中華書局1979年標點本，第18册，第6817頁。

第三章　敦煌非經文獻疑難俗字考釋

敦煌文獻由於其寫卷性質，俗訛字觸目皆是，很有研究的必要。我們在這一章中考釋了些容易造成讀解障礙的俗訛字。

所謂俗字，是區別於正字而言的一種通俗字體。① 蔣紹愚説："俗字的研究與近代漢語詞彙研究的關係尤爲密切。有些詞語其實是很普通的，但由於寫的是人們不熟悉的俗字，就成了疑難詞語，一旦認出了俗字，疑難就涣然冰釋。"② 張涌泉將俗字分爲增加義符、省略義符、改换義符、改换聲符、類化、簡省、增繁、音近更代、變换結構、異形借用、書寫變易、全體創造、合文十三類。③ 黄征分爲類化俗字、簡化俗字、繁化俗字、位移俗字、避諱俗字、隸變俗字、楷化俗字、新造六書俗字、混用俗字、准俗字十大類。④ 曾良分爲形誤、新造、簡化、同音通用、古字、變换、累增、類化、類推、還原、草書楷化、合文十二類⑤。我們根據所考訂俗字的實際情況分爲如下幾類。

---

① 張涌泉：《漢語俗字研究》（增訂本），商務印書館 2010 年版，第 1 頁。

② 蔣紹愚：《近十年間近代漢語研究的回顧與前瞻》，《古漢語研究》1998 年第 4 期。

③ 張涌泉：《漢語俗字研究》（增訂本），商務印書館 2010 年版，第 44—117 頁。

④ 黄征：《敦煌俗字典》前言，上海教育出版社 2005 年版，第 22—33 頁。

⑤ 曾良：《俗字及古籍文字通例研究》，百花洲文藝出版社 2006 年版，第 4—34 頁。

第一節　增省或改變偏旁、筆畫

一　增加或改换偏旁

（一）增加形旁

【椛—花】

深漆椛壹，深漆疊子壹。（P. 2613**《唐咸通十四年正月四日沙州某寺交割常住物等點檢曆》**）

《真跡釋録》第3輯（10頁）録此段文字，“椛”未出校釋。《中華字海》收此字，解釋爲“日本地名用字”。[①] 從上下文文意來看，此“椛”當即“花”之增旁俗字，因爲草木之花而增“木”部，或因此花爲木製而增木旁。

（二）改换形旁

【[illegible]—㧒】

梦见捣者，有上官嫁娶之事。（S. 620**《解夢書·飛鳥篇》**）

其中“上官”當指高官、大官。典籍常見。《管子》卷17《小問》：“客或欲見於齊桓公，請仕上官，授禄千鐘。”《新唐書》卷222《南蠻傳上·南詔上》：“凡田五畝曰雙。上官授田四十雙，上户三十雙，以是而差。”[②] 宋蘇舜欽《應制科上省使葉道卿書》：“某觀前古之士，歘然奮起於賤庸之地，建名樹勳，風采表於當世者，未始不由上官鉅公推引而能至也。”[③] 解夢書中“捣”字原卷作“[illegible]”，當爲“搗”之草體字。《龍龕手鑒·手部》：“搗通，擣正。”[④]《説文

① 冷玉龍、韋一心：《中華字海》，中華書局、中國友誼出版公司1994年版，第1769頁。

② （宋）歐陽修：《新唐書》，中華書局1975年點校本，第20册，第6268頁。

③ 沈文倬校點：《蘇舜欽集》，上海古籍出版社1981年版，第99—100頁。

④ （遼）釋行均：《龍龕手鑒》卷2《手部》，中華書局2006年影印版，第211頁。

通訓定聲・孚部》："擣，或又作搗、作擣。"[①] 可知，"擣（捣）"可作爲"搗"的俗體字。"搗"字辭書中記載主要有"錘擊、舂倒""衝擊、攻打""攪亂"等幾個義項，但均爲動詞性用法，而《飛鳥篇》中各个条目均是説夢見鳥禽類的動物會出現什麼樣的情況。所以此處按照"捣"字的意義去理解顯然不通。"捣"應爲"梼"之換旁俗字。俗體中木旁、扌部常混而不分。而"梼"則應即爲"檮"之草體字。

《集韻・屋韻》："檮，鳥名。"[②] "檮"究竟指一種什麼樣的鳥呢？唐段公路《北户録》卷上《鷓鴣》："衡州南多鷓鴣，解嶺南野葛諸菌毒及辟温瘴，前臆文爲白圓點，又一名檮。"[③] 清李元《蠕範》卷3《物聲》："鷓鴣，檮也，山鴣也，山鷓也。"[④] 可見，"檮"即爲鷓鴣的别名。《北户録》卷1《鷓鴣》："多對啼，每啼連轉數音，其韻甚高，《廣志》言遮姑鳴云'但南不北'。"[⑤] 可以看出，鷓鴣有幾個特徵：多雌雄對啼，啼聲嘹亮，只在南方不往北飛。鷓鴣叫聲聽起來讓人感覺很悲涼。明陳耀文《天中記》卷59引《本草》："一云鷓鴣聲若云'行不得哥哥'。"[⑥] 因此在詩詞中鷓鴣多被賦予憂愁的意義。宋秦觀《夢揚州》云："江南遠、人何處，鷓鴣啼破春愁。"[⑦] 但鷓鴣喜歡成雙活動，雌雄雙啼，使它和許多鳥兒一樣成了男歡女愛的

① （清）朱駿聲：《説文通訓定聲》孚部，《中國古代工具書叢編》，天津古籍出版社1999年據咸豐元年刊本影印，第2册，第334頁。

② （宋）丁度等：《集韻》卷9，上海古籍出版社1985年影宋述古堂本，上册，第636頁。

③ （唐）段公路：《北户録》卷上《鷓鴣》，陶敏主編《全唐五代筆記》，三秦出版社2012年版，第3册，第2131頁。

④ （清）李元：《蠕範》，中華書局1985年標點版，第50頁。

⑤ （唐）段公路：《北户録》卷上《鷓鴣》，陶敏主編《全唐五代筆記》，三秦出版社2012年版，第3册，第2131頁。

⑥ （明）陳天文：《天中記》卷59《鷓鴣》，《文淵閣四庫全書》，台灣商務印書館1986年影印版，子部，第967册，第829頁。

⑦ 唐圭璋主编：《全宋词》，中州古籍出版社1996年版，上册，第318頁。

象徵，美國 W. 爱伯哈德說："它（鷓鴣）象徵着擇偶。"[①] 五代顧夐《河傳》中說"鷓鴣相逐飛"[②]，温庭筠《菩薩蠻》中有"雙雙金鷓鴣"[③]，宋董穎《滿庭芳》中也有："紅斗風桃，緑肥煙草，楊柳春暗重門。五陵佳興，醲醞付芳尊。窈窕笙簫叢裏，金猊篆、霧繞雲紛。勾情也，歌眉低翠，依約鷓鴣村。"[④] 在這些詩詞裡"鷓鴣"無不是男女傳情達意的代言者。所以這條夢語才說夢見"鴣"，會"有上官嫁娶之事"。

【投挻—杸梃】

夢見投挻，生貴子。（ДX. 10787《解夢書》）

其中"投挻"鄭炳林先録爲"投梃"[⑤]，後又録爲"投掖"[⑥]，但均未作解釋。原卷實作"投挻"，應隸定爲"投挺"，此"投挺"當爲"杸梃"之換旁俗字。"杸梃"即"殳梃"。《睡虎地秦墓竹簡·法律答問》："邦客與主人鬥，以兵刃、投梃、拳指傷人。"又："小畜生入人室，室人以投梃伐殺之，所殺值二百五十錢，何論？當貲二甲。"其中從"投"字，竹簡整理小組校作"殳"[⑦]，是。《說文·殳部》："殳，以杸殊人也。"段注："杖者，殳用積竹而無刃。"[⑧]《詩·衛風·伯兮》："伯也執殳，爲王前驅。"毛傳："殳長丈二而無刃。"孔穎達正義："《考工記》：'殳長尋有四尺。'八尺曰尋，是丈二也。冶氏爲戈戟之屬，不言殳刃，是無刃也。"[⑨] 從以上記載可以看

① ［美］W. 爱伯哈德：《中國文化象徵詞典》，陳建憲譯，湖南文藝出版社 1990 年版，第 249 頁。

② （唐）趙崇祚：《花間集》，貴州人民出版社 1981 年標點版，第 106 頁。

③ 同上書，第 2 頁。

④ 唐圭璋主編：《全宋詞》，中州古籍出版社 1996 年版，上册，第 808 頁。

⑤ 鄭炳林：《俄藏敦煌文獻 ДX. 10787 號〈解夢書〉劄記》，《敦煌學輯刊》2003 年第 2 期。

⑥ 鄭炳林：《敦煌寫本解夢書校録研究》，民族出版社 2005 年版，第 257 頁。

⑦ 睡虎地秦墓竹簡整理小組：《睡虎地秦墓竹簡》，文物出版社 1978 年版，第 189—190 頁。

⑧ （漢）許慎著，（清）段玉裁注：《說文解字注》卷 3，浙江古籍出版社影印版，第 118 頁。

⑨ （漢）毛亨傳，（漢）鄭玄箋，（唐）孔穎達疏：《詩經注疏》卷 3，（清）阮元校刻《十三經注疏》，江蘇廣陵古籍出版社 1995 年影印版，上册，第 327 頁。

出，“殳”是一種用“積竹”做成的有棱無刃的杖類武器，長一丈二尺。而“杸”又爲“殳”之增旁異體。《說文·木部》：“杸，軍中士所持殳也。”《說文通訓定聲·需部》：“杸，按此字當爲‘殳’之或體。”[①]“梃”與“殳”同爲杖類武器。《資治通鑒》卷157《梁武帝大同元年》：“（王羆）持白梃大呼而出。”元胡三省注：“梃，杖也，即今人所謂白棓也。”[②]“白棓”即“白棒”。《三國志》卷28《魏書·鍾會傳》：“會已作大坑，白棓數千，欲悉呼外兵入。”南朝宋裴松之注：“棓與棒同。”[③]“殳梃”又常常被用作皇宮裡儀仗隊所執的武器。《新唐書》卷23上《儀衛志》：“元日、冬至大朝會，宴見蕃國王……又有殳仗、步甲隊，將軍各一人檢校。”[④]《宋史》卷147《儀衛志》：“皇太后、皇后鹵簿……次左右領軍衛折衝都尉各一員，檢校殳仗。”[⑤]“殳仗”即執殳的儀仗隊。《元史》卷71《禮樂志》：“凡祭，立於縣間，皆北上，相向而立。舞師四人，皆執梃。”注：“梃，牙仗也。”[⑥]牙仗即儀仗。敦煌解夢書中，夢見武器常常是生子的象徵。ДХ. 10787《解夢書·刀劍弓箭篇》：“夢見帶劍，必有子，吉。”P. 3281《周公解夢書·器服章》：“夢見妻帶刀子，有子。”而夢見皇帝的儀仗隊在敦煌解夢書中被認爲是吉兆，P. 3908《新集周公解夢書·官禄兄弟章》：“夢見君王隊仗者，富。”所以在此條夢語中才會有生貴子的說法。

【䞉—賄】

右件奉獻君王，施捨大衆，諸處分補，葬送追齋，留與老尼。有

---

① （清）朱駿聲：《說文通訓定聲》需部，《中國古代工具書叢編》，天津古籍出版社1999年據咸豐元年刊本影印，第2册，第488頁。

② （宋）司馬光著，（元）胡三省注：《資治通鑒》，中華書局1976年點校本，第11册，第4863頁。

③ （晉）陳壽撰，（南朝宋）裴松之注：《三國志》，中華書局2011年點校本，第2册，第792頁。

④ （宋）歐陽修：《新唐書》，中華書局1975年點校本，第2册，第486頁。

⑤ （元）脱脱等：《宋史》，中華書局1977年點校本，第11册，第3451頁。

⑥ （明）宋濂等：《元史》卷71《禮樂志》，《文淵閣四庫全書》，台灣商務印書館1986年影印版，史部，第293册，第403頁。

者如此，使者一般。更無縷線腩情背劈城隍居眷，福嵒若有隱没，千生禍及於身，忽有别人增加，亦同前願。（P. 3478**《年代不明福嵒奉獻捨施支分疏》**）

“腩”當録爲“腩”。“腩”爲“腎”之俗體。《龍龕手鑒·肉部》：“腩、腩，二俗；腎，正。”[①]“腎”即“腎”。但在此顯然不通。此“腩”當是“賄”之换旁俗字。俗字中“貝”旁字常訛爲“月”旁字。S. 2894 背《壬申年十二月廿一日親情社轉帖》：“右緣裴留奴妻女亡，合右（有）**贈**送，人各麵壹斤，油壹合，粟壹蚪，柴壹束，鮮净綾絹色物三丈。”又同卷《壬申年十二月親情社轉帖》：“右緣氾再昌妻女亡，合右（有）**贈**送，人各麵壹斤，油一合，粟壹蚪，柴一束，鮮净綾絹色物三丈。”又 S. 6005《社約》：“若三馱滿，未上局者，不得請**贈**，餘有格律，並在大條内。”其中“**贈**”都應爲“贈”的俗體字。Φ096《雙恩記》：“出家之人，虚心求道，無所貯畜（蓄）。”“貯”字原卷作“**肕**”。P. 2422《太玄真一本際經》卷 2：“汝精功累德，致上聖顯微，作大法師，開導後學，有疑請決，正是其人。”“精功累德”即“積功累德”。敦研 352《道經》：“自修自精，到放今世，看經千卷，晨夕税（祝）禱。”又：“或爲僧，或爲道，修精善果。”其中“精”字皆爲“積”之訛。《廣碑别字》引《唐正議大夫上柱國巢縣開國男邕府長史周利貞墓誌》“積”字即作“精”[②]。《左傳·僖公二十七年》：“秋，入杞，責無禮也。”清戴震《開成石經補字正非》：“《石經》‘責’訛‘青’。”[③]“石經”即唐開成石經。

“賄”又當爲“晦”字音訛。賄，《廣韻》呼罪切，曉母；晦，荒内切，曉母，隊韻。二者音近。“賄”之異體字“賄”即從

① （遼）釋行均：《龍龕手鑒》卷 3《肉部》，中華書局 2006 年影印版，第 410 頁。

② 秦公、劉大新：《廣碑别字》，國際文化出版公司 1995 年版，第 591 頁。

③ （清）戴震：《開成石經補字正非》，北京大學圖書館藏稿本叢書，天津古籍出版社 1987 年影印版，第 4 册，第 216 頁。

"每"得聲。《集韻·賄韻》："脢，或從每。"[①]"晦"謂隱晦，"更無縷線脢情背劈城隍居眷"言財産方面没有絲毫隱晦背着城内的人民。"縷線"即線，在這裡比喻細小事物。"劈"當是"避"之音訛。後文言"福凿若有隱没"，"脢情"與"隱没"在意思上正相照應。

（三）改换聲旁

【⿰木寽—柯】

又將勝善功德，奉用莊嚴我東宫皇太子。伏願金⿰木哥永茂，小（少）海波澄；玉質恒清，嘉聲益潤。（P. 3804**《釋門文範》**）

"金⿰木哥"，楊寶玉、吴麗娱録爲"金埒"[②]。"埒"本義指矮牆，《説文·土部》："埒，卑垣也。"後泛指界限、邊界。段注："埒，引申爲涯際之稱。"[③]"金埒"指用錢鋪成的界溝，形容豪奢。《晉書》卷26《食貨志》："於是王君夫、武子、石崇等更相誇尚，……布金埒之泉，粉珊瑚之樹。"[④]但"金埒永茂"則明顯文意不通。

查原卷，"埒"實作"⿰木寽"，當隸定爲"⿰木哥"。"⿰木哥"字不見於諸辭書。此"⿰木哥"也當爲"柯"之换聲旁俗體字。文獻典籍中有分别以"哥""可"爲聲旁構成異體字的例子。《龍龕手鑒·鳥部》："⿰鳥哥鴚，古牙反，鴈也。下又或音可，二。"[⑤]漢揚雄《方言》卷8："雁謂之鴚鵝，南楚之外……或謂之倉鴚。"晉郭璞注："今江東通呼爲鴚。"[⑥]《集韻·麻韻》："⿰鳥哥，鳥名。"[⑦]明宋濂《篇海類編·鳥獸

① （宋）丁度等：《集韻》卷7，上海古籍出版社1985年影宋述古堂本，上册，第346頁。

② 楊寶玉、吴麗娱：《P. 3804咸通七年願文與張議潮入京前夕的慶寺法會》，《南京師範大學學報》2007年第4期。

③ （漢）許慎著，（清）段玉裁注：《説文解字注》卷13，浙江古籍出版社影印版，第685頁。

④ （唐）房玄齡：《晉書》，中華書局1974年點校本，第3册，第783頁。

⑤ （遼）釋行均：《龍龕手鑒》卷2《鳥部》，中華書局2006年影印版，第286頁。

⑥ （漢）揚雄著，（晉）郭璞注：《方言》，《文淵閣四庫全書》，台灣商務印書館1986年影印版，經部，第221册，第332頁。

⑦ （宋）丁度等：《集韻》卷10，上海古籍出版社1985年影宋述古堂本，第208頁。

類・鳥部》："鴚、鳴、鳴鵞，鳥也，雁屬。"[①] 可知，"鵇"爲"鴚、鳴"的换聲旁異體字。S.4211《壬辰年四月十一日支付寫經人物色名目》："鄧僧正：緑文鞋壹兩，鋼鑑壹柄，罾懈（械）壹副。定千闍梨：緑文鞋壹兩，鋼鑑壹柄，罾懈（械）壹副。"P.2917《某寺乙未年後常住什物點檢曆》："又鐺子壹，打破，亦見在。鍸鑑壹柄，打破團鍾。"張小豔指出："'鋼鑑'即'鍸鑑'，因爲'鋼'與'鍸'所從聲符'哥''阿'皆屬歌韻，也就是説，'鋼''鍸'其實是一組改换聲旁的異體字。"[②] 而從"阿"得聲的字多能與從"可"得聲的字構成異體字關係。如《廣韻・哿韻》："妸，妸娜，亦作婀。"[③]"妸""婀"爲異體關係，"妸娜"即"婀娜"。《廣雅・釋詁一》："痾，病也。"清王念孫疏證："痾与疴同。"[④] 可見，"疴""痾"爲異體關係。"鋼"也有以"可"得聲的異體字。《集韻・金部》："鈳，……或從阿（作鋼）。"[⑤]《龍龕手鑒・金部》："鈳，音阿。"[⑥] 那麼，"鈳"與"鍸"必然也構成異體字關係，這也是分别以"可""哥"爲聲旁而互爲異體字的例子。清吴任臣《字彙補・木部》："檹，古多切，音柯，義同。"[⑦]"檹""柯"音義並同，可知"檹"爲"柯"的異體字，此"檹"當是在"檹"基礎上又增木旁形而成的繁化俗字。

"金柯"典籍習見，原形容花木美好嫩弱的枝葉。晉陸機《浮雲賦》："金柯分，玉葉散。"[⑧] 後比喻皇親國戚以及出身高貴的人，猶

---

① （明）宋濂：《篇海類編》卷11，《續修四庫全書》，上海古籍出版社2002年影北京大學圖書館藏版，經部，第230册，第116頁。

② 張小豔：《敦煌社會經濟文獻語詞考釋》，博士後研究工作報告，浙江大學，2006年。

③ 余乃永：《新校互注宋本廣韻》，上海辭書出版社2000年版，第305頁。

④ （三國魏）張揖著，（清）王念孫疏證：《廣雅疏證》卷1，江蘇古籍出版社2000年影印版，第14頁。

⑤ （宋）丁度等：《集韻》卷3，上海古籍出版社1985年影宋述古堂本，第196頁。

⑥ （遼）釋行均：《龍龕手鑒》卷1《金部》，中華書局2006年影印版，第13頁。

⑦ （清）吴任臣：《字彙補》辰集，《續修四庫全書》，上海古籍出版社2002年影康熙五年刻本，經部，第233册，第551頁。

⑧ （晉）陸機著，楊明校箋：《陸機集校箋》，上海古籍出版社2016年標點本，上册，第155頁。

言金枝玉葉，指高貴子孫，唐代習見。張景毓《縣令岑君德政碑》："主簿崔子佺，相門卿族，玉葉金柯。"[①]"金柯"敦煌典籍中有用例。P. 2058《水則道場文》："伏願金柯蓋（益）茂，玉葉時芳，磐石增勳，維城作鎮。"北大 D192《諸文要集一卷·滿月》："惟願金柯比秀，玉葉承榮。""金柯永茂"也有用例，S. 1181 背《文樣（發願文）》："又持勝福，次用莊嚴指撝尚書貴位，伏願金柯永茂，玉葉時芳，磐石增熏，維城作鎮。"

（四）改換形旁与聲旁

【鏘—槍】

大刀子三，弓六張，箭二十一支，器械一副，鏘一張，越鈇一，占銀腰帶一，鍮石腰帶一。（P. 2567 **背《癸酉年蓮臺寺諸家散施曆狀》**）

于正安認爲"此處爲各家布施給寺院的財務曆，佛門本是清淨場所，不可能儲藏兵器"，"槍是古代的一種掘土除草的農具"。[②] 但是從 P. 2567 背《癸酉年蓮臺寺諸家散施曆狀》來看，"鏘"與大刀子、弓、箭、越（鉞）鈇等武器並列，當爲武器無疑，敦煌文獻中寺庙帳籍文書中不乏關於武器的記載。P. 2917《某寺乙未年後常住什物點檢曆》："排三面，見在；槍壹根；鉀壹領。"排指盾牌，"鉀"爲甲的增旁俗字。S. 4642 背《敦煌都司倉諸色斛斗入破計會》："油肆勝，付族博士工直價用。""族"當即"鏃"的借字，"鏃博士"指加工箭頭的工匠。玄應《一切經音義》卷 44《菩薩處胎經》卷 5"槍刺"條："且羊反，《説文》：'槍，距也'。《通俗文》：'剡木傷盜曰槍'。木鐵槍皆作此。經文作鏘，玉聲也，又作鎗，非。"（T54p599c）慧琳《一切經音義》卷 49《廣百論本》卷 10"鐵槍"條："千羊反，《三蒼》：'木兩耑鋭曰槍。'《説文》：'槍，岠也。'論文作鏘，鈴聲也，鏘非此用也。"（T54p779c）玄應《一切經音義》

① 周紹良主編：《全唐文新編》，吉林文史出版社 2000 年標點版，第 2 部第 3 册，第 4710 頁。

② 于正安：《敦煌曆文詞彙研究》，中國經濟出版社 2014 年版，第 105—106 頁。

卷73《成實論》卷“金槍”條：“千羊反，《蒼頡篇》解詁云：‘木兩耑鋭曰槍。’《説文》：‘槍，岠也。’論文作鏘，非體也。”（T54p779c）雖然玄應、慧琳一再强調“鏘”作“槍”講，非正體，但是從二人的論述來看，佛經中“槍”常寫作“鏘”。“鏘”當爲“槍”之换旁俗字，形旁换爲金部，聲旁换爲“將”。“槍”在敦煌文獻中可用量詞“張”修飾。P. 3841背《開元間州倉粟麥紙墨軍械什物曆》：“壹伯玖拾伍張槍……玖張戎袓弩弓。”

二　增省或改變筆畫

【茱、菜—茱】

李者百木之使，種之舍前，出貴子。茱莫者，百木之賢，種之井上，瘟病除。又同卷：井上種菜莫，無病明目。（P. 2615《□帝推五姓陰陽等宅圖經一卷》）

前面的“茱莫”，陳于柱校爲“茱姜”，金身佳録爲“芣莫苢”[①]。後面的“菜莫”，陳于柱、金身佳均録爲“菜莫”[②]。

查原卷，“茱莫”處，原有三字，但中間一字右側有卜字符號，當已删去，其餘二字當爲“茱莫”。“菜莫”録爲“菜莫”倒没问題。但從文意來看，“茱莫”“菜莫”當是能够種在井邊的植物。此“茱莫”“菜莫”當並是“茱萸”。典籍中記載古人有在井邊種植茱萸的習俗。北魏賈思勰《齊民要術》卷4《種茱萸》引《淮南萬畢術》説：“井上宜種茱萸，茱萸葉落井中，飲此水者無温（瘟）病。”[③]宋鄭樵《通志》卷76《昆蟲草木略》：“今人多臨井植之（茱萸），

① 陳于柱：《敦煌寫本宅經校録研究》，民族出版社2007年版，第242頁；金身佳：《敦煌寫本宅經葬書校注》，民族出版社2007年版，第78頁。

② 陳于柱：《敦煌寫本宅經校録研究》，民族出版社2007年版，第268頁；金身佳：《敦煌寫本宅經葬書校注》，民族出版社2007年版，第77頁。

③ （後魏）賈思勰著，繆啓愉校釋：《齊民要術校釋》，農業出版社1982年版，第227頁。

云飲其水則無瘟疫。”[①] 古代茱萸被視爲一種藥材，其療效在多種醫書中均有記載。如晉葛洪《肘後備急方》卷4《治卒心腹症堅方》：“茱萸三升，碎之，以酒和煮令熟，布帛物裹以熨癥上，冷更均番用之，癥當移去。”[②] 唐孫思邈《備急千金要方》卷2《婦人方》：“深其居處，厚其衣服，朝吸天光，以避寒殃。其食稻麥，其羹牛羊，和以茱萸，調以五味，是謂養氣，以定五臟。”[③] 典籍中提到茱萸有明目的藥用價值。《本草綱目》卷4《眼目》：“蜀椒、秦椒桂、辛夷、枳實、山茱萸，並明目。”[④] 山茱萸即茱萸的一種。古人還認爲茱萸還可以驅邪。南朝梁宗懍《荆楚歲時記》引南朝梁吴均《續齊諧記》云：“汝南桓景隨費長房遊學，長房謂之曰：‘九月九日汝家中當有災厄，急令家人縫囊盛茱茰（萸），系臂上，登山飲菊花酒，此禍可消。’景如言，舉家登山。夕還，見雞犬牛羊一時暴死。長房聞之，曰：‘此可代也。’”[⑤] 可能正是由於古人認爲茱萸有除病明目和驅邪的作用，才在井邊種植此物，宅經中的這段記載也正可與傳世文獻相呼應。

但從字形上看，“茉莫”“菜莫”與“茱萸”是有一定差距的。“茉”“菜”均爲“茱”之俗字。“茉”爲“茱”之省筆俗字，“朱”作偏旁在俗字中常省去撇畫作“未”。如：《龍龕手鑒·木部》：“株，俗；株，正。”[⑥] P. 2305《妙法蓮華經講經文》：“我也不生懈怠，殊無退敗之心。”“殊”原卷作“殊”。“菜”字也當爲“茱”之俗體，“朱”字作偏旁常作“米”形，S. 202《傷寒論·辨脈》：“縈縈如

① （南宋）鄭樵：《通志》卷76《昆蟲草木略》，浙江古籍出版社1988年影印萬有文庫本，第1册，第876頁。

② （晉）葛洪著，古求知等校注：《肘後備急方校注》，中醫古籍出版社2015年標點本，第105頁。

③ （唐）孫思邈：《備急千金要方》卷2《婦人方》，《文淵閣四庫全書》，台灣商務印書館1986年影印版，子部，第735册，第49頁。

④ （明）李時珍：《本草綱目》，中醫古籍出版社1994年據金陵版點校本，第118頁。

⑤ 上海古籍出版社編：《漢魏六朝筆記小説大觀》，上海古籍出版社1999年標點版，第1059頁。

⑥ （遼）釋行均：《龍龕手鑒》卷4，中華書局2006年影印版，第373頁。

蜘蛛糸（絲）者陽氣衰。”Φ096《雙恩記》：“蝶遭蛛之網並，盡遂天使。”“蛛”字原卷作分别作“[illegible]”“[illegible]”。敦研 106《大般涅槃經》：“爾時文殊師利白佛言。”“殊”字原卷作“[illegible]”。“朱”旁作“米”形，主要是因爲“朱”“米”草寫中很類似。P. 3697《捉季步傳》：“仍差朱解爲齊使，面别天階出國門。”“朱”作“[illegible]”，與“米”極爲類似。“米”字增撇畫即作“采”，俗體中釆、采又常混而不分，所以由“茱”到“菜”經歷以下過程：

茱—萊（草写变形）—菜（增笔並類化）

而“莫”爲“萸”之俗訛字。《龍龕手鑒·艸部》：“茱萸，草名。”[①]“萸”即“萸”之俗體，與“莫”形近而訛。P. 2646《新集吉凶書儀上下兩卷並序·重陽相迎書》：“重陽之節，翫菊傾思。懸珠一杯，倍加渴慕。”小字注：“亦云茱莫之酒，不敢獨斟，思憶明寮，何可言述。”“莫”，趙和平校爲“萸”[②]，是。

【扚—拘】

如遠地有扚役，奔喪不及，服有除晚者，則於舍外别立惡室，持孝哭泣。（P. 2622《吉凶書儀上下兩卷》）

其中“扚”，趙和平校爲“衵”[③]，查原卷，實作“杓”，當隸定爲“扚”字，但“扚役”不辭。疑“扚”爲“拘”的減省俗字，“拘”俗體作“抅”。P. 2965《佛説生經》：“婦，拘夷是。”“拘夷”爲古印度地名。“拘”原卷作“枸”。《正字通·手部》：“抅，俗拘字。”[④] 俗體字形中的“厶”與“丶”常混。“厶”又可省作“丶”，如 P. 2305《妙法蓮華經講經文》：“煞鬼忽然來到後，阿誰能替我無常？”“鬼”字原卷作“[illegible]”。“駒”字，《碑别字新編》15 畫載《魏

① （遼）釋行均：《龍龕手鑒》卷 3，中華書局 2006 年影印版，第 255 頁。

② 趙和平：《敦煌寫本書儀研究》，臺北出版社 1993 年版，第 530 頁。

③ 同上書，第 579 頁。

④ （明）張自烈：《正字通》卯集，《續修四庫全書》，上海古籍出版社 2002 年影康熙二十四年秀水吴源起清畏堂刊本，經部，第 234 册，第 425 頁。

皇甫驎墓誌》作“䮷”，《唐潘師正碑》作“䮷”[①]。又有本應爲“丶”而俗體中增筆作“厶”的，S. 5431《開蒙要訓》：“酣觴飲酒，歡酌酬醒。”“酌”原卷作“酌”。S. 1163《太公家教》：“太公未遇，鈎魚於水；相見（如）未愚（遇），買（賣）卜於市。”P. 3764、S. 3835、P. 3623《太公家教》均作“釣魚”。“鈎”當爲“釣”之增筆俗體。S. 6537 背《大唐新定吉凶書儀》：“告勤、問及、示問、約束。”“約”即“約”之俗體。

“拘役”指束縛、限制，典籍中有用例。朱熹《同安官舍夜作二首》其二：“窗户納涼氣，吏休散朱墨。無事一翛然，形神罷拘役。”[②] 清湯右曾《排悶》：“繞石花枝被徑莎，一春能得幾經過。苦因拘役閑常少，衹爲衰羸病較多。”[③]“遠地有拘役，奔喪不及”指人在遠方有限制不能及時趕回來奔喪。這種束縛多可能是來自公事上的限制，按照古代禮法，不能因私喪廢公事。《禮記》卷 18《奔喪》：“若未得行，則成服而後行。”孔穎達疏：“若未得行則成服而後行者，此奉君命而使，使事未了，不可以已私喪廢於公事，故成服以俟君命，則人代已也。”[④]

【罙—深】

出籠接翼，觸九霄而入煙霞，鼓浪南溟，卷洪濤而遊東渚。罙深禹穴，知九流之派源。尋闕裏之儒風，識杏壇之雅馴。（P. 4640《李僧録贊》）

“深”當爲“探測”義。清王引之《經義述聞》第二十七“潛深，測也”條：“家大人曰：《莊子·田子方篇》曰：‘上闚青天，下潛黄泉。’是潛爲測也。《商子·禁使篇》曰：‘深淵者，知千仞之深，縣繩之數也。’深淵，測淵也。《列子·黄帝篇》曰：‘彼將處乎不深之度，而藏

① 秦公：《碑别字新編》，文物出版社 1985 年版，第 341 頁。

② （宋）朱熹著，朱傑人等主編：《朱子全書》，上海古籍出版社、安徽教育出版社 2010 年標點版，第 20 册，第 243 頁。

③ （清）湯右曾：《排悶》，《懷清堂集》卷 13，《文淵閣四庫全書》，台灣商務印書館 1986 年影印版，集部，第 1325 册，第 563 頁。

④ （漢）鄭玄注，（唐）孔穎達疏：《禮記注疏》卷 55，（清）阮元校刻《十三經注疏》，江蘇廣陵古籍出版社 1995 年影印版，下册，第 1653 頁。

乎無端之紀，不深不測也。’是深亦爲測也。”[①]“探禹穴”典籍習見。南朝梁慧皎《高僧傳》卷11《釋法期十五》：“吾自西至流沙，北履幽漠，東探禹穴，南盡衡羅。”（T50p399a—399b）李白《月中秋懷》：“何必探禹穴，逝將歸蓬丘。”[②]“禹穴”相傳爲夏禹的葬地。

但“罙探禹穴”不通，此“罙”當爲“罙”之俗體字。“罙”當“深入”講，典籍習見。《詩·商頌·殷武》：“奮伐荊楚，罙入其阻。”毛傳：“罙，深。”[③]宋岳珂《桯史》卷14《開禧北伐》：“時鏠旗罙入，未有所底，傳聞叵測，人皆憚行。”[④]《説文·穴部》：“突，深也。一曰灶突。”段注：“突、湥古今字，篆作突、湥，隸變作罙、深，水部湥下但云水名，不言淺之反，是知古深淺字作罙，深行而罙廢矣。”[⑤]可見“罙”本即“深”之古字。俗字中常把“ソ”或“八”寫作一横畫。如“悉”字，《碑別字新編》11畫載《唐新脩曲阜文宣王廟記》作“悉”；“酸”字，《碑別字新編》14畫載《魏元璨墓誌》作“酸”；“登”字，《碑別字新編》12畫載《唐王郅墓誌》作“登”[⑥]，所以“罙”會有“罙”這樣的俗體。禹穴傳説在極其幽深的地方，故有“深探禹穴”之説。《史記》卷130《太史公自序》：“二十而南游江、淮，上會稽，探禹穴。”南朝宋裴駰集解引張晏曰：“禹巡狩至會稽而崩，因葬焉。上有孔穴，民閒云禹入此穴。……山中又有一穴深不見底，謂之禹穴，史遷云‘上會稽探禹穴’，即此穴也。”[⑦]“深探禹穴”典籍有用例。明李開先《崑崙張詩

① （清）王引之：《經義述聞》，商務印書館1936年標點版，第5册，第1052頁。

② （清）彭定求等：《全唐詩》，中華書局1979年標點本，第6册，第1861頁。

③ （漢）毛亨傳，（漢）鄭玄箋，（唐）孔穎達疏：《詩經注疏》卷20，（清）阮元校刻《十三經注疏》，江蘇廣陵古籍出版社1995年影印版，上册，第627頁。

④ （宋）岳珂：《桯史》卷14《開禧北伐》，《四部叢刊續編》，上海商務印書館影印鐵琴銅劍樓藏元刊本，子部，361册，無頁碼。

⑤ （漢）許慎著，（清）段玉裁注：《説文解字注》卷7，浙江古籍出版社影印版，第344頁。

⑥ 秦公：《碑別字新編》，文物出版社1985年版，第159、308、215頁。

⑦ （漢）司馬遷撰，（南朝宋）裴駰集解，（唐）司馬貞索隱，（唐）張守節正義：《史記》，中華書局1963年點校本，第10册，第3293—3294頁。

人傳》："遍覽西湖之勝，而深探禹穴之奇。"①

【[illegible]—桂】

竊以佛本有願，拯拔無私，慈懷生靈，悲深勤值，散真身於法界，流教化於大千。使歸依者，滅累劫之蓋纏，懇仰者，獲無邊之勝利。莫不應緣與福，若谷響之[illegible][illegible]；尅念赴心，似當空之[illegible]影。是以君王致敬，感國土之升平，士庶虔誠，必恒沾於妙果。（P. 3276 背《結社修窟功德記》）

"[illegible][illegible]"，《社邑輯校》（673 頁）録爲"僖卉"，馬德録爲"純音"②。查原卷，前一字較模糊，仔細辨别當爲"[illegible]"，應爲"傳"之草書。《草書字典》載"専"字草書作"[illegible]"③，正與"[illegible]"字右部類似。後一字原卷作"[illegible]"，右側有卜字號，當是已删除，但是後面又没有加以補充，據文意當補"音"或"聲"字。

佛經中常以"谷響"喻佛音、佛法。于闐實叉難陀譯《大方廣佛華嚴經》卷 74《入法界品》："諸佛説法皆如谷響，開示法界咸令究竟，是爲菩薩第七受生藏。"（T10p402b—402c）五代延壽集《宗鏡録》卷 17："夫了了者，即是佛法，無有二相，是以來同水月，散若幻雲，見猶夢形，聞如谷響。"（T48p508a）唐地婆訶羅譯《方廣大莊嚴經》卷 11《轉法輪品》："一切法平等，轉如是法輪，如夢幻陽炎，水月及谷響，皆無有自性，轉如是法輪。"（T3p611a）唐玄奘譯《大般若波羅蜜多經》卷 381《初分諸功德相品》："世尊音韻美妙具足如深谷響。"（T6p968b）又卷 465《第二分遍學品》："由此善巧陀羅尼門，發起種種音，聲語言遍爲三千大千世界諸有情類宣説正法，令知所聞皆如谷響。"（T7p349c）又卷 531《第三分妙相品》："諸佛音韻美妙具足如深谷響。"（T7p726c）唐不空《聖賀野紇哩縛大威怒王立成大神驗供養念誦儀軌法品》卷下："證得一切法，如

① （明）李開先：《李開先全集》，文化藝術出版社 2004 年標點版，中册，第 745 頁。
② 馬德：《敦煌莫高窟史研究》，甘肅教育出版社 1996 年版，第 126 頁。
③ 陳斌：《草書字典》，三秦出版社 2013 年版，第 233 頁。

幻，如陽焰，如夢，如影像，如谷響，如光影，如水月。”（T20p164a）此“谷響之傳音（聲）”當喻指佛出現講解佛法。“當空”，馬德録爲“當來”①，查原卷實作“當空”不作“當來”。“當空”即“在天空中”，典籍習見。

[illegible]影，《社邑輯校》（673頁）録爲“櫨影”，馬德録爲“樓影”②。查原卷，前一字作“[illegible]”，録作“櫨”或“樓”均不確切。《方言》卷13：“盂謂之櫨。”③《玉篇·木部》：“櫨，盂也。”④《集韻·真韻》：“櫨，盂也。”⑤均認爲“櫨”爲“盂”類器皿。《説文·皿部》：“盂，飯器也。”盂是古代裝飲食的器皿。但是“櫨”作“盂”講只在辭書中有記載，典籍中並無實際用例，在這裡出現可疑。從字形上看也不似“樓”字，“[illegible]”疑當爲“桂”字俗寫，俗寫中常常把“灬”連成一横畫，但也有把横畫變成“灬”的。《甲金篆隸大字典》載“亟”字甲骨文作“[illegible]”（天八〇），金文《毛公鼎》作“[illegible]”，小篆承金文作“亟”。⑥《説文·二部》：“亟，敏疾也。從人，從口，從又，從二。二，天地也。”⑦據于省吾先生考證，“亟”本是“極”的古字，“亟，古極字……亟字中從人，而上下有二横畫，上極於頂，下極於踵，而極之本義昭然可睹矣”⑧。“亟”字下面短横也是表示地面，俗體中有把短横寫成“灬”者。《碑别字新編》8畫載東魏《王僧墓誌》“亟”字作“[illegible]”，北齊《是連公妻邢阿光墓誌》“亟”字作“[illegible]”，唐《封邱縣令白知新墓誌》“亟”字作

---

① 馬德：《敦煌莫高窟史研究》，甘肅教育出版社1996年版，第126頁。

② 同上。

③ （漢）揚雄著，（晉）郭璞注：《方言》卷13，《文淵閣四庫全書》，台灣商務印書館1986年影印版，經部，第221册，第373頁。

④ （南朝梁）顧野王著，（宋）陈彭年等重修：《宋本玉篇》卷12，中國書店1983年據張氏澤存堂本影印，第240頁。

⑤ （宋）丁度等：《集韻》卷2，上海古籍出版社1985年影宋述古堂本，上册，第118頁。

⑥ 徐無聞：《甲金篆隸大字典》，四川辭書出版社1991年版，第935—936頁。

⑦ （漢）許慎著，（宋）徐鉉校訂：《説文解字》卷13，汲古閣本。

⑧ 于省吾：《甲骨文字釋林》，臺灣大通書局1918年版，第95頁。

“𠓛”，皆是。[①]《干禄字書·去聲》：“亟、亟，上俗下正。”[②]“極”隸變後初作“極”（《銀雀山漢墓竹簡·孫子一一六》“極”字）、極（《石門頌》“極”字），後也有底部横畫也有變作“灬”者，如西晉《成晃碑》“極”字作“極”[③]，《碑别字新編》13畫載隋《造龍華碑》“極”字作“極”[④]。敦煌文獻也有用例。S. 610《啓顔録》：“覺其味極酢澀。”S. 78《失名類書》：“罔極。”“極”均作“極”。“韭”俗體字中也有把底下横畫變成“灬”者。《紹興重雕大藏音·韭部》：“韭、韭，上正，並久音。”偃，《説文·人部》：“偃，僵也。從人，匽聲。”[⑤]本從“匽”得聲。“匽”，金文中或從匚，如“匽公匜”之“匽”字作“匽”，或從乚（隱），如“匽侯盂”之“匽”字作“匽”[⑥]，《説文》小篆承“匽”作“匽”。隸變以後有從匚，也有從乚者。從匚者，如《碑别字新編》11畫“偃”字載北魏《崔敬邕墓誌》“偃”字作“偃”、從乚者，如《碑别字新編》11畫載隋《曹子建碑》“偃”字作“偃”，而兩種字形都有把底部横畫變成“灬”者，《碑别字新編》11畫載隋《郭寵墓誌》“偃”字作“偃”、唐《於孝顯碑》“偃”字作“偃”。[⑦] S. 1086《兔園策府》：“風郊未清，月營頻偃。”“偃”作“偃”。以上諸字横畫變爲“灬”者，都成爲該字較爲常見的俗體字，也有字形中偶然把横畫改爲“灬”者。《碑别字新編》15畫載北魏《原顯墓誌》“談”字作“談”[⑧]，其中的

---

① 秦公：《碑别字新編》，文物出版社1985年版，第47頁。

② 施安昌編：《顔元孫書〈干禄字書〉》，紫禁城出版社影故宫博物院拓本，第46頁。

③ 以上三種古文字字形均出自漢語大字典字形組《秦漢魏晉篆隸字形表》，四川辭書出版社1985年版，第379頁。

④ 秦公：《碑别字新編》，文物出版社1985年版，第244頁

⑤（漢）許慎著，（宋）徐鉉校訂：《説文解字》卷8，汲古閣本。

⑥ 以上兩種古文字字形出自徐無聞《甲金篆隸大字典》，四川辭書出版社1991年版，第886頁。

⑦ 以上諸“偃”字字形均出自秦公《碑别字新編》，文物出版社1985年版，第145頁。

⑧ 同上書，第336頁。

“灬”顯即是由“言”字的口上的一横畫變來。S. 5584《開蒙要訓》：“襟襴領紐，褸襻新舊。”“紐”作“紐”。《説文·糸部》：“紐，系也。一曰結而可解。從糸丑聲。”[①] 丑，小篆作“丑”，隸變作“丑”（東漢《武氏石闕銘》“丑”）[②]。“紐”字中“丑”底下的横畫則變成了“灬”。“桂”是從木，圭聲的形聲字。《説文·土部》：“圭，瑞玉也。從重土。”[③] 本從二土，但俗體字中常常把中間的丨筆貫通全部横畫而不分爲二土。P. 2524《語對》：“珪門。”珪字作“珪”。又同篇：“蘭房桂户。”“桂”字作“桂”。此“桂”字丨貫通前三横筆，而最後一個横畫改爲了“灬”。

“桂影”常用來指代“月影”“月亮”。敦煌文獻有用例。S. 5639《文樣·女莊嚴等願文》：“何黄（皇）天不佑，算壽俄終，蓮花霣而桂影沉暉，芳樹雕（凋）而蘭姿罷鬱。”P. 4640《陰處士碑》：“即有尼法律智惠等，月中桂影，已厭鮮花；雲外天堂，修持有路。”佛教中常用月影來指佛法或佛菩薩本身。北涼曇無讖譯《大方等大集經》卷14《虚空藏品第八之一所問品》：“了知一切諸法猶如月影無持戒破戒。”（T13p97a）例中月影即喻指佛法。隋智顗《净土十疑論·第三疑》：“佛身無有二，智者以譬喻得解，智者若能達一切月影即一月影，一月影即一切月影，月影無二，故一佛即一切佛，一切佛即一佛，法身無二。”（T47p78b）宋子璿輯《起信論疏筆削記》卷4：“佛身無去亦無來，所有國土皆明見。……將謂分身赴感，今雲多機頓感，應雖一時而其佛身寂焉不動，如一月影千萬人見，各隨其人東西而去，影且不分，佛亦如是。”以上二例喻指“佛本身”。宋贊寧《宋高僧傳》卷25：“論曰：入道之要三慧爲門，若取聞持勿過讀誦者矣。何耶？始惟據本，本立則道生。次則舍詮，詮留則月失。比爲指天邊之桂影，而還認馬上之鞭鞘，如此滯拘去道彌遠。”

① （漢）許慎著，（宋）徐鉉校訂：《説文解字》卷13，汲古閣本。
② 徐無聞：《甲金篆隸大字典》，四川辭書出版社1991年版，第1034頁。
③ （漢）許慎著，（宋）徐鉉校訂：《説文解字》卷13，汲古閣本。

（T50p871c—872a）“比爲指天邊之桂影，而還認馬上之鞭鞘，如此滯拘去道彌遠”，意思是說把佛道、佛法比喻成天邊的月影，如果認成馬鞭梢，這樣拘泥的話就距離佛道越來越遠。這裡是以“桂影”代“月影”喻佛道、佛法。“尅念赴心”，“尅念”當指念佛，佛教認爲虔誠的念佛就會“感應”佛出現。P. 2044 背《釋門文範·太保相公》：“諸大德達（建）息災道場，嚴持香花，召請龍天八部，真言不綴（輟），六時尅念，上通於三界。感梵王帝釋，降於法筵；密跡金剛，潛來加護。”所謂“感應”。丁福保《佛學大辭典》釋爲：“衆生有善根感動之機緣，佛應之而來。”[①] 佛、菩薩等“應”衆生之感而出現，佛經中又叫“赴”。隋智顗《妙法蓮華經文句》卷 7《釋化城喻品》：“若取感應始赴機。”（T34p100c）“赴機”，《佛學大辭典》釋爲“應衆生機根而說法也”[②]，“感應”本是佛與人心的應和，所以也叫“赴心”“應心”。Φ365《妙法蓮華經講經文》：“佛本真身，本無生滅，爲衆生故，示有去來云……隨機感以無窮，應心緣而不定。”宋知禮《觀音義疏記》卷 1：“觀音應赴心内衆生，衆生機感心内觀音。”“尅念赴心，似當空之桂影”指“衆生念佛，佛應衆生心願出現，好像天空中的月影”。

第二節　類化

一　受上下文影響而類化

【菏—阿】

菏蘩勒一課（顆），充乳藥。（P. 2863《弟子施入疏文》）

“蘩”，《真跡釋録》第 3 輯（80 頁）録爲“藜”，查原卷實爲“蘩”。乳藥指信徒對僧人的財物奉獻。“菏蘩勒”當即“訶梨勒”。丁福保《佛學大辭典》“訶梨勒”條：“（植物）Haritaki，又作訶利

① 丁福保：《佛學大辭典》，上海書店出版社 1991 年版，下册，第 2350 頁。
② 同上書，第 1649 頁。

勒、呵利勒、呵梨勒、訶梨怛雞、呵梨得枳、賀唎怛繫、訶羅勒等，果名，譯曰天主將來。”① “訶梨勒”佛典習見，爲佛教五藥之一。又作“阿梨勒”“阿黎勒”。蕭齊釋僧祐《釋迦譜》卷4：“從此西行數萬踰闍那，到瞿陀尼，取此果來，名阿梨勒，極爲香美。”（T50p42c）元危亦林《世醫得效方卷》14“心腹脹滿”條有“阿黎勒皮”②。

“蔛藜勒”之“藜”爲“藜”之俗體，《碑別字新編》18畫載“藜”字《唐張君政墓誌》作“[illegible]”③。“蔛”字諸字典辭書均無記載，當即“阿”的增旁俗訛字。“阿”字受其後“藜”字的影響，偏旁發生了類化，增旁作“蔛”。

二　受常見字形影響而類化

【[illegible]—[illegible]—稷】

左右倉，主廩，在兩乳上，倉有黑子，宜穀米，左倉為稻麥，右倉為穀[illegible]。（P. 3492 背《相書》）

“穀[illegible]”，《敦煌寫本相書校録研究》録作“穀禮”④，但“穀禮”意思不通暢，上文言“倉有黑子，宜穀米，左倉爲稻麥”，下句“右倉爲穀[illegible]”，“穀[illegible]”與“稻麥”相對，也應指糧食作物。“[illegible]”當是“稷”字。⑤ P. 3128 背《曲子詞·浣溪沙》：“竭節盡忠扶社稷，指山爲誓保乾坤。”“稷”字原卷作“[illegible]”，正與“[illegible]”類似。“稷”字俗體常從“礻”。S. 1889《敦煌氾氏家傳並序》：“後稷受封於邰，賜姓曰姬。”又“妃姜原履大人之跡，感而有娠，十二月生棄，即帝堯之弟也，能播植百穀，爲稷官”。上一“稷”字原卷作“[illegible]”，下

① 丁福保：《佛學大辭典》，上海書店出版社1991年版，下册，第2276頁。

② （元）危亦林：《世醫得效方》卷14，《文淵閣四庫全書》，台灣商務印書館1986年影印版，子部，第764册，第478頁。

③ 秦公：《碑別字新編》，文物出版社1985年版，第432頁。

④ 鄭炳林、王晶波：《敦煌寫本相書校録研究》，民族出版社2004年版，第148頁。

⑤ 關於“稷”指何種作物，古代主要有指粟（小米）、不黏的黍和高粱三種説法，“稷”指高粱爲元明以後的説法，此處當不可能指高粱，但究竟是指粟或不黏的黍，據現有文意尚不好判定。

一“稷”字原卷作“禝”，均從“礻”。鍾書林、張磊認爲“禝，同‘稷’……‘礻’旁、‘禾’旁俗寫易混不分”①，認爲“稷”從“礻”是偏旁混同的結果。其實，“稷”從戰國時代開始已有從“礻”和從“禾”兩種字形。從礻者，如：《戰國文字編》載《中山王鼎》“稷”字作“[illegible]”②。從禾者，如：《戰國文字編》載《璽匯》4442“稷”字作“[illegible]”③。“稷”可從“礻”又可從“禾”，蓋因“稷”可指穀類作物，又可指穀神，與祭祀相關。隸變以後從“礻”從“禾”兩種字形均常見。從“礻”者，如：《秦漢魏晉篆隸字形表》載東漢《武氏祠祥瑞圖題字》“稷”字作“禝”④，《碑別字新編》15 畫載北魏《寇憑墓誌》“稷”字作“禝”，北魏《苟景墓誌》“稷”字作“禝”，隋《曹海墓誌》“稷”字作“禝”，唐《左光禄大夫段瑗墓誌》“稷”字作“禝”⑤。從禾者，如：《秦漢魏晉篆隸字形表》載西漢《銀雀山漢墓竹簡・孫臏一六》“稷”字作“稷”，東漢《袁博殘碑》“稷”字作“稷”，東漢《史晨碑》“稷”字作“稷”⑥，《碑別字新編》15 畫載北魏《王悦墓誌》“稷”字作“稷”，北齊《石信墓誌》“稷”字作“稷”⑦。由於從“礻”字形“禝”與“禮”字形接近，受“禮”的類化，右部偏旁的上半部分或變爲“曲”。如：《中國歷代墓誌大觀》第 3 册載唐《故賈府君（琁）墓誌銘並序》：“賈誼之後，後禝之槐（？）。”⑧ “禝”右上角作“曲”。又如：S. 3872《維摩詰經講經文》：“大臣者，或是當朝相座，或是出鎮藩方，爲天

① 鍾書林、張磊：《敦煌文研究與校注》，武漢大學出版社 2014 年版，第 487 頁。
② 湯余惠：《戰國文字編》，福建人民出版社 2001 年版，第 480 頁。
③ 同上書，第 481 頁。
④ 漢語大字典字形組：《秦漢魏晉篆隸字形表》，四川辭書出版社 1985 年版，第 476 頁。
⑤ 秦公：《碑別字新編》，文物出版社 1985 年版，第330 頁
⑥ 漢語大字典字形組：《秦漢魏晉篆隸字形表》，四川辭書出版社 1985 年版，第 476 頁。
⑦ 秦公：《碑別字新編》，文物出版社 1985 年版，第 330 頁。
⑧ 諸史家：《中國歷代墓誌大觀》，大通書局 1985 年版，第 3 册，第 957 頁。

子之腹心，作聖人之耳目，成邦立國，爲社稷之柱石，定難除冕，作朝廷之蘺屏。”“稷”字原卷作“䄍”，右上角也作“曲”。P. 3492 背《相書》中“䄍”也是這種字形。也有徑與“禮”混同者。S. 4625《文樣·燃燈文》：“時則有我河西節度使令公先奉爲龍天八部，擁護敦煌，土地靈祇，保堅社稷。”“稷”字，原卷作“䄍”。S. 4537《文樣·結壇散食文》：“時則有河西節度使府主太保先奉爲龍天八部：護社稷以殄舊災，梵釋四王，保邊方瑞呈新福。”“稷”字，原卷作“䄍”。均與“禮”相混。

第三節　草體俗字、古體隸定及多種俗體混合

一　草體俗字

【𨍏—轟】

其燈乃日明晃晃，照下界之幽塗，光炎巍巍，朗上方之仙刹。更乃舉步而巡繞佛塔，虔恭而和念齊聲，舉捧香花，供［八］部之聖賢，振玲梵，徹下類之耳界。五音齊奉，八樂𨍏𨍏。聲聲動梁上之塵埃，拍拍騁迴鸞之儛（舞）道。（P. 3276《社齋文》）

𨍏，《社邑輯校》（647 頁）録爲“平䡙”。查原卷，“平䡙”兩字處作“𨍏”，當爲一字，即“轟”。《草書字典》載“車”字草書作“𨊠”①，與此字上部“𨊠”正類似。P. 2032 背《淨土寺食物等品入破歷》：“官布六疋，庭子上轉經蓮花錦襖子價用。”“轉”作“𨍏”，“車”部亦與此類似。“𨍏”下部也是兩個車字，輪廓比較明顯。《古本小説集成》載清刊本《後三園石珠演義》第 4 回：“慕容廆道：‘到兄少年豪傑，聲名久著天庭，那得無有德能，轟動神明如此！’”“轟”作“𨍏”。② 下兩個“車”字皆作“平”，當爲草書楷化字。鐘鼓等音樂聲常用“轟”形容。唐徐浩《寶林寺作》：“照耀珠

① 陳斌：《草書字典》，三秦出版社 2013 年版，第 72 頁。

② 《古本小説集成》編委會編：《古本小説集成》，上海古籍出版社 1994 年影印版，第 66 頁。

吐月，鏗轟鐘隱雷。”[①] P. 2044 背《釋門文範》：“乾坤震動，心迷者莫辯（辨）高低；日月蒼黄，悶亂者寧知昏曉！血流供（共）金河而混浩，哀聲與雷鼓［而］諠轟。傳五夢於天中，摩耶驚慢（愕）。”S. 5640《文樣・願齋文》：“是日也，香花滿座，鼓樂轟天。”S. 5511《降魔變文》：“青面金剛色黠然，大頭金剛嗔不歇。鐘鼓轟轟聲動天，瑞氣明明而皎潔。”“[illegible]”疑爲“養”俗字。《説文・食部》：“羧，古文養。”[②] 攴部、又部俗體中常可互换。“養”有長久義。《大戴禮記・夏小正》：“（五月）時有養日。養，長也”。又“（十月）時有養夜。養者，長也”。孔廣森補注：“此時夜之長，如夏時日之長也。”[③] “養”作長講爲“羕”之借字。孔廣森補注：“養之言羕也。”[④]《説文・永部》：“羕，水長也。从永羊聲。《詩》曰：‘江之羕矣。’”段注：“引申之爲凡長之偁。《釋詁》曰：‘羕、長也。’”[⑤]

【[illegible]—勥】

妻乃分襟鸞鏡，為保百年。何期稟氣不[illegible]，奄蹤（從）雨[⑥]。（P. 2385 背《文范・妻》）

“[illegible]”字，《願文集》（188 頁）以□代替而未録。疑此當爲“勥”之省體草書。《中國草書大字典》載“彈”字作“[illegible]”，“彊”字作“[illegible]”[⑦]，二字左側弓旁均與“[illegible]”字左側偏旁類似。[illegible]右下部作“刀”，而俗體中“刀”“力”不分。[illegible]右上角“[illegible]”則由“厶”草寫而來。整個字形中省略了“虫”字。“勥”本是强迫的“强”的

---

① （清）彭定求：《全唐詩》，中華書局 1979 年標點版，第 6 册，第 2246 頁。

② （漢）許慎著，（宋）徐鉉校訂：《説文解字》卷 5，汲古閣本。

③ （清）孔廣森：《大戴禮記補註》卷 2，《叢書集成初編》，中華書局 1985 年据畿辅丛书本排印，第 1 册，第 27 頁。

④ 同上書，第 22 頁。

⑤ （漢）許慎著，（清）段玉裁注：《説文解字注》卷 11，浙江古籍出版社影印版，第 570 頁。

⑥ “奄蹤（從）雨”應有闕文。

⑦ 李志賢、蔡錦寶、張景春：《中國草書大字典》，上海書畫出版社 1994 年版，第 267 頁。

本字。《説文·力部》："勥，迫也。從力，强聲。𤕪，古文從彊。"段注："（勥），迫也。迫者、近也。按所謂實偪處此也。勥與彊義别。彊者、有力。勥者、以力相迫也。凡云勉勥者，當用此字。今則用强彊而勥、𤕪廢矣。"① 此處"勥"則爲"强"（强大）的借字。古人認爲人受天之氣而成形。《論衡·無形》："人稟氣於天，氣成而形立，形命相須，以致終死。"② S. 2073《廬山遠公話》："九十日内，然可成形，男在阿娘左邊，女在阿娘右脅，貼著俯近心肝，稟氣成形。"而稟氣强弱是身體强壯、衰弱的基礎。稟氣强則體健命長。《全唐詩》卷466張仲方《贈毛仙翁》："方口秀眉編貝齒，了然炅炅雙瞳子。芝椿稟氣本堅强，龜鶴計年應不死。"③ 清汪中《先母鄒孺人靈表》："母稟氣素强，不近醫藥，計母生七十有六年。"④ 稟氣薄弱則體弱多病。宋張詠《答汝州楊大監書》："又思大年，稟氣本薄，長年多病，應遂移疾之請，任此高閑之官。"⑤ 《元史》卷209《安南》："孤臣稟氣衰弱，且道路險遠，徒暴白骨，致陛下哀傷，無益天朝之萬一。伏望憐臣，得與鰥寡孤獨保其性命，以終事陛下。"⑥ "稟氣不强"是説其身體不好。

二　古體隸定

【㮺—桼】

公乃抉懸門而示勇，早傳將師（帥）之風；開㮺𢌿而知深，遠

①（漢）許慎著，（清）段玉裁注：《説文解字注》卷13，浙江古籍出版社影印版，第699頁。

②（漢）王充：《論衡》卷2《無形》，《文淵閣四庫全書》，台灣商務印書館1986年影印版，子部，第862册，第23頁。

③（清）彭定求等：《全唐詩》，中華書局1979年標點本，第14册，第5300頁。

④（清）汪中：《先母鄒孺人靈表》，《述學》補遺，《四部叢刊初編》，上海商務印書館影印元刊本，集部，1855册。

⑤（宋）張詠：《答汝州楊大監書》，《乖崖集》卷7《書》，《文淵閣四庫全書》，台灣商務印書館1986年影印版，集部，第1058册，第613頁。

⑥（明）宋濂等：《元史》卷209《安南》，《文淵閣四庫全書》，台灣商務印書館1986年影印版，史部，第295册，第719頁。

慕趨庭之訓。（P. 4638《右軍衛十將使孔公浮圖功德銘並序》）

“桼字”《真跡釋録》第5輯（217頁）録作“黍卒”，《碑銘贊》（231頁）録作“卒黍”，《全唐文新編》第5部第3册也録作“卒黍”[①]，史葦湘録作“桼字”[②]。“桼”當爲“桼”俗體。“桼”又爲“漆”古字。《説文·桼部》：“桼，木汁。可以髹物。桼如水滴而下。”[③]《玉篇·木部》：“桼，木汁。可以髹物。今爲漆。”[④]“桼”字，《戰國文字編》有作“桼”者[⑤]，中間從木，兩邊的斜點表示有漆汁流出。董蓮池《新金文編》收録戰國文字也有作“桼”（廿七年上守趞戈）者[⑥]，兩側斜點下移。《睡虎地秦簡文字編》收録秦文字有作“桼”（日甲68）[⑦]，即承“桼”而來。《漢魏六朝碑刻異體字字典》上册載北齊《高建墓誌》作“桼”者[⑧]，當是承“桼”隸定而來，上又增横筆。“桼”字又在“桼”基礎上上面的四個點畫稍有變化。《碑别字新編》14畫載“漆”字唐《楊氏合葬殘墓誌》作“漆”[⑨]，右部正與“桼”類似。後世常見正體“桼”字則是承小篆“桼”而來。“字”字當即“字”字。“子”中“一”筆省略成了兩個點畫。P. 4638《右軍衛十將使孔公浮圖功德銘並序》中多有把一個連筆省成一兩個點畫的。“屬以胡馬因風，敢掠陽關之草；王師電舉，分邀磧外之蹤。”“以”作“以”，“終成墨翟之功，願效廉頗之守。”“之”字作“之”。

---

① 周紹良主編：《全唐文新編》，吉林文史出版社2000年標點版，第5部第3册，第13654頁。

② 史葦湘：《敦煌歷史與莫高窟藝術研究》，甘肅教育出版社2002年版，第511頁。

③ （漢）許慎著，（宋）徐鉉校訂：《説文解字》卷6，汲古閣本。

④ （南朝梁）顧野王著，（宋）陈彭年等重修：《宋本玉篇》卷14，中國書店1983年據張氏澤存堂本影印，第281頁。

⑤ 湯余惠：《戰國文字編》，福建人民出版社2001年版，第391頁。

⑥ 董蓮池：《新金文編》，作家出版社2011年版，第797頁。

⑦ 張守中：《睡虎地秦簡文字編》，文物出版社1994年版，第92頁。

⑧ 毛遠明：《漢魏六朝碑刻異體字字典》，中華書局2014年版，第687頁。

⑨ 秦公：《碑别字新編》，文物出版社1985年版，第290頁。

古人認爲上古還没有墨的時候，曾用漆將文字寫在竹簡上，稱爲漆書。元吾邱衍《學古編·三十五舉》：“上古無筆墨，以竹挺（梃）點漆書竹上。”① 清陳元龍《格致鏡原》卷37《墨》載宋趙希鵠《洞天清録》：“上古以竹梃點漆而書。中古有墨石，可磨汁以書。至魏晉間，始有墨丸，以漆煙和松煤爲之。”② 這種用漆書寫的文字稱爲“漆書”或稱“漆字”。《藝文類聚》卷40《禮部下·冢墓》引王隱《晉書·束晳傳》：“太康元年，汲縣民盜發魏安釐王冢，得竹書漆字。”③《晉書》卷51《束晳傳》：“初，太康二年，汲郡人不準盜發魏襄王墓，或言安釐王冢，得竹書數十車。其《紀年》十三篇，記夏以來至周幽王爲犬戎所滅，以事接之，三家分，仍述魏事至安釐王之二十年。蓋魏國之史書，大略與《春秋》皆多相應。……冢中又得銅劍一枚，長二尺五寸。漆書皆科斗字。”④《後漢書》卷27《杜林傳》：“（杜）林前於西州得漆書古文《尚書》一卷，常寶愛之。”⑤ 同書卷79上《儒林列傳》：“有私行金貨，定蘭台桼書經字，以合其私文。”⑥ 因傳説中“漆字”“漆書”記録上古文獻，用上古書體書寫，故有“開桼（漆）字而知深”之語，“桼字”這裡代指上古文獻。

三　多種俗體混合

【筞—策】

伏惟我持爐使君與社衆等並金枝誕質，玉葉濟生，各懷文武文之金（全）才，盡負神姿之美體，加以深謀志筞，能帖浄（静）於四

---

①（元）吾邱衍：《學古編·三十五舉》，（清）顧湘輯《篆學瑣著三十種》，《續修四庫全書》，上海古籍出版社2002年影道光海虞顧氏刻本，子部，第1091册，第580頁。

②（清）陳元龍：《格致鏡原》卷37《墨》，《文淵閣四庫全書》，台灣商務印書館1986年影印版，子部，第1035册，第575頁。

③《藝文類聚》卷40《禮部下·冢墓》，《文淵閣四庫全書》，台灣商務印書館1986年影印版，子部，第888册，第56頁。

④（唐）房玄齡：《晉書》，中華書局1974年點校本，第5册，第1432—1433頁。

⑤（南朝宋）范曄：《後漢書》，中華書局1965年點校本，第4册，第937頁。

⑥ 同上書，第9册，第2547頁。

方，恤愛乃民，專佐輔於一主。（P. 3276 背《願文》）

“志**⿱⺮⿱吅朿**”，《社邑輯校》（646 頁）、《全唐文新編》第 4 部第 5 册均録作“志榮”而未出校①，但“深謀志榮”意思扞格難通。查原卷，實作“**⿱⺮⿱吅朿**”，上部部分爲“⺮”，當不是“榮”，而是“策”。

“策”俗體常作“筞”。《龍龕手鑒·竹部》：“筞，俗。今楚革反，策杖也，又籌謀計策也。”② S. 2832《文樣·亡兄弟》：“伏惟太守公奇才天縱，撫安以仁慈之心；異筞通神，於家國而竭矜憐貧弱。”S. 6659《太上洞玄靈寶妙經衆篇序章》：“驅筞天仙，役禦神官。”“策”均作“筞”。“**⿱⺮⿱吅朿**”字，“⺮”下面有二口字，而“策”又有俗體作“⿱吅朿”。《字彙補·口部》：“⿱吅朿，與策同。”③“**⿱⺮⿱吅朿**”當是受“筞”與“⿱吅朿”交互影響産生的俗字。

“志策”又當爲“智策”。“志”與“智”在敦煌文獻中常可相通。志，《廣韻》職吏切，志韻，章母。智，《廣韻》知義切，寘韻，知母。唐五代西北方音中知、章兩組聲母合併，脂支之微合併，志、智爲同音字，可相通。敦煌文獻有二字通用例。P. 2564《晏子賦》：“晏子對王曰：‘齊國大臣七十二相，並是志惠（慧），故使向智梁量之國去；臣最無志，遣使無志國來。”其中的“志”字，《變文集》（244 頁）校作“智”，是，“志”爲“智”之借字。P. 4640《吴僧統碑》：“福志雙修，方乃菩提之理。”《真跡釋録》第 5 輯（93 頁）、《碑銘贊》（64 頁）收録此篇，均録作“福志”而未出校，“福志”當即“福智”，敦煌典籍習見。S. 86《淳化二年（991 年）四月廿八日馬醜女迴施疏》：“普及法界一切含靈，共同沾於勝因，齊登福智樂果。”P. 2931《佛説阿彌陀經講經文》：“懺悔已了，此受三歸，複持五戒，便得行願相扶，福智圓滿。”P. 2237 背《亡兄弟》：“總斯

---

① 周紹良主編：《全唐文新編》，吉林文史出版社 2000 年標點版，第 4 部第 5 册，第 11500 頁。

② （遼）釋行均：《龍龕手鑒》卷 4《竹部》，中華書局 2006 年影印版，第 394 頁。

③ （清）吴任臣：《字彙補》丑集，《續修四庫全書》，上海古籍出版社 2002 年影康熙五年刻本，經部，第 233 册，第 484 頁。

多善，莫限良緣，並用莊嚴合家内外親眷等：惟願七枝業浄，八苦長辭；福智俱圍（圓），永保山河之壽。”又同篇：“故知覺行未圓，福智由（猶）少。”“志策”中“志”亦爲“智”之借字。

“智策”猶言妙策、聰明的策略，典籍習見。《後漢書》卷29《郅壽傳》：“（郅壽）三遷尚書令，朝廷每有疑議，常獨進見。肅宗奇其智策，擢爲京兆尹。”[1]《宋書》卷95《索虜傳》：“彼臣若在，年幾雖老，猶有智策，今已殺盡，豈不天資我也。”[2] 唐羅隱《兩同書》卷下《得失》：“若智策有餘，則陳平不可獨任；若英謀出衆，則韓信慮其難制。”[3] 敦煌文獻亦有用例。S. 1438背《書儀》：“臣今五十七，鶴髮已垂，伶丁一身，雁序不繼，彌慚重禄，處官位乃智策無能，效驅馳則以筋力不逮。”P. 3276背《願文》“智策”與“深謀”構成對文。典籍亦見“智策”與“深謀”對文者。三國魏杜恕《體論》：“凡有國之主，不可謂舉國無深謀之臣，闔朝無智策之士也。”[4]

第四節　綜合

這種情況指在俗字的産生過程中包含了偏旁或筆劃的變化，也包含了類化等情況。

【樝—查】

粟伍㪷，修磑[illegible]用。……麥伍㪷，粟伍㪷，修磑[illegible]用……粟陸㪷，麥伍㪷，油貳升，四日修[illegible]用。（P. 2838**《光啓二年安國寺上座勝浄等狀》**）

[illegible]、[illegible]、[illegible]字，《真跡釋録》第3輯（331頁）俱録爲“櫨”，但又打了問號，表示不能確定。此三字並當作“樝”。《説文・木部》：

① （南朝宋）范曄：《後漢書》，中華書局1965年點校本，第4册，第1033頁。

② （南朝梁）沈約：《宋書》卷95《索虜傳》，《文淵閣四庫全書》，台灣商務印書館1986年影印版，史部，第258册，第630頁。

③ （唐）羅隱：《兩同書》卷下《得失》，《文淵閣四庫全書》，台灣商務印書館1986年影印版，子部，第849册，第222頁。

④ （清）嚴可均輯：《全三國文》，商務印書館1999年標點版，下册，第442頁。

“樝，果似棃而酢。從木䖒聲。”[①] 據《説文》，樝即山楂。明章黼《重訂直音篇・木部》：“樝，果名，似梨而酸。楂樝，並同上。樝，同上。”[②] 可見，“樝”即爲“樝”的俗字，俗書中“且”作偏旁常訛爲“旦”。祖字，《碑别字新編》10畫載《隋晉王祭酒車誂墓誌》作“袒”[③]。組字，《廣碑别字》11畫引《唐張伽墓誌》作“組”[④]。樝字聲符爲䖒，换爲簡單的聲符“且”即作“柤”。《玉篇・木部》：“樝，側加切，似梨而酸，柤，同上。”[⑤] “柤”字偏旁位置變换作“查”，“且”訛爲“旦”作“查”，增木旁則作“楂”。但是在敦煌文獻中的“修樝、修磑樝”中，“樝”顯然不是山楂之意。“樝”字當由表“木門”義的“柤”變來。《説文・木部》：“木閑。從木且聲。”[⑥] “柤”字偏旁位置變换作“查”，“且”訛爲“旦”作“查”，增木旁則作“楂”。與上面表山楂義的“楂”構成同形字。元周伯琦《六書正譌》卷2《平聲下》：“柤，莊加切。木閑也。别作查、楂、樝，並非。”[⑦] 䖒、且作聲符常可互换。《隸釋・司空宗俱碑》：“𧟰父司隸校尉。”宋洪适注：“以𧟰爲祖。”[⑧]《集韻・御韻》：“詛，《説文》：‘詶也。’或作譇。”[⑨] “柤”“且”旁换“䖒”旁作“樝”，“且”又變“旦”即爲樝。樝、樝又分别與表山楂義的樝、樝構成同形字。敦煌文獻中有“查、楂”作木門講者。S. 4705《某寺諸色物破曆》：“又上頭修查官家及水官送酒用，麥粟九斗。修查人夫胡餅壹佰三拾，酒

① （漢）許慎：《説文解字》卷6，汲古閣本。

② （明）章黼撰，吴道長重訂：《重訂直音篇》卷4，《續修四庫全書》，上海古籍出版社2002年影明萬曆三十四年明德書院刻本，經部，第231册，第143頁。

③ 秦公：《碑别字新編》，文物出版社1985年版，第133頁。

④ 秦公、劉大新：《廣碑别字》，國際文化出版公司1995年版，第292頁。

⑤ （南朝梁）顧野王著，（宋）陈彭年等重修：《宋本玉篇》卷12，中國書店1983年據張氏澤存堂本影印，第228頁。

⑥ （漢）許慎：《説文解字》卷6，汲古閣本。

⑦ （元）周伯琦：《六書正譌》卷2《平聲下》，古香閣藏版。

⑧ （宋）洪適：《隸釋》卷18《司空宗俱碑》，《文淵閣四庫全書》，台灣商務印書館1986年影印版，史部，第681册，第634頁。例中“𧟰”的聲符“䖒”已訛爲“旦”。

⑨ （宋）丁度等：《集韻》卷7，上海古籍出版社1985年影宋述古堂本，第492頁。

貳拾杓，用小三條，枝拾伍束。” P. 4957《麥粟油麵黄麻豆布等入破曆》：“粟壹碩柒斗，充修楂沽酒用。” 敦煌文獻中出現的這些“査”“楂”均與水磑有關。徐鍇《説文繫傳》卷 11《木部》：“柤之言阻也。”① 曾良認爲：“‘査’應該是用一個個木樁打在水流中，象個木柵，再編織一些枝條在其中，阻遏流水，抬高水位，故是水堰之類的攔阻物。”② 樝（山楂）、柤（木門）諸字的演變過程如下：

樝（山楂）—換聲符→ 柤 —聲符形符換位置→ 查 —旦且混訛→ 査 —增木旁→ 楂

柤（木門）
—換聲符→ 樝 —旦且混訛→ 樝
—聲符形符換位置→ 查 —旦且混訛→ 査 —增木旁→ 楂

粟陸碩肆㪷，隨磑買枝刺及修樝椻用。（P. 2838**《中和四年上座比丘尼體圓等牒》**）

樝椻，《真迹釋録》第 3 輯（324 頁）録爲“檤榎”，但旁邊又打了問號，表示不能確定。從字形上看，“**樝**”亦當録爲“樝”，而“**椻**”録爲“椻”，當不誤。“匽”俗體中“匚”偏旁常省作“乚”。如韓小荆在《〈可洪音義〉研究》收“偃”字異體作“**偃**”③，收“堰”之異體作“**堰**”④。《集韻·願韻》：“椻，積木爲障。”⑤ “樝椻”當爲同義連用。

① （南唐）徐鍇《説文系傳》卷 11，《四部叢刊初編》，上海商務印書館影印烏程張氏藏述古堂景宋寫本，經部，72 册。

② 曾述忠：《敦煌文獻詞語考釋一則》，《古漢語研究》2002 年第 2 期。

③ 韓小荆：《〈可洪音義〉研究——以文字爲中心》，巴蜀書社 2009 年版，第 767 頁。

④ 同上書，第 769 頁。

⑤ （宋）丁度等：《集韻》卷 7，上海古籍出版社 1985 年影宋述古堂本，上册，第 548 頁。

第四章　敦煌非經文獻疑難詞語考釋

第一節　誤釋詞語原因試析

敦煌非經文獻訓釋工作目前取得了不俗的成績。但是學者們在敦煌詞語研究中難免存在一些問題，有誤釋的情況，下面從原因的角度分爲以下八種情況，簡單説一下。

一　脱離上下文而誤釋

古代漢語中的詞往往具有多種意義，但是詞義是由上下文語境制約着的，在具體的語境中，多義詞的意義一般只有一種是符合情理的。因此，要正確理解詞義，必須借助上下文語境，必須做到詞不離句，句不離章。如果離開具體文句，單純的就詞解詞很可能會得出錯誤的結論。

【懸絶】

百姓李朝進、麴惠忠共負麥兩石九斗。右件人，先負上件麥，頻索付，被推延。去前曰經□□狀，蒙判追還。至今未蒙處分。三空貧客，衣鉢懸絶，伏起追征，請處分。（P. 3854 背**《大曆七年客尼三孔請追徵李朝進負麥牒》**）

王震亞、趙熒："懸絶，即相差過甚也。"[①]"懸絶"確有相距遠、

① 王震亞、趙熒：《敦煌殘卷争訟文牒詞語校釋》，甘肅人民出版社 1993 年版，第 3 頁。

差别大的意思，典籍習見。《文選》卷41載漢李陵《答蘇武書》："客主之形，既不相如；步馬之勢，又甚懸絶。"唐劉良注："懸絶，遠也。"① 又唐劉禹錫《上中書李相公啓》："高卑邈殊，禮數懸絶。"但若以這篇狀文中的"懸絶"爲相差很遠，則難以理解。"衣鉢"本指出家人的衣服和鉢盂。姚秦鳩摩羅什譯《金剛般若波羅蜜經·法會因由分》："爾時世尊食時，著衣持鉢，入舍衛大城乞食。於其城中次第乞已，還至本處飯食訖，收衣鉢。"（T8p748c）後也可借指僧家的衣食，資財。清陸增祥撰《八瓊室金石補正》卷19載河内出土東魏武定三年（545年）七月十五日《僧惠等造天宫像記》："遂舍衣鉢之餘，採石名山，訪巧求能，願雕真容。"② 這篇狀文告狀人未與别人進行比較，也没把自己的過去和現在比較，談不上衣食相差極遠。"衣鉢懸絶"之"懸絶"當爲"斷絶""空無"。"懸"有"斷絶""隔絶"義。《晉書》卷86《張軌傳》："吾糧廪將懸，難以持久。"③ "糧廪將懸"即糧食將斷。《文選》卷57南朝宋謝莊《宋孝武宣貴妃誄》："離宫天邃，别殿雲懸。"唐張銑注："雲懸，言與之長隔矣。"④ 南朝梁江淹《齊太祖高皇帝誄》："理昧人詖，道懸世險。"明胡之驥注："懸，絶也。……此言宋末齊初世道讒佞險阻。"⑤ "道懸世險"即世道艱險，阻隔不通。又宋張君房編《雲笈七籤》卷23："服吸朝液，懸糧絶粒。"⑥ "懸""絶"對文同義。《資治通鑒》卷102《晉記二十四》："若糧廪愆懸，情見勢屈，必不戰自敗。"元

---

①（漢）李陵：《答蘇武書》，《六臣注文選》（21）卷41，《四部叢刊初編》，上海商務印書館1922年影宋本，集部，1914册。

②（清）陸增祥：《八瓊室金石補正》，文物出版社1985年影吴興劉氏希古樓本，第115頁。

③（唐）房玄齡：《晉書》，中華書局1974年點校本，第7册，第2234頁。

④（南朝宋）謝莊：《宋孝武宣貴妃誄》，《六臣注文選》（29）卷57，《四部叢刊初編》，上海商務印書館1922年影宋本，集部，1922册。

⑤（南朝梁）江淹著，（明）胡之驥之注：《梁江文通文集》卷10，《續修四庫全書》，上海古籍出版社2002年影明萬曆二十六年刻本，集部，第1304册，第571頁。

⑥（宋）張君房：《雲笈七籤》，中華書局2003標點版，第535頁。

胡三省注："懸，絶也。"[①]"懸"被解爲"斷絶""空匱"義。"懸"的"斷絶"義也是由"懸掛"義引申來的，懸空之物與地面隔絶，故"懸"有斷絶、阻隔義。

【招當】

慈惠鄉百姓王盈子、王盈君、王盈進、王通兒

右以盈子等兄弟四人，是同胎共氣兄弟，父母亡歿去後，生無儀（義）之心，所有父母居産、田莊、屋舍，四人各支分，盈進共兄盈君一處同活，不經年載，其弟盈進身得患累，經數月除治不可，昨者至死。更兼盈進今歲次著重役，街□無人替當，便作流户，役價未可填還，更緣盈進病之時，羊債油麵債，總甚繁多，無人招當，並在兄盈君上。（S. 4654 背**《慈惠鄉百姓王盈君請公憑取亡弟舍地填還債訴狀》**）

這件文書大體是説，慈惠鄉王盈子等四兄弟在父母去世後分掉父母財産。但盈進仍同其兄盈君一起居住。不久盈進身患重病，不到一年病亡，可是盈進却在當年輪到要承擔重役。由於無人承擔，就被當作流户看待。流户的"役價"無法填還，仍由同居之户承擔，而盈進生病時本來就欠了很多債務，也落在盈君頭上。"招當"一詞，吴蘊慧解釋爲"招致、承受"[②]，似不太確切。從上下文來看，四兄弟的債務已經産生了，怎麽能説無人招致呢？"招當"應爲同義連文。"招"有"承當"義。S. 2472 背《辛巳年十月廿八日榮指揮葬巷社納贈曆》："氾富通：粟並油柴，孔什德絹招。"又："孔什德：粟油柴，生絹一疋，氾富通二人招。"又："李保成：粟並油，高虞候絹招。"又："高虞候：粟並油柴，生絹一疋，李保成二人招。"又："彭不藉奴：粟並油柴，張佛奴絹招。"又："張佛奴：粟並油柴，碧

---

① （宋）司馬光著，（元）胡三省注：《資治通鑒》，中華書局 1976 年標點版，第 6 册，第 3216—3217 頁。

② 吴蘊慧：《〈敦煌社會經濟文獻真跡釋録〉研究》，花木蘭出版社 2013 年版，第 188 頁。

絹一疋，彭醜奴二人招。”這段文字出自納贈例，按規定參加贈送的人必須交納一定數量的粟油柴和一定數量的布帛。氾富通名下寫着“孔什德絹招”，孔什德名下寫着“生絹一疋，氾富通二人招”，也就是説，生絹一疋是孔什德和氾富通二人共同提供的布帛類物品。李保成、高虞候與彭醜奴、張佛奴兩對的情況與孔什德、氾富通的情況類似，李保成、高虞候共同提供一疋生絹，彭醜奴、張佛奴共同提供一疋碧絹。其中，“招”均應爲“提供、承擔”義。《金雲翹傳》第五回：

> 那姓馬的有難狀，終公差道：“馬老爹，不妨的。人有幾等，他是有行止忠厚人家，我終事包得起。若有甚話説，都在我身上。我寫個領票把你就是。”馬客人道：“既是終老爹肯招當，成交兑銀子便是。”終事取筆硯，寫承管文書一紙。……終事寫完，遞與馬客人。客人看了收下道：“既老爹擔當，没有不肯之理。寫起婚書，兑銀便是。”①

這段文字是説王翠翹爲救父親打算賣身給馬客人，馬客人擔心其中有詐，於是中間人終老爹寫了一紙承管文書。前面説“既是終老爹肯招當”，後面説“既老爹擔當”，“招當”與“擔當”都爲“承當”之義。現代漢語方言裡“招”仍有承受、接受的意思。現代西南官話、中原官話、西南官話裡均有“招不住”的説法，爲“受不了、吃不消”的意思，參見許寶華、宫田一郎《漢語方言大詞典》。②

P. 4638《丙申年（936 年）正月馬軍武達兒狀》：

> 去七月令捉道，氾都知將壯羊壹口放却。同月聞苽（瓜）州賊起，再複境界寧謐，軍迴至東定點檢，達兒只當一役，枉躭罰

---

① （清）青心才人、渭濱笠夫：《金雲翹傳・孤山再夢・定情人》，中國文史出版社 2003 年版，第 37 頁。

② 許寶華、［日］宫田一郎：《漢語方言大詞典》，中華書局 1999 年版，第 3290 頁。

羊壹口，准合氾都知招丞。昨向取自羊去來，不肯聽納，恰似有屈。今被羊司逼迫，難可存活，無處投告，伏乞司空阿郎仁恩，照察貧流，特賜與氾都知招丞，始有存濟。

此條狀令是説氾都知放跑了羊，不願承擔責任，羊司找馬軍武達兒負責，武達兒覺得理屈，狀告氾都知，請求司空讓氾都知賠償羊只。“招丞”即“招承”，也應爲同義連文，承擔之義。

二　曲解上下文而誤釋

以上下文爲釋詞的依據，但誤解了上下文也會誤釋詞義。

【儱頭】

剉碓儱頭壹，貳拾兩。（P. 2613**《唐咸通十四年正月四日沙州某寺交割常住物等點檢曆》**）

吴蘊慧：“按：‘儱’讀作籠。‘籠頭’指套在犯人頭上的刑具。”① 此種説法不確切。《説文·有部》：“儱，兼有也。”段注：“今牢籠字當作此。籠行而儱廢矣。《吴都賦》曰：‘沈虎潛鹿，畢儱僒束。’按儱者，縶而籠其頭也。《玉篇》曰‘馬儱頭’。《説文》‘鞥’下云‘儱頭繞’者，亦取兼包之意。”② 可見“儱”本爲“籠頭”之“籠”的本字。“儱頭”當“馬籠頭”講在敦煌文獻中屢見。P. 2646《新集吉凶書儀上下兩卷並序》：“細馬兩疋，不著鞍轡，以青絲作儱頭。”S. 1477《祭驢文一首》：“更擬別買豬皮换却朽爛繩索，覓新鞍子以偹，求好儱頭與著。準擬同受榮華，豈料中途疾作。”吴蘊慧將“籠頭”釋爲“套在犯人頭上的刑具”可能是受了前面“剉碓”的影響。《大詞典》第2册（698頁）“剉碓”條釋爲“斬斷

---

① 吴蘊慧：《〈敦煌社會經濟文獻真跡釋録〉研究》，花木蘭出版社2013年版，第84頁。

② （漢）許慎著，（清）段玉裁注：《説文解字注》卷7，浙江古籍出版社2006年影印版，第314頁。

肢體的刑具”。《魏書》卷22《汝南王》：“悦爲大剉碓置於州門，盜者便欲斬其手。”① 《隋書》卷25《刑法志》：“帝遂以功業自矜，恣行酷暴，昏狂酗醟，任情喜怒。爲大鑊、長鋸、剉碓之屬，並陳於庭。”② 宋洪邁《夷堅乙志》卷5《張女對冥事》：“廡下各列門户，或榜云‘鑊湯地獄’，或榜云‘剉碓地獄’。”③ 這些例子中“剉碓”確實是刑具。但僧人最忌殺生害命，寺院絶不至於濫施私刑。其實“剉碓”在古代不僅可指刑具，也有其他的用途。宋李昉《太平廣記》卷243《治生・竇乂》：“然後置石嘴碓五具，銼碓三具。西市買油靛數石，雇庖人執爨。廣召日傭人，令剉其破麻鞋，粉其碎瓦，以疏布篩之，合槐子油靛。”④ 竇乂買“銼碓”是爲了弄碎破麻鞋用的，絶不是什麼刑具。張九齡等編《唐六典》卷23《將作都水監》：“中校令掌供舟車、兵仗、廄牧、雜作、器用之事，凡行幸陳設，供三梁竿柱，閑廄系飼，則供剉碓、行槽、鞍架，禱祀祭祀則供棘、葛、竹墼。”⑤ 《舊唐書》卷44《職官志三》：“中校令掌供舟車、兵仗、廄牧、雜作、器用之事，凡行幸陳設供三梁竿柱，閑廄供剉碓、行槽，祭祀供葛竹墼等。”⑥ 上述兩則文獻所講内容大致相似，均是説唐代中書令這個官職應該掌管的事務，其中提到應該爲“閑廄”供應“剉碓、行槽”或“剉碓、行槽、鞍架”等物品，“閑廄”指古代皇家養牲口的地方。《南史》卷31《張瓌傳》：“陛下御臣等若養馬，無事就閑廄，有事複牽來。”⑦ 《新唐書》卷47《百官志二》：“以殿

---

① （北齊）魏收等：《魏書》，中華書局1974年點校本，第2册，第593頁。

② （唐）魏徵等：《隋書》，中華書局1973年點校本，第3册，第704頁。

③ （宋）洪邁：《夷堅乙志》卷5《張女對冥事》，《筆記小説大觀》，臺北新興書局1985年景印本，第八編，第3册，1616頁。

④ （宋）李昉：《太平廣記》卷243《治生・竇乂》，《文淵閣四庫全書》，台灣商務印書館1986年影印版，子部，第1044册，第572頁。

⑤ （唐）張九齡等：《唐六典》，中华书局1992年標點版，第596頁。

⑥ （後晉）劉昫：《舊唐書》，中華書局1975年點校本，第6册，第1895頁。

⑦ （唐）李延壽：《南史》卷31《張瓌傳》，《文淵閣四庫全書》，台灣商務印書館1986年影印版，史部，第265册，第476頁。

中丞檢校仗内閑廄……以駝、馬隸閑廄，而尚乘局名存而已。”① “行槽”，袁文興、潘寅生認爲是“如池槽、馬槽”類的東西②。“鞍架”當指“馬鞍架”，“剉碓”與“行槽”“鞍架”等並列，也當與“養馬”有關，當指砍斫草料用的工具。慧琳《一切經音義》卷60唐義浄譯《根本説一切有部毗奈耶律》卷17“剉草”條：“顧野王云：‘剉，猶斫也。’剉碓剉草，令細喂飼牛馬也。”（T54p709c）《一切經音義》的這個解釋也可説明當時常以“剉碓”鍘草料喂馬。所以説，“剉碓”就是古代的一種砍鍘用的器具，並不限於刑具。“剉碓櫳頭”中的“剉碓”也當指砍斫草料用的工具，“櫳頭”即指馬籠頭。“剉碓櫳頭壹”當指“剉碓”與“馬龍頭”各一個。S. 6036《賓頭顱聖僧靈驗記》：“食訖，乃索一分齋，鞋靺一量（兩），老僧云：‘將與汝兒去。’”“鞋靺一量（兩）”也應指鞋和襪子各一雙。

三　忽視語言的社會性而誤釋

語言是具有社會性的，詞義是社會約定俗成的産物。王力指出：“如果某詞只在一部書中具有某種意義，同時代的其他書並不使用這種意義，那麽這種意義是可懷疑的。……如果我們所作的詞的解釋只在這一處講得通，在别的書再也找不到同樣的意義，那麽這種解釋一定是不合語言事實的。”③

【分腸】

高頭、阿龍，久諧琴瑟，昨因貧病，遂阻參商。龍遊蕩子之家，忽悲鸞而獨舞；頭寄隅之微，恒悖鵲以空棲。事非出於兩情，運以征於隻意。無夫之媛，不可空擲春宵。闕妻之男，實是難窮秋夜，遠念和鳴之緒，近詢鰥寡之由，頭緣疹病頓身，龍遂倡狂自困，不能拘

① （宋）歐陽修：《新唐書》，中華書局1975年點校本，第4册，第1217—1218頁。

② 袁文興、潘寅生注譯：《唐六典全譯》，甘肅人民出版社1997年標點版，第595頁。

③ 王力：《訓詁學上的一些問題》，《王力語言學論文集》，商務印書館2000年版，第520—521頁。

制，唯恐孤危，倚官豈敢致尤，抑從棄薄。生人之婦，昔時尚被奪將；死鬼之妻，今日何須不理。況有一女，見在掌（堂）中。既曰分腸，誠悲眼下。合之則兩人全愛，離之則一子無依。見子足可如初，憐妻豈殊於舊。何勞采藥自遇，下山已屬槁砧。任從再合，於理無妨，以狀牒知，任為公驗。（P. 2754《唐安西判集》）

此條判令敍述高頭和阿龍本爲夫妻，並育有一女，後高頭得病，二人離異。阿龍轉嫁他人，但再嫁之夫故去，而高頭因貧病離異後未娶，二人到官府要求再重新結合，官府考慮到二人處境，及二人共同的女兒，同意其複合。其中"分腸"一詞，王震亞、趙熒認爲是指夫妻分離[①]。"分腸"何以會指夫妻分離呢？王震亞、趙熒二人未作進一步解釋。我們在唐代墓誌碑文中找到了一些"分腸"的用例：

（1）有子五人：長曰正珣，去大中四年六月十五日入院，充翰林待詔。……正珣等哀號擗踴，痛貫分腸。（崔馴《唐故翰林待詔朝散大夫守洪州都督府長史上柱國賜緋魚袋陳府君（克敬）故夫人弘農楊氏墓誌銘並序》）[②]

（2）君德懷邈遠，志尚清居，怪張議之憒□□□□之貞粹，行齊三徑，情欣五柳。隱不遂□，痼由斯起，災風濫及，先拂高花，忽於顯慶五年十二月廿六日，卒於家第，春秋八十有一。但以死生契闊，幽明有殊，即以辛酉之年月己酉之日，葬河陽西北九裏。冥冥有分腸之痛，永永有莫睹之悲。（佚名《□令賓墓誌銘》）[③]

（3）吴氏，濮陽人也。父既歿，窮危無所讬，故元和中，屈節歸於我。……余南遷兮與子别，淚淬悲刀雙眥裂，累累弱子抱

① 王震亞、趙熒：《敦煌殘卷爭訟文牒詞語校釋》，甘肅人民出版社 1993 年版，第 176 頁。

② 吴鋼主編：《全唐文補遺》，三秦出版社 1995 年標點版，第 2 輯，第 72 頁。

③ 周紹良主編：《全唐文新編》，吉林文史出版社 2000 年標點版，第 5 部第 3 册，第 14063 頁

還人，齧臂分腸從此別。（楊魯士《唐故濮陽郡夫人吴氏墓誌銘》）①

從這幾個用例來看，例（1）正珣顯然是死者的兒子，那麼與夫妻扯不上關係。例（2）雖然略有殘缺，但從語氣和口吻上來看也不是妻子悼念丈夫或丈夫悼念妻子的。只有例（3）是以丈夫的口吻寫給妻子的。從"分腸"的這幾個用例來看，都是形容痛苦的，例（1）説"痛貫分腸"，例（2）説"分腸之痛"，即像分割腸子一樣的疼痛。典籍中又有以"割腸"喻痛苦的例子。宋李流謙《祭二叔父文》："伯姊及姑，連歲殞亡。淚未洗睫，痛猶割腸。"② 明袁中道《祭潘尚寶雪松文》："兒不及送母入土，真爲割腸，哀哉痛哉。"③"分腸""割腸"與我們熟悉的"斷腸"一樣都是形容人極度痛苦的。心理的痛苦比較抽象，不容易表達，肉體的痛苦比較具體可感，人們常常借助肉體的痛苦來描摹心理上的痛苦。判令中"既曰分腸，誠悲眼下"是説高頭和阿龍二人就目前的處境來看都十分痛苦。王、趙認爲"分腸"指夫妻分離，很顯然是僅從上下文得出的結論，放在此判令的語境中説的過去，但是在其他例證中則説不通。

四　不明文例而誤釋

敦煌文書特別是契約、法制類文書有特殊的行文格式，不了解這些行文慣例也會對某些詞語產生誤解。

【三子】

女三子。右三子孔員信在日，三子幼少，不識東西。其父臨終，遺囑阿姊二娘子。緣三子少失父母，恐後成人，忽若成人之時，又恐

① 周紹良主編：《全唐文新編》，吉林文史出版社 2000 年標點版，第 4 部第 1 册，第 8973 頁。

② （宋）李流謙：《祭二叔父文》，《澹齋集》卷 18，《文淵閣四庫全書》，台灣商務印書館 1986 年影印版，集部，第 1133 册，第 759 頁。

③ （明）袁中道：《珂雪齋集》，上海古籍出版社 1989 年標點版，中册，第 791 頁。

無處活命。囑二娘子比三子長成時節，所有些些資産，並一仰二娘子收掌。若也長大，好與安置。其阿姊二娘子日往月直，到今日全不分配，其三子不是不孝阿姊，只恐老姊難活，全没衣食養命。其父在日，與留銀釵子一雙，牙梳壹，碧絞裙壹。白練壹丈五尺，立機一疋。……己上充三子活具，並在阿姊二娘子為主，今三子不得針草，共他諍説，……其三子自後用得氣力，至今□隨阿姊效作……少失二親，隨姊虚納氣力。(S. 6417 背《孔員信女三子為遺産事訴狀》)

王啓濤就"阿姊"一詞分析認爲："本篇文書是一個即將去世的男子、臨終前將自己的孩子託付給自己的後妻，希望她照顧孩子，也希望孩子聽後母的話。很明顯，這是孩子們在場時所説的話，因此，男子肯定要用孩子們的稱呼來稱呼這位後母。此處之'姊'只能理解爲是'母親'一類的稱呼。'姊'可能在此指'繼母'。此繼母可能又是三個孩子的奶娘，所以稱爲'阿姊'。"① 他認爲文中的"三子"是"三個孩子"的意思，這是不對的。敦煌訴狀類文書一般是先陳述告狀人的名字。P. 3501 背《後周顯德元年押衙安元進等牒稿》："押衙安員進。右員進人口繁多，地水窄少，昨於千渠下尾道南有荒地兩曲子，□□員進放官納價請受佃薶（種），恐怕官私攙擾及水司把勒，［伏］［乞］令公鴻造，特賜判印，伏聽憑由裁下處分。"S. 4489《慈惠鄉百姓張再通牒》："慈惠鄉百姓張再通。右再通，先者早年房兄張富通便被再通自身傳買與賈醜子。""安員進"和"張再通"都指告狀人。狀中出現的"三子"也當是訴狀人的名字，因其在家排行第三而得名。只不過訴狀中這個"三子"是一位女性，所以前面説"女三子"，後面"與留銀釵子一雙，牙梳壹，碧絞裙壹"，她父母給她留下的東西也明顯是女性所用之物。他以"姊"爲繼母，又可能是"三個孩子的奶娘"。但我們在敦煌文獻中未發現其他"姊"指母親一輩的，這篇文書裡"阿姊"亦可理解成

① 王啓濤：《中古及近代法制文書語言研究》，巴蜀書社 2003 年版，第 323 頁。

姐姐。至於訴狀中説到的“不孝阿姊”“老姊難活”，可能是由於這位女子的二姐比她要大很多，所謂長姐如母，並不是説比“三子”大一輩。

五　刻意求新而誤釋

訓詁學是樸學，也就是樸實之學，它最忌主觀臆測和嘩衆取寵。郭在貽認爲訓詁學的一個重要原則就是“務平實，忌好奇”①。好奇就是標新立異，嘩衆取寵。

【被】

妻李，年伍拾歲，丁妻（開元七年籍後，被其年十二月十三日符，從尊合貫附）。男思宗，年貳拾貳歲，衛士，轉前籍，年廿一。開元八年帳後，貌加就實。（［開］元七年籍後，被十二月十三日符，從尊合貫附）……男思楚，年壹拾柒歲，中男（開元七年籍後，被十二月十三日符，從尊合貫附）……女伏力年壹拾玖歲，中女，被開元七年十二月十三日符，從［尊合貫附］。（P. 3898《沙洲敦煌縣懸泉鄉開元十年（722 年）籍》）

黑維强認爲其中的“被”字的用法比較特殊，均爲“用在時間詞語前邊，引出時間，猶從、在”。“‘被’的這一用法，在《大字典》、《大詞典》和相關語法、詞類討論中尚未談到”②。那麼此中的“被”字用法是否比較特殊，是未被人提過的非常見用法呢？

宋代典籍中習見“被符”一語。蘇軾《決壅蔽》：“至暮而符下，及出關，郡縣皆已被符。”③ 吕南公《與張户曹論處置保甲書》：“當是時，季源被符，將以體訪故也。”④ 陳淵《代龜山與南劍張守書》：

---

① 郭在貽：《訓詁學》（修訂本），中華書局 2006 年版，第 81 頁。

② 黑維强：《敦煌、吐魯番社會經濟文獻詞彙研究》，民族出版社 2010 年版，第 433 頁。

③（宋）蘇軾：《蘇軾文集》，中華書局 1986 年標點本，第 1 册，第 246 頁。

④ 曾棗莊、劉琳主編：《全宋文》，上海辭書出版社 2006 年標點版，第 109 册，第 238 頁。

“縣中被符，起發弓兵百五十人隨吳成忠入郡防托。”[①]“符”在古代可指政府下達的公文符敕。明王圻《續文獻通考》卷186《六書考》：“符，付也。書勅命于上，付使傳行之也。”[②]不難看出，“被符”之“符”即爲“符命”“符敕”之義。“被”有蒙受、領受義，典籍習見。“被符”即接到上級下達的公文批示。傳世典籍又有在“符”前加修飾性成分形成“被×符”結構的。南朝梁任彦升《爲褚諮議蓁讓代兄襲封表》：“任彦升臣蓁言：昨被司徒符；仰稱詔旨，許臣兄賁所請，以臣襲封南康郡公。”[③]宋文彦博《繳納文榜》：“自後本府被省符勘會，往復遷延，亦已半年。”[④]“被司徒符”即接到司徒下達的符命，“被省符”即接到省裡下達的符命。

若把“被其年十二月十三日符”“被十二月十三日符”“被開元七年十二月十三日符”之“被”理解成引出時間的介詞性成分，“符”字何解呢？其實，從語法的角度講，“被其年十二月十三日符”“被十二月十三日符”“被開元七年十二月十三日符”與“被省符”“被司徒符”結構是一致的，只不過從語義的角度上講，前三者“符”前所加的修飾限定性成分是表示時間的，後二者“符”前所加的是表示領屬的。“被其年十二月十三日符”“被十二月十三日符”“被開元七年十二月十三日符”之“被”在這裡仍是“蒙受”“領受”義。P. 3898《唐開元十年（722年）沙洲敦煌縣懸泉鄉籍》又有這樣的話：“户主趙玄表年伍拾捌歲，白丁，開元九年帳後，奉其年九月九日格，衛士十周以上間放出，下下户。”“格”指格令，“奉其年九月九日格”與“被其年十二月十三日符”“被十二月十三日

① 曾棗莊、劉琳主編：《全宋文》，上海辭書出版社2006年標點版，第153册，第219頁。

② （明）王圻：《續文獻通考》，現代出版社1986年影印明萬曆年間刻本，第5册，第2805頁。

③ （南朝梁）任彦昇：《爲褚諮議蓁讓代兄襲封表》，《六臣注文選》（20）卷38，《四部叢刊初編》，上海商務印書館1922年影宋本，集部，1913册。

④ （宋）文彦博：《繳納文榜》，《潞公文集》卷36，《文淵閣四庫全書》，台灣商務印書館1986年影印版，集部，第1100册，第777頁。

符”“被開元七年十二月十三日符”結構正類似。

六　濫言通假而誤釋

由於寫手水準參差不齊，大都文化水準不高，所以敦煌寫卷中訛誤滿紙，形訛、音訛比比皆是，學者們在研究敦煌寫卷中遇到的第一個障礙就是文字上的障礙。而敦煌語言文字研究者的一個重要任務就是破通假。這方面前輩學者已經做了大量的工作，敦煌文獻中許多通假字都得到了正確的解釋和校理。但是在破通假方面仍存在一些問題，主要有以下兩種情況。

（一）音讀方面不可構成通假

通假字的形成是借音，也就是抄寫時借用了與音近或音同的字來代替正字。所以我們破通假的首要條件得考慮音讀。如果讀音方面不相同或相近，而說兩個字之間有通假關係那肯定是說不過去的。而研究敦煌文獻的學者大都有一定音韻學方面的基礎，但有時在破通假時仍存在不察音讀的情況。

【曲子】

押衙安員進

右員進人口繁多，地水窄少，昨于千渠下尾道南有荒地兩曲子，□□員進放官納價請受佃種，恐怕官私攪擾及水司把勒，［伏］［乞］令公鴻造，特賜判印，伏聽憑由裁下處分。（P. 3501 背《後周顯德元年押衙安元進等牒稿》）

李正宇：“‘曲’當作‘畦’，‘兩畦子’猶云兩塊。S. 3877《天復九年十月安力子賣地契》：‘階和渠地壹段兩畦共五畝……又地壹段兩畦共貳畝……以上計地肆畦共柒畝。’是皆云‘畦’，而不言‘曲’。敦煌遺書中，向無以‘曲’指田畝地塊者。”① 黑維强也認爲：

① 李正宇：《敦煌方音止遇二攝混同及其校勘學意義》，《敦煌研究》1986 年第 4 期。

“‘曲’當作‘畦’的借音字。敦煌文獻中止、遇攝字讀音不分。”[①]這種觀點可商。從讀音上講，“畦”，《廣韻》屬匣母蟹攝齊韻字，“曲”屬溪母通攝燭韻字。聲母相近，不過齊韻字雖已與支脂之微等止韻字合流，但“曲”却並非遇攝字，況且“畦”爲平聲字，“曲”爲入聲字，而敦煌文獻中“入聲字，一般不能與别的聲調通假”[②]。所以這種通假説很難成立。從意義上講，“畦”本指田園中建立起壟界而形成的分區。《楚辭》卷9《招魂》：“倚沼畦瀛兮，遥望博。”漢王逸注：“畦，區也。”[③] 劉世儒説“曲”本身可以作量詞，“‘曲’作爲量詞由‘曲折婉轉’義引申出來，在當初原是可泛用於一切有‘婉曲’義可説之物的”[④]。“曲”作量詞修飾婉轉曲折之物，唐代習見。錢起《罷章陵令山居過中峰道者二首》：“田溪一曲，霞境峰幾轉。”[⑤] 張泌《題華嚴寺木塔》；“一曲晚煙浮渭水，半橋斜日照咸陽。”[⑥] 韋莊《謁金門》：“樓外翠簾高軸，倚遍闌干幾曲。”[⑦] “曲”作量詞也可指土地，如清全祖望《桃花堤記》：“先宫詹自鶴禁歸，徙宅湖上，買得竹洲一曲以爲别墅，舊時史忠定眞隱觀也。”[⑧] 敦煌狀書中“千渠下尾道南有荒地兩曲子”，因土地在水渠附近，形狀彎曲狹長，故以“曲”稱之。“兩曲子”即“兩曲”，兩塊，敦煌文獻中量詞後常綴“子”尾。如：P. 3161《常住什物交割點檢曆》：“古白練三條子長肆尺。”“三條子”即三條。S. 8691《年代不詳賣舍

① 黑維强：《敦煌、吐魯番社會經濟文獻詞彙研究》，民族出版社2010年版，第286頁。

② 黄征：《敦煌寫本異文綜析》，《敦煌語言文字學研究》，甘肅教育出版社2002年版，第54頁。

③ （漢）王逸：《楚辭章句》卷9，《文淵閣四庫全書》，台灣商務印書館1986年影印版，集部，第1062册，第65頁。

④ 劉世儒：《魏晉南北朝量詞研究》，中華書局1965年版，第174頁。

⑤ 王定璋：《錢起詩集校注》，浙江古籍出版社1992年標點版，第55頁。

⑥ （清）彭定求等：《全唐詩》，中華書局1979年標點本，第21册，第8452頁。

⑦ 同上書，第25册，第10076頁

⑧ 譚其驤：《清人文集·地理類彙編》，浙江人民出版社1987年標點版，第4册，第797頁。

契》："政教坊東壁上舍壹院，内東邊廚舍一口子。""一口子"即一口、一間。S. 466《廣順三年（953 年）十月廿二日莫高鄉百姓龍祐定兄弟出典地契》："莫高鄉百姓龍章祐、弟祐定，伏緣家内窘闕，無物用度，今將父祖口分地兩畦子共貳畝中半，只（質）典已（與）蓮（連）畔人押衙羅思朝。""兩畦子"即兩畦。P. 2661《諸雜略得要抄一本》："治帶下病方：取井華水一升，亂髮一握子。""一握子"即一握、一把。

【寄】

（1）右員定、員奴、員集，雖是同母兄弟，為貧鄙，三個於人邊寄貸，今被員奴、員集口承新鄉，三人債負停頭分張已定，其他去後債負仁（仍）追撮員定分料，舍一口子、城外園舍、地三畝，更寸壟不殘。（P. 3501 背《後周顯德元年押衙安元進等牒稿》）

（2）乙丑年三月五日索豬苟為少種子，遂於龍興寺張法律寄將麥三碩，亦有無只典，至秋納麥陸碩。（S. 5811《乙丑年三月五日索豬苟典釧續借麥契》）

（3）今因豬家圖窖開處，寄麥六石，粟十五石。並本利足還他。……當本寄物之時，不共她評論買地。（P. 4706《王寡婦借麥糾紛牒》）

（4）遂于都頭高康子面上寄取麥三碩，到當年秋斷作陸碩。（BD04698 背《翟信子等為矜放舊年宿債狀及判詞》）

（5）杜通信今緣［家内］少年糧，依張安六面上便奇（寄）粟兩碩。（BD01943 背《天復九年杜通信便麥契》）

曾良認爲"寄"字通"借"①。例中諸"借"確實均爲"借取"義，但"寄"並非"借"之通假字。寄，《廣韻》，居義切，見母寘韻；借，子夜切或資昔切，精母禡韻或精母昔韻。二者無論從聲的角度或韻的角度都相差很遠，不可能構成通假關係。

---

① 曾良：《敦煌文獻字義通釋》，厦門大學出版社 2001 年版，第 590 頁。

竊以爲“寄”有“借”義是其詞義自然引申的結果。“寄”本義爲委託、託付。《説文·宀部》：“寄，託也。”後“寄”由“寄託”引申爲“暫時保存（屬於他人之物）”。《莊子》卷6《繕性》：“軒冕在身，非性命也，物之儻來，寄也。”唐成玄英疏：“物之儻來，非我性命，暫寄而已，豈可長久也。”①“寄”有“借入”義正是由“暫時保存”引申來的。蔣紹愚指出：“引申是基於聯想作用而產生的一種詞義發展。甲義引申爲乙義，兩個意義之間有某種聯繫，或者説意義有相關的部分呢。從義素分析的角度來説，就是甲乙兩義的義素必然有共同的部分。一個詞得某一義位的若干義素，在發展過程中保留了一部分，又改變了一部分（或增、或減、或變化），就引申出了一個新義位，或構成一個新詞。”②“借（入）”從義素的角度可以分析爲“暫時保存屬於他人之物＋方便自己使用”，在一定條件下，當“寄”由“暫時保存屬於他人之物”增加了“方便自己使用”這樣的義素，便發展出了“借入”的意義。

“寄”當“借”講，傳世典籍中也有用例。《戰國策》卷1《東周》：“顔率至齊，謂齊王曰：‘周賴大國之義，得君臣父子相保也，願獻九鼎，不識大國何塗之從而致之齊。’齊王曰：‘寡人將寄徑於梁。’”宋鮑彪注：“（寄徑）猶言假塗。”③宋陳亮《戊申再上孝宗皇帝書》：“臣又常問之守臣，以爲今城不必改作。若上有北方之志，則此直寄路焉耳。”④

（二）音讀雖可構成通假，但本義自可通

【透貝】

（1）韓都衙：生絹壹疋，白透貝一疋。黄絹兩疋……羅鎮使：非（緋）絹一疋，黄絹一疋。透貝一疋。（P. 2916《癸巳年十一月十二

① （清）郭慶藩：《莊子集釋》，《新編諸子集成》（第1輯），第3册，中華書局1961年版，第558頁。

② 蔣紹愚：《古漢語詞彙綱要》，商務印書館2005年版，第71頁。

③ （漢）劉向集：《戰國策》，上海古籍出版社1985年標點版，上册，第2—3頁。

④ 陳亮：《陳亮集》，中華書局1974年標點版，第18頁。

日張馬步女師遷化納贈曆》）

（2）前般次何闍梨手上通身錦壹疋，黃禄（鹿）胎壹疋。透貝壹疋，白練壹疋，又壹疋與前物色。好與勾當，分名收取。（S. 4362 **《肅州都頭宋富忪家書》）**

（3）辛卯年十二月十八日當宅現點得物色：黃鹿胎柒疋，紅透貝三疋，紅綺壹疋，龍黃綾壹疋，黃御綾三疋，黃樓綾兩疋。（P. 4518 **《辛卯年當宅點物帳》）**

（4）綾羅、紗線、疋段、金線、緊絲、透貝。（ДX. 02822 **《蒙學字書·衣物部》）**

張小豔認爲："（透貝）同'透背'，指正反兩面皆織有花紋的絲織品。"[①]"'貝'與'背'在敦煌文獻中每相訛誤。'透背'本指絲織品上正反兩面所織的花紋，因可'看透背面'而得名。……後來，或徑以'透背'指稱兩面都織有花紋的絲織品，習見于宋代文獻。"例中"透貝"均與絲織品同列，當指一種絲織品無疑，但說"透貝"即"透背"不確切。宋黃度《尚書說》卷2："織貝，織色絲爲錦綺如貝，今猶稱透貝、龜貝。"[②]可見，"透貝"即"織貝""龜貝"的別名。"織貝"一詞最早見於《尚書》，指織有貝形花紋的絲織品，又稱"貝錦"。《尚書》卷3《禹貢》："島夷卉服，厥篚織貝。"宋蔡沈《書經集傳》卷2："織貝，錦名，織爲貝文，《詩》曰貝錦是也。"[③]苏轼《書傳》卷5："南海島夷績草木爲服，如今吉貝木綿之類，其紋斕斑如貝，故曰織貝。《詩》曰：'萋兮斐兮，成是貝錦。'"[④]

① 張小豔：《敦煌社會經濟文獻語詞考釋》，博士後研究工作報告，浙江大學，2006年。

② （宋）黃度：《尚書說》卷2，《文淵閣四庫全書》，台灣商務印書館1986年影印版，經部，第57册，第491頁。

③ （宋）蔡沈：《書經集傳》卷2，《文淵閣四庫全書》，台灣商務印書館1986年影印版，經部，第58册，第30頁。

④ （宋）蘇軾：《書傳》卷5，《文淵閣四庫全書》，台灣商務印書館1986年影印版，經部，第54册，第522—523頁。

【捉】

"捉二人後到"是社邑文書的習見用語。如：

帖至，限今日巳時於録事家送納，捉二人後到，罰酒一角，全不來，罰酒半甕。（P. 2842/1《甲辰年八月九日郭保員弟身亡轉帖》）

又作"捉二人後到者"。如：

帖至，限今月八日於永安寺門前取齊。捉二人後到者，罰酒壹角；全不來，罰酒半甕。（S. 4444 背/2—3《某年三月九日少事商量轉帖抄》）

王建軍將"捉二人後到"的"捉"釋爲"假若、如果"[①]，誤。照此解釋，"捉二人後到"即是"若兩人後到"，而不按規定期限到的不一定只有兩人，若三人、四人或更多人不到就不做處理了嗎？況且據此種解釋語義也不明確，我們可以理解爲是懲罰後到的兩個人，也可以理解爲懲罰全體人員。實際上"捉"即是"捉取"的意思，在敦煌社邑文書中也有"取三人後到""取人後到"的説法：

並限明日寅時於官樓蘭若齊集，取三人後到，准條科罰，其帖獲時遞相分付，如停帖不行，准前。（P. 5003《某年九月四日社户王張六身亡身亡轉帖》）

並限今月月生三日卯時於大乘寺門前取齊，取人後到，罰酒半甕。（P. 3192《大中十二年四月一日少事商量轉帖》）

① 王建軍：《敦煌社邑文書詞語補釋》，《古籍整理研究學刊》2007 年第 3 期。

“捉”義與“取”義同，“捉二人後到”即是“捉取最後到的兩個人”予以懲罰。王建軍釋“捉”爲“假如、如果”的一個依據是異文佐證，社邑文書轉帖中的確還有一些“如有後到”“如有後到者”“如於時不到者”的例子。如：

> 帖至，限今日脚下於凶家取齊，如有後到，罰酒一角，全不來，罰酒半甕。(P. 4987《戊子年七月安三阿父身亡轉帖》)
>
> 帖至，限今月十七日於浄土寺門前取齊，並麵，如有後到者，罰麥三斗，如有麵、行香不來者，罰麥伍斗。(P. 2825 背《某年正月設齋轉帖》)

但這些轉帖是不同時期不同地區的人制定的，所以規定的懲罰措施也不盡相同，“如有後到”“如有後到者”“如於時不到者”應是懲罰全體後到的人，與“捉二人後到”並不是異文。王建軍認爲“捉”疑由“若”音變而來，如果“捉”真能作爲假設連詞，應用應較爲廣泛，但“捉”在其他文獻中没有當“若”講的，在敦煌文獻中，除“捉二人後到”這樣的語境，我們也找不到“捉”當“假如”“如果”的其他例證。現代方言中“捉”當“若”講也没有存留。總之，我們認爲“捉”不應釋爲“如果、假如”。

七　濫用方言而誤釋

古今學者都十分重視方言的訓詁學價值。敦煌文獻中存在大量的俗語詞，某些在方言當中仍有遺留，所以要利用這些方言詞彙來佐證詞義。許多研究敦煌詞彙的學者在訓釋詞語都注意引證方言，如蔣禮鴻在《敦煌變文字義通釋》中多條詞語訓釋中均引用了方言材料。黑維强在其著作中更設專章探討敦煌詞語在方言中的遺留問題。但是值得注意的是，方言應該只是起參證性的材料，如果遇到疑難詞語理據不清楚，就隨便從某個地區方言中找出一個與該疑難詞語看起來似乎有聯繫的，不對疑難詞語和方言詞語進行一番語源上的考索，就説該疑難詞語的意思與方言詞語的意思是相同的，那是行不通的。

【屈律】

（1）**自從人定亥，直至黄昏戌。何用打桃符，不須求藥術。弓刀左右趁，把火蹤（縱）横炪。從頭使厥儺，個個交屈律。**（P. 2569背**《兒郎偉》**）

（2）**弓刀［左右趁，把］火縱横焌。隨頭使魘（厥）儺，箇箇交（教）倔（屈）律。今朝一掃盪（蕩），無處不周悉。**（P. 3468**《進庭夜朝祠一首》**）

李進立認爲："河南方言中把用火燒東西而且燒得焦黑叫'出律'，'屈'從'出'得聲，'屈律'却是'出律'。驅儺送鬼用火燒，這種風俗由來已久，個個交（叫）屈律，正表達了人們對帶來瘟疫災害的惡鬼的憎恨。"① 敏春芳認爲"其所言極是"②。

按：李進立這種觀點可商。"出律"在典籍中未見有"燒得焦黑"義，而"屈律"未必不可通。宋周守忠《養生類纂》卷21《草木部》"枳"條："俗呼枳椇爲蜜曲陸，作枕，醉後臥之即醒。"③ 清鄂爾泰、張廷玉等撰《授時通考》卷63《農餘》："枳椇，一名蜜枳枸，一名蜜屈律，皆屈曲不伸之義。此樹多枝而曲，其子亦拳曲，故名。"④ 可見"枳椇""枳枸""蜜曲陸""蜜屈律"同爲一種果品的不同稱呼方式，"蜜屈律"之命名原由有兩點：一是從味道的角度。《正字通・木部》："檟櫯，又作枳枸……曰蜜曰餳因其味也。"⑤ 一是從形態的角度。《授時通考》："此樹多枝而曲，其子亦拳曲，故名。"

---

① 李進立：《敦煌文獻詞語劄記》，《新鄉師範高等專科學校學報》2004年第1期。

② 敏春芳：《敦煌願文語詞辨考劄記》，《西北民族大學學報》（哲學社會科學版）2007年第1期。

③ （宋）周守忠：《養生類纂》卷21《草木部》，《續修四庫全書》，上海古籍出版社2002年影明成化刻本，子部，第1029册，第585頁。

④ 馬宗申：《授時通考校注》，農業出版社1993年版，第50頁。

⑤ （明）張自烈：《正字通》辰集：《續修四庫全書》，上海古籍出版社2002年影印康熙二十四年秀水吴源起清畏堂刊本，經部，第234册，第519頁。

這也可證“屈律”有彎曲、屈曲不伸之義。實際上“曲陸”“屈律”爲同一詞的不同記音形式，“曲陸”即“屈律”。在近代漢語中“屈律”當“彎曲”“屈曲不伸”義常見，如宋計有功《唐詩紀事》：“（皮）日休作讖云：‘欲識聖人姓，田八二十一。欲知聖人名，果頭三屈律。’巢大怒。”[①]“果頭三曲律”指“巢”字書寫起來在“果”字上加三個曲折的筆畫。又寫作“屈驢”“曲呂”“曲録”“曲律”。唐歐陽炯《貫休應夢羅漢畫歌》：“倚松根，傍岩縫，曲録腰身長欲動。”[②]元楊顯之《鄭孔目風雪酷寒亭》第3折：“曲律竿頭懸草稕，緑楊影裡撥琵琶，高陽公子休空過，不比尋常賣酒家。”[③]元佚名《争抱恩》第1折《勝葫蘆》：“兄弟，我是你姑舅姐姐李千嬌，你見我怎生來不肯屈驢腰。”[④]

宋王觀國《學林》卷8《四聲譜》云：“下至閭閻鄙語，亦有以音切爲乎者，突鸞爲團，屈陸爲曲，鶻侖爲渾，鶻盧爲壺，忒煞爲太，咳洛爲殼，凡此類非有師學授習之也，其天成自然，莫知所以然者，沈約所謂‘入神’，殆此類耶?”[⑤]清俞正燮《癸巳類稿》卷7“反切正義”條：“曲爲屈律，圈爲屈攣，孔爲窟窿，團爲突欒，餑爲餺飥，衖爲衚衕，就爲即溜，精爲鯽令，瓠爲葫蘆，蒯芥爲舉鄉古拜。則又即一字緩讀爲二，亦切法也。”[⑥]也就是説“屈律”“曲律”等實際上是“曲”的分音形式。“個個交屈律”，“屈律”指曲身，“曲”有曲身義。《詩·小雅·正月》：“謂天蓋高，不敢不局。謂地蓋厚，不敢不蹐。”毛傳：“局，曲也。”孔穎達正義：“曲者，曲身

---

① （宋）計有功：《唐詩紀事》，中華書局1965年標點版，下册，第964頁。

② （清）彭定求等：《全唐詩》，中華書局1979年標點本，第22册，第8638頁。

③ （明）臧晉叔編：《元曲選》，中華書局1989年標點版，第4册，第1717頁。

④ 同上書，第1册，第161頁。

⑤ （宋）王觀國：《學林》卷8《四聲譜》，《文淵閣四庫全書》，台灣商務印書館1986年影印版，子部，第851册，第204頁。

⑥ （清）俞正燮著，安徽古籍叢書編審委員會編纂：《俞正燮全集》，黄山書社2005年標點版，第332頁。

也。……言天高已，不敢不曲身危行，恐上觸忌諱也。"[①] "個個交（教）屈律"，在這裡指使衆鬼曲身低伏。現代方言裡"屈律"當彎曲不直講仍有保留。劉鴻書《徐水縣新志》卷6《風土記·方言》："屈律，不直也。當作'屈曲'，訛作'屈律'。"[②] 劉鴻書以民國河北徐水話中"屈律"爲"屈曲"之訛，恐不確切，當是古語的遺留。

八 誤録文字而誤釋

准式，僧尼每夜不得欠少一人，仰判官等每夜巡檢，判官若怠慢公事。亦招科罰，其□仰諸寺𦘕時分付，不得違時。（S. 1604《天復二年（902）四月廿八日河西都僧統賢照下諸僧尼寺綱管徒衆帖》）

王重民"𦘕時"録爲"盡時"[③]。袁賓據此録文認爲："'盡'有當、即義"，"'盡時'意爲'即時''當時'。"[④]《變文校注》（23頁）從之。"𦘕時"之"𦘕"明顯應是"畫"字。"畫時"傳世典籍習見。五代後晉高祖《招撫尹暉婁繼英勅》："諸處收捉到奸細文字等，其捉事人依舊支給優賞，其細人畫時處斬。"[⑤] 宋薛居正《舊五代史》卷4《梁書四》："宋其諸道所有軍事申奏，宜令至右銀臺門委客省畫時引進。"[⑥] 敦煌文獻又作"獲時"，"獲"爲"畫"之音誤。S. 1897《龍德四年（942年）二月一日敦煌鄉百姓張某甲僱工契》："城内城外，一般獲時造作，不得拋滌（擲）功夫。"

---

① （漢）毛亨傳，（漢）鄭玄箋，（唐）孔穎達疏：《詩經注疏》卷12，（清）阮元校刻《十三經注疏》，江蘇廣陵古籍出版社1995年影印版，上册，第443頁。

② 劉鴻書等：《徐水縣新志》，成文出版社1976年版，第33頁。

③ 王重民：《敦煌變文集》，人民文學出版社1957年版，第141頁。

④ 袁賓：《變文詞語考釋録》，杭州大學古籍研究所等編《敦煌語言文學論文集》，浙江古籍出版社1988年版，第144頁。

⑤ 周紹良主編：《全唐文新編》，吉林文史出版社2000年標點版，第1部第2册，第1321頁。

⑥ （宋）薛居正等：《舊五代史》，中華書局1976年點校本，第1册，第72頁。

第二節　疑難詞語分類考釋

在這一章我們釋詞的範圍主要涉及敦煌社邑文書、契約文書、帳籍文書、書儀、佛教願文、占卜文書、碑銘讚和變文等。所釋詞語主要包括三種：一是前人已釋但仍有可補充商榷的，二是前人未釋的唐代俗語詞，三是一些文化類的語詞。

一　釋名稱

【罷磨】

梨樓，罷磨，桔槔，鐵（鐵）鏵。（ДX. 2822**《蒙學字書·農田部》**）

其中“罷磨”頗難理解。與之並列的“梨樓”“桔槔”“鐵（鐵）鏵”均爲農用器具。“梨樓”當即“犁耬”，指耕田器和播種工具。《玉篇·牛部》：“犁，耕具也。”① 《集韻·侯韻》：“耬，種具。”② “樓”爲“耬”之換旁俗字。“桔槔”即古代一種汲水工具。《説文·木部》：“槔，桔槔，汲水器。”③ “鐵（鐵）鏵”即鐵鍬。《玉篇·金部》：“鏵，鏵鍫。”④ 由此看來，“罷磨”也應爲農用器具。“罷”當即“耙”。元王禎《王禎農書》卷8《農器圖譜二》：“耙又作爬，今作糶，通用宋魏之間呼爲渠挐，又謂渠疏，陸蒙曰：‘凡耕而後有耙所以散墢、去芟，渠疏之義也。’……耙桯長可五尺，闊約四寸，兩桯相離五寸許，其桯上相間，各鑿方竅以納木齒，齒長

---

① （南朝梁）顧野王著，（宋）陈彭年等重修：《宋本玉篇》卷23，中國書店1983年據張氏澤存堂本影印，第427頁。

② （宋）丁度等：《集韻》卷4，上海古籍出版社1985年影宋述古堂本，上册，第272頁。

③ （漢）許慎著，（宋）徐鉉校訂：《説文解字》卷6，汲古閣本。

④ （南朝梁）顧野王著，（宋）陈彭年等重修：《宋本玉篇》卷18，中國書店1983年據張氏澤存堂本影印，第326頁。

六寸許，其桯兩端木栝長可三尺，前梢微昂，穿兩木槅以繫牛輓鈎索，此方耙也。又人字耙者，鑄鐵爲齒，《齊民要術》謂之鐵齒鳎錂。"① 從這段敘述中我們可以看出，"耙"是在耕地以後用的，作用一是打碎耕後出現的土塊，二是除去耕出的雜草。從形制上講，古代的"耙"又有方耙和人字耙兩種。"磨"當即與"耙"形制頗爲類似的"勞"。②《王禎農書》卷 2《農桑通訣・耙勞篇》："今人呼耙曰渠疏，勞曰蓋磨，皆因其用以名之。"又卷 8《農器圖譜二》："勞，無齒耙也。但耙梃之間用條木編之，以摩田也。耕者隨耕隨勞，又看乾溼何如。但務使田平而土潤，與耙頗異。……今亦名勞曰摩，又名蓋。凡已耕耙欲受種之地，非勞不可。諺曰：'耕而不勞，不如作暴。'謂仰墢則田無力也。詩云：'始教耒耜耕，後有耙勞利，耙與勞制同，勞比耙功異。'"③"勞"又稱"摩""蓋"或"蓋磨"，實際上就是没有釘齒的耙，在其框架上編有許多木條，耙和勞形狀雖然差不多，但功用却是不盡相同，"耙"主要用於破碎土塊、疏鬆土壤，工作比較粗。"勞"是在播種之前做一次比"耙"更細緻的平田碎土工作。"勞"又作"耮"。清陳元龍《格致鏡原》卷 48《耕織器物類》："勞，同耮，無齒耙。"④

【波子木】

麥肆碩肆斗，粟伍碩三斗，買波子木用及橋脚三。（P. 2838《**中和四年上座比丘尼體圓等牒**》）

"波子"當即"鉢子"。玄應《一切經音義》卷 58《四分律》卷 14"鉢盂"條："鉢多羅，又云波多羅。此云薄謂治厚物令薄而作器也，鉢亦近字，《説文》飯器也。"（T54p701b）南朝宋佛陀什、竺道生等譯《彌沙塞部和醯五分律》卷 26："佛言應熏，有諸比丘畜金銀

① （元）王禎：《王禎農書》卷 8，農業出版社 1981 年版，第 204—205 頁。

② （元）王禎：《王禎農書》卷 2，農業出版社 1981 年版，第 26 頁。

③ （元）王禎：《王禎農書》卷 8，農業出版社 1981 年版，第 206—207 頁。

④ （清）陳元龍：《格致鏡原》卷 48，《文淵閣四庫全書》，台灣商務印書館 1986 年影印版，子部，第 1032 册，第 3 頁。

七寶牙銅石木鉢。”（T22p169c）宋天息災譯《大方廣菩薩藏文殊師利根本儀軌經》卷10《浄行觀想護摩成就法品》：“若是瓦鉢洗已熏乾，其餘木鉢金銀等鉢，洗浄無垢即得受用。”（T20p870c）敦煌文獻中屢見木鉢的記載。P. 3410《沙州僧崇恩析産遺囑》：“畫油木盛子貳並蓋，畫油木鉢子貳並蓋。”P. 3638《辛未年正月六日沙彌善勝於□都師崇恩手上見領得諸物曆》：“破黑槐子壹，木鉢壹，青剛鞍瓦壹副。”

【盛子】【尊盛】

木油花盛子貳。（P. 2613**《咸通十四年正月四日沙洲某寺就庫交割常住什物色目》**）

盤子七十枚，疊子七十枚，壘子八十枚，椀伍十枚，晟子五枚，團盤二枚。（P. 3972**背《辰年四月十一日請添器具名》**）

花盛子壹……黑木榼壹，花榼壹，無蓋。［S. 1776**《［顯］德伍年（958）十一月十三日某寺判官與法律尼戒性等一伴交曆》**］

白木盛子壹。［S. 1607**背《雜寫（金光明寺等）》**］

畫油木盛子貳並蓋。（P. 3410**《沙洲僧崇恩析産遺囑》**）

以上敦煌文獻中的“榼”“盛子”“晟子”當是同一種器物，對於“榼”“盛子”“晟子”，學者們的理解並不一致。黑維强認爲是“盛放祭品的器具”[①]。揚之水認爲是“盒也，時寫作‘合’。與酒器列在一處的盛子，通常是筵席上用作貯放果品的果合”[②]。楊森認爲義同《禮記·喪大記》“食粥于盛，不盥”裡的“盛”，鄭玄注爲“盛，謂今時杯杅也”[③]。據此，他認爲“盛”應該類似“杯杅”，是盛液體、湯、漿的器皿。高啓安認爲盛、尊是同類器具，“盛和樽有時在文獻中同稱。如S. 1642卷就記載了一個‘花樽盛’，它説明在敦

① 黑維强：《敦煌、吐魯番社會經濟文獻詞彙研究》，民族出版社2010年版，第288頁。

② 揚之水：《曾有西風半點香：敦煌藝術名物叢考》，生活·讀書·新知三聯書店2012年版，第180頁。

③ 楊森：《淺談敦煌籍帳文書中的漆器和小木器皿》，《敦煌研究》2009年第2期。

煌人的觀念中，二者是同一個東西”①。

黑維强和揚之水的解釋缺乏依據。楊森的説法看似有道理，但他是依據《禮記》“食粥于盛”，其實《禮記》裡的這個“盛”並不是特指杯盂，而是泛指盛器。類似的例子還有：《左傳·哀公十三年》：“旨酒一盛兮，余與褐之父睨之。”杜預注：“一盛，一器也。”②《新唐書》卷 157《陸贄傳》：“今獻瓜一器、果一盛則受之。”③ 瓜果之器，顯然並非杯盂。《聊齋志異·司文郎》：“王命置酒。宋曰：‘無須。終歲之擾，盡此一刻，再爲我設水角足矣。’王悲愴不食，坐令自啖。頃刻，已過三盛，捧腹曰：‘此餐可飽三日，吾以志君德耳。向所食，都在舍後，已成菌矣。藏作藥餌，可益兒慧’。”④ “三盛”之“盛”就是泛指盛水餃的器皿，三碗或三盤。高啓安的説法似最爲接近，但他的説法又頗多矛盾之處，他認爲“尊”“盛”是同一種東西，但他在解釋“盛子”時認爲是“盛”的用途主要是盛裝湯麵、粥、臛、羹類食物，端到進食者的食案上⑤，尊（樽）則是酒器。至於敦煌文獻裡的“尊盛”，他把 S. 1642《天福七年（942 年）某寺常住什物交曆》中“花罇盛”歸入酒樽類器具裡⑥，而把 P. 3745《寺院納油粟柴絹等曆》的“尊盛”與“盛子”歸入一類，“‘盛子’如果不是筆誤的話。有時又叫‘尊盛’”⑦。敦煌文獻裡的“盛”與“尊”到底有什麼區别和聯繫？“尊盛”又指什麼？我們先看以下兩條敦煌文獻：

黑木盛子壹，罇子壹，在櫃。（S. 1642《天福七年（942 年）

---

① 高啓安：《旨酒羔羊——敦煌的飲食文化》，甘肅教育出版社 2007 年版，第 46 頁。

② （晉）杜預注，（唐）孔穎達疏：《左傳注疏》卷 59，（清）阮元校刻《十三經注疏》，江蘇廣陵古籍出版社 1995 年影印版，下册，第 2172 頁。

③ （宋）歐陽修：《新唐書》，中華書局 1975 年點校本，第 16 册，第 4922 頁。

④ （清）蒲松齡：《聊齋志異》，中華書局 2004 年標點版，下册，第 391 頁。

⑤ 高啓安：《旨酒羔羊——敦煌的飲食文化》，甘肅教育出版社 2007 年版，第 46 頁。

⑥ 高啓安：《唐五代敦煌飲食文化研究》，民族出版社 2004 年版，第 93 頁。

⑦ 高啓安：《旨酒羔羊——敦煌的飲食文化》，甘肅教育出版社 2007 年版，第 158 頁。

某寺常住什物交曆》）

家具：中台盤貳，小樏子三，花罇子壹，花樤子壹。（［顯］德伍年（958年）十一月十三日某寺判官與法律尼戒性等一伴交曆）

兩條文獻都把罇子與盛子並列，説明二者實有區别，不是同一種東西。

尊盛，又作“罇盛”“罇盛子”，主要出現在S. 1642、S. 1774和P. 3745《寺院納油粟柴絹等曆》中。我們先來看S. 1642《天福七年（942年）某寺常住什物交曆》中的記載：

傢俱：中台盤子貳，小樏子三枚，花罇盛壹，黄花盛子壹，花木盛子壹。黄花團盤子貳，故破。破黑團盤壹。小黑牙盤子壹，無連蹄。赤心擎盤壹。五尺花牙盤子壹，無連蹄。黑木盛子貳，在櫃。箱壹葉，在櫃。㪷壹量。木盆大小伍，内壹在嚴護。伍斗木盆貳。漆競（鏡）脚貳。壁牙壹。隔子壹片，在北倉。案板肆，内貳破。木火爐貳。三尺牙盤一面。踏床一張。新花團盤肆，在櫃。木合子壹，在櫃。花競（擎）盤貳。朱裡楪子陸枚。黑木樏子拾枚，内五枚在前所由延定真等不過，又五枚在智定等不過。花楪子四枚，在櫃。銀鏤枕子壹，在櫃。

S. 1642與S. 1774爲同一記載的不同抄本，内容大體一致，S. 1774中“花罇盛”作“花罇盛子”。敦煌文獻中盛子、盆、盤、碗、碟、壘子等餐具大多是木製品，所以盛子、碟、壘子、碗多寫作“樤”“楪”“樏”“椀”等，如是金屬製品或陶器均會特别指出其材質，這裡的“花罇盛、黄花盛子”等都没有指出材質，應當均指木製品。如果“花罇盛”就是普通的“盛子”的話，就可以直接説“花盛子”或“花木盛子”，那麼它就和緊鄰其後的“花木盛子”一様了，大可以合併起來，説成“花盛子貳”或“花木盛子貳”。像這樣把“花罇盛”與“花木盛子”並列，説明這二者定有區別，“花罇盛”與“盛子”並不相同。

我們再來看 S. 1776《［顯］德伍年（958 年）十一月十三日某寺判官與法律尼戒性等一伴交曆》中的記載：

> 家具：中臺盤貳。小樏子三。花罇子壹，花樤子壹。黄花團盤貳，故黑團盤壹。小黑牙盤壹，無連蹄。赤心擎盤壹，在恒子。五尺花牙盤一面，無連蹄。黑木樤壹，花樤壹，無蓋。箱壹葉，在櫃。斗壹量。木盆大小肆，伍斗木盆貳。漆擎（鏡）子脚貳。壁牙壹。案板貳。木火爐貳。三尺花牙盤壹。踏床一張。新花團盤肆，在櫃。又花擎盤貳，□□□□，朱裡楪子陸枚，又花楪子肆，在櫃。銀鏤枕子（後缺）

《真跡釋録》第 3 輯（25 頁）認爲 S. 1776 與 S. 1774（S. 1642）爲同一寺院的交割常住什物點檢狀，雖然 S. 1776 時代要晚於 S. 1642、S. 1774。但是不難看出，S. 1776 與 S. 1642 内容只是略有變化。個别物品有所減少，S. 1776 没有出現 S. 1642 中的黄花盛子、隔子、木合子、黑木樏子等，而從 S. 1642 來看，“黑木樏子”均在他人手中，所以在 S. 1776 中未作統計。個别物品的數量有所減少，S. 1642 中的“木盆大小伍”到 S. 1776 變成了“木盆大小肆”，“案板肆”，變成了“案板貳”。S. 1642 中五個木盆有一個在嚴護手中，實際也是四個，案板四個中有兩個破爛，可能已經處理掉了，所以到 S. 1776 只剩兩個了。S. 1642“黑木盛子貳”，S. 1776 變成了“黑木樤壹，花樤壹”，略有變化。但是總體來看，S. 1642、S. 1776 二者的記載品名、數量及順序等大體都是一致的。可以看出，S. 1642 中的“花罇盛”，就是 S. 1776 中的“花罇子”，也就是 S. 1774 裡的“花罇盛子”。

最後，再來看 P. 3745《寺院納油粟柴絹等曆》的“尊盛”：

食飯數：

張都頭足：漆椀二，疊子一，椀子九，尊盛二，壘子一。

索押衙足，内欠胡餅二，蒸餅、次漆椀一。

索懷慶足，並蒸餅、疊子九，椀子七，官布一疋。

索江進足：蒸餅、椀子六枚，疊子、壘子九枚，盛子二。

索住子足，並蒸餅。

令狐師子足，次，並蒸餅，欠一，椀子柒，疊子七枚。

蔣師子足：胡餅、蒸餅，次椀子十，疊子十，壘子二，漆椀一。

曹胡子足，内蒸餅，次㲲餅，次椀子十，疊子九，盛子二，漆椀二，壘子二，布一疋。

張押衙足，並蒸餅、内㲲餅、次椀子六，阿葉子五，□（官）布一疋。

高啓安認爲“‘盛子’如果不是筆誤的話。有時又叫‘尊盛’，6個。”① 他認爲此條文獻中的“尊盛”就等同于“盛子”。但從上面這段記載來看，每個人所帶的餐具並不一定相同，有的疊子、壘子、盛子、椀子全帶，有的只帶椀子、疊子。所以這裡的“尊盛”也不等同于普通的盛子，而應該也是酒樽。

酒樽爲何稱爲“尊盛”？筆者認爲“尊盛”的結構類似於“鐮刀”“閨門”“蝗蟲”“稗草”“輦車”，即“專名＋共名”形成的偏正結構。也就是説在敦煌人看來，尊是盛的一種，而尊是盛酒器的統稱，那麼“尊”就是酒盛子。

高啓安認爲“盛是一種大於缽而小於盆的盛器”。P. 3161《常住

① 高啓安：《旨酒羔羊——敦煌的飲食文化》，甘肅教育出版社2007年版，第158頁。

什物交割點檢曆》："大木盆壹；伍斗木盆壹；陸斗木盆壹；小木盆壹。" P. 3638《辛未年正月六日沙彌善勝於□都師崇恩手上見領得諸物曆》："兩碩赤盆壹，兩碩破盆壹在，三斗列（裂）盆壹，肆斗新盆壹。" P. 3161《常住什物交割點檢曆》："瓦盛壹，受伍斗欠在智山……瓦盛壹口，又玖斗瓦盛壹口，又瓦盛壹口欠在大善。" S. 1776《［顯］德伍年（958 年）十一月十三日某寺判官與法律尼戒性等一伴交曆》："肆斗瓦盛壹口；嚴忍入 ……瓦盛壹口；程闍梨施入瓦盛壹口、缸壹口。" 從敦煌文獻反映來看，特別巨大的盆有兩碩之大，普通的盆也就是三四斗或五六斗，而盛子的容量也有四五斗，大的也有九斗之大，顯然並不比盆小。

從 P. 3745《寺院納油粟柴絹等曆》九人共帶各種碗 61 枚，疊子 45 枚，壘子 13 枚，而盛子僅需 4 枚。P. 3972《辰年四月十一日請添器具名》："盤子七十枚，疊子七十枚，壘子八十枚，椀伍十枚，晟子五枚，團盤二枚。" 盤、疊、壘子都要幾十枚，而盛子僅需五枚。

從盛子容量較大，衆人集會宴飲時所需數量不多來看，它應當不是每人都要用一個，而是可以很多人可以合用一個。

從敦煌文獻來看，固體食物通常是盛裝在盤碟類器皿裡。S. 1725 背《某年張智剛請祭諸神用物牒》有 "果食兩盤子" 和 "餜食四盤子" 的記載。"果（餜）食" 當指糕點之類的東西。S. 2143 背《雜寫（施捨疏等）》："麨壹盤。" S. 4470 背《乾寧二年（895 年）三月十日歸義軍節度使張承奉副使李弘願等回向疏》："麨貳盤。"《玉篇・麥部》："麨，糗也。"①《急就篇》顏師古注："今通以熬米麥謂之麨。"②《本草綱目》卷 25《穀部・麨》："蒸米麵熬過，磨作之。"③ "麨" 即是炒麵粉或炒米粉。

① （南朝梁）顧野王著，（宋）陳彭年等重修：《宋本玉篇》卷 15，中國書店 1983 年據張氏澤存堂本影印，第 286 頁。

② （漢）史游著，（唐）顏師古注：《急就篇》卷 3，嶽麓書社 1989 年影印版，第 142 頁。

③ （明）李時珍：《本草綱目》，中醫古籍出版社 1994 年據金陵版點校本，第 654 頁。

敦煌壁畫也有顯示。如圖 3：

圖 3　中唐第 360 窟東壁維摩詰經變方便品（歐陽琳臨）①

從圖 3 來看，衆人會餐時也是將饅頭、饊子等固體食品放置在較大的盤子裡，置於桌案中間，方便衆人享用。

盛子作爲一種容量較大的食器，應該不似盤碟樣淺薄，而有一定的寬度和深度，很可能與盆甕類似。它很可能是一種專門用來盛裝液態食物的器皿，因爲液態食物容易外溢，我們通常將其裝在較大、較深的容器裡。S. 1776《［顯］德伍年（958 年）十一月十三日某寺判官與法律尼戒性等一伴交曆》："黑木樒壹，花樒壹，無蓋。" P. 3410《沙洲僧崇恩析産遺囑》："畫油木盛子貳並蓋。" 盛子有加蓋的，有

① 采自胡同慶、王義芝《本色敦煌：壁畫背後那些鮮爲人知的事》，中國旅遊出版社 2014 年版，第 148 頁。

不加蓋的，加蓋當是爲了保持食品的溫度，而後世的茶碗、湯盆等一般都是加蓋使用的。

盛子是一種供衆人合用的器皿，主要是用來盛裝食物而不用於直接從中享用食物，故稱盛子。這與酒尊作爲一種盛酒器類似，而在唐五代時期敦煌地區除了有專門的盛酒尊外，人們很可能也用盛子來盛酒，具有酒樽的用途，所以“尊”就成爲了盛子的一種了。

尊作爲一種盛器，器形多不固定。“尊是漢代主要的酒器或水器。它分爲盆形、筩形、肖形（即作成各種生肖形）三大類。盆形尊有三足、圈足兩種，以後者居多。筩形尊也有三足、圈足兩種，而以前者居多。”①

盛子與尊類似，形制很可能也並不固定，圖 4 桌子上内置勺子的容器有可能是一個盛酒的樽子，也有可能是盛普通湯飲的盛子。

圖 4　臺北“故宫博物院”藏（唐）佚名宫樂圖②

圖 4 是一幅宫樂圖，圖中一位婦女正從桌子上的一個大盆内舀取

① 陳江風：《漢文化研究》，河南大學出版社 2004 年版，第 316 頁。

② 采自劉文哲《中國古代家具鑒定實例》，華齡出版社 2010 年版，第 21 頁。

漿液，關於所盛之物，有人認爲是酒，“畫面桌子的周圍坐著仕女九人，左方立著侍奉的女孩兩人，桌上陳列著蔬果、酒具，有的飲酒，有的作樂”①。有人認爲是茶，“畫正中放置的大長案上，擺設有大茶海、大茶杓、茶盞、茶碗等品茶用具；圍坐在長案邊的仕女們或執盞品茗，或執琵琶、竹簫、笙等樂器奏樂。此畫是研究晚唐品茶生活場景的重要畫作”②。也有人認爲“或者是解暑的湯”③，如果是盛茶或盛解暑湯的器皿的話，它就可以稱爲一個盛子了。

敦煌文獻中出現的盛子多爲木制和陶制。但筆者也發現有銀制的，S. 4525《都司（?）付什物曆》：“銀盛子壹，大銀碗壹枚。”在吐魯番文書中也有銅盛的記載。吐魯番出土唐代文書 64TAM15：18《唐雜物牲畜帳》（二一三七）：“破同（銅）盂子陸，中壹破，同（銅）盛三，刀錯貳。”④

盛子的形成當與隋唐時代飲食制度的改變有關，唐以前我國主要實行的是分餐制度，唐代以前的分餐制，我們可以從繪畫和文字記録上找到證據。漢墓壁畫、畫像石和畫像磚上，經常可以看到人們席地而坐、一人一案的宴飲場面。《史記・項羽本紀》中描述的著名的鴻門宴也實行的是分食制，在宴會上，項王、項伯、范增、劉邦、張良一人一案，分餐而食。到隋唐以後，由於高桌、高凳的出現，我國飲食制度出現了巨大變化，開始逐步走向合餐制，但合餐制不是一蹴而就完成的，而是有個漸進的過程，最初“人們雖然圍坐在一桌合餐，但饌食仍是一人一份”⑤，“事實上，會食的傳統也不是輕而易舉建立起來的。唐代繪畫中所表現的一些會食場面，常常在實質上還是分食，人們雖圍坐在同一張桌子旁邊，但各人都有一套餐具，都有一份

① 劉凌滄著，郭薍君整理：《劉凌滄講中國歷代人物畫簡史》，天津古籍出版社 2014 年版，第 78 頁。

② 彭麗亞：《中國茶分類圖典》，化學工業出版社 2008 年版，第 188 頁。

③ 王中旭：《焕爛求備》，上海書畫出版社 2011 年版，第 101 頁。

④ 唐長孺主編：《吐魯番出土文書》，文物出版社 1992 年版，第 2 册，第 37 頁。

⑤ 隗静秋：《中外飲食文化》（第 2 版），經濟管理出版社 2012 年版，第 222 頁。

饌品。有些公用的饌品，先須以公用的餐具拿到自己的餐盤裡，才能享用”①，盛子正是爲了盛裝一些公用的液體饌品而産生的。

【從山、王机】

山剛（岡）如伏雉，藏頭隱尾未。後載從山，前横王机（玉几），居之於頭，名聞萬里。（P. 2615《□帝推五姓陰陽等宅圖經一卷》）

此句陳于柱校爲：“山剛（岡）如伏雉，藏頭隱尾未。後載從山，前横王机，居之於頭，名聞萬里。”② 金身佳校爲：“山罡如伏雉，藏頭隱尾，未後載從山前横王机，居之於頭，名聞萬里。”③ 句中“尾”“机”“里”均應爲韻脚字，故“未”當是受“尾”字音影響而産生的誤衍字。《重校正地理新書》是我國古代的一部重要的風水學著作，其卷3《岡原吉凶下》中有段話與此極爲類似：

> （山）如伏雉者，謂藏身隱尾，遠視隆隆而近看漸起也。若後有從山，前横玉几，用其首，吉，有名譽也。④

“後載從山，前横王机”與上段話中的“後有從山，前横玉几”相對應，陳于柱的斷句是正確的，但他未作解釋。“載”在此處應爲“陳設”之義，典籍習見。《詩·大雅·旱麓》：“清酒既載。”清王先謙《詩三家義集疏》引《韓詩》：“載，設也。”⑤ “從山”爲何意呢？古代風水學家根據五姓五音理論，把宅地或墓地周圍的山岡分成三十八將，用來占斷宅地或墓地的吉凶，三十八將又可分成内從將和外從

① 王仁湘：《味無味——餐桌上的歷史風景》，四川人民出版社2013年版，第22頁。

② 陳于柱：《敦煌寫本宅經校録研究》，民族出版社2007年版，第245頁。

③ 金身佳：《敦煌寫本宅經葬書校注》，民族出版社2007年版，第52頁。

④ （宋）王洙撰，（金）毕履道、张谦整理：《重校正地理新書》卷3《岡原吉凶下》，《續修四庫全書》，上海古籍出版社2002年影印北京大學圖書館藏金元刻本版，子部，第1054册，第30頁。

⑤ （清）王先謙：《詩三家義集疏》卷21，《續修四庫全書》，上海古籍出版社2002年影印北京大學圖書館藏金元刻本，經部，第77册，第669頁。

將。内從將位：傳送、伏屍、小墓、谷將、始生、天倉、天柱、功曹、官國、冠帶、大墓、勾陳、汴浴、天劫、刑劫、地劫、地户。外從將位：金匱、笏山、大德、生氣、了戾、綬山、玉堂、青龍、陽氣、朱雀、天門、鉤鑠、司命、死氣、行痕、印山、白虎、陰氣、天牢、真武、華蓋。[①] 值得注意的是，内從將位或外從將位對應的山可能不只一重。《重校正地理新書》卷6《將從山來形勢》："死氣外從三重，相去三十五步，欲得平長廣遠，不斷相連如隊，品秩相登，主累世剌史。"[②] 但這些山均可籠統的稱爲"從山"。卷6《將從山來形勢》："了戾、小墓從山相去二十步中，如起如仰，主子孫端正，榮旺不絶。"[③] 卷7《地勢住否》："有横案連接不斷，而内從一重獨高，餘外從山俱低，不相登，其地半住。"[④] "後載從山"中的"從山"，應是指五音三十八將位對應的從山。

"前横王机"的"王机"當校爲"玉几"，"王"當爲"玉"之俗體字。"几"俗體常作"机"，因几案多爲木製，故增旁作"机"。《龍龕手鑒·木部》："机，木几，小案之屬也。"[⑤] "玉几"本指玉飾的几案。《尚書》卷11《顧命》："相被冕服，憑玉几。"[⑥] 此處"山岡"指的是宅地所在的山岡，古代風水學上把住宅所在之處稱爲"穴"，並認爲"穴"前最好有"案山"。明徐善繼、徐善述合撰《地理人子須知》卷5《砂法》："穴前之山近而小者曰案……如貴人據几案處分政令之義。有案山，則穴前收拾嚴密，無氣不融聚之

---

① 名稱出自（宋）王洙撰，（金）毕履道、张谦整理《重校正地理新書》卷6《五音三十八將内從外從位》，《續修四庫全書》，上海古籍出版社2002年影印北京大學圖書館藏金元刻本版，子部，第1054册，第51頁。

② 同上書，第55頁。

③ 同上。

④ 同上書，第57頁。

⑤ （遼）釋行均：《龍龕手鑒》卷4《木部》，中華書局2006年影印版，第380頁。

⑥ （漢）孔安國傳，（唐）孔穎達疏：《尚書注疏》卷18，（清）阮元校刻《十三經注疏》，江蘇廣陵古籍出版社1995年影印版，上册，第237頁。

患。”[①] 若無案山則爲不祥之兆。宋廖瑀《地理泄天機·安墳入式歌》：“第四猶嫌無案山，衣食必艱難。”[②] “案山”以形似几案而得名。因此，“前横玉机”之“玉几”應即是“案山”的形象説法。

【的子】

文則親持越髓，儒鋒傑辯，鴻深法門，數播當時，便是優波的子。(P. 3718《梁故管内釋門和尚寫真贊並序》)

“的子”諸家俱徑録無校。張志勇認爲：“的，箭靶的中心，引申爲標準，子，對人的敬稱，泛指人。”[③] 這種解釋扞格難通。“的子”當即“嫡子”。嫡、的，《廣韻·錫韻》俱有“都歷切”一讀，音同可通。“嫡子”本指正妻所生之子，佛家多用來比喻佛法的真正領悟者，真正傳人。佚名《大佛頂廣聚陀羅尼經》卷4：“今身現得果報，何況未來？一切窮貧難，邊地下賤苦厄難，穀貴飢饉難等，五逆四重十惡七逆之罪，亦誦此呪，悉皆除滅，具足六波羅蜜，諸大切德善根皆悉圓滿，一切如來皆言，是我嫡子。”（T19p170c）宋惟白《建中靖國續燈録》卷3《蘄州五祖山師戒禪師法嗣》：“蘇州翠峰慧顒禪師問：‘師唱誰家曲，宗風嗣阿誰？’師云：‘門開東嶺上。’僧曰：‘恁麼則五祖嫡子也。’”（X78p655b）明居頂《續傳燈録》卷19《楚州勝因崇愷禪師》：“師曰：‘萬裡無雲千峯壁立。’僧云：‘謝師指示。’師曰：‘錯。’問：‘師唱誰家曲，宗風嗣阿誰。’師曰：‘雲舒北闕月印南溟。’僧云：‘恁麼則佛國嫡子也。’”（T51p596c）明·無異元來撰，弘瀚、弘裕共編《無異元來禪師廣録》卷17《示林野禪人》：“真修行辦己事，願與釋迦爲嫡子。迥脱塵勞大丈夫，好將名字標僧史。”（X72p299a）朝鮮退隱《禪家高抬貴手》：“六祖告衆云：‘吾有一物無名無字，諸人還識否？’神會禪師即出曰：‘諸佛之

① （明）徐善繼、徐善述：《地理人子須知》卷5，臺北武陵出版社2003年版，第266頁。

② （宋）廖瑀：《地理泄天機》，中州古籍出版社2003年標點版，第86頁。

③ 張志勇：《敦煌邈真讚釋譯》，人民出版社2015年版，第134頁。

本源，神會之佛性。’此所以爲六祖之孽子也。懷讓禪師自嵩山來，六祖問曰：‘什麼物，伊麼來?’師罔措。至八年方自肯曰：‘說似一物即不中。’此所以爲六祖之嫡子也。”（X63p737b）“優波”當指佛陀十大弟子之一的優婆離尊者。P. 3556《周故燉煌郡靈修寺闍梨尼張氏戒珠邈真贊並序》：“闍梨者，即前河西隴右一十一州張太保之貴侄也。父，墨厘軍諸軍事使、守瓜州刺史、金紫光禄大夫、檢校工部尚書兼御史大夫上柱國張公之的子矣。”“的子”諸家亦未校，亦當爲“嫡子”。

【逗留、逗遛】

（1）因逢九牛小子，詰問逗遛，汝向野外行時，逢著我和尚已人（不）?（胡適舊藏《降魔變文》）

（2）長者見目連非時乞食，盤問逗遛處：“和尚齋時已過，乞飯將用何為?”（P. 2319《大目乾連冥間救母變文》）

其中“逗遛”“逗留”，張涌泉認爲並非停留延緩義，而是因由、原因義。[①] 王啓濤則認爲“逗遛”“逗留”應爲“細節”“詳細情況”之義。[②] 似乎這兩種解釋都有道理。二人在解釋“逗留”“逗遛”時均未用到佛經語例。而我們在佛經中找到了這樣一條例證：

> 離相之法逗留全別，謂且此世俗所知數錢之法尚能如是，甚深玄妙，況彼聖智所證離言絶相之法乎？如是現也，但依字在前，故文相稍似隱耳。逗留者，事由也。（失譯《法界圖記叢髓録》卷下之二，T45p762a）

上例中把“逗留”解釋成“事由”，可見“逗留”確實可指“事情的原由”。我們認爲上舉敦煌文獻三個例證中“逗遛”“逗留”解釋成“原委”“原由”更爲合適。佛經中“逗留”當“原委”“原由”講還有很多，如：

① 張涌泉：《敦煌文書疑難詞語考釋四則》，《中國語文》1996 年第 1 期。

② 王啓濤：《中古及近代法制文書語言研究》，巴蜀书社 2003 年版，第 381 頁。

大定覺寺主僧志静，因停在神都魏國東寺，親見日照三藏法師，問其逗留，一如上説。志静遂就三藏法師諮受神呪，法師於是口宣梵音，經二七日句句委授，具足梵音一無差失。……至永昌元年八月，於大敬愛寺見西明寺上座澄法師，問其逗留亦如前説。（唐罽賓國佛陀波利譯《佛頂尊勝陀羅尼經》，T19p349c）

應是聖者，相傳此説，所以護月，遂有此言，非無逗留，而為此義。（唐窺基《唯識二十論述記》卷下，T43p1009c）

當日初只得兩領袈裟，兩寺各得一領，信衣不知尋處。……逖共諸軍將齋供養到彼見此禪師，與金和上容貌一種。逖等初見，將是金和上化身。借問逗留，知金和上衣鉢先遣人送，被隱二年不送，賣與僧人。（唐佚名《歷代法寶記》，T51p188a）

何因聚衆？守街人具述逗留。次西街首即是高宅，便唤家人舆向舍。（唐道世《法苑珠林》卷46，T53p640c）

【士心秤、杜心秤】

（1）士心秤笙壹。（P. 2613《唐咸通十四年正月四日沙州某寺交割常住物等點檢曆》）

（2）杜心秤笙一。（S. 1947 背《唐咸通四年癸未歲敦煌所管十六寺三所禪窟以及抄録再成氊數目》）

上二例“笙”當爲“莖”俗訛字。關於“莖”“笙”的關係，趙家棟、董志翹已又有詳細論述[①]。“莖”可指器物的柄桿。《周禮》卷11《考工記·桃氏》：“桃氏爲劍，臘廣二寸有半寸，兩從半之。以其臘廣爲之莖圍，長倍之。”鄭玄注：“莖在夾中者。莖長五寸。”孫詒讓正義：“程瑶田云：‘莖者，人所握者也。’……戴震云：‘刃後之鋌曰莖，以木傅莖外便持握者曰夾。’”[②]“秤莖”當指“秤桿”。

① 趙家棟、董志翹：《敦煌文獻中並不存在量詞“笙”》，《語言科學》2012年第4期。

② （清）孫詒讓著，王文錦等點校：《周禮正義》，中華書局1987年版，第13册，第3254頁。

"杜心"之"杜"當即"杜梨"。《大詞典》第4册："（杜）即杜梨，也叫棠梨。一種野生梨。《詩·唐風·杕杜》：'有杕之杜，其葉湑湑。'朱熹集傳：'杜，赤棠也。'"（748頁）《大詞典》第4册："（棠）木名。有赤白兩種。赤棠木理堅韌，實澀無味；白棠，亦稱甘棠、棠梨，實似梨而小。"（1110頁）杜梨木北方常見。可用作木材。"杜心"當即杜梨木的木心。典籍常用"樹名+心"指某種樹的樹心。[①] 宋趙希鵠《洞天清録·古琴辨》："琴足宜用棗心、黄楊、及烏木，蓋取其堅實。"宋趙佶敕編《聖濟總録》卷147《雜療門》："桑心湯：方，桑木心（剉）二斗，上一味，於釜中以水五斗，煮取二斗，澄清，再用微火煎取五升，夜勿食，旦服五合，吐出蠱毒即瘥。治蠱毒下血。[②]"例（1）中"士"疑爲"土"的訛字，二者形似易訛。"土"又爲"杜"的通假字。《集韻·姥韻》："土，通作杜。"[③]

【綹】

又生絹一疋，綹壹條。（S. 3405《付親情社色物曆》）

杜朝輝認爲"綹"既是"額"的换旁俗體字，"額即指佛教中的幡額"[④]。佛幡"原爲武人在戰場上用以統領軍旅、顯揚軍威之物，佛教則取之以顯示佛菩薩降魔之威德，與'幢'同爲佛菩薩之莊嚴供具"[⑤]。"從敦煌文獻中的材料來看，敦煌出土的幡多爲寺院的常住什物。除了作爲佛教法器使用外，還有相當一部分是發願或供養幡。"[⑥] 敦研343《皇興二年康那造幡發願文》："皇興二年四月八日歲在戊申，清信士康那造五色幡卌（九）尺，上十方諸佛，發精誠

① （宋）赵希鹄：《洞天清录·古琴辨》，《文淵閣四庫全書》，台灣商務印書館1986年影印版，子部，第871册，第6頁。

② （宋）趙佶敕編，王振國等主校：《聖濟總録校注》，上海科學技術出版社2016年標點版，下册，第1395頁。

③ （宋）丁度等：《集韻》，上海古籍出版社1985年影宋述古堂本，上册，第338頁。

④ 杜朝暉：《敦煌文獻名物研究》，中華書局2011年版，第86頁。

⑤ 慈怡：《佛光大辭典》，佛光文化事業有限公司1988年版，第6册，第5981頁。

⑥ 王樂、趙豐：《敦煌幡的實物分析與研究》，《敦煌研究》2008年第1期。

之願。”又 S. 3565《曹元忠潯陽郡夫人等造供養具疏》：“弟子勑河西歸義軍節度使檢校太保曹元忠潯陽郡夫人及姑姨姊妹娘子等造供養具疏：造五色錦繡經壹條，雜彩幡額壹條，銀泥幡。施入法門寺，永充供養。”可見，佛幡在人們眼中是具有神力之物，人們會爲了祈福、脱離病苦等向寺院捐造佛幡。而敦煌普通的社人爲什麼會擁有佛幡並放置家中呢？況且佛幡作爲一種法器，即便是寺院也不會隨便處置，“據敦煌文書記載，當地寺院會將不能使用的殘幡妥當保存”①。普通人家即便擁有佛幡，在當時敦煌地區上至達官貴族下至普通百姓，都對佛教無限虔誠，怎麼會把爲了祈福或其他目的而去建造的佛幡的一部分——幡額，與禮巾、綾絹等普通絲織品並列拿去交給社司處理呢？從敦煌文獻來看，營葬互助活動中需要的幡幢等物是由佛寺提供的，P. 2856《乾寧二年營葬僧統和尚榜》：“大幡兩口，龍蓮各一口；浄土、開元，各幢一對。”所謂龍蓮分别指當時敦煌地區的龍興寺、蓮台寺，浄土、開元分别指浄土寺、開元寺。

從上下文來看，《付親情社色物曆》中的“絡”肯定是一種條狀的絲織品無疑。而“絡”也很有可能是“額”的换旁俗字，這種爲了明確字詞意義而换形旁的現象在文字中常見。如“椅”本作“倚”，後爲明確材質而换旁作“椅”。不過，“額”作爲絲織品不僅能指幡額，還有其他的意義。P. 4640 背《歸義軍己未至辛酉年布紙破用例》：“十四日支與王建鐸隊舞額子粗紙壹帖。”此額子概指抹額，唐宋時期舞人常用抹額作裝飾。《舊唐書》卷 29《音樂志》：“《高昌樂》，舞二人，白襖錦袖，赤皮靴，赤皮帶，紅抹額。”②《文獻通考》卷 246《樂考》：“五曰拂霓裳隊，衣紅仙砌衣，碧霞帔，戴仙冠，紅繡抹額。”另外軍隊中也常使用抹額，《新唐書》卷 108《婁師德》：“後募猛士討吐蕃，婁師德乃自奮，戴紅抹額來應詔，高宗

---

① 楊建軍、崔岩：《唐代佛幡圖案與工藝研究》，《敦煌研究》2014 年第 2 期。

② （後晉）劉昫：《舊唐書》，中華書局 1975 年點校本，第 4 册，第 1070 頁。

假朝散大夫，使從軍。"[①] 吐魯番出土文書72TAM178《唐袁大壽等資裝簿》："袁大壽：布襖子一，小襖子一，黄衫、褲奴、末額各一，氈裝一。□善保：絁襖子一，帛衫一，單褲一________兩量；襪一量，黄衫、褲奴、末額各一。徐□：褲奴、末額、黄衫各一，小襖子一，鞾（靴）一量，襪一量。董清水：襖子一，黄衫、褲奴、末額各一，小襖子一，單褲一，鞋兩量，鞾（靴）一量並。陰辰保：緤襖子一，鞾（靴）一量，黄衫、末額各一。張孝羲黄衫一，末額。"[②] "末額"即"抹額"。這些軍人每人的資裝中均有抹額，可見其爲當時軍人的一種標誌。抹額也可簡稱"額"。唐高駢《赴西川途經虢縣作》："亞夫重過柳營門，路指岷峨隔暮雲。紅額少年遮道拜，殷勤認得舊將軍。"陳貽焮注："紅額：指束紅色抹額（束額巾，也稱額子、抹頭）。"[③] 而從《付親情社色物曆》來看，其中有多社人是都頭，據馮培紅研究，都頭最初是對行軍總帥的稱呼，至歸義軍時期，"都頭從督統軍隊的將帥稱謂轉變爲純軍將官名"[④]，這些軍官擁有抹額並不奇怪。

除軍隊和舞者佩戴抹額外，唐代民間某些歡慶的場合也會佩戴抹額。《新唐書》卷53《食貨志》："成甫又廣之爲歌辭十闋，自衣缺後緑衣、錦半臂、紅抹額，立第一船爲號頭以唱，集兩縣婦女百餘人，鮮服靚粧，鳴鼓吹笛以和之。"[⑤]

可見，當時抹額已經逐步走入普通百姓的生活，即使不是都頭，其他人家也有把抹額作爲絲織品交納給社司的可能。

"額"作爲絲織品還可以指繡額。P. 3644《詞句摘抄》："横圍、繳壁、繡額。"張小豔認爲繳壁"指纏繞在牆壁四周用以遮飾的帷

① （宋）歐陽修：《新唐書》，中華書局1975年點校本，第13册，第4092頁。

② 唐長孺主编：《吐魯番出土文书［肆］》，文物出版社1992年版，第189頁。

③ 陳貽焮：《增訂注釋全唐詩》，文化藝術出版社2001年版，第4册，第349頁。

④ 馮培紅：《敦煌歸義軍職官制度——唐五代藩鎮官制個案研究》，博士學位論文，蘭州大學，2004年。

⑤ （宋）歐陽修：《新唐書》，中華書局1975年點校本，第5册，第1367頁。

幕"[①]，横圍從意思上來看也指某種横形帷幕，繡額與横圍、緻壁並列，應該是指與帷幕相關的東西。又宋耐得翁《都城紀勝》之"四司六局"條云："帳設司，專掌仰塵、緻壁、卓幃、搭席、簾幕、罘罳、屏風、繡額、書畫、簇子之類。"[②] 例中"繡額"歸帳設司所管，顯然應屬帷帳及其相關的東西。《遼史》卷 32《營衛志》："皆木柱竹榱，以氈爲蓋，彩繪韜柱，錦爲壁衣，加緋繡額。"[③] 壁衣典籍習見，與上面的緻壁類似，指古代裝飾牆壁的帷幕，上例中説在壁衣上加上繡額，顯然此處繡額，應該是指壁衣前端起裝飾作用的横額。P. 3432《龍興寺器物曆》："金渡紫絹佛帳額，長壹箭半，闊壹尺，肆條。故緋繡羅額長壹箭半。白繡羅額兩段，壹箭半。"句中提到的"繡羅額"概指帳額，即床帳前幅的上端所懸之横幅。傳世典籍也有用例，唐盧照鄰《長安古意》："生憎帳額繡孤鸞，好取門簾貼雙燕。"另外繡額又常與簾籠等搭配使用。宋孟元老《東京夢華録》卷 6《十六日》："别有深坊小巷，繡額珠簾，巧制新妝，競誇華麗。"[④] 李處全《賀新郎・和俞叔夜七夕》："倦客天涯嗟老大，趁珠簾、繡額高樓處。"[⑤] 這些例中繡額當都是簾籠前端的横額。所以總結以上有關例證，繡額可指帳幕或簾籠上起修飾作用的横額。此類繡額也可簡稱額。柳永《西江月》："鳳額繡簾高卷，獸環朱户頻摇。"[⑥]《水滸傳》第八回："左右領了鈞旨，監押林沖投開封府來，恰好府尹坐衙未退。但見：緋羅緻壁，紫綬卓圍。當頭額掛朱紅，四下簾垂斑竹。官僚守正，戒石上刻御制四行；令史謹嚴，漆牌中書'低聲'二

① 張小豔：《敦煌變文疑難詞語考辨三則》，《中國語文》2011 年第 5 期。

② 孟元老等：《東京夢華録（外四種）》，古典文學出版社 1956 年點校版，第 95 頁。

③ （元）脱脱等：《遼史》卷 32《營衛志》，《文淵閣四庫全書》，台灣商務印書館 1986 年影印版，史部，第 289 册，第 210 頁。

④ （宋）孟元老著，鄧之誠注：《東京夢華録注》，商務印書館 1959 年標點版，第 181 頁。

⑤ 唐圭璋主編：《全宋詞》，中州古籍出版社 1996 年標點版，上册，第 1188 頁。

⑥ 同上書，第 12 頁。

字。"[①] 上二例中"額"指簾子上的繡額。宋王千秋《虞美人·寄李公定》:"流蘇斗帳泥金額，我亦花前客。"[②] 例中泥金額當指帳額。

《付親情社色物曆》中的"絡"如果是"額"的换旁俗字，有可能是"抹額"或"繡額"。

另外，"絡"也有可能是"絡"的俗字。"客""各"作聲符替换常能形成異體字。如敦研270《佛經》:"瞻像額缺處廣大，俯視手金，既狹且小。"敦研004（2—2）《優婆塞戒經》:"枷瑔押額。"額字原卷皆作頟。額原本即作頟。《説文·頁部》:"頟，顙也。"後换旁作額。《集韻·陌韻》:"額，或作頟。"[③] 又"恪"原作"愙"。《説文·心部》:"愙，敬也。從心客聲。"《集韻·鐸韻》:"愙，或作恪，亦書作悆。"[④] 頟額、恪愙均爲各、客互换形成的换聲旁異體字。絡在古代也可指一種絲織品。《急就篇》卷2:"綈絡縑練素帛蟬。"顔師古注:"絡即今之生纊也，一曰今之綿紬是也。"[⑤]《睡地虎秦簡·封診式·經死》:"衣絡禪襦、裙各一。"[⑥] 王啓濤在吐魯番文書中也發現有"絡"，"吐魯番出土文獻中有關絲織品的詞語還有：綺（素地織紋起花的絲織品）……絡（生纊或綿紬）"[⑦]。但在敦煌文獻中未發現關於"絡"作此類絲織品的其他記載，故姑列此説以備考。

【貳屋】

貳屋壹張，纐纈（纐纈）壹條（押）。(S. 3405 **《付親情社色物曆》**)

楊帆認爲"貳屋"指"次要的房間"[⑧]。房屋何以稱張呢？況且

① （明）施耐庵、羅貫中:《水滸全傳》，上海古籍出版社1976年版，上册，第95頁。

② 唐圭璋主編:《全宋詞》，中州古籍出版社1996年標點版，上册，第1010頁。

③ （宋）丁度等:《集韻》卷10，上海古籍出版社1985年影宋述古堂本，第734頁。

④ 同上書，第729頁。

⑤ （漢）史遊著，（唐）顔師古注:《急就篇》卷2，岳麓書社1989年影印版，第122頁。

⑥ 睡虎地秦墓竹簡整理小組:《睡虎地秦墓竹簡》，文物出版社1978年版，第267頁。

⑦ 王啓濤:《吐魯番出土文獻語言導論》，科學出版社2013年版，第35頁。

⑧ 楊帆:《英藏敦煌契約、社邑文書名量詞研究》，碩士學位論文，西南大學，2012年。

這個文書全都是主人繳納色物（絲織品）記載，怎麼會出現房屋？此屋當是“幄帳”之義。幄帳之本字即作“屋”。《墨子》卷6《節葬下》：“又必多爲屋幕、鼎鼓、幾梃、壺濫。”孫詒讓閒詁：“吴鈔本作‘幄幙’。按屋，《非攻中》篇亦作‘幄’，‘幄’，俗字，古止作‘屋’。”[①] 幄帳爲古代常用之物。敦煌文獻中有記載。P. 3638《辛未年正月六日沙彌善勝於□都師慈恩手上見領得諸物曆》也有：“臥像幄帳子壹。”P. 2569背《兒郎偉》：“握（幄）帳純金作，牙床盡是珍。”在敦煌文獻中“幄”也寫作“屋”。P. 3432《龍興寺器物曆》：“故四福錦絹幢壹，羅錦繡者舌。又四福故幢貳，雜色羅表、色絹裡、高梨錦屋並者舌，錦繡羅帶，木火珠。又故漢幢壹，雜色羅表、色絹裡，錦屋，羅錦絹者舌（並）帶。又肆福羅表、絹裡、高離錦屋幢壹，錦繡者舌並帶。故不堪受用，雜色羅表、色絹裡錦屋幢壹，伍福，羅錦繡者舌並帶。”杜朝暉認爲“屋”“屋幢”等均爲幄帳之意[②]。但此幢與屋應爲二意，從文獻來看，每每先説幢，然後再分别介紹其表、裡、者舌、羅帶、屋等的材質，可見，“屋”當爲“幢”的一部分，揚之水認爲“所謂‘錦屋’，則指多重錦幢中的一重”[③]，是。只不過“屋”的這個意思也是由幄帳之意發展來的，多層佛幢的每一層恰恰就是一個小小的幄帳。

“貳屋”之“貳”除當數字詞外，傳世典籍還有重複、副益、改變等幾個常用意思。“貳屋”後明確説是壹張，很明顯不是數字詞二。于正安認爲此處“貳屋（幄）”之“貳”當與“副、佐”同義，“貳幄”即“副幄”“别幄”[④]，但“别幄”“副幄”應是與“正幄”“主幄”等相對而言的，《付親情社色物曆》是社司點檢社人所繳納色物的記録，無所謂正副之説。其實，“貳”除重複、副益、數位詞

① （清）孫詒讓：《墨子閒詁》，中華書局2001年版，上册，第172頁。

② 杜朝暉：《敦煌文獻名物研究》，中華書局2011年版，第327頁。

③ 揚之水：《曾有西風半點香：敦煌藝術名物叢考》，生活·讀書·新知三聯書店2012年版，第55頁。

④ 于正安：《敦煌曆文詞彙研究》，中國經濟出版社2014年版，第132頁。

等用法外還可以當髒污講。《公羊傳·莊公二十三年》："何危爾？我貳也。"漢何休注："莊公有淫泆汙貳之行。"① 《廣雅·釋言》："貳，汙也。"王念孫疏證："貳當作膩。《玉篇》：'膩，垢膩也。'"②而"貳"當髒污講本字當作"膩"。"膩"當髒汙、垢膩講，敦煌文獻有用例。S. 76《食療本草》："芋：平……又煮芋汁可洗垢膩衣。"《本草綱目》卷27《菜部二·芋》引《食療本草》作："又煮汁洗膩衣，白如玉也。"③ 社邑納色物曆除了談到布帛的顏色、種類、樣式等外，也會談到其破損、髒污的情況。如S. 5509《甲申年二月十七日王萬定男身亡納贈曆》："黃絹壹疋，白練故破四妾（接）五段。"P. 4975《三月八日沈家納贈曆》："古破白綿綾一疋。"S. 2472背《辛巳年十月廿八日榮指揮葬巷社納贈曆》："李殘子粟並（餅）油柴帛綿綾故爛生絹。"又："李留德粟並（餅）油柴淡紅絹衫子半帛半垢涴，共計二丈四尺。""垢涴"即垢污、髒污。《廣韻·過韻》："涴，泥著物也，亦作污。"④ "貳屋"即弄髒的帷帳。古代有錢人家的幄帳多以綢緞製成，故典籍常有"錦幄""羅帳"之說，所以這裡作爲一件絲織品交給了社司處理。社邑文書納物曆中有把帳幕之類的東西當成色物繳納給社司處理的例子。BD00849《八月廿二日納色曆》："布横幬四，計布拾三疋。"《爾雅·釋訓》："帳謂之幬。"⑤ 横幬當即横形帳子。而"張"作爲量詞最早就是應用於帷幄的。《左傳·昭公十三年》："子産以幄幕九張行。"⑥ 隋唐時代還有用於帷幕、帳幕等的用

---

① （漢）何休注，（唐）徐彦疏：《公羊傳注疏》卷8，（清）阮元校刻《十三經注疏》，江蘇廣陵古籍出版社1995年影印版，下册，第2237頁。

② （三國魏）張揖著，（清）王念孫疏證：《廣雅疏證》卷5，江蘇古籍出版社2000年影印版，第162頁。

③ （明）李時珍：《本草綱目》，中醫古籍出版社1994年據金陵版點校本，第710頁。

④ 余乃永：《新校互注宋本廣韻》，上海辭書出版社2000年版，第421頁。

⑤ （晉）郭璞注，（宋）邢昺疏：《爾雅注疏》卷4，（清）阮元校刻《十三經注疏》，江蘇廣陵古籍出版社1995年影印版，下册，第2592頁。

⑥ （晉）杜預注，（唐）孔穎達疏：《左傳注疏》卷46，（清）阮元校刻《十三經注疏》，江蘇廣陵古籍出版社1995年影印版，下册，第2071頁。

例。隋楊堅《與智顗書》："今貺烏紗蚊幬一張。"[①] 蚊幬即蚊帳。唐杜佑《通典》卷166《刑法四》："東晉成帝時，廷尉奏殿中帳吏邵廣盜官幔二張，合布三十疋，有司正刑棄市。"[②]

【奉】

自後夫則另娶賢女，同牢延不死之龍；妻則再嫁良媒，合巹契長生之奉。（P. 4525**《年代不詳留盈放妻書》**）

《契約輯校》（473頁）録此段文字，其中"女"録爲"失"，誤，查原卷實爲"女"。"長生之奉"不好理解，《契約輯校》未校。按，"合巹契長生之奉"與"同牢延不死之龍"對文，"奉"應爲"鳳"之借音字。奉，《廣韻》奉母，腫韻；鳳，奉母，送韻。二字音近可通。敦煌文獻中有二者通借的例子。《變文校注》（158頁）校爲"鳳"。P. 2553《王昭君變文》："奉（鳳）管長休息，龍城永絶聞。"《變文校注》（158頁）校爲"鳳"。"再嫁良媒"之"媒"疑爲"婿"字之訛。整段話是説（夫婦離異）以後，丈夫可以另娶好女子，行過同牢禮之後繼續做不死的龍；妻子可以另嫁個好丈夫，合巹之後如同長生的鳳凰。

【佛察】

平誘親伖（友），共崇於佛察，異口而五百王子，同契一心，齊聲而三十三天，俱願戮力。（P. 2982**背《社邑修窟功德記抄》**）

"察"字，《社邑輯校》（678頁）録爲"齋"，誤。查原卷，實爲"察"字。"察"當爲"刹"的借字。"察"《廣韻》初母黠韻山攝，"刹"初母轄韻山攝。聲母相同，韻母相近。敦煌文獻中有"察"通"刹"的例子，S. 4571《維摩詰經講經文》："察（刹）那恐怕呈（程）途遠，傾尅（刻）由（猶）疑赴會遲。""察那"即"刹那"。S. 2614《大目乾連冥間救母變文並圖一卷並序》：羅察答言："此是刀山劍樹地獄。""羅察"即"羅刹"。S. 2832《文樣・律

① （清）嚴可均輯：《全隋文》，商務印書館1999年版。

② （唐）杜佑：《通典》，岳麓書社1995年標點版，下册，第2271頁。

座主散講》："於是詣實察，拭蓮宫，敷道場而綺繡争春，播幡花而雲霞對日。""察"也通"刹"。後文有"席稱（締構）佛刹，備功利而立成"的説法，也可證此處"佛察"應爲"佛刹"。

【膚第】

________傳驢卅六頭，去七月廿一日給送帛練使司馬杜雄充使往伊州□三頭在伊州坊，程未滿，十六伊州滿給送蒲桃酒來：孔行威驢、烏次；丁醜奴驢；青次；趙孝積驢，青次；曹德文驢，青次；張行威驢，烏次；丁醜奴驢，青次；趙孝積驢，青次；曹德文率，青次；張行威驢，青次；韓剛子驢，青次；索行威驢，青次；張長命驢，青次；王智藴驢，青次，孫通驢，青次；宋善生驢，青次上；張住驢，青次；張懷智驢，青次下；張行滿驢，青次；宋善生驢，青次上；張君政驢青次；范玄度驢，青次。前件驢被差送帛練往伊州，今還至縣，請定膚第。（P. 3714 背《乾封二年至總章二年傳馬坊牒案卷》）

儲小昆認爲其中"膚第"一詞，"膚"指皮膚的顔色，"第"指服役的次數①。這種理解不確切。"膚第"一詞傳世典籍有用例。《唐六典》卷23《少府軍器監・互市監》："凡互市所得馬、駞、驢、牛等，各别其色，具齒歲、膚第，以言於所隸州、府，州、府爲申聞。"②《新唐書》卷50《兵志四十》："凡征伐而發牧馬，先盡彊壯，不足則取其次。録色、歲、膚第、印記、主名送軍，以帳馱之，數上於省。"③其中"色"當指毛色，既然"膚第"與"毛色"並列，"膚第"當中就不應該包括毛色。吴藴慧認爲"膚第"是"劃分畜生的等第的指標之一"④，這是對的，但她並沒有説明是什麽方面的指標。其實"膚第"從字面上講就是皮膚的等第，"膚第"的劃分主要

---

① 儲小昆：《敦煌詞語考釋七則》，《甘肅教育學院學報（社會科學版）》2002年第1期。

② （唐）張九齡等：《唐六典》，中華書局1992年標點版，第580頁。

③ （宋）歐陽修：《新唐書》，中華書局1975年點校本，第5册，第1338頁。

④ 吴藴慧：《〈敦煌社會經濟文獻真跡釋録〉研究》，花木蘭出版社2013年版，第175頁。

是依據驢馬等牲畜皮毛的破損程度。吐魯番文書 Ast. Ⅲ. 3. 10. Ma. 297 可以幫助我們理解這個詞語：

＿＿＿＿下膚，仙　曹舂

□耳鼻，西長官印

（同前月日馬子雷忠友領到，次下膚。仙　曹舂）

一頭，青黄，父，十歲，次膚，脊全，近人耳剜，鼻全，西長印。

（同前月日馬子雷忠友領到，遠人帖二寸破，梁一寸破，次下膚。仙　曹舂）

使送册道文解使四品孫麴識古乘馬壹疋

一疋，紫，父，八歲，次膚，脊破一寸，耳鼻全，帶星，近人腿一點白，西長官印。

（同前月日馬子雷忠友領到，近人帖破一寸並腫，次下膚。仙　曹舂）

以前使閏月二日發，分付馬子雷忠友領送。

使梁希遲乘馬壹疋

一疋，留，草，七歲，次膚，耆微破，近人耳秃，遠人耳鼻決，兩帖白，近人膊蕃印，西長官印。仙

（同前月日馬子□□□等領到，耆二寸破瘡，次下膚。）

使張燕客乘馬兩疋

＿＿＿＿膚，耆微瘡，近人耳鼻全，近人腿膊蕃印、西長官印，曹舂。

一疋，紫，驃，草，五歲，次膚，脊全，耳鼻全，近人腿蕃印、西長官印。

（六月十日馬子□□董敬元等領到，梁破一寸，次下膚。仙　曹舂）

以前使闰五月二日發付使各自領。

獸醫目波斯乘驢一頭

一頭，青黄，父，八歲，次膚，脊全，兩帖白，遠人耳折，西長印。

（六月十日目波斯自領到坊，次下膚。仙　曹脊）

使安西副大都護湯惠並家口乘馬肆疋

一疋，赤，敦，八歲，次膚，脊全，耳鼻全，兩帖白，耳後兩點疚痕，近人腿蕃印、西長印。

（六月十二日馬子董敬元、梁知禮、宋陳仙等領到，脊破三寸，病廢，下膚。仙　曹脊）

一疋，留，敦，八歲，次膚，脊全，耳鼻全，近人腿蕃印，近人後脚一道白，西長印。

（同前月日馬子董敬元、梁知禮、宋陳仙等領到，脊破三寸，病廢，下膚。仙　曹脊）

一疋，駂駮，敦，九歲，次膚，脊全，兩鼻決，近人耳決，腿印遠人頰私印、西長官印。

（同前月日馬子董敬元領到，脊破二寸，次下膚。仙　曹脊）

一疋，紫，父，十二歲，次膚，脊全，耳全，近人鼻決，近人腿膊蕃印、西長官印。

遞解退健□壹頭

一頭，烏，父，七歲，次膚，脊全，耳鼻全，遠人帖白，西長官印。

（六月十二日馬子董敬元等領到，脊全，次下膚。仙　曹脊）

以前使闰五月十三日發，馬子董敬元等領送。[①]

---

①　陳國燦編：《斯坦因所獲吐魯番研究》，武漢大學出版社 1995 年版，第 192—194 頁。

從這件文書中我們可以看出，要確定驢馬的“膚第”主要是看其脊、梁、耆（鬐）、兩帖、耳鼻等處的皮毛情況。其中“耆”当即“鬐”之訛省，“鬐”即“鬐甲”，指位于颈脊与背脊之间的隆突部位。“兩帖”意義不明，疑指人在馬上時兩腿所夾的部位。而且我們還可以看出，這些驢馬在出使之前一律均爲次膚，但在任務完成被領回後“膚第”均有所下降，大部分變成了次下膚，有的還變成了下膚，説明在旅途中驢馬等牲畜皮毛的受損程度是相當大的。

【踝具】

回殘樓機綾三疋。生絹五疋。黃小綾襖子一領。烏玉要（腰）帶壹鞓，踝具玖事。（P. 2638**《清泰三年六月沙州儭司教授福集等狀》**）

上段文字中的“鞓踝具”三字，段玉明録爲“鞋鞢具”，[①] 王震亞、趙熒録爲“鞓鞢具”[②]，郝春文、杜朝暉録爲“鞓踝具”[③]。查原卷，實作“鞓踝具”。諸家雖在録文上有分歧，但是均把此三字連在一起，顯然認爲“鞓踝具”爲一種物品，杜朝暉更把“鞓踝具”解釋爲“當指皮腰帶上的片狀牌飾，與它意思差不多的有‘銙具’”，並進一步解釋説：“‘踝’通‘剮’，……‘剮’有‘割截’義，‘鞓踝具’與‘割截’有什麼關聯呢？唐·李賀《酬答》：‘金魚公子夾衫長，密裝腰鞓害蜓邊。’宋·吴正子注：‘割玉方，帶胯也。’清王琦注：‘割玉方，謂裁玉作方樣，而密裝於皮帶之上也。’原來，玉、犀、角、石、龜殼等材質很硬，作胯具時需要裁割，因此‘胯具’

① 段玉明：《中國寺廟文化》，上海人民出版社1994年版，第846頁。

② 王震亞、趙熒：《敦煌殘卷争訟文牒詞語校釋》，甘肅人民出版社1993年版，第118頁。

③ 郝春文：《唐後期五代宋初敦煌僧尼的社會生活》，中國社會科學出版社1998年版，第285頁；杜朝暉：《敦煌文獻名物研究》，中華書局2011年版，第213—214頁。

又稱‘鞓踝具’。”[①] 這種解釋似乎有道理，但仔細推敲起來站不住脚。“剮”雖然有分割義，但通常用在分割骨肉方面。《玉篇·刀部》：“剮，剔肉值骨也。”[②] 且“鞓”雖可指革帶的帶身，《玉篇·革部》：“鞕，皮帶鞕。鞓，同鞕。”[③] 但“割裁”的是玉、犀、角、石、龜殼等作爲裝飾性的東西，而不是“鞓”，爲什麼叫“鞓踝具”呢？

其實“鞓”除了作名詞，當“帶身”講外，在敦煌文獻中還可以作量詞。ДX. 6069/1《天壽二年九月弱婢員孃佑定牒》：“又赤銅，發遣二、三十斤。又咨阿郎宰相：醜子、醜兒要玉約子腰繩，發遣兩鞓。又好箭三、四十只，寄東來也。”杜朝暉認爲“玉約子腰繩”指“有玉質帶胯的革帶”[④]，是。“發遣兩鞓”是説送兩條“玉約子腰繩”來，“鞓”與其前面的“斤”和後面的“只”一樣，是作爲量詞使用的。“鞓”又作“呈”或“挺”。P. 3458《辛丑年（941 年）四月三日羅賢信貸生絹契》：“送路次玉腰帶一呈（鞓），細紙一帖。”P. 3541 背《施舍疏八件》：“七綜布衫段一，鐵袴腰帶一挺（鞓），刀子一。”竊以爲“烏玉要帶壹鞓踝具玖事”也應斷爲“烏玉要帶壹鞓，踝具玖事”。佛經裡談到佛徒使用的衣物類的東西裡便有“護踝”之物。唐道宣《四分律行事鈔》卷下《二衣總別篇》：“五分云：三衣，儭身衣，被衣，雨浴衣，覆瘡衣，蚊廚敷經行處衣，障壁蝨衣，單敷衣（覆僧臥具，可床四邊，而下垂四角，各一尺上安坐具），護髀、護踝、護蹲、護頭衣，拭身巾，拭手巾，拭面巾，針線囊，鉢囊，革屣囊，如此諸衣若似衣，皆應受持。”（T40p109b）“踝具”疑即爲護踝之物。

---

① 杜朝暉：《敦煌文獻名物研究》，中華書局 2011 年版，第 213—214 頁。

② （南朝梁）顧野王著，（宋）陈彭年等重修：《宋本玉篇》卷 17，中國書店 1983 年據張氏澤存堂本影印，第 321 頁。

③ 同上書，卷 26，第 485 頁。

④ 杜朝暉：《敦煌文獻名物研究》，中華書局 2011 年版，第 213 頁。

【憨厦生】

只有張文徹、王忠忠、范欺忠、段意意等四人不肯。言:"終不相隨。"其張文徹就驛共宋閏盈相諍。其四人言:"僕射有甚功勞,覓他旌節。二十年已前,多少樓羅人來,論節不得,如今信這兩三個憨厦生,惋沸萬劫,不到家鄉。從他宋閏盈、高再盛、史文信、李伯盈等詐祖乾聖,在後論節,我則親自下卦,看卜解聖,也不得旌節。待你得節,我四人以頭倒行。"(S. 1156《**光啓三年(887)沙州進奏院狀**》)

"張義潮咸通八年(867 年)入朝長安,歸義軍由張淮琛掌管。然而,唐室却未授給節度使銜。爲了穩定沙洲形勢,張淮琛不斷派專使入朝求授旌節。"[①] 牒狀中提到的張文徹等四人和宋閏盈四人均是張義潮派出向朝廷求受旌節的使團成員。可以看出,由於意見不合,張文徹等四人與宋閏盈爲首的四人發生了争執,但這段話的"憨厦生"在理解上頗有分歧。

首先體現在斷句上。《真跡釋録》第 4 輯(371 頁)標點爲:"其四人言:'僕射有甚功勞,覓他旌節。二十年已前,多少樓羅人來論節不得,如今信這兩三個憨。厦生惋沸,萬劫不到家鄉。'"方文奇解釋:"憨,傻氣。這個憨,可能是一個單詞,也可能是一個和下面的'厦生'兩個字合起來的與'摟羅人'相對應的片語。不管是單詞還是片語,看文意,都是傻裡傻氣的人。"[②] 此種解釋頗爲模棱兩可,若按其第一種解釋,"憨"與"厦生"之間要斷開,第二種則要連在一起。竊以爲"憨厦生"三字連讀是正確的。"樓羅"也作"嘍羅""樓玀",指聰明能幹。唐鄭綮《題中書壁》:"側坡蛆蜫蜦,蟻子競來拖。一朝白雨中,無鈍無嘍羅。"[③] P. 2491

① 顔廷亮:《敦煌文學概論》,甘肅人民出版社 1993 年版,第 464 頁。

② 方文奇:《從不列顛圖書館藏唐歸義軍"進奏院狀"看中國古代的報紙》,《方文奇文集》,汕頭出版社 2003 年版,第 105 頁。

③ (清)彭定求等:《全唐詩》,中華書局 1979 年標點本,第 25 册,第 9865 頁。

《燕子賦》："婦兒男女，共爲歡樂，自誇樓羅。""憨屢生（愚笨的人）"與前文的"樓羅人（聰明的人）"形成對文。"惋沸"的"沸"疑即"怫"之訛字，爲"憤怒"之義。《莊子》卷2《德充符》："我怫然而怒。"① 《集韻·未韻》："怫，忿皃。"② 元辛文房《唐才子傳》卷6《白居易》："初以勳庸暴露不宜，實無他腸，怫怒奸黨，遂失志。"③"怫怒"同義連文，"憤怒"義。"惋沸萬劫"即憤恨一萬世。

其次體現在釋義上。目前專門給"憨屢生"釋義的文章筆者尚未見到。唯張秀清認爲是"憨屢生"是禪宗文獻"'×屢生'結構的派生詞"④。禪籍中有"瞎屢生""秃屢生""鈍屢生""屢生子""屢生"等詞語，均爲詈罵用語，罵人愚鈍。如：

（1）唐慧然集《鎮州臨濟慧照禪師語録》："今時學人不得，蓋認名字為解，大策子上抄死老漢語，三重五重複子裹，不教人見，道是玄旨，以為保重。大錯！瞎屢生！你向枯骨上覓什麼汁！"同上："自輕而退屈言：'我是凡夫他是聖人。'秃屢生，有甚死急，披他師子皮，却口作野幹鳴。"（T47p501c）

（2）宋賾藏編《古尊宿語録》卷13《趙州和尚語録》："學云：'玄來久矣！'師云：'賴遇老僧，洎合玄殺這屢生。'"（X68p78b）

（3）《古尊宿語録》卷36《投子（大同）和尚語録》："學云：'忽遇師來，又作麼生？'師云：'鈍屢生。'"（X68p234b）

---

①（清）郭慶藩：《莊子集釋》，《新編諸子集成》（第1輯），中華書局1961年版，第1册，第199頁。

②（宋）丁度等：《集韻》卷7，上海古籍出版社1985年影宋述古堂本，上册，第486頁。

③（元）辛文房：《唐才子傳》，古典文學出版社1957年標點版，第93頁。

④ 張秀清：《"碗鳴"釋詁》，《齊齊哈爾大學學報》（哲學社會科學版）2012年第1期。

(4) 宋虚堂智愚《虚堂和尚語録》卷2:“師云:‘明之則瞎。’僧云:‘謝師指示。’師云:‘屢生子!’”(T47p997b)

“屢生”是怎樣一種結構,何以成爲駡人的話?目前在解釋上也頗多分歧。第一種觀點認爲:“‘屢生’大概是屢屢輪回生死,永不超脱的意思。”這種解釋取“屢”爲屢次義,“屢生”爲“屢次生死輪回”[①],但佛教認爲人在未解脱之時都要屢經生死輪回。宋佚名《大唐三藏取經詩話·行程遇猴行者處》:“行者曰:‘我年紀小,歷過世代萬千,知得法師前生兩回去西天取經,途中遇害。法師曾知兩回死處無?’”[②] 可見,連唐三藏這樣的得道高僧在遇到猴行者前也已幾經生死。所以以“屢生”爲“屢經生死輪回”之義,是望文生義之解,不合適。

第二種、第三種觀點近似。汪維輝認爲是“䝙(𤜱)”之借字,意爲“求子豬”,生爲“生養”,“屢生”爲“求子豬(發情的母豬)所生的”[③]。袁賓、康健則認爲“屢生”中“屢”爲“驢”的借字[④],“生”則未做出解釋,概與汪維輝理解相同。這兩種觀點也均比較牽强。典籍中未見其他“屢”與“䝙(𤜱)”“驢”通假的用例,而且無論是上則敦煌文獻還是佛教典籍中的“屢生”都是專指愚笨之人,但在中國文化中“豬”除有蠢笨的象徵意義外,還有懶惰、淫蕩、貪婪等多種象徵意義,駡人爲“豬”究竟是駡人懶惰、蠢笨、貪婪還是淫蕩,要結合具體語境來理解,“驢”在中國文化中也有倔强、愚笨、頑劣等多種消極象徵意義,駡人“驢生”有可能比喻倔强、愚笨、頑劣,未必專指愚笨。

第四種,張秀清雖未整體解釋“憨屢生”一詞的含義,但是她不

① 楊曾文編校:《臨濟録》,中州古籍出版社2001年版,第173頁。

② (宋)佚名:《大唐三藏取經詩話》,中國古典文學出版社1954年標點版,第3頁。

③ 汪維輝:《有關〈臨濟録〉語言的幾個問題》,《漢語史研究集刊》,巴蜀書社2016年版,第21輯,第248頁。

④ 袁賓、康健:《禪宗大詞典》,崇文書局2010年版,第277頁。

但指出“憨屢生”是禪宗文獻“‘×屢生’結構的派生詞”，還認爲“×屢生”結構與禪宗典籍中出現的“太（大）×生”“鈍生”“可憐生”“何似生”等“×生”結構相同。[①] 而學術界普遍認爲“×生”中“生”爲語助詞或詞綴，無實義。這樣的“生”字在禪宗文獻中確實比較常見。曹廣順認爲：“晚唐五代詞綴‘生’的基本功能是構成形容詞性片語，描寫事物的情貌、狀態：最常見的用法是加在形容詞之後，……用於名（代）詞、動詞（包括動詞短語）之後的較少。當‘生’加在名詞之後時，它把對人的稱呼，變成了對人物特徵的描寫，使這些名詞具備了形容詞的功用；‘生’加在動詞之後時，可以把動作變成相對静止的狀態……形容詞、名詞、動詞加‘生’以後，其功用主要是作謂語、狀語、定語，功能没有超出形容詞的範圍。”[②] 但“屢生”中“生”是否也具有同種功能呢？例（2）中“賴遇老僧，洎合玄殺這屢生”，意思是説：“幸虧遇到老僧我，（否則）幾乎把這個蠢人‘玄’壞了。”“屢生”受代詞“這”的修飾，明顯是名詞性的，不是形容詞性的。上段敦煌文書中的“這兩三個憨屢生”，“憨屢生”受代詞“這”和數量詞兩三個的修飾，也顯然是名詞性的。所以“屢生”結構中的“生”與禪籍中的語助詞“生”並不相同。

第五種觀點。丁福保《佛學大辭典》“瞎屢生”條：“瞎者盲目。屢與婁通，愚也，昧也。生者，指人之稱。呼至愚者謂之瞎屢生。”[③]

竊以爲此種觀點可謂正解。日本無著道忠《臨濟慧照禪師語録疏瀹》“瞎屢生”條云：

> 忠曰：都罵惡知識及隨惡知識捏怪者。〇《韻會·遇韻》曰：屢，或作婁。又《尤韻》曰：婁，《虞韻》：龍珠切，一曰愚也。

① 張秀清：《“碗鳴”釋詁》，《齊齊哈爾大學學報》（哲學社會科學版）2012年第1期。
② 曹廣順：《近代漢語助詞》，商務印書館2014年版，第148—149頁。
③ 丁福保：《佛學大辭典》，上海書店1991年版，下册，第2617頁。

《蘇氏演義》云：時人以無分別者，邾婁不辨。邾婁，小國，微小，人不能分別也。一曰豬𤢖，又曰豬驢，謂人不辨豬驢，懵然之極也。①

可知，屢即婁之借字，屢、婁典籍每通用。汪維輝認爲"'婁'爲什麼有'愚'的意思，理據不清楚"②。《商君書·墾令》："使民無得擅徙，則誅愚；亂農之民，無所於食，而必農。"高亨："俞樾曰：'誅通作朱。《莊子·庚桑楚篇》："人謂我朱愚。"即此文"誅愚"矣。'孫詒讓曰：'此疑當作"則誅愚，亂農之民，無所於食，而必農。"'亨按：二家說是也。誅愚之誅，以《說文》求之，當讀爲婁，《說文》：'婁，婁務，愚也。'婁與務皆爲愚義，務與愗通，《廣雅·釋詁》：'愗，愚也。'婁即《莊子》之'朱'與《商子》之'誅'也。朱、誅與婁古字通用。《孟子·離婁上》篇：'離婁之明。'《莊子·駢拇篇》、《天地篇》、本書《錯法篇》'離婁'並作'離朱'，即其證。"③《集韻·虞韻》："婁，愚也。"④《康熙字典·女部》："婁，愚也，昧也。"⑤可知，"婁"確有愚義，理據清楚。清王昶《（嘉慶）直隸太倉州志》卷41《人物·藝術·明》："王安道遊通儒書，深造醫理，自號婁愚。"⑥王安道自號婁愚，"婁愚"當取同義連文之意。

"生"本指生物，《國語》卷18《楚語下》："滯久則不振，生乃不殖。"韋昭注："生，生物也。"⑦也可特指人。南朝梁沈約《南郊

---

① ［日］無著道忠：《臨濟慧照禪師語録疏瀹》"瞎屢生"條，龍華院藏本。

② 汪維輝：《有關〈臨濟録〉語言的幾個問題》，《漢語史研究集刊》，巴蜀書社2016年版，第21輯，第248頁。

③ 高亨：《諸子新箋》，齊魯書社1980年版，第277頁。

④ （宋）丁度等：《集韻》卷2，上海古籍出版社1985年影宋述古堂本，上册，第82頁。

⑤ （清）張玉書、陳廷敬《康熙字典》卷6，清康熙55年内府刻本。

⑥ （清）王昶：《（嘉庆）直隶太仓州志》卷41《人物》，《續修四庫全書》，上海古籍出版社2002年影印清嘉慶七年刻本，史部，第697册，第618頁。

⑦ （三國吴）韋昭注：《國語》，中華書局1978年標點版，下册，第567—568頁。

恩詔》："思沾飆潤，惠兹窮生。"①唐陸龜蒙《江湖散人歌》："靜則守桑柘，亂則逃妻兒。金鑣貝帶未嘗識，白刃殺我窮生爲？"②"窮生"皆指窮人、貧民。王維《酬諸公見過》："嗟余未喪，哀此孤生。"楊文生注："孤生：孤獨的人。"③"生"特指人義，未見於《大字典》《大詞典》等大型辭書，可補。

【絬⿰糹⿱卄木】

絬⿰糹⿱卄木紅花繡耳衣，驕多啐眼世間稀。巧能妙解邊庭舞，直至平明莫放歸。（P. 2555《詩文集》）

"⿰糹⿱卄木"，諸家俱録爲"⿰糹欒"。蕭旭："絬⿰糹欒，字書失收二字，絬讀爲皓，光亮、鮮明也。⿰糹欒讀爲孌，美也。"④趙家棟認爲"絬⿰糹欒"應讀爲"皓圝"，意爲白色的團花。⑤然"皓孌""皓圝"典籍均不見用例，可疑。且從整首詩來看應爲一首律絶，整首詩遵循的平仄格式應爲"仄仄平平仄仄平，平平仄仄仄平平。平平仄仄平平仄，仄仄平平仄仄平"。後三句除"巧"字可平可仄用了仄聲外，其餘全部符合標準律诗的平仄。第一句"紅花繡耳衣"也符合首句後五字"平平仄仄平"的標準平仄，而"⿰糹⿱卄木"字讀"孌"或"圝"俱爲平聲，"⿰糹⿱卄木"爲首句第二字，第二字若爲平聲則與下句第二字"多"（平聲）皆爲平聲，則爲失對。而"失對"在唐人律詩中比較少見。從字形上來看，"⿰糹⿱卄木"字右側除掉木字的構件，不似䜌字，似爲"廿"字，則此應爲"緤"字俗體，"世"字俗體作"卋"。即《新集藏經音義隨函録》卷9《菩薩處胎經》卷4："覔卋：上屍制反。正作世，避太宗諱，故闕。"⑥ S. 189《老子道德經》："聖人

---

① （清）嚴可均：《全梁文》，商務印書館1999年標點版，上册，第290頁。

② （清）彭定求等：《全唐詩》，中華書局1979年標點本，第18册，第7147頁。

③ 楊文生：《王維詩集箋注》，四川人民出版社2003年版，第235—236頁。

④ 蕭旭：《〈敦煌詩集殘卷輯考〉補正》，《東亞文獻研究》2007年第1輯。

⑤ 趙家棟：《敦煌文獻疑難字詞研究》，博士學位論文，南京師範大學，2011年。

⑥ 中華大藏經編輯局編：《中華大藏經》（漢文部分），中華書局1993年影印版，第59册，第855頁。

在天下，慄慄焉爲天下混（渾）其心。”“慄”原卷作“𢡟”。俗體中“廿”或與“卄”同。《重訂直音篇·艸部》：“葉，枝葉，𦯀𦯀，並同上。”①“緤”字敦煌文獻習見。P. 2040背《净土寺食物等品入破曆》：“細緤貳拾伍尺，麄緤伍拾尺，大衆起鐘樓人事入。”P. 2638《清泰三年六月沙州𧢼司教授福集等狀》：“細緤壹拾柒疋，天公主滿月及三年中間諸處人事等用。麄緤伍拾柒疋，三年中間諸處人事、七月十五日賞（償）樂人、二月八日賞（償）法師禪僧衣直、諸寺蘭若慶陽等用。”“絬緤”又疑當爲“皓蝶”，受下“紅”之影響而類化，偏旁變作“糸”。“皓蝶”指白色的蝴蝶。唐詩有用例。李商隱《柳》：“絮飛藏皓蝶，帶弱露黄鸝。”②“皓蝶”與“紅花”構成對文。趙家棟認爲“耳”爲“茸”之省，“繡耳衣”爲“繡茸衣”③，不確，“耳衣”指戴在耳朵上禦寒的用具。唐代有用例。李廓《送振武將軍》：“金裝腰帶重，鐵縫耳𧜟衣寒。”④下文“啐”，柴劍虹校爲“醉”⑤，不確，當校爲“睟”。《集韻·至韻》：“睟，視正皃。”⑥“驕多啐眼世間稀”是説驕傲自大的人多不能拿正眼看人。

【黄委注病、黄注病】

穿地入三尺，黄，吉；黑土，貧，有兵亡，客流他鄉；出暴富，不□；出流亡客死，黄委注病，相連不絶，短命。……得黄色石光者，出綬，暴貴，後亦有黄注病。（P. 2550B《陰陽塚墓入地深淺法五姓同用卌五家書第卅七》）

① （明）章黼撰，吴道長重訂：《重訂直音篇》卷4，《續修四庫全書》，上海古籍出版社2002年影萬曆三十四年明德書院刻本印版，經部，第231册，第166頁。

② （清）彭定求等：《全唐詩》，中華書局1979年標點本，第16册，第6150頁。

③ 趙家棟：《敦煌文獻疑難字詞研究》，博士學位論文，南京師範大學，2011年。

④ （清）彭定求等：《全唐詩》，中華書局1979年標點本，第14册，第5457頁。

⑤ 柴劍虹：《敦煌唐人詩文選集殘卷（伯2555）補録》，《文學遺産》1983年第4期。

⑥ （宋）丁度等：《集韻》卷7，上海古籍出版社1985年影宋述古堂本，上册，第474頁。

其中，“黄委”當校爲“黄萎”。“黄萎注病”和“黄注病”當指同種疾病。“注病”即“疰病”，從漢魏至明清，許多醫書中有對疰病的記載。下面是明朱橚《普濟方》卷238《諸》中對疰病的解釋：

> 夫諸疰者，邪氣所疰也，皆因精神衰弱，經絡空虚，傷於風寒、暑濕、飲食、勞倦及傷寒不時發汗，或發汗不得真汗，三陽傳于諸陰，五臟留滯宿食，或冷熱不調邪氣流疰，或感死生之氣，或挾鬼物之精……皆成疰病，變狀多端……若因風寒暑濕之邪所疰，則為風疰、寒疰、令疰、温疰、濕疰；若因飲食勞倦之邪所疰，則為食疰、飲疰、酒疰；若因感生死之際而為其邪所疰，則為喪疰、哭疰、轉疰；若因挾鬼物之精而為其邪所疰，則為鬼疰、邪疰、屍疰、殃疰；犯土禁成疰者為土疰；產後得疰者為產疰；虛勞所成疰為勞疰；邪氣外泄為泄疰。此諸疰以受病因為名也。邪疰於肺則為氣疰，邪疰于榮則為血疰，久疰不已，傷損骨髓，則為骨疰。此諸疰以病之所在為名也。又有石疰，言其牢强如石；走疰者，言其游走無常。此諸疰以病之形變為名也。……疰者，住也，言其連滯停住，死又疰易傍人也。①

從這段話中我們不難看出，疰病並不單單涉及某一種疾病，而是多種病的統稱，有風疰、寒疰、令疰、温疰、濕疰、食疰、飲疰、酒疰、喪疰、哭疰、轉疰、鬼疰、邪疰、屍疰、殃疰、土疰、勞疰、泄疰、氣疰、骨疰、石疰、走疰等多種名稱和多種類型。雖然這些病不盡相同，但中醫認爲都是由於患者身體、精神衰弱，邪氣趁虛而入導致的。疰病會“連滯停住，死又疰易傍人”，也就是説注病一般是慢

① （明）朱橚：《普濟方》卷238《諸疰》，《文淵閣四庫全書》，台灣商務印書館1986年影印版，子部，第754册，第935頁。

性病和傳染病。

那麼“黄萎注病”“黄注病”究竟是那種疾病呢？疑此“黄萎注病（黄注病）”即是注病中最常見的“癆瘵”病，也就是我們今天所説的肺結核。宋陳自明《婦人大全良方》卷5《婦人癆瘵敘論》：“夫骨蒸、殗殜、複連、屍疰、勞疰、蟲疰、毒疰、熱疰、冷疰、食疰、鬼疰等，皆曰傳屍。以疰者，注也。病自上注下，與前人相似，故曰疰。”① 可以看出，注病當中的多個名稱均是“癆瘵”症的别名。葬書中説的“黄萎注病”會“相連不絶，短命”，可見這種病是一種傳染病，而其特徵是可令人“黄萎”。“癆瘵”症是一種慢性傳染病，長期得病會使人面色黄萎、消瘦。明朱橚《普濟方》卷237《屍疰門》中説：“獺肝丸，治傳屍勞病。並諸冷熱勞疾。日月將久。面色萎黄。漸漸羸瘦。”② 又“桃仁湯治傳屍伏連。病本因極熱。熱氣相易續不斷。遂名伏連鬼氣。亦名骨蒸傳屍。發即四肢無力。日漸黄瘦。不能飲食。乍惡乍好”③。關於“癆瘵”症，在敦煌文獻中也多有記載，S. 1467背《醫藥療方》：“伏連傳屍，骨蒸殗殜，此總是一病，恐人不識。”P. 2675《新集備急灸經一卷》：“患邪氣、鬼氣疰等病，承漿穴灸二七壯。”“鬼氣疰”應即指“鬼疰”“癆瘵”的别名。不難看出“癆瘵”當時在敦煌地區也應是一種多發的傳染病。

【黄鸝】

擬鶡冠之爪利，至果毅雄；選黄鸝之未調，緩飛鄉貢。（P. 4640**《陰處士碑》**）

趙家楝認爲：“‘選黄鸝’當讀爲‘選黄纓’，‘黄纓’指‘黄帶’和‘冠帶’，‘黄帶’指古代官員佩戴的黄色帶子。……又作

① 田代華點校：《婦人大全良方》，天津科學技術出版社2003年標點版，第94頁。

② （明）朱橚：《普濟方》卷237《屍疰門》，《文淵閣四庫全書》，台灣商務印書館1986年影印版，子部，第754册，第904頁。

③ 同上書，第910頁。

‘黄紳’。”[①] 但是古代官員佩戴的帶子未必全是黄色的。晉葛洪《神仙傳》卷5《茅君》：“明日迎官來至，文官則朱衣紫帶，數百人，武官則甲兵旌旗，器仗耀日，千餘人。”[②] 例中文官所服即爲紫帶。而“纓”僅指冠帶，詞義範圍要小於“帶”，“紳”則指古代士大夫束腰的大帶子，與“纓”全然不同。典籍也未見用“黄纓”喻指官宦的實際用例。“黄鸚”不誤，爲“黄鶯”之意。鸚、鶯均爲《廣韻》烏莖切，影母，耕韻字。鶯，或換聲符作“鸎”。《集韻·耕韻》：“鶯，或作鸎。”[③] “嬰”又從“賏”得聲，故再换爲聲符“嬰”並易位作“鸚”。唐人文獻中屢見以“黄鶯”喻仕途、求仕的。錢起《贈闕下裴舍人》：“二月黄鸝飛上林，春城紫禁曉陰陰。長樂鐘聲花外盡，龍池柳色雨中深。”[④] 上林即上林苑，本爲秦漢時皇家宫苑，在今陝西西安。這裡指唐宫苑。“二月黄鸝飛上林”是比喻裴舍人在皇帝身邊做官。鄭愔《詠黄鶯兒》：“欲轉聲猶澀，將飛羽未調。高風不借便，何處得遷喬。”明唐汝詢注：“以新鶯喻己之求仕也，言將飛之鶯非借力于高風不能遷木，以比求售之士必假譽於左右乃能登庸。”[⑤] “將飛羽未調”字面意思即是指黄鶯要飛但毛羽不協調。“選黄鸚之未調”，當亦是指選擇的黄鶯還不善飛，所以有“緩飛鄉貢”之語，不能很快入選鄉貢。

以“鶯”比喻求仕，典出《詩·小雅·伐木》。《詩·小雅·伐

---

① 趙家棟：《敦煌文獻疑難字詞研究》，博士學位論文，南京師範大學，2011年。

② （晉）葛洪：《神仙傳》卷5《茅君》，《文淵閣四庫全書》，台灣商務印書館1986年影印版，子部，第1059册，第281頁。

③ （宋）丁度等：《集韻》卷4，上海古籍出版社1985年影宋述古堂本，上册，第234頁。

④ （清）蘅塘退士選編，毛治中注釋：《唐詩三百首》，浙江古籍出版社1998年標點版，第193頁。

⑤ （明）唐汝詢選釋，（清）吴昌祺評定：《删訂唐詩解》卷11《五言絶句一》，《續修四庫全書》，上海古籍出版社2002年影印康熙四十年刻本，集部，第1612册，第159頁。

木》:“伐木丁丁，鳥鳴嚶嚶。出自幽谷，遷於喬木。”[①]“嚶嚶”爲鳥鳴聲。自唐以後，常以嚶鳴出谷之鳥爲黄鶯，故以“鶯遷”指登第，或爲升擢、遷居的頌詞。唐盧照鄰《五悲·悲今日》:“各自雲騰羽化，谷變鶯遷，鳴香車於闕下，曳珠履於君前。”[②]前蜀毛文錫《喜遷鶯》:“芳春景，暖晴煙，喬木見鶯遷。傳枝偎葉語關關，飛過綺叢間。”[③]清袁枚《隨園詩話》卷15:“今稱人遷官曰‘鶯遷’，本《詩經》‘遷於喬木’之義。按《伐木》章‘鳥鳴嚶嚶，出自幽谷，遷於喬木’，是‘嚶’字，不是‘鶯’字。‘嚶’乃鳥之鳴聲耳。‘綿蠻黄鳥’當是鶯，而又無‘遷喬’字樣。然唐人有《鶯出谷》詩題，《盧正道碑》有‘鴻漸於磐，鶯遷於木’之文；則以‘嚶’爲‘鶯’，自唐已然。”[④]

【頬耳】【挾耳】【夾耳】

（1）油三勝，買碓頬耳用。（P. 2032 背《浄土寺食物等品入破曆》）

（2）黄麻壹碩貳斗，充賣（買）挾耳木用。（S. 5071《某寺諸色斛斗入破計會》）

（3）繩索，幡竿，夾耳。（ДХ. 2822《蒙學字書》）

“頬”“挾”並當是“夾”的借字。杜朝暉認爲“‘碓頬耳’‘挾耳木’當即是踏碓上能隨板起伏而活動的軸木。這類軸木可以夾住兩側形如耳朵的木質構件，故以‘頬耳’‘挾耳’命名”。[⑤]這種理解不確切。“夾耳”在古代文獻習見，指夾在某種事物兩側起輔助、保衛

① （漢）毛亨傳，（漢）鄭玄箋，（唐）孔穎達疏:《詩經注疏》卷9，（清）阮元校刻《十三經注疏》，江蘇廣陵古籍出版社1995年影印版，上册，第410頁。

② 周紹良主編:《全唐文新編》，吉林文史出版社2000年標點版，第1部第3册，第1937頁。

③ （五代後蜀）趙崇祚輯，楊鴻儒注評:《花間集》，浙江古籍出版社2013年標點版，第208頁。

④ 王英志編纂校點:《袁枚全集新編》，浙江古籍出版社2015年標點版，第9册，第551頁。

⑤ 杜朝暉:《敦煌文獻名物研究》，中華書局2011年版，第21—22頁。

作用的事物。五代何溥《靈城精義》卷上："何謂夾胎，如今龍虎、夾耳之説，使風門不動，所以衛穴者也。"① 明繆希雍《葬經翼·察形》："當穴兩旁要有夾耳，即天乙、人乙。"② "夾耳"即"夾耳山"，"堪輿家稱從後邊左右央護穴場的兩座山巒。即所謂'天乙山'和'太乙山'"③。明何汝賓《兵録》卷10："一大桅用杉木二尺，圍高五丈，布帆須濶大，乃能關艄受風夾耳一副，横闊一尺。"④ 此例中所言"夾耳"即在"桅杆"左右兩側的"桅夾"，如圖5所示：

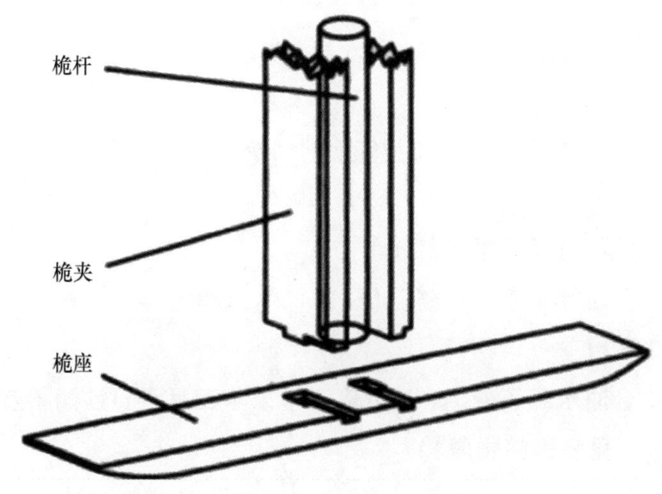

圖5 桅杆、桅杆等示意圖⑤

"碓頬（夾）耳"應是碓中搗木兩側起護持作用的木頭。如圖6所示。

---

① （五代）何溥：《靈城精義》卷上，《文淵閣四庫全書》，台灣商務印書館1986年影印版，子部，第808册，第118頁。

② （明）繆希雍：《葬經翼·察形》，《叢書集成新編》，台灣新文豐出版公司1986年影印版，第25册，第250頁。

③ 古健青、張桂光：《中國方術大辭典》，中山大學出版社1991年版，第413頁。

④ （明）何汝賓：《兵録》卷10，日本昌平坂学問所藏本。

⑤ 席龍飛：《中國古代造船史》，武漢大学出版社2015年版，第269頁。

圖6　1956年長沙黄土嶺唐墓24號出土陶碓[①]

"挾耳木""頰耳"疑亦是碓上的"夾耳"，敦煌入破曆中碓、磑爲常見之物。

【金油師子】【金油木師子】

（1）金油師子壹，在櫃。（S. 1642**《天福七年（942年）某寺常住什物交曆》**）

（2）金油木師子壹。（P. 3638**《辛未年正月六日沙彌善盛於□都師慈恩手上見領得諸物曆》**）

于正安認爲"金油木師子壹"，"金油"爲鬱金油或紫金油，而鬱金油或紫金油均爲染料[②]，但是典籍中未有鬱金油或紫金油作染料的記載。《全唐詩》卷400載元稹《台中鞫獄憶開元觀舊事呈損之兼贈周兄四十韻》："鷂子繡線韝，狗兒金油鐶。"[③] 于正安認爲詩中的"金油"即是"鬱金油"。但《全唐詩》"油"下原注："去聲。"[④]"油"讀去聲，説明"油"非油脂義，而是動詞"以油涂飾，使有光澤"之義。"油"字，《説文·水部》本訓水名，俗借用作油膏字，

① 采自湖南省博物館《湖南省文物圖録》，湖南人民出版社1964年版，第134頁。
② 于正安：《敦煌曆文詞彙研究》，中國經濟出版社2014年版，第138—139頁。
③ （清）彭定求等：《全唐詩》，中華書局1979年標點本，第12册，第4482頁。
④ 同上。

後引申爲用油或其他事物塗飾物體表面，使之有光澤，這個意思要變讀爲去聲。唐劉恂《嶺表録異》卷上："廣州陶家，皆作土鍋鑊。燒熱，以土油之，其潔浄則愈於鐵器。"原案："油與釉通。"[①] 宋蔡襄《茶録·色》："茶色貴白，而餅茶多以珍膏油其面。""油"下原注："去聲。"[②] 明李實《蜀語》："窯器光曰釉，釉音宥，銅銕矢有光者亦曰釉。油讀作去聲，音義亦仝（同）。"[③] 宋戴侗《六書故》卷6《地理三》："油，以周切，膏液也。油類滑，故引之則出入進退順易者曰油油然。以油塗物曰油，去聲。"[④] 清范寅《越諺》卷下《單辭雙義》："油，'誘'。以油塗器也。從蔡襄《茶録》。"[⑤]"油"作爲器物上光義講，後来写作"釉"，也作"䌊""泑"等。《集韻·宥韻》："釉，物有光也，通作油。"[⑥] 清朱琰《陶说》卷1《说今》："按昔稱陶器曰油色瑩澈……油卽今之釉也，油讀去聲，通用，後之製字者主於分别，《俗書刊誤》曰：'瓷漆光曰𤌣，或作釉字。'初起不脱'油'字，加光爲異，嫌其筆墨之繁，省从由，偏旁从采，采卽光義，六書之例合矣。《正字通》又出泑字，曰窯器色光滑者俗曰泑。泑本崑崙澤名，亦假借爲用。《志書》作'䌊'，古無此字，想亦俗之所改，一字而轉輾變易，迄無所定，從古則油爲是，通則釉爲近。釉之利用在於光，油含光義，采言光采，泑、䌊俗，皆失此旨，𤌣字累重，今从圖説作釉。"[⑦] 上引敦煌用例中的"金油"當即用金水塗飾器物使有光澤之義。敦煌文獻中又叫"金渡"。P. 2613《唐咸通十

① （唐）刘恂：《岭表録異》，《叢書集成初編》，中華書局1985年據聚珍版叢書排印版，第5頁。

② （宋）蔡襄：《茶録》卷下《色》，《文淵閣四庫全書》，台灣商務印書館1986年影印版，子部，第844册，第627頁。

③ （明）李實：《蜀語》，中華書局1985年據聚函海本排印，第27頁。

④ （宋）戴侗：《六書故》卷6《地理三》，《文淵閣四庫全書》，台灣商務印書館1986年影印版，經部，第226册，第116頁。

⑤ （清）范寅：《越諺》卷下《單辭雙義》，谷應山房刻本。

⑥ （宋）丁度等：《集韻》卷8，上海古籍出版社1985年影宋述古堂本，上册，第612頁。

⑦ （清）朱琰：《陶説》，商務印書館1936年標點本，第4頁。

四年正月四日沙州某寺就庫交割常住什物色目》："白强木油金渡珠索貳。金渡銅香爐壹，四角上又蓮花兩枝。"又省稱"金"。P. 3587《某佛寺常住器物交割點檢曆》："金銅藥師像一。"P. 3161《常住什物交割點檢曆》："新附金銅蓮花兩枝，並幹坐具全。"所謂"金銅藥師像""金銅蓮花"即鍍金、涂金的藥師像和蓮花。除"金油"外，敦煌文獻還有"銀油"。P. 3638《辛未年正月六日沙彌善盛於□都師慈恩手上見領得諸物曆》："石師子三對，内壹雙石銀油。""内壹雙石銀油"，即三對石獅子中有一對石頭表面用銀水塗飾過。

【京褐】

媧柴小女……索恩亡後衣服，……長絹褲壹，赤黄绵壮褲壹腰，京褐夹長袖壹，独织紫绫壮襖子壹领。（P. 3410**《沙洲僧崇恩析産遺囑》**）

杜朝暉認爲："'京褐'當是一種顔色。疑'京褐'即是'荆褐'，'京''荆'同爲舉卿切。"① 此説可商。此段文字敘述立遺囑人留給媧柴的衣物，在介紹每種衣物時，分别説到了衣料的形狀、顔色、質地和衣服的類型、數量等。"長絹褲""赤黄綿壯褲""獨織紫綾壯襖子"均提到了衣料的質地和衣服的類型，"京褐夾長袖"與它們並列，照常理推斷也應該介紹其質地。衣料的形狀、顔色、質地當中，質地才是最引人關注的。"褐"在敦煌文獻中常指一種織物，S. 6417 背《孔員信女三子爲遺産事訴狀》："十二綜細褐六十尺，十綜昌褐六十尺，番褐壹段。"可見，當時"褐"有多種類型。此"京褐"當指原産地爲京都地區的褐。人們常把産自京都的物品稱爲"京×"。如古代把重瓣牡丹稱爲"京花"。唐郭橐駝《種樹書》卷下《花》："牡丹千葉者，蜀人號爲京花，謂洛陽種也。"② 陸游《天彭牡丹譜・花釋名》："彭人謂花之多葉者京花，單葉者川花。"③ 可見，

---

① 杜朝暉：《敦煌文獻名物研究》，中華書局 2011 年版，第 263—264 頁。

② （唐）郭橐駝：《種樹書》卷下《花》，《叢書集成新編》，台灣新文豐出版公司 1986 年影印版，第 47 册，第 506 頁。

③ （宋）歐陽修等著，王雲整理校點，顧宏義主編：《洛陽牡丹記・外十三種》，上海書店出版社 2017 年標點版，第 19 頁。

“重瓣牡丹”之所以被稱爲“京花”是因爲它產自洛陽，而洛陽在唐代又被稱爲東京。清代的“京靴”也是因爲產自北京而得名。清葛元煦《滬遊雜記》卷 3《京式衣裝》：“裝束争登鮑老場，長衫濶袖太郎當。京靴底厚京鞋薄，花樣新翻說大方。”① 清李伯元《官場現形記》卷 17《三萬金借公敲詐，五十兩買摺彈參》：“胡統領裳著一件棗兒紅的大毛袍子，……脚下蹬著薄底京靴，因爲烘眼，戴了一付又大又圓的墨晶眼鏡。”② 吴廷燮指出：“京靴爲本市特製，自國體變更，靴已無形取消。”③ 明清時代的“京紙”也是因爲產自北京而得名。馮貫一指出：“中國之紙，以南方所造爲最精。來源既久，而材料又極方便。……雖河北地方也有產出，究遠不如南方。故通常稱中國之紙爲南紙，而售紙及文具之處則謂之南紙店。明清兩朝北京亦會有造紙之盤，其出品則謂之京紙。”④

【女穢】

（1）清信女張阿真自唯（惟）往業做因，生居女穢。（日本京都博物館藏《大集經》卷 10《清信女張阿真題記》）

（2）夫福不虛應，求之必感，果無自來，崇因必克。是以佛弟子比丘尼道容，往行不修，生處女穢，自不尊崇妙旨，何以應其將來之果？故減徹身口衣食之資，敬寫涅盤經一部。（S. 4366《大般涅盤經》卷 12）

（3）是以比丘［尼］建暉，既集因殖，稟形女穢，嬰罹病疾，抱難當今。仰惟此苦，無由可拔。遂即減割衣資，為七世父母、先死後亡，敬寫《入楞伽》一部、《方廣》一部、《藥［師］》二部。（BD01413 背《入楞伽經建暉題記》）

“生居女穢”“生處女穢”“稟形女穢”俱當同義，意思是生爲女

① （清）葛元煦：《滬游雜記・淞南夢影録・滬遊夢影》，上海古籍出版社 1989 年標點版，第 61 頁。

② （清）李伯元：《官場現形記》，上海古籍出版社 2000 年標點版，上册，第 221 頁。

③ 吴廷燮：《北京市志稿》，北京燕山出版社 1998 年版，第 460 頁。

④ 馮貫一：《中國藝術史各論》，上海書店出版社 1990 年版，第 179 頁。

人。S. 343《齋儀》："某甲從無始已來，至於今日，身居愛網，久受輪回，染習猶深，生爲女質，幼年入道，施受近圓，戒品雖沾，每多虧犯，情耽染欲，煩惱纏心，雖免粗愆，横生邪相。"S. 5639《文樣·逆修》："尼闍梨自云：生居女質，處在凡流；出家不報［於］之（知）恩，行裹（李）每乖於聖教。致使三千細行，一無護持；八萬律儀，常多虧犯。"S. 5561《文樣·尼患文》："患尼自云：生居女質，長自凡流；常遊苦海之中，未離欲塵之境。虚［沾］緇衆，浪忝披真；徒受圓滿之屍羅，全犯叵知之限約。""生爲女質""生居女質"與"生居女穢""生處女穢""稟形女穢"同義。"女穢"即女身、女質。在古代婦女因月經、生育之事而被認爲是污穢的，《説文·女部》："姅，婦人汙也。"段注："謂月事及免身及傷孕皆是也。……《漢律》曰：'見姅變，不得侍祠。'按見姅變，如今俗忌入産婦房也，不可以侍祭祀。"[①] 唐孫思邈《備急千金要方》卷1《服餌第八》："凡服藥，忌見死屍及産婦穢汙觸之，兼及忿怒憂勞。"[②] 佛教亦有男浄女穢的説法。《法苑珠林》卷30《俗女部》："願佛具爲我釋地獄之變及女人之穢。"（T53p444c）S. 1329《大般涅槃經卷第廿題記》："是以尼道則勝，自惟往殖不純，生遭末代，沈癯生死，雖染道化，受穢女身，昏迷長禍，莫由能返。"所以女人們稱自己爲"女穢"，"女穢"當爲"女穢身""女穢質"之省。

【人助】

廿二日，酒壹甕，翟家人助用。（S. 6452《壬午年浄土寺常住庫酒破曆》）

陳菊霞認爲："從'翟家人助用'一詞可知，翟家人爲浄土寺提供了人力支援。"[③] 根據她的解釋，"人助"是翟家人爲浄土寺提供了

① （漢）許慎著，（清）段玉裁注：《説文解字注》卷12，浙江古籍出版社2006年影印版，第625頁。

② （唐）孫思邈：《備急千金要方》，中醫古籍出版社1999年標點版，第25頁。

③ 陳菊霞：《敦煌翟氏研究》，民族出版社2012年版，第314—315頁。

幫助，此種解釋實有誤。既然是“破曆”就應該是浄土寺自己支出了“酒”，而不是收入了“酒”。

“人助”是敦煌文獻中的常見詞彙。P. 2930《諸色破用曆》：“紹建麥伍斗，粟柒斗沽酒壹甕，乾元寺起鐘樓日人助用。”S. 4120《某寺布褐綾絹等破曆》：“昌褐一疋，李僧政造車人助用。昌褐壹疋，李集子男修新婦人助用。”P. 3763 背《布緤褐麥粟入破曆》：“粟柒斗，臥酒，高孔目起經樓人助用。”S. 6452《壬午年浄土寺常住庫酒破曆》：“十七日，酒壹甕，安國寺人助用。”又同篇：“顯德寺人助酒一甕。”S. 6981《辛酉至癸亥三年間靈修寺諸色斛斗入破曆計會》：“麵五斗，乾元寺上樑人助用。”Дх. 1428《布破曆》：“並畫劉薩訶堂人助用昌褐三丈。”“昌褐一疋，羅縣令窟頭上樑人助用。”P. 2049 背《浄土寺直歲保護牒》：“粟柒斗，亦與馬家付酒本臥酒，報恩寺起鐘樓人助用。”P. 2629《歸義軍酒破曆》：“廿日，氾郎起舍人助酒壹甕。”這些“人助”，全部出現在破曆部分，説明全部是支出記録，而不是收入記録。

這些“人助”是由上樑、起鐘樓、起經樓、造車、畫堂、起舍、娶妻等引起的。敦煌文獻中有一些相似的記載。P. 2638《清泰三年六月沙州儭司教授福集等狀》：“生絹貳疋，大雲、永安慶寺人事用。”“綿綾壹疋，安國寺、慶寺人事用。”P. 2040 背《浄土寺食物等品入破曆》：“粟七斗，臥酒宋都衙窟上樑人事用。”P. 3234 背《浄土寺西倉司麥豆布緤粟油等破曆》：“布一疋，宋都押窟上粱人事用。”P. 2040 背《浄土寺食物等品入破曆》：“緤破：官布壹疋，高孔目起蘭若人事用。”又：“粟柒斗，臥酒乾元寺寫鐘人事用。”P. 2032 背《浄土寺食物等品入破曆》：“粟柒斗臥酒，官布壹疋，蓮台寺起鐘樓人事用。”P. 2638《清泰三年六月沙州儭司教授福集等狀》：“生絹一疋，天公主上樑人事用。”

不難看出，“人助”的意思與“人事”是相近的。“人事”傳世典籍常用，爲“禮物”“饋贈”之意。敦煌文獻中常把提供他人財物支援叫“助”。P. 3544《大中九年九月廿九日社長王武等再立條件》:“社内每年三齋二社，每齋人各助麥一斗；每社各麥一斗，粟一斗。”S. 1475《申年五月社人王奴子等牒》:“社内至親兄弟姊妹男女遠行回及亡逝，人各，助借布壹疋吊問。”所以“人助”就有了“饋贈”“送禮”之意。

【色擇、色】

今月十三日於牧駝人手上赴（付）將丹貳斤半，馬牙珠兩阿果（裹），金青壹阿果（裹）。咨和尚：其窟乃繁好畫著，所要色擇多少，在此覓者。其色擇阿果（裹）在麵褐袋内。（S. 3553 **背《咨和尚啓》**）

“色擇”是用來塗畫石窟用的，顯然是指顔料，包括前面提到的丹、馬牙珠和金青等。“擇”當是“澤”的音訛字。敦煌寺院帳籍文書中又有買“色”的記載。S. 4642 背《敦煌都司倉儲諸色斛斗入破計會》記載有:“粟壹碩，買色用。”又:“麥三碩，張青兒邊買色用。”“麥肆碩，亦張清兒邊買色用。”“色”也應指顔料。因顔料是用來塗飾色澤用的，故用“色澤”“色”代指顔料。“色”“色澤”當顔料講，傳世典籍未見用例，諸字典辭書無載。

【修（收）妻財領（禮）】

粟肆碩，石黑兒男修（收）妻財領用。（S. 4657 **《庚午年某寺破曆》**）

張小豔認爲“脩”又當讀同“收”，“收妻”即娶婦。該句説的是：粟肆碩，石黑兒領作其子娶妻的財物。①

這種説法可疑，“領”字不太符合敦煌“破曆”的用語習慣。破用曆中如果末尾綴“用”字，涉及交割、收受義的動詞，往往站在寺院（或寺院財政管理者，如直歲）的角度，用“付”“與”“支與”“支”等。S. 3074 背《吐蕃佔領敦煌時期某寺白麵破曆》:“十

① 張小豔:《敦煌社會經濟文獻語詞論考》，上海人民出版社 2013 年版，第 222 頁。

九日，出白麵柒斗，付金縈，充本寺修造在後罰席上用。”P. 3234 背《癸卯年正月一日以後直歲沙彌廣進麵破曆》：“麵三斗，支與義員婦産用。”又“麵三斗，油一升，義員婦産，與用。”P. 2638《清泰三年六月沙州儭司教授福集等狀》：“（布）貳拾尺，支大衆維那用。”S. 1519《辛亥年十二月某寺直歲法勝所破油麪曆》：“又麺三斗、油壹升，孔盈德新婦産，與用。”因爲默認“付、支、與、支與”的主體是寺院（或其財物管理者），所以“付、支、與、支與”等的主語一般不會出現，很多情況下連“支與”“付”“與”“支”這類動詞也不會出現，只交代（誰）幹什麼使用的。P. 2049 背《浄土寺直歲保護牒》：“麺壹斗伍升，正月堆園日衆僧齋時食用。”S. 1519《辛亥年（891 或 951 年）某寺諸色斛斗破曆》：“廿五日，麵三斗伍升，油貳升半壹杪，酒捌杓，造食索僧政常樂到來迎用。”P. 2032 背《浄土寺食物等品入破曆》：“粟壹㪷，安衆堂門用。”如果要特别强調是他人取走的，一般用“將”字。S. 1519《辛亥年十二月某寺直歲法勝所破油麪曆》：“又酒壹斗，馬家莊上應祥將賽神用。”P. 3364《某寺麪油破曆》：“白麵壹斗，油壹抄，造食，李法律東窟上將起（去）用。”“白麵柒斗，油三升，太保啓窟齋，生誠將起（去）用。”P. 3264《庚戌年某寺麩破曆》：“麩兩碩，馬僧録將用。”整個 S. 4657《庚午年某寺破曆》中涉及交割、收受類的動詞只出現了“付”字。“粟壹㪷，付米延德澆園用。”“粟柒碩，付李流德酒本用。”“粟柒碩，付石黑兒酒本用。”

筆者在其他**破用曆**類文書中也未發現有“領用”的用例。S. 4120《某寺布褐綾絹破曆》：“昌褐壹疋，李集子男修新婦人助用。”“人助”即是“人事”之意，指饋贈、送禮，從名字來看，李集子的身份當不是寺院僧人，很可能爲寺户，寺户嫁娶時財物缺乏寺院要予以資助，這種行爲被視爲“人事”，在寺院看來是一種饋贈行爲，石黑兒的身份應與李集子類似。“石黑兒男”因“收妻”去直接領用寺廟財物似也不妥。疑“領”爲“禮”的借字。P. 5008《戊子年二月廿九夕梁户史氾三僱杜願長契》："自雇已後，便須兢心造作，不得抛敵（擲）工扶（夫）□，汗衫一禮。" S. 3877《甲寅年五月廿八日龍［勒］鄉百姓張納鷄僱工契》："斷作價月麥粟一馱，春衣汗衫一禮。" S. 5578《戊申年正月十六日燉煌鄉百姓李員昌僱彭章三契》："斷作僱價每月麥粟壹馱，春衣汗衫一禮。" 其中 "禮"，《契約輯校》（250 頁，272 頁，285 頁）均校爲 "領"，是。禮、領兩者皆屬來母，一屬薺韻，一屬静韻。洪藝芳認爲在唐五代西北方音中梗攝各韻的鼻音韻尾漸趣消失，且主要母音與齊、薺、霽、祭相同，故禮、領可得通借。[①] "汗衫" 與 "領" 搭配，傳世文獻、敦煌文獻都有用例。劉禹錫《代京兆韋尹降誕日進衣》："衣一副四事：黃折造衫一領，白吴綾汗衫一領，白花羅半臂一領，白花羅褲一腰。"[②] P. 3649 背《丁巳年四月七日莫高鄉百姓賀保定僱工契》："春衣壹對，汗衫壹領，裲袖衣襴，褸襠壹腰，皮鞋壹兩。" "粟肆碩，石黑兒男修（收）妻財領（禮）用" 指將四碩粟贈送給石黑兒，作爲其娶媳婦的財禮使用。

破用曆中各項支出常用 "用品名，名詞（使用目的）+用" 的形式表達。P. 2032 背《浄土寺食物等品入破曆》："豆六斗，慕容鎮使木價用。" S. 4649《庚午年某寺破曆》："廿六日，粟壹碩肆㪷，北園子杜員住春糧用。" P. 2040《浄土寺食物等品入破曆》："西倉：麥兩馱，園子春糧用。麥兩碩，恩子春糧用。昌褐貳仗肆尺，安憨兒春衣用。" "布七十尺，木匠造簷手功用。" "麧麵三斗，博士店（點）心及人夫午料用。" P. 4906《衆僧東窟等油麵抄》："麥六石三斗，大讓種子用。" S. 5008《某寺諸色斛斗入破計會》："白麵柒㪷，油三升，安和兒修（收）新婦客料用。白麵柒㪷，油三升，李延德女嫁客料用。" "安和兒修（收）新婦客料用"，即用

① 洪藝芳：《敦煌社會經濟文史中之量詞研究》，文津出版社 2004 年版，第 146—147 頁。

② （唐）劉禹錫：《劉禹錫集》，上海人民出版社 1975 年標點版，第 146 頁。

作安和兒娶媳婦招待客人的食料。“李延德女嫁客料用”即用作李延德嫁女兒招待客人的食料。“安和兒修（收）新婦客料”與“石黑兒男修（收）妻財領（禮）”（石黑兒兒子娶媳婦的財禮）結構正類似。

“財禮”敦煌文獻有用例。S. 4609《太平興國九年（984 年）十月節度都頭知衙前虞侯閻章仵送鄧家財禮牒》題頭是“鄧家財禮目”。Дх. 1335《奉判令追勘押衙康文達牒》：“直至長大，便下財禮，與收新婦。”“財禮”在敦煌文獻又稱爲“婦財”。P. 3774《丑年十二月僧龍藏析産牒》：“大兄嫁女二，一氾家，一張家。婦財麥各得廿石，計卅石。”“宣子娶妻，婦財麥廿石。羊七口，花氈一領，布一疋，油二斗五升，充婦財。”

【銅溝橋】

木白像子上有蓮花埵、銅悉羅並蓋。銅溝橋肆片，蜀柱子捌，勾子陸片，銅柱子柒。（P. 2613《唐成通十四年正月四日沙州某寺就庫交割常住什物色目》）

《真跡釋録》第 3 輯（11 頁）録“溝”爲“講”，很多學者也據此將其録爲“講”，但查原卷實作“溝”，敦煌文獻中“言”字旁多作繁體“言”，而不作簡體“讠”，而“氵”旁則很多近似“讠”。如浙敦 025《普賢菩薩説證明經》：“莫約染心。”“剃除鬚髮，假染法服。”“染”皆作“染”。BD02496《目連變文》：“父子相接皆號叫，應見諸天淚濕腮。”“濕”作“濕”。S. 800《論語》：“卑宫室而盡力乎溝洫。”“洫”作“洫”，“溝”作“溝”。“溝”正近似於“溝”。“銅溝橋”前輩學者均未做過解釋。這是一份寺院點檢什物的帳籍文書，橋樑如此龐大之物，一般不會被放置在寺院中，況且中國古代歷史上還没有關於銅橋的記載。所以此“銅溝橋”之“橋”當不是橋樑之意，而是形狀近似於橋的東西。疑此“銅溝橋”當爲“銅鈎橋”。溝、鈎《廣韻》俱屬見母、侯韻。《急就篇》：“釭鐧鍵鑽冶錮鐈。”顔師古注：“鐈者以鐵有所輔助，若橋樑之形。”① 明方以智《通雅・器用・車類》：“以鐵片鉤兩頭木縫錮之，亦曰鉗，亦曰鐈。師古曰以鐵有所輔助，若橋樑之形，此謂兩縫或轉角處，以鐵片兩頭鉤釘之耳。”② “鐈”指用鐵片鉤牢兩縫或轉角處，因其若搭橋，故稱“鐈”。而用來鉤牢兩縫或轉角處的鐵片、鐵釘等似橋樑之形，兩頭有鉤，正可稱爲“鉤橋”。“鐈”後來也被稱爲鋦。《玉篇・金部》：“鋦，以鐵縛物。”③ 唐玄奘《大唐西域記》卷1：“既設門扉，又以鐵鋦。”（T51p872a）鉤牢用的金屬器物後世也被稱爲鋦、鋦子、扒鋦等。宋秦九韶《數書九章》卷8《表望浮圖》：“竿木去地九尺二寸始釘鐲，鐲一十四枚，枚長五寸。”④ 清官修《圓明園内工則例》：“鋦子等拉扯槽每六件三四號。”⑤ 清陳琮《永定河志》卷7《工程考》：“鐵扒鋦四觔，每觔價銀五分，該銀二錢。”⑥

鋦子本來用以固定木器或建築物，後來也可以用來修理破碎的瓷器。以上敦煌文書中出現的“蜀柱子”當即蜀柱，又稱“侏儒柱”“棳”、浮柱、上楹、棁等，本指立于梁上的短柱。宋李誡《營造法式》卷1引《爾雅》稱“梁上楹謂之棁”，注爲：“侏儒柱也。”⑦ 揚雄《甘泉賦》：“抗浮柱之飛榱”，《營造法式》卷1注爲：“浮柱即梁上柱也。”⑧《釋名》：“橫，棳儒也；梁上短柱也。棳儒猶侏儒，短，故因以名之也。”《魯靈光殿賦》：“胡人遥集於上楹。”《營造法式》

---

① （漢）史游著，（唐）顔師古注，（宋）王應麟補注：《急就篇》卷3，中華書局1985年影印天壤閣叢書本，第164頁。

② （明）方以智：《通雅》卷35，清康熙五年立教館刻本。

③ （南朝梁）顧野王著，（宋）陈彭年等重修：《宋本玉篇》卷18，中國書店1983年據張氏澤存堂本影印，第330頁。

④ （宋）秦九韶：《數書九章》，商務印書館1937年標點版，上册，第205頁。

⑤ 清官修《圓明園内工則例》，任繼愈主編《中國科學技術典籍通匯・技術卷》，河南教育出版社1994年影印清華大學圖書館藏清抄本，第1册，第725頁。

⑥ （清）陳琮：《永定河志》卷7，故宫博物院編《（乾隆）永定河志・（嘉慶）永定河志、直隸河渠志、吴中開江書三種、滄浪小志》，海南出版社2001年影印版，第1册，第213頁。

⑦ 梁思成：《營造法式注釋》，中國建築工業出版社1983年標點版，上卷，第31頁。

⑧ 同上。

卷1注爲："今俗謂之蜀柱。"[1] 從文書來看，此"銅溝橋"與蜀柱子、銅柱子等建築材料並列，也當是用在建築上的物件，很可能就是扒鋦子。古代建築上常要用到扒鋦子。據考古發現，唐代武則天明堂遺址柱坑底部有一層木炭灰，以及長近30厘米的大鐵釘和長22厘米的鐵鋦子。[2] "武氏明堂中心木是一個由多根柱子組成的組合柱……這些鐵鋦子是中心結構之木構件連接時必不可少的構件。"[3]

【五分】

今晨酬賽，於是財袖五分，供備六和，牛巡（?）海衆之前，漁梵繞螭梁了。（P. 2820**《釋門文范·社衆弟子設供》**）

"袖"當爲"抽"之俗體，木旁、衣旁俗字中常混。S. 5639《文樣·先修意》："加以廣袖玉帛，大舍珍修（羞），瓊花供三德之尊，紙墨獻十王之弓。"袖，《願文集》（209頁）即校爲"抽"。佛家認爲財産爲盜賊、水、火、官、惡子五家共同分享。道略集《雜譬喻經》："財不足惜者，以財是五家之分，盜賊、水、火、官、惡子五家忽至，一旦便盡，故曰不足惜也。"（T4p528b—528c）又晉失譯《佛滅度後棺斂葬送經》："末世穢濁，民有顛沛之命，財有五家之分，吾以是故，留舍利並鉢，以穰世顛沛之禍，安佑衆生。（T12p1114b）Φ365《妙法蓮華經講經文》："又念世間之財，通五家之分，縱得布施，未爲殷重。"晉法炬共法立譯《法句譬喻經》卷2《好喜品》："財寶車馬，五家之分；妻妾美色，愛憎之本。"（T4p595c）又以"五家之分""五家分"代指錢財。P. 2044背《釋門文范·疏文真載》："各捨五家之分，共綴清齋，合邑之人，巨（俱）修白業，其願一也。"三國吴康僧會《六度集經》卷1："凡有

① 梁思成：《營造法式注釋》，中國建築工業出版社1983年標點版，上卷，第31頁。

② 此據王岩、楊煥新、馮承澤《唐東都武則天明堂遺址發掘簡報》，孫進己、孫海主編《中國考古集成·華北卷·河南省、山東省·魏晉至隋唐〔一〕》，中州古籍出版社1999年版，第220頁。

③ 王貴祥：《唐洛陽宮武氏明堂的建構性復原研究》，《王貴祥中國古代建築史論文集》，遼寧美術出版社2013年版，第501頁。

私財宅中之寶，五家之分非吾有也。曰：‘何謂私財？’對曰：‘心念佛業，口宣佛教，身行佛事。捐五家分興佛宗廟，敬事賢衆供其衣食，慈養蜎飛蠕動蚑行之類。’”又三國吴康僧會譯《舊雜譬喻經》卷下：“如是不能自製意，奪五家分供養三尊。”（T4p519a）“五分”當爲“五家之分”“五家分”之省，在此也代指財産。

【牙抱銻刀】

琴弓一个，又牙抱銻刀一个，付田法律。（ДX1365 背《什物分付曆》）

于正安録“抱”爲“枹”，並認爲“銻”爲“剃”的换旁俗字，“‘牙枹銻刀’指用象牙、枹木作刀鞘的銻刀”[①]。以“銻”爲“剃”的换旁俗字，是，但認爲“牙枹銻刀”指用象牙、枹木作刀鞘的銻刀，恐誤。“枹”作樹木、木材講未見於敦煌文獻。疑此“抱”當録爲“抱”，而校爲“把”。“抱”“把”典籍中常混訛。《朱文公校韓昌黎先生集》卷5《寄崔二十六立之》：“屬我感窮景，抱華不能擿。”注：“蜀本作‘把筆不能擿’。”[②]《李太白文集》卷27《方城張少公廳畫師猛讚》：“鋸牙銜霜，鉤爪抱月。”注：“抱，一作把。”[③]《文苑英華》卷89載張説《進白烏賦》：“瞰鵁鶄之紗窻，把鳳凰之衣桁。”注：“把，一作抱。”[④]又《文苑英華》卷334載白居易《琵琶引並序》：“千呼萬喚始出來，猶把琵琶半遮面。”注：“把，一作抱。”[⑤]黄靈庚認爲“抱”“把”爲音近通假[⑥]，但這二者也很有可能

① 于正安：《敦煌曆文詞彙研究》，中國經濟出版社2014年版，第100—102頁。

② （宋）朱熹撰，朱傑人等主編：《朱子全書》，上海古籍出版社、安徽教育出版社2010年版，第19册，第407頁。

③ 《李太白文集》卷27《方城張少公廳畫師猛讚》，《文淵閣四庫全書》，台灣商務印書館1986年影印版，集部，第1066册，第413頁。

④ （唐）张説：《進白烏賦》，《文苑英華》卷89，《文淵閣四庫全書》，台灣商務印書館1986年影印版，集部，第1333册，第678頁。

⑤ （唐）白居易：《琵琶引並序》，《文苑英華》卷334，《文淵閣四庫全書》，台灣商務印書館1986年影印版，集部，第1336册，第211頁。

⑥ 黄靈庚：《訓詁學與語文教學》，浙江大學出版社2008年版，第155頁。

是形近造成易混。"抱"之俗體與"把"相似。《龍龕手鑒・手部》："挹，俗；抱，正。"①《廣碑别字》引《隋處士范高墓誌》"抱"作"搃"②。"挹、搃"均近似於"把"。"把"之俗體又可作"抱"。P. 2305 背《無常經講經文》："數數頻將業剪除，時時好抱心調伏。"《變文校注》（1184 頁）："把，原録作'抱'。按原卷作'抱'，即'把'字手寫之變，潘校謂'原卷"抱"字校改爲"把"'，未確。"從字形來看，潘録爲"抱"不誤，"把"字的一種俗體字即作"抱"。《新集藏經音義隨函録》卷 5《妙法蓮華經》卷四"手抱"條："抱，北馬反，捉也，正作把。"③從唐代吐魯番出土文書來看，説明"刀把"的材質前常加限定性的"×把"。大谷文書 3084《天寶二年交河郡市估案》："梓霸刀子壹鑌釰，上直錢貳佰三拾文，次貳佰文，下壹佰捌拾文。角霸刀子壹鋼釰，上直錢玖拾文，次捌拾文，次捌拾文，下柒拾文。"④ 64TAM29：44 之四《唐咸亨三年（672 年）新婦爲阿公録在生功德疏》："抌（沉）香霸刀子金口一。"⑤以上"霸"均是"把"的借字，指把柄。《文選》卷 9 載晉潘岳《射雉賦》："戾翳旋把，縈隨所歷。"唐吕向注："把，柄也。戾翳之柄，縈曲隨雉之行，使不見也。"⑥"梓霸刀子"即用梓木作把柄的刀子，"角霸刀子"即用動物角作把製成的刀，"沉香霸刀子"即用沉香木作把製成的刀。"牙抱（把）銻刀"即以象牙爲把柄製成的剃刀。"把"作把柄講敦煌文獻有用例。P. 2613《咸通十四年敦煌某寺器物賬》："玉刀子杷（把）壹。"

---

① （遼）釋行均：《龍龕手鑒》卷 2《手部》，中華書局 2006 年影印版，第 212 頁。

② 秦公、劉大新：《廣碑别字》，國際文化出版公司 1995 年版，第 98 頁。

③ 中華大藏經編輯局編：《中華大藏經》（漢文部分），中華書局 1993 年影印版，第 59 册，第 703 頁。

④ ［日］小田義久：《大谷文書集成》圖版 13，京都龍谷大學 1990 年版，第 19 頁。

⑤ 唐長孺主編：《吐魯番出土文書》，文物出版社 1992 年版，第 3 册，第 337 頁。

⑥ （晉）潘岳：《射雉賦》，《六臣注文選》（5）卷 9，《四部叢刊初編》，上海商務印書館影宋本，集部，1898 册。

【𨤧游队纸屏风】

𨤧游隊紙屏風面一副。（P. 2613《咸通十四年敦煌某寺器物賬》）

于正安認爲“遊隊”後有一“壹”字，原卷“壹”字處雖有一字，但爲“面”字，而且已塗去，是涉後“屏風面”之“面”字而誤衍，《真跡釋録》第3辑（11頁）録作“𨤧游隊紙屏風面一副”，是。于正安認爲“𨤧”爲“野”，當“黑”講，而“遊隊”是“遊綴”，指旌旗上的旒綴，不確。[①]“𨤧”當爲“野”之俗體字，俗體予、矛、弟常混。[②]屏風前面的修飾性成分除常言及材質外，如果是繪畫類屏風，也常言及繪畫何種畫面。唐·段成式《酉陽雜俎》前集卷1《史志》：“八角花鳥屏風。”[③]唐封演《封氏聞見記》卷8《大魚鰓》：“海州土俗工畫，節度令造海圖屏風二十合。”[④]李賀《洛姝真珠》：“金鵝屏風蜀山夢，鸞裾鳳帶行煙重。”清王琦《李長吉詩匯解》卷1：“金鵝屏風，謂屏風之上繡作金鵝之形。”[⑤]唐張彦遠《曆代名畫記》卷9《唐朝上》：“田舍屏風十二扇，章法佈置，冠絶古今。”[⑥]又李白有《觀元丹丘坐巫山屏風》、李翱有《代李尚書進畫馬屏風狀》，詩題中均含有屏風所繪圖案。敦煌文獻所載屏風也有言明圖案的繪畫類屏風。P. 3067《某寺交割常住什物點檢曆》：“大佛屏風拾貳扇，小屏風子肆扇。”P. 3432《龍興寺器物曆》：“佛屏風像壹合陸扇。”P. 2613《咸通十四年敦煌某寺器物賬》：“阿彌陀瓶（屏）風壹合。”“佛屏風”即繪製佛像的屏風，“阿彌陀屏風”即繪製阿彌陀佛的屏風。“𨤧游隊紙屏風”當指繪製野遊隊伍的紙屏風。

---

① 于正安：《敦煌曆文詞彙研究》，中國經濟出版社2014年版，第108頁。

② 見前“矜放”條論述。

③ （唐）段成式著，方南生点校：《酉陽雜俎》，中華書局1981年版，第3頁。

④ 陶敏主編，李德輝副主編，李一飛等參編：《全唐五代筆記》，三秦出版社2012年標點版，第1册，第639頁。

⑤ （唐）李賀著，（清）王琦等注：《李賀詩歌集注》，上海人民出版社1977年標點版，第81頁。

⑥ 王伯敏、任道斌主編：《畫學集成（六朝—元）》，河北美術出版社2002年標點版，第174頁。

“野遊”即指到郊外田野中遊覽，典籍習見。敦煌出土文物中有反映野遊的屏風圖。敦煌莫高窟第61窟西壁下部南起第八扇屏風中的《太子觀耕》榜題：“複于一時大王與太子及諸釋種出外野游，觀看田種□□，時彼地内所有住（作）人赤體辛苦，又見犁牛疲困饑渴，加以鞭棒。”①

【縈子】

______家奴客須著，貧兒又要穿衣。相學鶴望和糴，穀麥漫將費盡。和糴既無定準，自悮（誤）即受單寒。豈唯虛喪光陰，赤露誠亦難忍。其桑麻累年勸種，百姓並足自供。望請檢校營田官，便即月别點閲縈子及布。城内縣官自巡，如有一家不緝績者，罰一回車馱遠使，庶望規模遞洽，純樸相依。謹以牒舉，請裁。（大谷文書2836《長安三年三月録事董文徹牒》）

其中“縈子”一詞有多種不同理解：第一種認爲“縈子”指營田者。黑維强認爲：“‘縈’即‘營’的借音字。……這裡，‘縈子’與‘營田官’相對，故而可知‘縈子’爲營田者。”② 第二種認爲“縈子”指“麻”，日本周藤吉之持這種意見。③ 第三種認爲“縈子”指紡錠。吴十洲：“縈子指紡布用的錠子。”④ 陳國燦：“‘縈子’即紡錠。”⑤

“和糴”指官府出資向百姓公平購買糧食，始見於北魏時期。《魏書》卷110《食貨志》：“收内郡兵資，與民和糴，積爲邊備。”⑥ 唐代政府“和糴”時支付給農民的多是布帛類的東西。白居易《論

---

① 敦煌文物研究所編：《中國石窟——敦煌莫高窟》，文物出版社1982年版，第5册，第217頁。

② 黑維强：《敦煌、吐魯番社會經濟文獻詞彙研究》，民族出版社2010年版，第294頁。

③ ［日］周藤吉之：《吐魯番出土佃人文書的研究》，［日］周藤吉之等著，姜鎮慶等譯《敦煌學譯文集》，甘肅人民出版社1985年版，第9頁。

④ 吴十洲：《唐代西北邊郡和糴問題再探》，《古今農業》1990年第1期。

⑤ 陳國燦：《武周長安間敦煌括户案卷研究》，《敦煌學史事新證》，甘肅教育出版社2002年版，第160頁。

⑥ （北齊）魏收等：《魏書》，中華書局1974年點校本，第8册，第2858頁。

和糴狀》："所支和糴價錢，多是雜色疋段。"從上段文書來看，唐代敦煌農民十分依賴"和糴"來取得布帛，"和糴"如果不按時進行的話，他們可能就要受"單寒""赤露"（赤身露體）之苦。而政府的"和糴"可能不總是很準時，所以政府便採取强制性措施敦促當地農人廣種桑麻、紡線織布以自行解決穿衣問題。爲督促農民進行紡織活動，政府每月派人點檢生産成果，即縈子及布，"縈子"很明顯是與紡織生産相關的東西。黑維强說"營子"指營田人，顯然不合情理。周藤吉之認爲是"麻"，與紡織倒是相關，但文書中也提到了"桑"，很明顯也不單單指麻。吴十洲说"縈子"指紡線用的錠子，似乎倒是與紡麻、紡絲都相關，在這三種意見裡邊似乎最合情理。《現代漢語詞典》對"紗錠"的解釋是："紡紗機上的重要部件，用來把纖維捻成紗并繞在捲筒上成一定形狀。……又叫紡錠、錠子。"① 錠子從古至今一直都是紡車上的重要部件。清徐珂："筳，維絲莞也，亦謂之筟，用針條中貫細筒，所以著絲于緯車者。紡具所用以維紗線者亦如之。亦作梃，或作錠，今吴俗尚稱筳子。"②《説文·竹部》："筟，筳也。"段注"筳、莞、筟，三名一物也。"③《説文通訓定聲·孚部》："《通俗文》：'受緯曰筟。'按亦曰莞。今蘇俗謂之篗頭，圓列其梃（挺）如柵。"④ 可見，紡錠曾有多種名稱，筟、筳、筳子、篗頭均曾是其别名。但是否"縈子"也是指的紡錠呢？古代紡織業以個體勞動爲主，唐代雖已出現多錠的紡車，估計仍是以單錠紡車最爲常見。況且紡錠的多寡也不代表生産成果的多少，點檢它們有什麼意義呢？

---

① 中國社會科學院語言研究所編：《現代漢語詞典》（第5版），商務印書館2005年版，第1182頁。

② 徐珂：《清稗類鈔》，商務印書館1928年版，第45册，第83頁。

③（漢）許慎著，（清）段玉裁注：《説文解字注》卷5，浙江古籍出版社2006年影印版，第191頁。

④（清）朱駿聲：《説文通訓定聲》孚部，《中國古代工具書叢編》，天津古籍出版社1999年據咸豐元年刊本影印，第2册，第360頁。

那麼“縈子”究竟是什麼意思呢？我們且看下面兩段話。

（1）緯車，《方言》曰：趙魏之間謂之曆鹿車，東齊海岱之間謂之道軌，今又謂維車。《通俗文》曰：“織纖謂之維，受緯曰莩。”其柎上立柱置輪，輪之上近以鐵條，中貫細筒，乃周輪與筒繚環繩，右手掉綸，則筒隨輪轉，左手引絲上筒，遂成絲維，以充織緯。（清衛傑《蠶桑萃編》卷 11）①

（2）織必用緯，其法用細竹筒，壯如筯子，長三寸，貫在緯車鐵定之上。用絲籰二個，以水潤濕，將二頭提起穿過竿上鐵環。以右手攪輪，左手撚摇絲頭，在緯筒上，約如大指壯，便可卸下。……緯筒已就，然後貫在鐵梭内，穿經往來自成錦繡。（清楊屾《豳風廣義》卷 3）②

從這兩段話可以看出，當紡線紡到一定程度，“約如大指壯”的時候，就可以將軸上的“卷筒”卸下，放在織布機的鐵梭内用以織布了，這也就是“絲維”。繆啓愉指出：“莩，今通作筟，卷繞緯紗（或紗）的短細管子，通常北方用葦管，南方用細竹管。也叫筳，把絲卷繞于筟管叫做維，因亦名其卷成的物件爲維（如絲維、紗維），今俗名紆子。”③ 竊以爲“縈子”即是紡線形成的可供織布用的紗維（紆子）。《説文・糸部》：“縈，收韏也。”段注：“各本作韏，非也，今依《韻會》《玉篇》正。……收卷長繩，重疊如環，是爲縈。”④ 段玉裁認爲“收韏”即“收卷”，“縈”爲收卷長繩之義。清朱駿聲《説文通訓定聲・鼎部》：“《通俗文》：‘收績曰縈。’《桂苑珠叢》：‘縈，卷之也。’按，收卷，絲若索繞而疊之也。今蘇俗語縈績團、

① （清）衛傑：《蠶桑萃編》，中華書局 1956 年標點版，第 256 頁。

② （清）杨屾：《豳风广义》卷 3，清乾隆刻本。

③ 繆啓愉：《王氏農書譯注》，上海古籍出版社 1994 年標點版，第 424 頁。

④ （漢）許慎著，（清）段玉裁注：《説文解字注》卷 13，浙江古籍出版社影印版，第 657 頁。

縈草把皆是。"①從以上材料可以看出"縈"本義即爲收卷絲麻、繩索等。後引申爲卷繞、纏繞義。《文選》卷22載南朝梁江淹《從冠軍建平王登廬山香爐峰》："絳氣下縈薄，白雲上杳冥。"李善注："縈，繞也。"②因爲紡線形成的紗䍤（紝子）是捲繞在竹管或葦管上的，所以被人們命名爲"縈子"。其實"縈子"和"紝子"得名緣由是一樣的，"紝"也有纏繞義。《説文·糸部》："紝，縈也。""縈子"因是紡線所得的物件，故與布放在一起供官府點檢。現代也有把"紝子""縈子"叫線穗子的。吴伯蕭《記一輛紡車》："線上在錠子上，線穗子就跟着一層層加大，直到沉甸甸的，像成熟了的肥桃。從錠子上取下穗子，也像從果樹上摘下果實，勞動以後收獲的愉快，那是任何物質享受都不能比擬的。"③

【魚題】

空留白玉之肌膚，不聞黄金之美語。妻居孀室血淚交流。此世難遇於魚題，别後須憑於鳥字。遂請丹筆。輒會容儀。又邀儒生，以讚芳美。（S. 289 背《宋李存惠邈真讚》）

陳祚龍校録作"額頤"④，但原卷實作"魚題"。趙家棟認爲："'魚鰓'指宋代婦女的一種用魚題中骨裝鏤的面飾。……這裡'此世難遇於魚題'指李存惠去世後，其孀妻將不再梳妝打扮，無心於'魚媚子'之面飾。"⑤此種説法恐不確切。《宋史》卷65《五行志》："淳化三年，京師里巷婦人競剪黑光紙團靨，又裝鏤魚腮中骨，號'魚媚子'以飾面。"⑥這段記載亦見於馬端臨《文獻通考》和其他一

---

① （清）朱駿聲：《説文通訓定聲》鼎部，《中國古代工具書叢編》，天津古籍出版社1999年據咸豐元年刊本影印，第3册，第205頁。

② （南朝梁）江淹：《從冠軍建平王登廬山香爐峰》，《六臣注文選》（12）卷22，《四部叢刊初編》，上海商務印書館影印上海涵芬樓藏宋本，集部，1905册。

③ 吴伯蕭：《記一輛紡車》，《吴伯蕭文集》，人民教育出版社1993年版，第300頁。

④ 陳祚龍：《中華佛教文化史散策四集》，臺北新文豐有限公司1986年版，第305—306頁。

⑤ 趙家棟：《敦煌文獻疑難字詞研究》，博士學位論文，南京師範大學，2011年；趙家棟：《敦煌碑銘讚語詞釋證》，《敦煌研究》2012年第4期。

⑥ （元）脱脱等：《宋史》，中華書局1977年點校本，第5册，第1429頁。

些典籍中，但内容大同小異。除了此種關於“魚媚子”的記載外，典籍未見其他記載。S. 289 背《宋李存惠殯銘》：“于太平興國五年庚辰歲（980 年）正月乙亥朔廿六日庚子，枕疾終於修文坊之私第矣，取其年二月甲辰朔三日丙午權殯莫高裡陽開河北原之禮也。”太平興國五年爲公元 980 年，淳化三年爲公元 992 年。淳化三年間流行的魚媚子妝在太平興國年間未必已經出現，而從《宋史》的記載來看，魚媚子妝是在於京師貴婦之中流行的，開封距離敦煌千里之遥，此種裝扮未必能流行到敦煌。“魚顋”即“魚鰓”，本指魚的呼吸器官，此處應泛指呼吸器官。“難遇於魚顋”是難以遇到呼吸器官，難再復活之意。P. 4638《曹大王夫人宋氏邈真贊》：“奈何天奪人願，禍逼瓊顔。神起妖災，並臻内閤。遥尋秘術，延生之效難陳。遠訪良師，再活之期何有。”整體亦是言人死難再復生之意，與“此世難遇於魚顋”類似。“别後須憑於鳥字”，“鳥字”即鳥篆。形如鳥的爪跡，故稱。《後漢書》卷 77《酷吏傳・陽球》：“或獻賦一篇，或鳥篆盈簡，而位升郎中，形圖丹青。”李賢注：“八體書有鳥篆，象形以爲字也。”[①]《晉書》卷 60《索靖傳》：“倉頡既生，書契是爲科斗鳥篆，類物象形。”[②] 此處指用鳥篆記載的爲李存惠寫的贊文。“此世難遇於魚顋，别後須憑於鳥字。”整體是从李存惠角度而言的，是説其此世再難以復活，只能憑藉鳥篆記載的贊文流傳其聲名事蹟。《李存惠邈真贊並序》下文有“鳥字須憑遠，蟲文輒要傳”。S. 289 背《宋李存惠殯銘》：“世事逐年華改移，聲名隨日月消亡。貴憑鳥跡之文，以記龍頭之碣。”均與此“須凴於鳥字”類似。

【玉柄】

伏以玉柄北指，金翼南飛，陳儀獻宗廟之羊，表瑞集文昌之雀。（P. 4092《新集雜别紙》）

① （南朝宋）范曄：《後漢書》，中華書局 1965 年點校本，第 9 册，第 2499 頁。
② （唐）房玄齡：《晉書》，中華書局 1974 年點校版，第 6 册，第 1649 頁。

吴蘊慧："'炳'讀作柄。'玉柄'泛指器物精美的把柄。"[①] "炳"原卷實即作"柄"。吴蘊慧認爲"玉柄"指器物精美的把柄，恐不確切。此"玉柄"當是北斗柄的美稱，即北斗的第五至第七星，衡、開泰、揺光。北斗星，第一至第四星象斗，第五至第七星象柄。《國語·周語下》："日在析木之津，辰在斗柄。"[②] 唐韋應物《擬古》之六："天河横未落，斗柄當西南。"[③] 又稱"玉杓"。宋范成大《次韻子永見贈建除體》："建子玉杓直，黄昏月如霜。"[④] 又宋秦觀《陳令舉妙奴》："俊詞偉氣森開張，玉杓貫斗生怒芒。"[⑤]

【操轍】

轥危金（塗）而往覆（複），馭操轍以途安。（P. 3545《願齋文·牛》）

黄征、趙鑫曄："操轍：義不詳，待考。"[⑥] 此句上圖 60《亡文·牛》作："躝（轥）色（危）塗而往［複］，馭澡［轍］以途女（安）。""操轍"與"危塗"對文，結構應類似。"操轍"當即"躁轍"。"車轍"指車行走的軌跡時，可以緩慢、急迫形容。《文選》卷20 謝靈運《九日從宋公戲馬臺送孔令》："河流有急瀾，浮驂無緩轍。"李善曰："言彼去河有急瀾而不止。巳旋驂無緩轍而不留，言相背之疾也。孔安國《尚書》傳曰'浮，行也。'"[⑦] 清盧世㴶《與侄裕》："侄勇猛精進，極喜極喜，但修爲有序，不可太鋭，以蹈迫躁之轍。"[⑧] "操"古字可通"躁"。《詩·大雅·江漢》："匪疚匪棘。"

---

① 吴蘊慧：《〈敦煌社會經濟文獻真跡釋録〉研究》，花木蘭出版社 2013 年版，第 109 頁。

② （三國吴）韋昭注：《國語》，中華書局 1978 年標點版，上册，第 138 頁。

③ （清）彭定求等：《全唐詩》，中華書局 1979 年標點本，第 6 册，第 1895 頁。

④ （宋）范成大：《范石湖集》，上海古籍出版社 2006 年標點版，第 108 頁。

⑤ （清）吴之振等選：《宋詩鈔》，中華書局 1986 年標點版，第 2 册，第 1166 頁。

⑥ 黄征、趙鑫曄：《〈敦煌願文集〉校録訂補（四）》，《敦煌學研究》2007 年第 2 期。

⑦ （晉）謝靈運：《九日從宋公戲馬臺送孔令》，《六臣注文選》（11）卷 20，《四部叢刊初編》，上海商務印書館影印宋刊本，集部，1904 册。

⑧ （清）盧世㴶：《與侄裕》，《尊水園集略》卷 12，《續修四庫全書》，上海古籍出版社 2002 年影印見賓堂刻本，集部，第 1392 册，第 574 頁。

鄭箋："非可以兵操切之也。"陸德明釋文："又一本兵操作急躁。"[①]《公羊傳·莊公三十年》："子司馬子曰：'蓋以操之爲已蹙矣。'"何休注："操，迫也；已，甚也；蹙，痛也。迫殺之甚痛。"[②] 上圖 60《亡文·牛》中"澡"亦爲"躁"音訛字。"轥""躙（躪）"均爲踐踏義。"轥"本指車輪輾過。《陳書·陳寶應傳》："斬蛟中流，命馮夷而鳴鼓；黿鼉爲駕，轥方壺而建旗。"引申爲踐踏義。《資治通鑒》卷160《梁紀十六》："但恐革車之所轥轢。"胡三省注："轥，踐也。"[③]"躙（躪）"本指踩踏。《六臣注文選》卷8司馬相如《上林賦》："躪玄鶴，亂昆雞。"李善注引郭璞曰："躪，踐也。"[④]"轥危金（途）而往覆（複），馭操轍以途安"，整句是說即使在危險的路上也能够能回環往復地走，即使走得很快也能保證很平安。

【枝緼】

社子並是異性（姓）宗枝，舍俗枝緼，以為法乳。（S. 5520《社條本》）

"枝緼"不好理解，《社邑輯校》（47頁）録此段文字，"枝緼"未出校。下句中"法乳"，《佛學大辭典》釋爲比喻"佛法如乳，能够長養人們的慧命"[⑤]，可知"舍俗枝緼，以爲法乳"當與佛教有關。"枝緼"當即"諸蘊"，佛經習見。唐義浄《根本説一切有部毘奈耶頌》卷下："總觀諸蘊若浮泡，生死輪回因得出。"（T24p656c）於闐實叉難陀《大方廣佛華嚴經》卷28："永出諸蘊，至於彼岸，故名回向。"（T10p155b）《佛學大辭典》認爲"諸蘊"指"色受等之五蘊

---

① （漢）毛亨傳，（漢）鄭玄箋，（唐）孔穎達疏：《詩經注疏》卷18，（清）阮元校刻《十三經注疏》，江蘇廣陵古籍出版社1995年影印版，上册，第573頁。

② （漢）何休注，（唐）徐彦疏：《公羊傳注疏》卷9，（清）阮元校刻《十三經注疏》，江蘇廣陵古籍出版社1995年影印版，下册，第2241頁。

③ （宋）司馬光著，（元）胡三省注：《資治通鑒》，中華書局1976年標點版，第11册，第4967頁。

④ （漢）司馬相如：《上林賦》，《六臣注文選》（5）卷8，《四部叢刊初編》，上海商務印書館影印宋刊本，集部，1898册。

⑤ 丁福保：《佛學大辭典》，上海書店1991年版，下册，第1393頁。

也”[①]，《佛學常見詞彙》（109頁）認爲：“‘五蘊’就是色蘊、受蘊、想蘊、行蘊、識蘊。……在此五蘊中，前一種屬於物質，後四種屬於精神，乃是構成人身的五種要素。”佛家認爲五蘊的存在會遮蓋人的佛性。P. 3777《導凡趣聖悟解脱宗修心要論》：“答曰：《十地論》云，衆生身中，有金剛佛性，猶如日輪，體明圓滿，廣大無邊，只爲五蘊重云所覆，如瓶内燈光不能照。”所以要想成佛必須捨棄“五蘊（諸蘊）”。唐不空譯《大乘密嚴經》卷中：“舍于諸蘊因，不久得解脱。”（T16p760c）唐義净《根本説一切有部毘奈耶雜事》卷18：“爲諸親族説法要，當舍輪回五蘊身。”（T24p288c）枝、諸《廣韻》聲母同屬章母，韻母“諸”爲遇攝魚韻，“枝”爲止攝“支”韻，唐五代西北方音止攝遇攝常混。P. 3070背《行人轉帖》：“右緣年支張再興身亡，合有曽（贈）送……幸清支公等，帖至，限今月十［日］未時取齊。”“幸清支公”，《真跡釋録》第1輯（313頁）校爲“幸請諸公”，是，“幸請諸公”是敦煌社邑文書習語，“支”爲“諸”的音訛字。支、枝《廣韻》俱爲章移切，爲同音字。諸、枝敦煌文獻有相通的例子。S. 5647《百姓吴再昌養男契》：“自後切須恭勤，孝順父母，恭敬宗諸，懇苦力作。”張涌泉認爲其中的“宗諸”當校讀作“宗枝”，指宗族，是。[②] S. 2352《太子成道經》：“喜樂之次，腹中不安，欲似臨産，手攀樹枝，彩女將金盤承接太子。乃遣姨母波闍波提抱腰。無憂華樹葉敷榮，夫人彼中緩步行。舉手或攀諸餘（與）葉，釋迦聖主袖中生。”“諸”，《英藏敦煌社會歷史文獻釋録》第11卷校作“枝”，是。[③] S. 2682背《太子成道經》作：“舉手或攀枝餘（與）葉”。S. 2440背《押座文》也作：“舉手或攀枝餘（與）葉。”“諸”即“枝”的音訛字。“舍俗枝組，以爲法乳”謂捨棄世

① 丁福保：《佛學大辭典》，上海書店出版社1991年版，下册，第1356頁。

② 張涌泉：《俗語詞研究與敦煌文獻的校理》，《文史》第45輯，中華書局1998年版，第264頁。

③ 郝春文主編：《英藏敦煌社會歷史文獻釋録》第11卷，社會科學文獻出版社2014年版，第465頁。

俗五蘊和合之身，以成就佛性。“諸蘊”之“諸”訛“枝”，一是因“諸”“枝”音同，二是受了上文“社子並是異性（姓）宗枝”之“宗枝”的影響。

二　釋事爲

【白疏】

“白疏”一詞敦煌書儀中習見，王啓濤和曾良均做過解釋，但均有不完善之處。王啓濤認爲“白疏”爲書信用語，當“稟告”講，主要用於與兄長的書信中。[①] 曾良認爲“白疏”是書信的意思。[②] 筆者從敦煌書儀中找到了一批例證，現列舉如下：

(1) 謹白疏（弟妹云遣疏）。（P. 3442《吉凶書儀上下卷·外祖父母喪告答兄弟姊妹姨舅之子書》）

(2) 謹白疏（弟妹云遣疏），猥塞不次。……某氏表妹白疏。（P. 3442《吉凶書儀上下卷·舅姨喪告答姨舅之子書》）

(3) 謹言疏（姊云白疏，妹云遣疏），猥塞不次。（P. 3442《吉凶書儀上下卷·姑姨姊妹夫亡告答姑姨姊妹書》）

(4) 謹言疏（姑姨父云白疏），猥塞不備。（P. 3442《吉凶書儀上下卷·内外表姨兄弟姊妹喪告答内外祖及父母、姑、姑父、舅、姨、姨父書》）

(5) 謹言（白）遣疏。（P. 3442《吉凶書儀上下卷·外孫外甥亡告答外族書》）

(6) 謹白疏（弟云遣書），鯁塞不次。（P. 3442《吉凶書儀上下卷·内外兄弟婦喪告答兄弟書》）

(7) 謹言疏（兄姊云白疏），悲塞不備。（P. 3442《吉凶書

① 王啓濤：《吐魯番出土文書疑難詞語考辨》，《吐魯番學研究——第二屆吐魯番學國際學術研討會論文集》，上海辞书出版社 2006 年版，第 95 頁。

② 曾良：《敦煌文獻字義通釋》，厦門大學出版社 2001 年版，第 4 頁。

儀上下卷·兄弟姊妹喪告答祖父母父母叔伯兄姊書》)

(8)謹言疏,(兄姊云白疏,弟妹云遣疏),哽咽不次。[P. 3442《吉凶書儀上下卷·伯叔祖父母喪告答同堂再從伯叔姑書(亡者子某再從兄弟姊妹附之)》]

(9)謹白疏,弟妹云遣疏,諸卑幼及書。(P. 3442《吉凶書儀上下卷·父母喪告答同堂再從三從兄弟姊妹書》)

(10)謹白疏,荒迷不次。名再拜。弟妹云遣書,荒迷不次某兄某氏姊報。(P. 3442《吉凶書儀上下卷·父母喪告答兄弟姊妹書》)

(11)謹白疏不具,表弟姓名再拜。亦云表外生、表侄、姨侄、姨弟等。……某姓名丈人兄某氏次第姑姨坐前外甥、内外弟、姨弟侄姓名白疏。(P. 3442《吉凶書儀上下卷·與表丈人及表姑姨、表兄姊書》)

(12)因使附白疏,荒塞不次。(S. 361《書儀鏡·父母喪告兄姊書》)

(13)因使附白疏,荒塞不次。(P. 3637《書儀·父母喪告兄姊書》)

(14)謹奉白疏不次,名再拜。(P. 3637《書儀·姑、兄、姊亡吊父母伯叔書》)

(15)禍出不圖,厶乙夫逝,……謹奉白疏,慘愴不次。(P. 3637《書儀·父母吊子三殤書答書》)

(16)謹奉白疏,荒塞不次。(P. 3637《書儀·吊女遭夫喪書答書》)

(17)伏增悲戀,謹附白疏,慘愴不次。(P. 3637《書儀·妻亡吊丈人丈母書》)

(18)謹附白疏,慘愴不次。(P. 3637《書儀·祖父母喪告父母書》)

(19)謹附白疏,慘愴不次。(P. 3637《書儀·伯叔喪告父

母書》)

(20) 謹奉白疏，慘愴不次。(P. 3637《書儀·外甥亡吊姊書》)

(21) 伏惟二哥動止有福……謹因 附白疏荒塞不次。(S. 1438 背《書儀·吊侄書答［兄］書》)

(22) 謹奉白疏，慘愴不次。(P. 2622《吉凶書儀上下兩卷·吊人父母經時節書》)

(23) 謹奉白疏，慘愴不次。(P. 2622《吉凶書儀上下兩卷·吊人翁婆伯兄姊》)

(24) 謹奉白疏，荒迷不次。(P. 2622《吉凶書儀上下兩卷·吊人弟妹侄孫書疏》)

(25) 謹奉白疏，慘愴不次。(P. 2622《吉凶書儀上下兩卷·吊人妻亡》)

(26) 謹奉白疏，慘愴不次。(P. 2622《吉凶書儀上下兩卷·吊人女婿亡書》)

(27) 謹附白疏，不具。(P. 2622《吉凶書儀上下兩卷·與僧尼道士書》)

P. 3637《書儀》:“凡與伯叔父母書，云言疏、違離、尊體、勝豫、思戀、拜覲、奉告，自外尊親行姑等並皆准此，凡與兄書，云白疏、馳結、連奉、體内勝常等語，自餘長行准此。”這段話告訴我們“白疏”和“言疏”在書信中使用的對像是有區别的，“言疏”主要用於對叔伯、父母等，“白疏”主要用於給兄長輩的。王啓濤認爲“白疏”主要用於與兄長的書信依據便在於此。但考察這些例子，“白疏”的用法從語法結構上看可分成兩種情況，一種是直接作謂語，形成“謹白疏”“某姓名白疏”結構，另一種是接在“附”“奉”等動詞後形成“（謹）附（奉）白疏”結構。曾良認爲第二種情況裡的“白疏”意思上相當於“書信”，可備一説，“告白文字”

也就是書信。

例（1）到例（11）均屬於第一種情況，其中有9例是用於對兄姊的，唯例（4）和例（11）中談到給姑姨父、表丈人及表姑姨等長輩親戚也可以用“謹白疏”“某姓名白疏”。所以總結第一種情況，“謹白疏”“某姓名白疏”主要用於對兄長輩，也可以用於其他一些長輩親戚，如姑姨父、表丈人及表姑姨等，但不用於對父母叔伯等。

第二種情況“白疏”附在“附”“奉”之後，例（12）至例（27）均屬於這種情況，其中只有例（12）、例（13）、例（20）、例（21）是給兄姊的，而例（14）是給父母叔伯的，例（15）是給公婆的，例（16）是女兒給父母的，例（17）是女婿給岳父岳母的，例（18）、例（19）是給父母的。例（23）到例（26）均爲《吊人×書》，應該是給没有親屬關繫的朋友、同僚等的。例（27）則是俗人給道士僧尼的。從這中情況來看，“白疏”附在“附”“奉”之後不僅可以給兄長輩，也可以給叔伯、父母、朋友等。

綜上，“白疏”作爲一個書信用語有表敬的意味，一般不用於給卑下者，若言“謹白疏”“某姓名白疏”一般用於給兄長輩的，不用於給父母叔伯姑舅。如果“白疏”前加“附”或“奉”則不受這種限制，也可以給叔伯父母等。

【波驟】

右前件僧，徒中俊德，務衆多能，順上有波驟之勤，訓下存恩恤之義，本性迅速，無羽同飛。（S. 2575《天復伍年（905年）八月靈圖寺徒衆上座請大行充寺主狀及都僧統判文》）

“波驟”不能按照字面意思理解成波濤急驟。這裡“波”“驟”均爲動詞性成分，同義連文。“波”有奔跑義，項楚有過論述[①]，蔣禮鴻認爲“波”爲“逋”之借[②]。其前“驟”本指馬奔馳。《説文·

① 項楚：《敦煌變文語辭劄記》，《四川大學學報》（哲學社會科學版）1981年第2期。

② 蔣禮鴻：《敦煌變文字義通釋》，《蔣禮鴻集（第一卷）》，浙江教育出版社2000年版，第151—152頁。

馬部》："驟，馬疾步也。"引申爲"急行"之義。敦煌典籍習見。P. 2491《燕子賦》："半走半驟，疾如奔星，行至門外，良久立聽。"P. 2292《維摩詰經講經文》："光嚴才見，趨驟近前，五體投誠，虔恭便禮，重重禮敬，問訊起居。"狀文裡的"波驟"是奔走、效勞之義。表"急行"義的詞語多可引申爲"爲一定的事務而四處活動、忙碌"的意思。如：

馳騖，《史記》卷87《李斯列傳》："今秦王欲吞天下，稱帝而治，此布衣馳騖之時而遊説者之秋也。"①

馳驟，P. 3270背《兒郎偉・驅儺文》："家長持鑰開鎖，火急出帛纏盤。新婦馳驟廚舍，娘子飣豆（餖）牙盤。"

驅馳，S. 78背《縣令書儀》："伏緣某自到獘（弊）邑，公事殷繁，日夕驅馳，略無閒暇，以此未早有狀陳謝。"

奔馳，《鹽鐵論》卷2《憂邊》："周之季末天子微弱，諸侯力政，故國君不安，謀臣奔馳。"②

奔波，唐王建《行見月》："不緣衣食相驅遣，此身誰願長奔波。"③

奔走，柳宗元《捕蛇者説》："永之人爭奔走焉。"

《文選》卷46載南朝宋顔延之《三月三日曲水詩序》："華裔殷至，觀聽騖集。"唐張銑注："騖，奔也。"④《玉篇・馬部》："馳，走奔也。"又："驅，驟也，奔馳也。"⑤可知"騖""馳""驅"與"奔、波、驟"等一樣皆有急行義。

---

① （漢）司馬遷撰，（南朝宋）裴駰集解，（唐）司馬貞索隱，（唐）張守節正義：《史記》，中華書局1963年點校本，第8册，第2539頁。

② （漢）桓宽：《盐铁论》，上海人民出版社1974年標點版，第27页。

③ 劉逸生主編《張籍王建詩選》，生活・讀書・新知三聯書店1982年標點版，第154頁。

④ （南朝宋）顔延之：《三月三日曲水詩序》，《六臣注文選》（24）卷46，《四部叢刊初編》，上海商務印書館影印上海涵芬樓藏宋本，集部，1917册。

⑤ （南朝梁）顧野王著，（宋）陈彭年等重修：《宋本玉篇》卷23，中國書店1983年據張氏澤存堂本影印，第423頁。

此外，還有重疊“波”或“奔”表“奔走”“奔忙”義的。“波波”，如P. 2193《目連緣起》：“死墮三途無間獄，終朝受罪苦波波。”唐岑參《閿鄉送上官秀才歸關西別業》：“風塵奈汝何，終日獨波波。”① 元馬致遠《薦福碑》第2折：“指望一舉狀元及第，崢嶸發達。誰想今日波波碌碌，受如此般辛勤也。”② “奔奔”，如明吕坤《呻吟語》卷4《品藻》：“而今士大夫聚首時，只問我輩奔奔忙忙，熬熬煎煎，是爲天下國家，欲濟世安民乎？”③ 王士禎《池北偶談》卷10《王山隨劄》：“坐臥岩中，有以仙術告者，回思自幼識字，及壯奔奔波波，老忽將至雞鳴而起，便秀才二字做不了，何暇言仙岩？”④ 也有重疊“馳”或“驅”，用“馳馳”或“驅驅”當“奔忙”講的。“驅驅”，如P. 2305《妙法蓮華經講經文》：“獸王却問：‘大王自己是萬乘之尊，七寶隨身，千官擁從，行時音樂，坐乃簫韶，如此富貴多般，早是累生修種，何得於此終日驅驅，求甚事意？’”S. 6452背《癸未年正月一日龙勒乡百姓樊再昇僱佣效穀鄉百姓氾再員契》：“自雇已後，便須駈駈（驅驅），不得抛敵（擲）工夫。”“馳馳”，如：明鄧球《閑適劇談》卷3《薛文清語》：“客曰：‘晦翁凡事專用力於根本，何也？’答曰：‘事事點檢去求箇根本，終身只恁地馳馳，且不知根本在何處。吾聞之，夫子曰：吾道一以貫之。”⑤

【擘毛、伯毛】

（1）六月一日，連麵三斗，伯毛人吃用。（S. 6452**《辛巳年十二月十三日以後周僧正於常住庫借貸油麵物曆》**）

（2）麵三斗，六月六日衆僧擘毛用。（P. 2032**背《浄土寺食物等**

① （唐）岑參著，廖立箋：《岑嘉州詩箋注》，中華書局2004年標點版，下册，第584頁。

② （明）臧晉叔編：《元曲選》，中華書局1989年標點版，第2册，第582頁。

③ （明）吕坤：《呻吟語》，岳麓書社2002年標點版，第271頁。

④ （清）王士禎：《王士禎全集·雜著》，齊魯書社2007年標點版，第4册，第3068頁。

⑤ （明）鄧球：《閑適劇談》卷3《薛文清語》，《續修四庫全書》，上海古籍出版社2002年影印版，子部，第1127册，第637頁。

品入破曆》)

吴蘊慧認爲“擘毛”可能是一種加工服務。[①] 張小豔不同意這種意見，她認爲：“‘拔毛’在敦煌籍帳文書中極爲常用，是紡毛、制氈等工藝中獲得原料的主要手段。相反，‘伯毛’‘擘毛’却僅此一見，故而懷疑其爲‘拔毛’的音近借字。”[②] 這種理由似乎牽强。敦煌文獻中雖然多次提到“拔毛”活動，但也記載了羊毛加工過程中的其他活動，如剪羊毛、紡羊毛等。P. 4906《衆僧東窟等油麵抄》：“白麵三斗，生成、上座、沈法律寺（等）三人紫亭去剪羔子毛食用。”S. 542 背《沙州寺户放毛女娘名簿》：“曹仙妻安，與教授放毛半斤。”句中“放毛”即“紡毛”。P. 2032 背《净土寺食物等品入破曆》：“麵三斗，擀氈僧食用。”其中“擀氈”，就是將羊毛擠壓成氈的一道工序。“伯、擘”與“拔”之間聲雖相近，韻却相差較遠，“伯、擘”屬梗攝入聲字，而“拔”屬山攝入聲字，不可能構成通假。

那麼此處“擘毛”究竟是什麼是意思呢？佛經中有許多“擘羊毛”的記載。唐義净譯《根本説一切有部毘奈耶》卷21《使非親尼治羊毛學處》：“若複苾芻使非親苾芻尼浣、染、擘羊毛者，泥薩只波逸底迦。……羊毛者非馀毛也。浣者乃至一入水，染者乃至一入染汁，擘者乃至一片……令浣羊毛或染或擘，並犯舍墮。或浣染不擘，或浣擘不染，或染不浣擘，亦犯舍墮。若於親尼作非親想。或複生疑。令作三事料理羊毛。並得惡作。”（T23p740a）可以看出，“擘羊毛”是與洗羊毛、染羊毛並行的一道羊毛初加工程序。唐義净譯《根本薩婆多部律攝》卷6《用純黑羊毛作敷具學處》：“言純黑羊毛者，有四種色：一性黑，二性青，三泥染，四尨色。言新者，謂是新

---

① 吴蘊慧：《〈敦煌社會經濟文獻真跡釋録〉研究》，花木蘭出版社2013年版，第148頁。

② 張小豔：《敦煌籍帳文書釋詞》，《出土文獻與古文字研究》第2輯，復旦大學出版社2008年版，第338頁。

作於純黑色。若片若團若聚，或披或擘，或以弓彈，乃至未成，但得惡作，成得舍墮。餘並同前。”（T24p559b）又明元賢述《四分戒本約義》卷2：“六群比丘，使憍曇彌比丘尼浣、染、擘羊毛，因覲佛，佛見其手黑問故，尼以實對，因制。使非親裏尼浣染，前已有制。今重制擘羊毛，擘者分折揀理之也。”（X40p315a）清讀體集《毗尼止持會集》卷6《使尼染羊毛戒》：“律云：‘非親裏如上浣者，下至一入水染者，乃至一入染汁擘者，下至以手擘一片。’擘音伯，撝也。分擘也。謂分析揀理。”（X39p387b）

通過上述材料不難看出，“擘”即剖分整理之義，與“披”義近，“擘羊毛”就是把成團的成塊的羊毛分開，以便下一步加工使用。“擘”又作“擗”。東晉跋陀羅共法顯譯《摩訶僧衹律》卷9：“從今日後不聽使非親里比丘尼，浣染擗羊毛。佛告諸比丘，依止舍衛城者皆悉令集，以十利故，爲諸比丘制戒，乃至已聞者當重聞，若比丘使非親里比丘尼浣染擗羊毛，尼薩耆波夜提。”（T22p310b）唐定賓《四分比丘戒本疏》卷下：“受畜非法略有六例……三招譏致醜非法，如取尼衣、浣衣、擔毛、擗毛。”又：“第十六擔毛戒，第十七使非親擗毛戒。”（T40p476a）又Φ280A《四分比丘戒本》：“若比丘使非親里丘尼涴染檘羊毛者，尼薩耆波夜提。”“檘”當爲“擗”之換旁俗體。曾良認爲“擗羊毛”之“擗”當“擊打”講[1]，恐不確切。“擗”有擊打義，敦煌典籍有用例。S. 4642《文樣》：“至孝等酷毒稱天，崩心毁乎五内，号咷擗地，隳性灭乎六情。”“擗地”即“击地”。但在佛經裡“擗羊毛”與“擘羊毛”說的明顯是同一條戒律，“擗”當爲“擘”之換位置異體字，金韓道昭《五音集韻・陌韻》：“擘，分擘。擗，上同，見《韻會》，今增。”[2]《正字通・手

---

① 曾良：《敦煌文獻字義通釋》，厦門大學出版社2001年版，第115頁。

② （金）韓道昭：《五音集韻》卷15，《文淵閣四庫全書》，台灣商務印書館1986年影印版，經部，第238册，第330頁。

部》："擗，擘開也。"①

綜上，"擘毛"指羊毛的一種加工程序，就是把成團成塊的羊毛分開，"伯毛"即是"擘毛"，"伯"爲"擘"之通借。

【底】

（1）麵壹斗，寒食生地底畔衆僧用。（P. 2032 背《净土寺食物等品入破曆》）

（2）粟七斗，寒食臥酒祭拜及第二日衆僧底生地畔用。（P. 2040 背《净土寺食物等品入破曆》）

（3）麵貳斗伍勝，延康渠底畔及園内鋤渠畔僧食用。（P. 2032 背《净土寺食物等品入破曆》）

從文意來看，這三個"底"都與田畔相關，且都應爲動詞性詞語。從例（2）（3）來看，"生地底畔""底生地畔"，所"底"的都是生荒地的田畔，應是無畔而築起田壟。敦煌文獻中又叫"起畔"。S. 2103《酉年十二月南沙灌進渠用水百姓李進評等乞給公驗牒及判文》："進評等，今見前件沙淤空閒地，擬於起畔種犁，將填還劉屯子管道地替灌溉，得一渠百姓田地不廢。"

"底畔"之"底"當爲"確定""建立"義。"底"有"定"義。《尚書・堯典》："詢事考言，乃言底可績。"清孫星衍《尚書今古文注疏》卷 1 引馬融："底，定也。"②《尚書・大誥》："若考作室，既底法。"清王闓運《尚書箋》卷 13："底，定也。法謂規制也。"③"底法"即確定法制。《尚書・微子》："我祖底遂陳於上，我用沈酗於酒，用亂敗厥德於下。"清黄式三《尚書啓幪》卷 2："底，定也。遂，法也，與術通。'底遂'即《大誥》之'底法'。陳，列也。上，

① （明）張自烈：《正字通》，《續修四庫全書》卯集，上海古籍出版社 2002 年影康熙二十四年秀水吴源起清畏堂刊本，經部，第 234 册，第 455 頁。

② （清）孫星衍：《尚書今古文注疏》卷 1，中華書局 1986 年標點版，上册，第 34 頁。

③ （清）王闓運：《尚書箋》卷 13，《續修四庫全書》，上海古籍出版社 2002 年影印版，經部，第 51 册，第 359 頁。

前也。言我祖底定法術，列箸於前。”①《詩・小雅・小旻》：“潝潝訿訿，亦孔之哀，謀之其臧，則具是違。謀之不臧，則具是依。我視謀猶，伊于胡底?” 宋范處義《詩補傳》卷 18：“潝潝，相和也。訿訿，相詆也。具，俱也。底，定也。此在位之小人，或相和，或相詆，殊無直正之謀，而王於謀之善者，既俱背之，於謀之不善者，則俱從之，視王所用之謀，猶亦安能有定乎。”②《六臣注文選》卷 30 李善注引晉・楊泉《五湖賦》：“底功定績，蓋寓令圖。”③ 底、定對文同義，“底功定績” 即建立功績。《魏書》卷 68《高聰傳》：“將底居成周，永恢皇宇。”④ “底居” 即 “定居”。

“底” “定” 常常同義連用，表示平定，可做形容詞，也可作動詞。《尚書・禹貢》：“三江既入，震澤底定。”⑤《晉書》卷 54《陸機傳》：“誅叛柔服，而江外底定；飭法修師，則威德翕赫。”⑥《宋書》卷 36《州郡志》：“武帝北平關洛，河南底定。”⑦ 《舊唐書》卷 30《音樂志》：“於赫聖祖，龍飛晉陽，底定萬國，奄有四方。”⑧ 敦煌文獻也有用例。S. 4374《文樣・分書》：“今對六親商量底定，始立分書，既無偏坡（頗），將爲後驗。人各一本，不許重論。” “商量底定” 即商量穩妥。

“底” 又常與 “寧” 連用組成 “底寧” 一詞，表示安寧、安定。

① （清）黄式三：《尚書啓幪》卷 2，清光緒刻本。

② （宋）范處義：《詩補傳》卷 18，《文淵閣四庫全書》，台灣商務印書館 1986 年影印版，經部，第 72 册，第 231 頁。

③ 《六臣注文選》（16）卷 30，《四部叢刊初編》，上海商務印書館影宋本，集部，1909 册。

④ （北齊）魏收等：《魏書》，中華書局 1974 年點校本，第 4 册，第 1520 頁。

⑤ （漢）孔安國傳，（唐）孔穎達疏：《尚書注疏》卷 6，（清）阮元校刻《十三經注疏》，江蘇廣陵古籍出版社 1995 年影印版，上册，第 148 頁。

⑥ （唐）房玄齡：《晉書》，中華書局 1974 年標點版，第 5 册，第 1468 頁。

⑦ （南朝梁）沈約：《宋書》卷 36《州郡志》，《文淵閣四庫全書》，台灣商務印書館 1986 年影印版，史部，第 257 册，第 677 頁。

⑧ （後晉）劉昫：《舊唐書》，中華書局 1975 年點校本，第 4 册，第 1096 頁。

晉潘嶽《〈秋興賦〉序》："夙興晏寢，匪遑底寧。"① 唐張九齡《請誅禄山疏》："斯逆一懲，底寧萬邦。"② 敦煌文獻也有用例。S. 1438 背《書儀》："蒙節兒至，安存百姓，州府底寧。"

"底"本有"止住""停滯"義。《國語》卷 10《晉語四》："今戾久矣，戾久將底。底著滯淫，誰能興之？盍速行乎！"韋昭注："底，止也。"③ 《爾雅・釋詁》："戾、底、止，待也。"郭璞注："戾、底者皆止也。"④ 引申而有"平定"義，再引申而有"確定""確立"義。

敦煌文獻中又屢見"通底河口"的記載。

（4）上件渠人，今緣水次逼近，切要通震河口，人各鍬钁壹事，白刺三束，枝兩束，栓一莖。帖至，限今月廿二日卯時於票（利）子口頭取齊。……甲申年二月廿日録事張再德帖。（P. 5032《渠人轉帖》）

（5）已上渠人，今緣水次逼近，切要通底河口，人各鍬钁壹事，白刺三束。幸請諸公等，帖至，限今月廿二日卯［時］於口頭取齊。……甲申年九月廿一日録事張帖。（P. 5032《渠人傳帖》）

（6）已上渠人，今緣水次逼近，要通底鏖河口，人各鍬钁壹事，白刺壹束，樫一束，栓壹莖。須得莊（狀）夫，不用斯（廝）兒。帖至，限今［月］十六日卯時於皆（階）和口頭取齊。……壬午年五月十五［日］王録事帖。（P. 3412 背《壬午年渠人轉帖》）

（7）已上渠人，今緣水次逼斤（近），切要通底河口，人各枝兩束，白刺壹不（衍文）束，栓兩莖，鍬钁一事，兩日糧食。是須狀

① （晉）潘嶽：《射雉賦》，《六臣注文選》（7）卷 13，《四部叢刊初編》，上海商務印書館影宋本，集部，1900 册。

② 周紹良主編：《全唐文新編》，吉林文史出版社 2000 年標點版，第 2 部第 1 册，第 3264 頁。

③ （三國吴）韋昭注：《國語》，中華書局 1978 年標點版，下册，第 337—338 頁。

④ （晉）郭璞注，（宋）邢昺疏：《爾雅注疏》卷 2，（清）阮元校刻《十三經注疏》，江蘇廣陵古籍出版社 1995 年影印版，下册，第 2574 頁。

夫，不用廝兒女。帖至，限今月廿九日卯時於口頭取齊。（P. 4017《渠人轉帖》）

（8）已上渠人，今緣水此（次）禑（?）隨，妾（切）要通底何（河）口。人各鍬钁一事，白次（刺）三束。□（須）得本身，不用奴。帖至，於其東頭齊取（取齊）。（P. 5032《渠人轉帖》）

"通底河口"敦煌文獻中又叫"修治瀉口"。

（9）上件渠人，今緣水次逼近，切要修治瀉口。人各白刺五束，壁木三莖，各長五尺、六尺；鍬钁壹事。帖至，限今月三［十］日卯時並身及柴草於瀉口取齊。（P. 5032《渠人轉帖》）

張小豔認爲："所謂'河口'意指在主渠堰上所開的瀉水口，也是支渠的受水口。'"① "水次逼近"實際上指澆水的輪次到了（詳見下文論述），所以要修治疏通好河口受水。張小豔又認爲："'底'爲阻塞義。通底，指疏通阻塞。故'通底河口'意謂疏通河渠泄水口壅塞（之處）。"② 這種説法頗爲牽强。"通底"若爲"疏通阻塞"義，則"阻塞"即是"通"的賓語，後面不該再帶"河口"做賓語。此"底"也當爲"定"義，"通底河口"即疏通河口，使河口安定之意。河流得到治理、河流安定在典籍中常以"底定"形容。《尚書·禹貢》："三江既入，震澤底定。"明張瀚《奚囊蠹餘》卷 14《盂銘》："歲在丁卯，始元隆慶，疏鑿濟沛，河渠氐（底）定，猥役督漕，謬承恩命。"③ 又明焦竑《國朝獻徵録》卷 50《工部一》載李充嗣《榮禄大夫工部尚書蒲川龔公弘墓誌》："丁丑黄河溢，山東守臣言狀，廷議才識疏通大臣一人往治之，僉以公名上聞，拜都察院右副都御史，奉勅總理，河患底定。"④ 明张萱《西園聞見録》卷 38《户

① 張小豔：《敦煌社會經濟文獻語詞論考》，上海人民出版社 2013 年版，第 509 頁。

② 同上書，第 510 頁。

③ （明）張瀚：《奚囊蠹餘》卷 14《盂銘》，明隆慶六年刻本。

④ （明）李充嗣：《榮禄大夫工部尚書蒲川龔公弘墓誌》，（明）焦竑輯《國朝獻徵録》卷 50《工部一》，《續修四庫全書》，上海古籍出版社 2002 年影印明萬曆刻本，史部，第 527 册，第 116 頁。

部七・漕運後》："有如湖患爲梗，漕艘不得前，即清濟、濁河疏瀹底定，彼漕艘者非倣醯壺醬瓿，可懷挾提挈而越之，亦非效鳥集烏飛兔興馬逝灕然而至者，如人病在咽喉，何言脾胃？"① "清濟、濁河"分别指濟水、黄河。"疏瀹底定"即疏通安定之意。"通底河口"即"疏通平定河口"，與"修治河口"意義類似。

【告】

又於寺家取布一疋，智秀受戒時告裙衫用。（S. 2228**《布紬破曆、麥酒破曆》**）

于正安認爲"告"爲求取義②，但用布求取裙衫文意不暢。此"告"當讀爲"造"。《詩經・大雅・公劉》："既登乃依，乃造其曹。"③ 玄應《一切經音義》卷9《大智度論》卷2"汝曹"條引作"乃吉其曹"（T54p610a）。"吉"爲"告"的俗體字，"告"又爲"造"的借字。《三國志》卷7《魏書・張邈傳》裴松之注："既渡淮北，留書與術曰：'足下恃軍彊盛，常言猛將武士，欲相吞滅，每抑止之耳！布雖無勇，虎步淮南，一時之間，足下鼠竄壽春，無出頭者。猛將武士，爲悉何在？足下喜爲大言以誣天下，天下之人安可盡誣？古者兵交，使在其間，造策者非布先唱也。相去不遠，可復相聞。'"④ 清梁章鉅《三國志旁證》卷9："造策，元本作告策。"⑤《禮記・文王世子》："其刑罪，則纖剸，亦告於甸人。"鄭玄注："告讀爲鞠，讀書用法曰鞠。"⑥ 清俞樾《群經平議》卷20《禮記二》：

---

① （明）張萱：《西園聞見録》卷38《户部七・漕運後》，《續修四庫全書》，上海古籍出版社2002年影印民國哈佛燕京學社本，子部，第1169册，第116頁。

② 于正安：《敦煌曆文詞彙研究》，中國經濟出版社2014年版，第144頁。

③ （漢）毛亨傳，（漢）鄭玄箋，（唐）孔穎達疏：《詩經注疏》卷17，（清）阮元校刻《十三經注疏》，江蘇廣陵古籍出版社1995年影印版，上册，第542頁。

④ （晉）陳壽撰，（南朝宋）裴松之注：《三國志》卷7《魏書・張邈傳》，中華書局2011年點校本，第1册，第226頁。

⑤ （清）梁章鉅：《三國志旁證》卷9，《續修四庫全書》，上海古籍出版社2002年影印版，經部，第274册，第579頁。

⑥ （漢）鄭玄注，（唐）孔穎達疏：《禮記注疏》卷20，（清）阮元校刻《十三經注疏》，江蘇廣陵古籍出版社1995年影印版，下册，第1409頁。

“樾謹按：告當讀爲造，古字通用。《列子·楊朱篇》‘密造鄧析而謀之’，《釋文》曰：‘造本作告。’是其例也。《小爾雅·廣詁》曰‘造，適也。造於甸人者，適於甸人也。’《周官·掌囚》曰‘凡有爵者與玉之，同族奉而適甸師氏，以待刑殺。’可證此文造字之義，因叚‘告’爲‘造’，其義不顯，鄭知告之爲叚字而不能得其本字，乃讀爲鞠，是時已將用法矣，豈尚待讀書乎？”① “製作衣服”文獻常用“造衣”表示。唐法藏《梵網經菩薩戒本疏》卷2：“僧衆應知，應用造佛形像及造佛衣七寶幡蓋，買諸香油寶華以供養佛，除供養佛餘不得用。”（T40p615b）宋施護《分別佈施經》：“今自手造衣來施於我，甚爲難事。”（T1p903c）東晉鳩摩羅什《龍樹菩薩傳》：“思此事已即欲行之，立師教戒更造衣服，令附佛法而有小異。”（T50p184c）敦煌文獻亦有用例。P. 4640背《歸義軍己未至辛酉年布紙破用例》：“九月七日，支與帳設王文勝補大幕粗布壹疋。同日，支與音聲張保昇造胡縢衣布貳丈四尺。”

【齔齒】

八歲齔齒，不樂長髮。僅十歲，從師學業。（P. 3677**《沙州報恩寺故大德禪和尚劉金霞遷神志銘並序》**）

“齔齒”當指兒童换牙。敦煌文獻中有許多類似用例。P. 3556《大周故普光寺法律尼清浄戒邈真贊》：“而又辭親割愛，舍煩惱於齠年；不戀世榮，棄嚣塵於齔歲。”P. 3718《唐河西釋門氾和尚寫真贊並序》：“竊以齠年出俗，懇慕真風；訪道尋師，三冬具進。”P. 3718《和尚程政信邈真贊並序》：“況和尚齠年落髮，處世不侔衆凡。”齠、齔均指兒童换牙，又叫“毀齒”。《集韻·蕭韻》：“齠，毀齒也。”②《周禮·秋官·司厲》：“凡有爵者，與七十者，與未齔者，皆不爲

① （清）俞樾：《群經平議》卷20《禮記二》，《續修四庫全書》，上海古籍出版社2002年影印版，經部，第178册，第324頁。

② （宋）丁度等：《集韻》卷3，上海古籍出版社1985年影宋述古堂本，上册，第174頁。

奴。"鄭玄注："齔，毀齒也。男八歲、女七歲而毀齒。"① 《大戴禮記》卷 13《本命》："故男以八月而生齒，八歲而毀齒。……女七月生齒，七歲而毀。"② S. 619《讀史編年詩卷上並序》："孔融幼女毀齒年，引頸就戮忻忻然。謝莊父子尚文雅，項橐師資推聖賢。"又叫"墮齒"。唐杜佑《通典》卷 91《凶禮》："女七歲、男八歲而墮齒，此墮齒之大例也。"③

"毀"當"毀壞"講在《廣韻》上聲紙韻，爲"許委切"，而當"毀齒"講在去聲寘韻，爲"況僞切"。《廣韻·寘韻》："毀，男八歲女七歲而毀齒。"④ 趙家棟認爲"齙"爲"垝"之訛字⑤。但"垝"作"毀壞"講一般只形容牆體類的東西。頗疑此"齙"即爲"毀"（毀齒）的俗字。

"危"有毀敗義。《吕氏春秋》卷 20《驕恣》："智短則不知化，不知化者舉自危。"高誘注："危，敗也。"⑥ 《管子》卷 17《禁藏》："吏不敢以長官威嚴危其命。"唐尹知章（一説房玄齡）注："危，毀敗也。"⑦ 從"危"得聲的字也多有毀壞、變更、損傷義。《集韻·紙韻》："垝陒，毀垣也。"又同書《紙韻》："祪，《説文》'祔祪祖也。'一曰毀廟。"又"捤，毀徹也。"以上含有毀壞義。《集韻·紙韻》："桅，遷廟也，通作毀。"又"恑，《説文》變也。"以上含有變遷義。《集韻·紙韻》："觤殨，《博雅》倦也。"又"歒，疲極

① （漢）鄭玄注，（唐）賈公彦疏：《周禮註疏》卷 36，（清）阮元校刻《十三經注疏》，江蘇廣陵古籍出版社 1995 年影印版，上册，第 882 頁。

② （漢）戴德：《大戴禮記》卷 13，《四部叢刊初編》，上海商務印書館影印無錫孫氏小緑天藏嘉趣堂刊本，經部，49 册，無頁碼。

③ （唐）杜佑：《通典》，岳麓書社 1995 年標點版，中册，第 1283 頁。

④ 余乃永：《新校互注宋本廣韻》，上海辭書出版社 2000 年版，第 349 頁。

⑤ 趙家棟：《敦煌文獻疑難字詞研究》，博士學位論文，南京師範大學，2011 年。

⑥ （戰國）吕不韋等：《吕氏春秋》卷 20《驕恣》，《文淵閣四庫全書》，台灣商務印書館 1986 年影印版，子部，第 848 册，第 459 頁。

⑦ 《管子》卷 17《禁藏》，《文淵閣四庫全書》，台灣商務印書館 1986 年影印版，子部，第 729 册，第 188 頁。

也。”[①] 以上含有損傷義。人體因損耗而感疲勞。“危”爲疑母支韻，“毀”爲曉母紙韻，語音相近，從“危”得聲的“桅”（遷廟）與“毀”（毀壞）《集韻》同在“虎委切”。

【矩作】

六日叔姪三人令狐留留到以來，有家人一，明（名）閏閏，年廿二，叔侄三人合從今月九日與東四防兄弟贈（僧）惠滿兄晟子勝君文文弟住住等對坐商量，矩作人價值，麥粟壹伯貳拾碩，内有乾過，准折斛斗。（BD09300**《令狐留留叔姪等分産書》**）

按：這是一份令狐留留三兄弟與東四防兄弟惠滿等分家産的文書。其中的“矩作”一詞頗難理解。竊以爲“矩”乃是“斷”的訛字，“矩作”即“斷作”。“斷作”在敦煌契約文書中習見。P. 3649 背《顯德四年燉煌鄉百姓賣颰吴盈順賣地契》：“敦煌鄉百姓吴盈順伏願上件地水佃種，往來施工不便，出賣與神沙鄉百姓琛義深，斷作地價每尺兩碩，乾濕中亭。”P. 4083《丁巳年通頰百姓唐清奴買牛契》：“遂於同鄉百姓楊忽律元面上買五歲耕牛一頭，斷作價值生絹一疋。”P. 3573p1《貞明九年閏四月索留住賣奴僕契》：“年拾歲，字三奴，出賣□慈惠鄉百姓段□□，斷作人價值生絹壹疋半。”S. 3877 背《戊戌年正月廿五日洪潤鄉百姓令狐安定僱工契》：“遂於龍勒鄉百姓就聰兒造作一年，從正月至九末，斷作價值，每月五斗。”P. 3649 背《丁巳年四月七日莫高鄉百姓賀保定僱工契》：“遂雇赤心鄉百姓龍員定男造作一周年。斷作雇價，每月一馱，乾濕中亭。”從用例來看，“斷作”即“折作（價值）”的意思。而 BD09300《令狐留留叔姪等分産書》中“矩（斷）作人價值”即確定家人閏閏的價值，唐時奴僕屬於私有財産，可以自由買賣，令狐留留三兄弟與東四防兄弟惠滿等分家産時也把閏閏當成物品一樣計算在共有財産裏，折合成斛斗糧食的形式，加以

---

① （宋）丁度等：《集韻》卷 5，上海古籍出版社 1985 年影宋述古堂本，上册，第 315 頁。

分配。

不過，“矩”與“斷”字形即不相似，語音亦不相同，“矩”怎麼會是“斷”的訛字呢？

首先，“短”俗書中常作“矩”形，敦煌文書中“短”就常寫爲“矩”。P. 2292《維摩詰經講經文》：“總推智矩，盡説才微，皆言怕懼維摩，不敢過他方丈。”“智矩”與“才微”構成對文，意義相近，“智矩”顯然應該是“智短”。S. 2073《廬山遠公話》：“兀發眉齊，身卦矩褐，一隨他後。”“矩褐”應爲“短褐”，爲古代貧苦人、僕役穿的一種勞作服裝。《史記》卷6《秦始皇本紀》：“夫寒者利裋褐。”司馬貞索隱：“裋，一音豎。謂褐布豎裁，爲勞役之衣，短而且狹，故謂之短褐，亦曰豎褐。”① 傳世典籍中也有本爲“短”而寫作“矩”的。南朝梁簡文帝《江南行》：“紫荷擎釣鯉，銀筐插短蓮。”《文苑英華》卷201收録此詩，其中“短”字作“矩”，注云：“矩，一作短。”②

其次，“短”與“斷”讀音近似。短，《廣韻》端母緩韻；斷，端母緩韻或定母緩韻。聲母相同或相近，韻母相近，可以通假。敦煌文書中有“短”通“斷”的例子。P. 3485《目連變文》：“貧道生年有父母，日夜持齋常短午。”蔣禮鴻認爲：“‘短’又是‘斷’的聲誤或同音通用字。”③ 也就是説“短午”即“斷午”，“斷午”是佛教的一種規定。

S. 2832《文樣・皇甫長官福可事》：“或夭或逝，圣哲不能易其年，有矩有续，天地不能促其寿。”“矩”，《願文集》（99頁）校爲“短”，是，此“短”與“續”相對爲文，也應爲“斷”的音訛字。

① （漢）司馬遷撰，（南朝宋）裴駰集解，（唐）司馬貞索隱，（唐）張守節正義：《史記》，中華書局1963年點校本，第1册，第283—284頁。

② （南朝梁）簡文帝：《江南行》，《文苑英華》卷201，《文淵閣四庫全書》，台灣商務印書館1986年影印版，集部，第1334册，第772頁。

③ 蔣禮鴻：《敦煌變文字義通釋》，《蔣禮鴻集（第一卷）》，浙江教育出版社2000年版，第229頁。

【乞麻】

白麵肆斗，造食，乞麻日衆僧吃用。（P. 3364**《某寺麵油破曆》**）

王慧慧："乞麻日，待考。"[①] 除這條記載外，敦煌入破曆中還有很多條關於"乞麻"的記載。P. 3490 背《油破曆》："油肆勝，西窟上水及乞麻齋時解火等用。""油肆斗五勝，西窟上水及乞麻解火等用。""白麵肆斗，造食，乞麻日衆僧吃用。"P. 2049 背《浄土寺直歲保護牒》："油兩抄，兩日乞麻衆僧食用。""麵兩㪷，兩日乞麻齋時食用。"P. 2049 背《浄土寺直歲願達牒》："油壹勝壹抄，乞麻日衆僧齋時用。""麵三㪷伍勝，乞麻日衆僧齋時用。"P. 2032 背《浄土寺食物等品入破曆》："麥七升臥酒，乞麻時衆時（僧）齋兼看牧人等用。""麵肆㪷，兩日乞麻齋時衆僧食用。""麵貳斗，乞麻衆僧造烝（蒸）餅食用。""麵三㪷五升，衆僧乞麻時食用。""麵三㪷，衆僧乞麻時食用。"P. 2776《諸色斛斗入破曆會算稿》："麵貳㪷，乞麻日衆僧齋時用。"

從以上記載來看，"乞麻"均是僧人的行爲，"乞"當即乞討、募化之義，在敦煌文獻中又稱"教化""化"。S. 6275《某寺丙午年十一月就庫納油付都師用曆》："丙午年十一月十日，就庫納油一斗，付都師衆僧教化麻吃用。"P. 4906《衆僧東窟等油麵抄》："粗麵伍升，衆僧教化麻用。"P. 2032 背《浄土寺食物等品入破曆》："油貳粗麵貳㪷，衆僧教化麻用。"S. 1519《庚戌年某寺油麵破曆》："又麵三斗，粗麵壹碩三斗，油三升，徒衆化麻喫用。"雖然名義上是"乞麻"，但實際上募化的物件並不僅限於麻。P. 2032 背《浄土寺食物等品入破曆》："粟壹碩壹㪷，乞麻時散施入。"可以看出，這"壹碩壹㪷粟"是在"乞麻"時，他人施捨給衆僧的。唐道宣《續高僧傳》卷 25："釋法力，未詳何人，精苦有志德，欲於魯郡立精舍，而財不足，與沙彌明琛，往上谷乞麻一載，將事返寺。"（T50p645c）可以

① 王慧慧：《從 P. 3364〈某寺麵油破曆〉看民俗佛教的一些特點》，《敦煌研究》2013 年第 4 期。

看出，法力“乞麻”是爲了修建寺廟，所以“乞麻”其實就是泛指寺庙和尚募集財物，不一定僅限於麻。

除了“乞麻”外，敦煌文獻還有“乞柴（教化柴）”“教化椽”的記載。P. 2032背《浄土寺食物等品入破曆》：“麺一石五斗，歲三日中間乞柴衆僧齋時用。”P. 4906《衆僧東窟等油麺抄》：“白麵壹斗，麧麺三斗，造軟併（餅），午料用，衆僧教化柴食用。”P. 2040背《浄土寺食品等品入破曆》：“教化柴時，衆僧食用。”P. 3763背《布緤褐麥粟入破曆》：“教化栎（椽）時，散施入布壹丈七尺。”“官布一丈三尺，教化栎（椽）時散施入。”從敦煌文獻記載來看，“乞柴”“教化椽”等募集之物也不僅限於柴和椽。

【遷故】

（結）義已後，但有社内（人）身遷故，贈送營辦葬義（儀），車輿，仰社人助成，不德（得）臨事疏遺。（S. 5520《社條本》）

“遷故”即死亡。“遷”“故”爲同義連文。“故”有死亡義，典籍習見。“遷”本義爲登高，《説文·辵部》：“遷，登也。”道教認爲人死後會飛升成仙，故用“升天”婉指人死。“遷”指人死也取其升遷義。“遷”婉指人死多半出現在同義組合中，如“遷化”“遷逝”“遷殂”等。《漢書》卷97《外戚傳上·孝武李夫人》：“忽遷化而不反兮，魄放逸以飛揚。”① 晉左芬《萬年公主誄》：“精靈遷逝，幽此中阿。”② 唐顔真卿《右武衛將軍臧公神道碑銘》：“操行愈謹，勞效未酬，不幸遷殂，良增追悼。”③

“遷故”當死亡講，傳世典籍未見，諸字典辭書未收。

① （漢）班固著，（唐）顔師古注：《漢書》，中華書局1962年點校本，第12册，第3953頁。

② 啓智書局：《六朝女子文選》（第三版），啓智印務公司1935年標點版，第89頁。

③ 周紹良主編：《全唐文新編》，吉林文史出版社2000年標點版，第2部第2册，第3919頁。

【遣、遣免】

（1）**中伏毒熱，惟親家翁母動静兼勝，此某常遣，新婦及男女並無恙。未議扺敘，無慰乃心；時嗣德音，是所望也。**（S. 361**《書儀鏡·與親家翁母書》**）

（2）**使至，辱某月日書為慰。春寒，惟動息清宜，此某常遣。**（S. 361**《書儀鏡》**）

（3）**秋季［霜］冷，惟次姊姊夫動静安佑，外甥等日惠，此某二恒遣。不審何當複得申豁，但增延詠。**（S. 361**《書儀鏡·與同門書》**）

（4）**寒氣日甚，惟動静兼佑，此某恒遣。無惜馬蹄，有時訪及，為幸也。**（S. 361**《書儀鏡》**）

（5）**春寒，願所履休勝，此某遣免。未即集會，眷仰彌深。**（P. 2646**《新集吉凶書儀·吉儀·與姑舅兩姨弟妹書》**）

（6）**使至枉問，深慰馳情。惟動用兼勝，某遣免。**（S. 5613**《書儀》**）

（7）**春寒，願所履休勝，此某遣免。**（S. 2200**《新集吉凶書儀·吉儀·與姑舅兩姨弟妹書》**）

張小豔認爲：‘“常遣’、‘恒遣’犹‘推常’，指像往常一样推排度日。”“‘遣免’（像往常一样）排遣度日，免于（灾难、病患等）”①。這種解釋認爲“恒遣”“常遣”“遣免”中的“遣”指推排度日，消磨時光，不確切。“遣免”實爲同義連文。韓愈《答魏博田僕射書》：“季冬極寒，伏惟僕射尊體動止萬福，即日愈蒙免，蒙恩改職事，不任感懼諸。”朱熹注：“今按蒙免者，蒙田之庇而得遣免也。”② 朱熹以“遣免”釋“免”，可見“遣免”爲當時常用語，且“遣免”與“免”意義大致相同。“遣”也有免除、消除義。《晉書》

① 張小豔：《敦煌書儀語言研究》，商務印書館 2007 年版，第 273 頁。

② （宋）朱熹撰，朱傑人等主編：《朱子全書》，上海古籍出版社、安徽教育出版社 2010 年版，第 19 册，第 497 頁。

卷42《王濬傳》："吾始懼鄧艾之事，畏禍及，不得無言，亦不能遣諸胸中，是吾褊也。"① 明张居正《三乞守制疏》："夫人之最難遣者，憂思之情也。"② "遣免" 宋代典籍習見，可用於特指憂患、煩惱等。如李之儀《與孫肖之書》："昨日得不愚書，方知閤中，令似今皆服藥料，憂懷相接，不易遣免也，失于上問，悚仄悚仄。"③ 吕濱老《沁園春》："心兒，轉更癡迷，又疑道清明、得共伊，但自家晚夜，多方遣免，不須煩惱。"④ "常遣" "恒遣" 之 "常" "恒" 意思是 "如常" "恒常"，指像往常一樣安好，"如常" 爲書儀中慣用套語。S. 2200《新集吉凶書儀·吉儀·和尚尊師與弟子書》："春寒，比如何？此吾如常。未即集見，懸念增積。" "常遣" "恒遣" 即 "像往日一樣安好，没有煩惱、災禍"。

【切奪】

（1）若是寶山身東西不在者，一仰口承人男富長衹當，於尺數還本絹者，切奪家資充為絹主，兩共對商，故勒私契，用為後憑。（S. 5632《辛酉年九月一日陳寶山貸絹契》）

（2）其褐九段，限至來年四月填還，若於限不還者，城皇格生利，若有四月之事不得者，切脱（奪）家資。（ДX. 1313《壬申年十月用斜褐填還驢價契》）

《契約輯校》（223頁）將例（1）中的 "切奪" 録爲 "劫奪"，誤。吴蘊慧認爲 "'切奪' 當讀作 "掣奪"，"'掣' 有牽制、控制之義。《釋名·釋姿容》：'掣，制也，制頓之使順己也。' '奪' 有强取之義。《玉篇·奞部》：'奪，取也。' '掣奪' 即牽制、强取也。"⑤

① （唐）房玄齡：《晉書》，中華書局1974年點校本，第4册，第1216頁。

② （明）張居正：《三乞守制疏》，《張文忠公全集》，商務印書館1935年影印版，上册，第92頁。

③ 曾棗莊、劉琳主編：《全宋文》，上海辭書出版社2006年標點版，第112册，第14頁。

④ 唐圭璋主編：《全宋詞》，中州古籍出版社1996年標點版，上册，第774頁。

⑤ 吴蘊慧：《〈敦煌社會經濟文獻真跡釋録〉研究》，花木蘭出版社2013年版，第77頁。

乜小紅也認爲例（2）中“切奪家資”即“掣奪家資”[①]。“掣奪家資”在敦煌契約文書中的確很常見，如：

（3）一任□□牽掣常住車牛雜物等，用充麥直。（P. 4053 背《唐天寶十三載龍興觀道士楊神岳便麥粟契兩件》）

（4）仍任掣奪家資牛畜，用充麥直。（S. 1475 背《卯年四月十八日悉董薩部落百姓翟米老便麥契》）

（5）仍任將契為領（令）六（律），掣奪家資雜物，用充麥直。（S. 1475 背《某年二月十四日靈圖寺僧神寶便麥契》）

（6）仍任將此契為令六（律），掣奪家資雜物，用充麥直。（S. 1475 背《某年四月十五日沙洲寺户嚴君便麥契》）

（7）如違限不還，即任掣奪家資雜物，用充麥粟直。（P. 3491p2《陰海清便麥粟契》）

（8）如違不還，一任掣奪家資雜物，用充豆直。（P. 3444 背《寅年上部落百姓趙明明便豆契》）

（9）仍任掣奪家資雜物，用充物直。（S. 1291《某年三月一日中元部［落］百姓曹清奴便麥豆契》）

（10）如若不納課税，掣奪家資，用充課税。（P. 3391 背《丁酉年二月一日契》）

但“切奪”未必不可通。表示“切分”動作的詞語在財產、物資等的分割方面，敦煌文獻常見，S. 5647《文樣・叔侄分書》：“如右件分割家沿（沿）活具十（什）物，叔侄對坐，以諸親近，一一再三准折匀亭，抛鈎爲定。”ДX. 01313《壬申年十月用斜褐填還驢價契》：“努家昨者，鎮城兵馬陽將頭驢駝已者九人，將去瓜州鎮城往者，不平善者，路上死者貼往驢價，切斷價者，著九人陪價者，斷駝九段，一一爲定。”“切斷價者”即把“驢馱”的價值拆分成九部分，由借驢駝的九人分别償還。“切奪”即“切分、奪取”，“切奪”傳世

① 乜小紅：《俄藏敦煌契約文書研究》，上海古籍出版社 2009 年版，第 127 頁。

典籍雖未見，但傳世典籍有“割奪”的用例。唐元次山《管仲論》：“今王室將卑，諸侯更疆，文王風化，殘削向盡，武王疆域，割奪無幾，禮樂不知其由，征伐何因而出。”①

另外，“掣奪”之“掣”也不是“牽制”之義，“掣”本義爲牽拽。《文選》卷10晉潘嶽《西征賦》：“貫鰓罗尾，掣三牽兩。”唐李善注引字書：“掣，牽也。”②“掣奪”之“掣”即爲“牽拉”之義，敦煌契約文書中又有作“牽掣”的，S.1475背《酉年行人部落百姓張七奴便麥契》：“如身東西，一仰保人等代還，任牽掣家資雜物牛畜等。”P.4053背《唐天寶十三載（754年）龍興觀道士楊神岳便麥契（稿）》：“一任□□牽掣常住車牛雜物等，用充麥直。”S.1475背《某年二月一日靈圖寺僧義英便麥契》：“仍任將契爲領（令）［六］（律），牽掣房資什物，用充麥直。”“牽掣”同義連文，强行牽拉之義。吐魯番文書中還有用“拽”的，64TAM4：36《唐麟德二年（665年）趙醜胡貸練契》：“到過其月不還，月別依鄉法酬生利。延引不還，聽拽家財雜物，平爲本練直。若身東西不在，一仰妻兒還償本練。”③

【上延】

某白：侍奉無感，上延和尚，攀慕號絶，無所逮及。（S.1040《新定吉凶書儀·凶儀》卷下《僧道答疏》）

厶等不孝，上延考妣，今啓行往厶方，經過至此，謹以清酌之奠，伏惟尚饗。（P.2622《吉凶書儀·葬行至橋樑津濟祭文》）

二例中“上延”頗難理解。“上延”一詞在敦煌書儀中常見。P.3442《父母喪告答妻書》：“無狀招禍，禍不滅身，上延耶嬢，攀號擗踴，五内屠裂，煩冤荼毒，不自勝忍。”又P.3442《吉凶書儀上

① 周紹良主編：《全唐文新編》，吉林文史出版社2000年標點版，第2部第3册，第4395頁。

② （晉）潘岳：《西征賦》，《六臣注文選》（6）卷10，《四部叢刊初編》，上海商務印書館影宋本，集部，1899册。

③ 唐長孺主編：《吐魯番出土文書》，文物出版社1996年版，第3册，第213頁。

下卷·父母喪告答祖父母書》："無狀招禍，禍不滅身，上延耶孃，攀號擗踴，五内縻潰，煩冤荼毒，不自堪忍。"又P. 3442《吉凶書儀上下卷·［父］母喪告答［兄］弟姊［妹］書》："無狀招禍，禍不滅身，上延耶孃，攀號擗踴，五内縻潰，煩冤荼毒，不自勝忍。"S. 361《書儀鏡·父母喪告弟妹［書］》："吾與汝罪逆深重，禍不自滅，上延耶耶孃，五情崩潰，不自堪居。"又S. 361《書儀鏡·父母喪告兄姊書》："罪逆深重，禍不自滅，上延耶耶孃，攀慕無及，五内摧裂，不能堪忍。"這些例子當中，都是説自身的禍患殃及到了父母尊長。傳世典籍中也有類似用例。歐陽修《與十四弟》："某罪逆深重，不自死滅，禍罰上延太君，以去年三月十七日有事，攀號冤叫，五内分崩。"[①] 宋史浩《妣喪大祥設祭祝文》："某等罪逆不孝，禍不自滅，上延先妣，日月迅速，遽及大祥。"[②]"上延和尚"和"上延考妣"中雖未出現禍患類的詞語，也應是説自身禍患延及父母尊長之意。書信因其體式固定，一些固定的套語常有省略形式。S. 1438背《書儀》："厶行已附狀計次達。中伏鬱蒸，惟動静兼祐。厶可察，相去千里，難豁情懷，往還數書，用明心目。幸甚，謹因。"又同篇："伏惟照察，卑守有限。謹因。"又："關山萬重，集會何日，限以阻遠，號訴末由，倍增殆絶。謹因，附白疏荒塞不次，某頓首頓首。"又："厶行已府（附）狀計次達。中伏郁蒸，惟奉時友祐。厶諸兄可察，懸隔萬里，一别三秋，控制之内，披豁五日。引望引望。謹因。"上述各例中均有"謹因"一詞，但看這些語句，"謹因"頗難理解，"謹因"什麼呢？而我們通過觀察"謹因"的另外一些例子，則詞義豁然開朗。P. 3637《書儀·上阿家狀》："厶等並平安，侍奉未由，伏增馳戀，謹因姓名使，謹奉狀。"S. 1438背《書儀》："展對未蔔，

① （宋）歐陽修著，李之亮箋注：《歐陽修集編年箋注》，巴蜀書社2007年標點版，第8册，第306頁。

② 曾棗莊、劉琳主編：《全宋文》，上海辭書出版社2006年標點版，第200册，第125頁。

但增馳系，謹因使遣疏荒塞不次。某姓名頓首。”S. 361《書儀鏡·四海書題》：“謹因厶使奉狀，不宣。”可知，“謹因”乃是“謹因厶使奉（遣）書”的省略形式，意思是托某個使者捎信。

【斯酈】

上件事段，今已標題，輕重之間，大家斯酈（酌）。（S. 6537 背《文樣·社條》）

張小豔認爲“斯酈（酌）”應校爲“斟酌”[①]，可備一説。今按“斯酈（酌）”亦有可能是“思酌”。思，《廣韻》息兹切，心母，之部；斯，息移切，心母，支部。唐五代西北方音脂支之微相混，二者同音。敦煌文獻屢見二者通用之例。P. 2673《唐詩文叢抄·劉希夷〈北邙篇〉》：“嗚呼哀哉洛陽道，相斯相望蓬萊島。”“相斯”應爲“相思”。P. 2747《捉季布傳文》：“如思隱藏趣旬日”，“如思”即“如斯”。S. 5639 + S. 5640《先修十王會文》：“攢思勝福，涉算叵儔。”例中“思”亦應爲“斯”的借字。“思酌”即考慮斟酌，典籍有用例。白居易《才識兼茂明於體用科策》：“臣伏以聖策首章曰：‘思賢能以濟其理，求讜直以聞其過。’又曰：‘上獲其益，下輸其情。’……此誠陛下思酌下言，欲聞上失，勤勤懇懇，慮臣輩有所隱情者也。”[②] 清徐松《宋會要輯稿·禮四二》：“而陛下思酌古今，恐遺典禮，有司盡稽故事，備舉文明。”[③]

【遂】

一、凡爲合社者，或有追贈死亡，各家中同居合活，不諫（揀）________姪男女十歲與（以）上，總以贈例，各遂浄粟一斗。（S. 8160《社條》）

上例中“遂”字無人作解。例中前面説“追贈”，後説“遂”，

---

① 張小豔：《敦煌社會經濟文獻語詞論考》，上海人民出版社 2013 年版，第 550 頁。

② （唐）白居易：《白居易集》，岳麓書社 1992 年標點版，第 444 頁。

③ （清）徐松輯，劉琳等校點：《宋會要輯稿》，上海古籍出版社 2014 年標點版，第 3 册，第 1672 頁。

“遂”當爲動詞，與“贈”字義近，但“遂”字怎麼會有贈送的意思呢？考察今天的方言中有“隨禮”“隨份子”的説法，指親友有紅白喜事或其他一些聚會活動時出錢送禮，在冀魯官話、中原官話、蘭銀官話中都有使用。[①]“隨禮”“隨份子”實際上就是隨着别人送禮，别人送多少自己也大致送多少。“遂”有如願、順從義。如《詩·曹風·候人》：“彼其之子，不遂其媾。”朱熹集傳：“遂，稱；媾，寵也。遂之爲稱，猶今人謂遂意曰稱意。”[②]《晉書》卷80《王羲之傳》：“今僕坐而獲逸，遂其宿心，其爲慶幸，豈非天賜！”[③]杜甫《羌村》詩之一：“世亂遭飄蕩，生還偶然遂。”[④]由“如願、順從”義引申可指隨從。唐沈亞之《湘中怨解》：“生曰：‘能遂我歸之乎？’”[⑤]“遂”用作送禮義與“隨禮”之“隨”正相似。

P. 5032《渠人轉帖》：“右緣遂羊價，人各麥二斗一升，幸請諸公等，帖至限今月十四日主人張醜憨家納遂。”于李麗認爲“納遂”不辭，應校爲“納遞”[⑥]，誤。郝春文曾就這個轉帖指出：“爲了局席活動酒宴的豐盛，渠社在辦春秋座局席活動時還要讓渠人遂羊價以供買羊之用。”[⑦]“遂羊價”之“遂”，郝春文並没有换用其他的詞語解釋，其實此“遂”也是隨份子之義，“遂羊價”即爲舉辦宴飲活動而贈送買羊的價錢，“納遂”似爲動賓關係，將每人所遂之錢交上來。

P. 2032背《浄土寺食物等品入破曆》：“麵二斗伍升，油一升造食，行像社遂物看人用。麵貳㪷柒勝，油壹勝，行像社聚物齋時用。”行像就是用裝飾華麗的寶車載着釋迦牟尼佛像巡行城市街衢的一種禮

① 參見許寶華、［日］宮田一郎《漢語方言大詞典》，中華書局1999年版，第5846頁。

② （宋）朱熹：《詩集傳》，鳳凰出版社2007年標點版，第101頁。

③ （唐）房玄齡：《晉書》，中華書局1974年標點版，第7册，第2102頁。

④ （清）彭定求等：《全唐詩》，中華書局1979年標點本，第7册，第2277頁。

⑤ 周紹良主編：《全唐文新編》，吉林文史出版社2000年標點版，第4部第1册，第8553頁。

⑥ 于李麗：《〈敦煌社邑文書輯校〉補正拾遺》，《語文知識》2010年第1期。

⑦ 郝春文：《敦煌的渠人與渠社》，《北京師範學院學報》（社會科學版）1990年第1期。

佛儀式。宋贊寧《大宋僧史略》卷上《服章法式》：“行像者，自佛泥垣，王臣多恨不親睹佛，由是立佛降生相，或作太子巡城相。”（T54p237a）行像社是敦煌社邑的一種，“社邑因支援寺院於佛誕日以寶車載佛像巡行街衢而得名”①。趙青山指出：“除上述行像、傘蓋、幡等必用供養具外，還需行像社社人負責備齊行像所需的其他物品，敦煌文獻中稱此事爲‘聚物’。”② “行像社遂物看人用”和後面的“行像社聚物齋時用”應該是類似的行爲，此“遂物”也應理解爲送物、贈物。

P. 4525《太平興國七年二月立社條一道》：“竊以閻浮凡上生，要此福因，或則浮生躭福，或則胎生罪重，各各有殊，今則一十九人發弘後（厚）願，歲末就此盛岩，燃燈齋食，舍施功德，各人麻壹㪷，先須秋間齊遂，押磑轉轉（傳）主人。”“齊遂”也應爲齊贈、齊交。

【提嘶】

勤心職事，臣下常途，豈待提嘶，然後克己。（P. 2754《唐安西判集》）

“提嘶”諸家皆未釋。傳世典籍亦有用例。明嚴從簡《殊域周咨録》卷4《東夷》：“雖然程大夫中華人也，用夏變貊，漸染之，薰陶之，提嘶而警覺之，將見風俗淳美，中山之民物皆易，而爲衣冠禮義之鄉。”③ 從文意來看“提嘶”並當爲“提示、提醒”之義。“提嘶”又作“提撕”。“提撕”本爲拉扯、提攜之義。《詩・大雅・抑》：“匪面命之，言提其耳。”鄭箋：“我非但對面語之，親提撕其耳。”④引申爲提示、教導。《顔氏家訓》卷1《序致》：“吾今所以復爲此

① 季羡林：《敦煌學大詞典》，上海辭書出版社1998年版，第428頁。

② 趙青山：《敦煌地區寺院行像活動財政考》，《敦煌學輯刊》2007年第4期。

③（明）嚴從簡：《殊域周咨録》卷4《東夷》，明萬曆刻本。

④（漢）毛亨傳，（漢）鄭玄箋，（唐）孔穎達疏：《詩經注疏》卷18，（清）阮元校刻《十三經注疏》，江蘇廣陵古籍出版社1995年影印版，上册，第556頁。

者，非敢軌物範世也，業以整齊門内，提撕子孫。”[①] 唐玄奘《大唐西域記》卷 2《印度總述》：“師必博究精微，貫窮玄奧，示之大義，導以微言，提撕善誘，彫朽勵薄。若乃識量通敏，志懷逋逸，則拘縶反關，業成後已。”（T51p877a）慧琳《一切經音義》卷 82 唐玄奘《大唐西域記》卷 2 “提撕” 條：“提撕，思奚反。案：提撕者，一一分析善説之也。並從手。”（T54p838a）又用在精神意志方面指振作、振奮。王羲之《筆勢論 · 健壯章》：“發動精神，提撕志意，剗剔精思，秘不可傳。”[②] 韓愈《南内朝賀歸呈同官》：“所職事無多，又不自提撕。”宋魏仲舉注引孙汝德：“祝曰：‘提撕，挈也。’……孫曰：公言其職事既簡，又不能自提撕振起也。”[③] S. 328《伍子胥變文》：“征馬合合雜雜，隱隱填填，鐵馬提撕，大軍浩汗。”《變文校注》（56 頁）：“項楚校：‘提撕’當作‘啼嘶’。按《李陵變文》有‘良久提撕使得蘇’句，顏氏家訓序致有‘提撕子孫’句，‘提撕’似爲叫喊、牽扯之意。”按：“鐵馬提撕”之“提撕”也應爲“振作”“振奮”之義，言征戰凱旋歸來，馬精神狀態極好。

典籍又作“提斯”。明高拱《論養相才》：“雖未可以言盡然，日日提斯，日日聞省，則必有知所以自求者矣。”[④]

【臥】

敦煌文獻中，管製作醋醬酒的方法叫“臥”。P. 2032 背《浄土寺食物等品入破曆》：“粟二石一斗臥酒沽酒，九日屈郎君孔目及看新社人兼造社條等用。”P. 2049 背《浄土寺直歲願達牒》：“粟兩碩壹㪷臥酒，二月八日齋時看行像社人及助佛人衆僧等用。”又同篇：“粟

---

① （北齊）顏之推著，王利器集解：《顏氏家訓集解》，上海古籍出版社 1980 年標點版，第 19 頁。

② 欒保群主編：《書論匯要》，故宫出版社 2014 年標點版，上册，第 28 頁。

③ （唐）韓愈著，錢仲聯集釋：《韓昌黎詩繫年集釋》，上海古籍出版社 1998 年版，下册，第 1225 頁。

④ （明）高拱著，岳金西等校注：《問辨録》，中州古籍出版社 1998 年標點版，第 412 頁。

七斟，臥酒看土門都頭修造，鄉官衆僧等用。”又如 P. 3763 背《布緤褐麦粟入破曆》：“粟七斗臥酒，九日社人用。”“臥”字此種用法在敦煌文獻中很常見，例子很多，不一一列舉。施謝捷將“臥”字校爲其他字的情況進行了糾正，但未能進一步闡明其涵義。[①] 高啓安對“臥”字的意義進行了解釋，並進一步探討了“臥”的意義來源。他認爲“臥酒”“臥醋”之“臥”爲“釀造”義，而“臥”的“釀造”義是“漚”（發酵）音轉的結果。[②] 但事實上“漚”本身並沒有發酵義。《説文·水部》：“漚，久漬也。”即長時間浸泡。或指長時間浸泡以利於發酵。《大詞典》“漚麻”條釋爲：“將麻莖或已剥下的麻皮浸泡在水中，使之自然發酵，達到部分脱膠的目的。”“漚肥”條《大詞典》釋爲：“將作物的杆、野草、緑肥、廄肥、垃圾、人糞尿、河泥等放在坑内，用水浸泡，經分解作用後，製成肥料。”我們不能認爲“臥酒”“臥醋”等中“臥”之爲“漚”的音轉。賈思勰《齊民要術》中提到製作酒、醋等時常常用到“臥”字，如：

（1）臥麴法：先以麥一䴵布地，然後著麴訖，又以麥䴵覆之。多作者，可以用箔、槌，如養蠶法。覆訖，閉户。（卷 7《造神麴並酒》）[③]

（2）《食經》作麥醬法：小麥一石，漬一宿，炊，臥之，令生黄衣。（卷 9《作醬法》）[④]

（3）作家理食豉法：隨作多少精擇豆，浸一宿，旦炊之，與炊米同，若作一石豉，炊一石豆，熟，取生茅臥之，如作女麴形。（卷 8《作豉法》）[⑤]

① 施謝捷：《敦煌文獻語詞校釋叢劄》，《敦煌研究》1999 年第 4 期。

② 高啓安：《唐五代敦煌飲食文化研究》，民族出版社 2004 年版，第 317 頁。

③ （後魏）賈思勰著，繆啓愉校釋：《齊民要術校釋》，農業出版社 1982 年版，第 364 頁。

④ 同上書，第 421 頁。

⑤ 同上書，第 444 頁。

例（3）中“女麴”的臥法，據卷9《作菹藏生菜法》篇引《食次》是：“以青蒿上下奄之，置牀上，如作麥麴法。”① 繆啓愉對其中的“臥”有過一段解釋：“將和好的麴料（或麴塊）放進曲室中培養麴菌，俗稱爲‘罨’。在《要術》稱爲‘臥’，在《四民月令》稱爲‘寢臥’，在別的書中也稱爲‘燠’。罨麴必須在密閉的房室中進行，在保持一定的溫度和濕度的條件下，使有益微生物順利繁殖，這就是所謂‘臥’。”②

“繆”的解釋近是。“罨麴”的做法，宋朱翼中《北山酒經》卷中《頓遞祠祭麴》對“罨麴”有一段記載：“仍預治净室無風處安排下場子，先用板隔地氣，下鋪麥麲約一尺，浮上鋪箔，箔上鋪麴，看遠近用草人子爲楔，上用麥麲蓋之。又鋪箔，箔上又鋪麴，依前鋪麥麲，四面用麥麲劄實，風道上面更以黄蒿稀壓定，須一日兩次覷，步體當發得緊慢。”③ 可見“罨麴”即是在密室中，以草葉掩覆發酵物以醖釀成麴。《説文・网部》：“罨，罕也。”宋徐鍇系傳：“網從上掩之也。”④ 引申有覆蓋義。唐張泌《春江雨》：“子規叫斷獨未眠，罨岸春濤打船尾。”⑤ 宋吴潛《隔浦蓮和葉編修士則韻》：“天際濃雲罨，水周匝。”⑥“罨麴”之“罨”即是取其覆蓋義，只不過這種覆蓋是一種有目的性的覆蓋。“臥麴”“臥酒”之臥與“罨”義同。甘肅臨夏方言中把酸李用破棉襖捂蓋起來，使之變得又軟又甜，叫“臥臥果”，用棉被捂蓋着發麵也叫“臥麵”，“臥”均是“捂蓋”之義。“臥臥果”“臥麵”之“臥”即是“臥曲”“臥酒”之“臥”在方言

① （後魏）賈思勰著，繆啓愉校釋：《齊民要術校釋》，農業出版社1982年版，第534頁。

② 同上書，第380頁。

③ （宋）朱翼中：《北山酒經》卷中《頓遞祠祭麴》，《文淵閣四庫全書》，台灣商務印書館1986年影印版，子部，第844册，第818頁。

④ （南唐）徐鍇：《説文繫傳》卷14，《四部叢刊初編》，上海商務印書館影印烏程張氏藏述古堂景宋寫本，經部，73册。

⑤ （清）彭定求等：《全唐詩》，中華書局1979年標點本，第21册，第8453頁。

⑥ 唐圭璋主編：《全宋詞》，中州古籍出版社1996年標點版，下册，第1853頁。

中的遺留。①

"卧"篆文作"臥"，楊樹達《積微居小學述林》卷3《釋卧》："余謂古文臣與目同形，卧當從人從目。蓋人當寢卧，身體官骸與覺時皆無别異，所異者獨目爾。覺時目張卧時則目合也。"② 楊琳師據此並引其他例證認爲："卧字從臣，其本義應該是瞑眠，閉目睡覺，著重强調眼的閉合，而不是身體的倒伏。"③ 我們認爲"卧"字之"捂蓋"義正是由"眼閉合"義發展來的。"卧"字之引申與"閉"類似，"閉"字即由"閉合"義引申爲"覆蓋"義。"閉"字"閉合"義典籍常見，此不贅舉，用如覆蓋義，如韓愈《重雲李觀疾贈之》："重雲閉白日，炎燠成寒涼。"④

【卸⿰衤垂】

於是鎖鑰齊開，封題並坼。珠珍卸⿰衤垂，寶具分摟，併工搬運於天庭，簇手騰移於御庫。(Φ096《雙恩記》)

《變文校注》(931頁) 録作"⿰衤垂"，並云："⿰衤垂，未見字書所載，疑爲'埵'字之誤。潘校作'裲'，恐未是。"趙家棟又認爲"⿰衤垂"爲"椷"的俗訛字⑤。認爲是"埵"字之誤或"椷"的俗訛字，均不確切。"⿰衤垂"當録作"⿰衤垂"而校作"⿰禾垂"。《隸辨·平聲·支韻》載《富春丞張君碑》"垂歌吴域"，"垂"字作"垂"⑥，與"⿰衤垂"字的右部偏旁類似。俗體禾部、衤部不分，故"⿰衤垂"即爲"⿰禾垂"俗體。"⿰禾垂"有集聚義。《廣雅·釋詁一》："⿰禾垂，積也。"⑦《廣韻·果韻》：

① 以上方言承楊琳師見告。

② 楊樹達：《積微居小學樹林全編》，上海辭書出版社2007年版，上册，143頁。

③ 楊琳：《論因形求義法》，《中國文字研究》2008年第1輯。

④ (清) 彭定求等：《全唐詩》，中華書局1979年標點本，第10册，第3769頁。

⑤ 趙家棟：《敦煌文獻疑難字詞研究》，博士學位論文，南京師範大學，2011年。

⑥ (清) 顧藹吉編：《隸辨》，中華書局1986年影印康熙五十七年項氏玉淵堂刻本，第8頁。

⑦ (三國魏) 張揖著，(清) 王念孫疏證：《廣雅疏證》卷1，江蘇古籍出版社2000年影印版，第17頁。

“穜，小積。”① 而下文的“摟”亦有集聚義。《爾雅·釋詁》：“摟，聚也。”郭璞注：“摟，猶今言拘摟，聚也。”② “卸穜”與“分摟”意義與結構都類似。“珠珍卸穜，寶具分摟”，整體是説把需要的各種寶貝從珍寶堆中搬卸出來，把需要的寶具從寶具聚集的地方分出來。

【易】

（1）粟柒斗，僧録窟上易沙用。（P. 2049 背《浄土寺直歲願達牒》）

（2）油伍勝半，僧録窟上易沙窟上燃燈衆僧及學郎等用。（P. 2049 背《浄土寺直歲願達牒》）

（3）麺捌斗，僧録窟上易沙衆僧及學郎等用。（P. 2049 背《浄土寺直歲願達牒》）

（4）麺伍斗，僧録窟上易沙，衆僧學郎等用。（P. 2049 背《浄土寺直歲願達牒》）

（5）油半抄，易城垛日，衆僧解齋用。（P. 2049 背《浄土寺直歲願達牒》）

（6）麺伍勝，易城垛日，衆僧解齋用。（P. 2049 背《浄土寺直歲願達牒》）

（7）麺壹斗，易城垛日衆僧食用。（P. 2049 背《浄土寺直歲願達牒》）

（8）油兩抄，西倉内易麥兩日衆僧食用。（P. 2049 背《浄土寺直歲保護牒》）

（9）麺壹㪷，西倉易麥日齋時用。（P. 2049 背《浄土寺直歲保護牒》）

---

① 余乃永：《新校互注宋本廣韻》，上海辭書出版社 2000 年版，第 306 頁。

② （晉）郭璞注，（宋）邢昺疏：《爾雅注疏》卷 2，（清）阮元校刻《十三經注疏》，江蘇廣陵古籍出版社 1995 年影印版，下册，第 2574 頁。

以上諸例“易沙”“易城垛”“易麥”中之“易”意義並當相同，爲“移除、清理”之意。莫高窟每年都有大量的沙土堆積，需要定期清理。敦煌文獻有掃窟推沙的記録。P. 2641 背《重修南大像北古窟題壁並序》：“偶因團聚，思想仙岩，詣就觀瞻，龕龕禮謁，推沙掃窟之次，忽睹南大像北邊一所古窟，摧殘歲久，毀壞年深，去戊申歲末發其心願，至己酉歲中方乃修全，以諮（兹）推砂掃窟、崇仰功德所申意者，先奉爲龍天［八］部，擁護城隍，梵釋四王，安人静塞。”“易城垛”當即拆除原有已經坍塌的城垛之意。敦煌文獻中還有“下城垛”與“易城垛”意義類似。P. 2032 背《浄土寺食物等品入破曆》：“麵三碩壹斗，壘行像堂及下城垛用。”“麵陸斗伍勝，壘行像堂及下城［垛］用。”敦煌文獻常用“下”表示除下、摘下、卸下意。P. 2040 背《浄土寺食物等品入破曆》：“大衆下桃來就僧統院分時，看判官等用”。S. 6981 背《某寺諸色斛斗破曆》：“粟壹斗，下柰子日就園看判官用”。P. 2049 背《浄土寺直歲保護牒》：“粟二斗，僧官窟上下彭（棚）回來日沽酒衆僧用。”“下彭（棚）”即拆除施工中的脚手架。“易麥”當指清理原有的爛掉的麥子。從敦煌文獻記載來看，寺院倉庫中每年會有一部分麥子因爲蟲咬、潮濕等原因壞掉。P. 2049 背《浄土寺直歲保護牒》：“麥肆碩伍斗，逐年圖下濕爛蟲喫不堪用。”“易麥”當指對這部分麥子進行處理。

敦煌文獻又有“易墼”的記載。

（10）麵壹碩伍升，弈（易）墼及接牆聚僧食用。（P. 2032 背《浄土寺食物等品入破曆》）

（11）麵五斗五升，弈（易）墼及接牆僧食用。（P. 2032 背《浄土寺食物等品入破曆》）

（12）麵壹碩壹斗，般（搬）墼衆僧齋時用。麵貳斗，易墼兩日衆僧齋時用。（P. 2049 背《浄土寺直歲願達牒》）

（13）麵貳斗，兩日易墼僧食用。（P. 2049 背《浄土寺直歲願達牒》）

（14）麵壹斗，園内易墼齋時用。（P. 2049 背《浄土寺直歲保護牒》）

（15）麵陸斗伍勝，兩日般墼隨車牛人夫衆僧等用。麵壹斗伍勝，第三日衆僧易墼齋時解齋用。（P. 2776《諸色斛斗入破曆會算稿》）

（16）麵陸斗，兩日般墼車牛人夫及衆僧食用。麵三斗，第三日衆僧衆僧易墼解齋齋時及夜飯等用。（P. 2776《諸色斛斗入破曆會算稿》）

（17）麵肆斗，兩日搬墼衆僧及人夫食用。麵斗半易墼日三時看沙彌用。（P. 2776《諸色斛斗入破曆會算稿》）

（18）豆伍斗，兩日般墼貼粟沽酒用。豆三斗，易墼日兩上沽酒用。（S. 366《某寺諸色斛斗破曆》）

"墼"指未燒過的土坯。《急就篇》卷 3："墼壘廥廄庫東箱。"顔師古注："墼者，抑泥土爲之，令其堅激也。"[①] 張小豔認爲"易墼"指翻轉土坯，使其上下位置互换，以便它乾透，爲"脱墼"過程中的一道工序。[②] 于正安認爲義同"般（搬）墼"[③]，均不確切。從例（12）（15）（16）（17）（18）的記載來看，"易墼"均在"般（搬）墼"之後，尤其例（15）和（16）明顯是説經過兩日的"搬墼"完成後到第三日方才"易墼"。張小豔認爲"般（搬）墼"指"將製作成型的土坯搬運到砌牆蓋舍的地方"[④]，既然"易墼"發生在"般（搬）墼"之後，説明"脱墼"的過程已經完成，"易墼"當不

① （漢）史遊著，（唐）顔師古注：《急就篇》卷 3，岳麓書社 1989 年影印版，第 235 頁。

② 張小豔：《敦煌社會經濟文獻語詞論考》，上海人民出版社 2013 年版，第 162 頁。

③ 于正安：《敦煌曆文詞彙研究》，中國經濟出版社 2014 年版，第 142 頁。

④ 張小豔：《敦煌社會經濟文獻語詞論考》，上海人民出版社 2013 年版，第 162 頁。

是“脱墼”的工序，意思上也不同於“搬墼”。陳曉强認爲“般（搬）墼”“易墼”有別，“搬墼指將碼垛在制墼場地周邊已晾曬風乾的墼，搬運到固定儲存的地方，所以需要車馬和專門的‘搬墼人’”，“易墼”則指從固定儲存的地方“將墼移送至建築工地”[①]。但既然“般（搬）墼”之後馬上就要“易墼”，而不是“般（搬）墼”後儲存一段時間再轉，爲什麼不直接從製墼場地轉運至建築工地？筆者認爲“易”當義同于“易沙”“易城垛”“易麥”之“易”，爲移除義。“易墼”指拆除原有用土墼砌成的牆上的“墼”。敦煌文獻還有“上墼”的記載。S. 6161《刺河西節度兵部尚書張公德政之碑》：“豎四牆，後隨締構。曳其栿櫟，憑八股之轒轤；上墼運泥，斡雙輪於霞際。”“上墼”即往上堆壘土墼。

“易墼”當與“上墼”意義相反。《爾雅·釋詁》：“馳，易也。”郝懿行義疏：“易，亦移之叚借也。”[②] 王引之《經義述聞·通説上·易》：“移、易二字同義。家大人曰：移、易二字同義。《盤庚》曰：‘我乃劓殄滅之，無遺育，無俾易種於兹新邑。’言毋使移種於新邑也。”[③] 由“轉移”義引申爲清理、移除。

【影背】

舅姓張富深為緣先因福尠，種果不圓，感得孤獨一身，全無影背。（ДX. 12012《後唐清泰二年正月敦煌鄉百姓張富深收養外甥進成為男契》）

乜小紅：“影，指本人身影，影之背面，當指另一人。全無影背。是説除了自己，没有任何人在身邊。”[④] 這種解釋没有道理，影子的背面怎會有另一個人呢？

“影”有“遮蔽”“庇護”“掩藏”義，敦煌典籍習見。P. 3724

---

① 陳曉强：《論敦煌文獻中的“墼”》，《敦煌研究》2017 年第 6 期。

② （清）郝懿行《爾雅義疏》卷上又一，《中國古代工具書叢編》，天津古籍出版社 1999 年影印版，第 3 册，第 820 頁。

③ （清）王引之：《經義述聞》，商務印書館 1936 年標點版，第 5 册，第 1217 頁。

④ 乜小紅：《俄藏敦煌契約文書研究》，上海古籍出版社 2009 年版，第 202 頁。

王梵志詩《前死未長別》："前死未長別，後來亦非久。親（新）墳影舊塚，相續似魚鱗。"項楚注："影，掩蔽、隱藏。……梵志詩'新墳影舊塚'者，謂新墳舊塚層層覆蓋。"① P. 3697《捉季布傳文》："季布忍饑受渴終難過，須投分義舊情親。初更乍黑人行少，越牆直入馬坊門。更深潛至堂階下，花藥園中影樹身。""影樹身"謂身體遮擋在樹身背後。S. 3227《韓朋賦一首》："皎皎明月，浮雲影之。""浮雲影之"謂浮雲遮擋覆蓋了明月。"影"作"遮蔽""隱藏"講，傳世文獻也有用例。《太平廣記》卷296：使者曰："冥司幽秘，恐或漏泄，向請左曹匿影布囊盛之。"魏耕原解釋說："匿影，猶言匿隱。"②

"影"本指人或物體由於擋住光線而留下的陰影，"影"之"遮蔽""掩藏"義應該就是由"陰影"義發展來的。"影"的詞義引申軌跡即與"蔭"類似。"蔭"本指樹影。《淮南子》卷17《說林》："蔭不祥之木。"漢高誘注："蔭，木景也。"③"木景"即"木影"，樹影。"蔭"由"樹蔭"義引申爲"遮蔽""庇護"，典籍習見。如《左傳·文公七年》："本根無所庇蔭矣。"④《隋書》卷47《柳述傳》："少以父蔭，爲太子親衛。"⑤

"背"初文作"北"，《說文·北部》："北，乖也。從二人相背。"相背對着從另一個角度講則是相互背靠着，"背"引申有"背靠""依靠"義。《孫子》卷中《行軍》："必依水草而背衆樹，此處斥澤之軍也。"宋梅堯臣注："不得已而會敵，則依近水草，背倚衆木。"⑥又："用兵之法高陵勿向，背丘勿逆。"唐杜牧注：

① 項楚：《王梵志詩校注》，上海古籍出版社1991年版，第602頁。

② 魏耕原：《全唐詩語詞通釋》，中國社會科學出版社2001年版，第343頁。

③ 何寧：《淮南子集釋》，中華書局1998年版，下册，第1208頁。

④（晉）杜預注，（唐）孔穎達疏：《左傳注疏》卷19，（清）阮元校刻《十三經注疏》，江蘇廣陵古籍出版社1995年影印版，下册，第1845頁。

⑤（唐）魏徵等：《隋書》，中華書局1973年點校本，第5册，第1272頁。

⑥（戰國）孫武著，（三國魏）曹操等注：《孫子十家注》，陳志堅主編《諸子集成》第4册，北京燕山出版社2008年標點版，第328—329頁。

“向者，仰也。背者，倚也。逆者，迎也。言敵在高處不可仰攻敵，倚丘山下來求戰，不可逆之。”① 《文選》卷 30 載晉謝靈運《田南樹園激流植援》：“卜室倚北阜，啓扉面南江。”唐劉良注：“卜度倚背阜山，啓開扉門也。”② 宋葉適《待時》：“陛下姑自爲其時而自待之。毋使群臣相倚相背，徒玩歲月。前者既去，後者複來，不過如此而已也。”③ “相倚相背”謂相依相靠。“靠”字的引申義與“背”字相似。《説文·非部》：“靠，相韋也。”段注：“韋，各本作違，今正相韋者，相背也。故從非。今俗謂相依曰靠，古人謂相背曰靠。”④ 可見，“靠”字本義爲“相背、背靠”，後來由此引申出“依靠”義。

“影背”當指“蔭蔽、依靠”。“全無影背”謂完全没有可依靠之人。中國人一向有養兒防老的説法，P. 2418《父母恩重經講經文》：“書云：‘積穀防飢，養子防老。’”就是説養兒子是希望到老的時候有人可以依靠，此文書講張富深没有子女，遂收養外甥進成養子，這也正是出於養兒防老的考慮。

【紆】

魯人曰：“吾聞男女不六十不間居。今子幼，吾亦幺，不子（可）納汝也。”婦人曰：“昔柳下惠紆不逮門之（女），如（而）國人不稱其亂。”魯人曰：“柳下惠故可，吾不可也。”（S. 1725《大唐吉凶書儀》）

古籍中有許多與此相近的敍述，如：

（1）男子曰：“吾聞之也，男子不六十不間居。今子幼，吾亦

① （戰國）孫武著，（三國魏）曹操等注：《孫子十家注》，陳志堅主編《諸子集成》第 4 册，北京燕山出版社 2008 年標點版，第 312—313 頁。

② （晉）謝靈運：《田南樹園激流植援》，《六臣注文選》（16）卷 30，《四部叢刊初編》，上海商務印書館影宋本，集部，1909 册。

③ （宋）葉適著，劉公純等點校：《葉適集》，中華書局 1961 年標點版，第 766 頁。

④ （漢）許慎著，（清）段玉裁注：《説文解字注》卷 5，浙江古籍出版社 2006 年影印版，第 234 頁。

幼，不可以納子。”婦人曰：“子何不若柳下惠然，嫗不逮門之女，國人不稱其亂。”男子曰：“柳下惠固可，吾固不可。”（《詩·小雅·巷伯》“成是南箕”毛傳）①

(2) 魯人曰：“吾聞男女不六十不同居，今子幼，吾亦幼，是以不敢納爾也。”婦人曰：“子何不如柳下惠然？嫗不逮門之女，國人不稱其亂。”魯人曰“柳下惠則可，吾固不可。”（宋·胡仔《孔子編年》卷1《魯昭公二十二年》）②

“間居”，趙和平校爲“聞居”③，查原卷，實爲“間居”，“間居”指間雜居住。“幺”字，趙和平誤校爲“久”④，原卷是“幺”字，“幺”與“幼”義同，都有幼小的意思。《説文·幺部》：“幺，小也。象子初生之形。”⑤“紆”字，趙和平誤校爲“纤”⑥，查原卷實爲“紆”字。“紆不逮門之（女）”，毛傳與《孔子編年》俱作“嫗”，可知，此“紆”應爲“嫗”之音近借字。“嫗”本指鳥禽類以身體孵卵。《禮記》卷11《月記》：“羽者嫗伏，毛者孕鬻。”孔穎達疏：“謂飛鳥之屬，皆得體伏而生子也。”⑦後泛指“以體相温”。《禮記》卷11《樂記》：“煦嫗覆育萬物。”漢鄭玄注：“氣曰煦，體曰嫗。”⑧“嫗不逮門之女”即“（將其抱在懷裏）用體温温暖没能趕上走出郭門的女子”。“紆”《廣韻》屬影母平聲虞韻，“嫗”屬影母上聲麌韻，中古音近，可通。

① （漢）毛亨傳，（漢）鄭玄箋，（唐）孔穎達疏：《詩經注疏》卷12，（清）阮元校刻《十三經注疏》，江蘇廣陵古籍出版社1995年影印版，上册，第456頁。

② （宋）胡仔：《孔子編年》卷1《魯昭公二十二年》，《文淵閣四庫全書》，台灣商務印書館1986年影印版，史部，第446册，第9頁。

③ 趙和平：《敦煌寫本書儀研究》，臺北出版社1993年版，第419頁。

④ 同上。

⑤ （漢）許慎著，（宋）徐鉉校訂：《説文解字》卷4，汲古閣本。

⑥ 同上。

⑦ （漢）鄭玄注，（唐）孔穎達疏：《禮記注疏》卷38，（清）阮元校刻《十三經注疏》，江蘇廣陵古籍出版社1995年影印版，下册，第1537頁。

⑧ 同上。

【運身】

我佛牟尼大法王，觀見難陀氣湣傷，兄弟之情還教切，運身便即現威光。首（手）托缽盂光灼灼，足躡祥雲氣異香，彈指之間身即到，高聲門外唱家常。（P. 2324《難陀出家緣起》）

《變文校注》（590 頁）："運，疑應讀作渾。"按："運身"不應讀作"渾身"，"運身"可通。按佛家所説在運動行走方面能達到三種神通：運身、勝解和意勢。唐玄奘譯《阿毗達磨順正理論》卷 76：

> 行複三種：一者運身，謂乘空行猶如飛鳥。二者勝解，謂極遠方作近思惟便能速至，若於極遠色究竟天，作近思惟即便能至。本無來去。何謂速行？此實亦行但由近解。行極速故得勝解名。或世尊言，静慮境界不思議故，唯佛能了。三者意勢，謂極遠方舉心緣時，身即能至。此勢如意得意勢名。（T29p143c—144a）

又唐玄奘譯《阿毗達磨大毗婆沙論》卷 141：

> 複有三種神用，一運身，二勝解，三意勢。運身神用者，謂舉身淩虚猶若飛鳥，亦如壁上所畫飛仙。勝解神用者，謂於遠作近解由此力故，或住此洲手捫日月，或屈伸臂頃至色究竟天。意勢神用者，謂眼識至色頂，或上至色究竟天，或傍越無邊世界。（T27p725b）

"運身"就是説，要跑到遠地方去，可以凌空飛過去。"勝解"就是你想要到某個很遠的地方去，把這個地方在心裹邊想的很近，就可以過去了。"意勢"是指心裹想到哪里馬上就能到哪里。下文説"足躡祥雲氣異香"正是説佛祖騰空飛行的樣子，"彈指之間身即到"正説明佛祖運身行走之快。

【載劫】

粟壹㪷，載劫耳（牙）棗時用。（P. 2032 **背《浄土寺食物等品入破曆》**）

劫，《真跡釋録》第 3 輯（473 頁）録爲“劫”。“載劫耳棗”文意不暢。疑此“劫”當録爲“却”。“却”又爲“卸”的俗字。《干禄字書·去聲》：“御御，上俗，下正。”①《碑别字新編》11 畫“御”字載《隋張盈墓誌》“御”②，“御”中的“缶”構件均被類化爲“去”。“載卸耳棗”指裝載卸除耳棗。“耳棗”之“耳”當校爲“牙”，“耳”“牙”俗體常混而不分，“牙棗”指一種形似牙的棗。《本草綱目》卷 29：“又有牙棗，先衆棗熟，亦甘美，微酸而尖長。”③

【易】

（1）粟柒斗，僧録窟上易沙用。（P. 2049 背《浄土寺直歲願達牒》）

（2）油伍勝半，僧録窟上易沙窟上燃燈衆僧及學郎等用。（P. 2049 背《浄土寺直歲願達牒》）

（3）麺捌斗，僧録窟上易沙衆僧及學郎等用。（P. 2049 背《浄土寺直歲願達牒》）

（4）麺伍斗，僧録窟上易沙，衆僧學郎等用。（P. 2049 背《浄土寺直歲願達牒》）

（5）油半抄，易城垛日，衆僧解齋用。（P. 2049 背《浄土寺直歲願達牒》

（6）麺伍勝，易城垛日，衆僧解齋用。（P. 2049 背《浄土寺直歲願達牒》）

（7）麺壹斗，易城垛日衆僧食用。（P. 2049 背《浄土寺直歲

① 施安昌編：《顔元孫書〈干禄字書〉》，紫禁城出版社影故宫博物院拓本，第 47 頁。
② 秦公：《碑别字新編》，文物出版社 1985 年版，第 159 頁。
③ （明）李時珍：《本草綱目》，中醫古籍出版社 1994 年據金陵版點校本，第 744 頁。

願達牒》）

（8）油兩抄，西倉内易麥兩日衆僧食用。（P. 2049 背《浄土寺直歲保護牒》）

（9）麵壹㪷，西倉易麥日齋時用。（P. 2049 背《浄土寺直歲保護牒》）

以上諸例“易沙”“易城垛”“易麥”中之“易”意義並當相同，爲“移除、清理”之意。莫高窟每年都有大量的淤沙堆積，需要定期清理。敦煌文獻有掃窟推沙的記録。P. 2641 背《重修南大像北古窟題壁並序》：“偶因團聚，思想仙岩，詣就觀瞻，龕龕禮謁，推沙掃窟之次，忽睹南大像北邊一所古窟，摧殘歲久，毀壞年深，去戊申歲末發其心願，至己酉歲中方乃修全，以諮（兹）推砂掃窟、崇仰功德所申意者，先奉爲龍天［八］部，擁護城隍，梵釋四王，安人静塞。”“易城垛”當即拆除原有已经坍塌的城垛之意。敦煌文獻中還有“下城垛”與“易城垛”意義類似。P. 2032 背《浄土寺食物等品入破曆》：“麵三碩壹斗，壘行像堂及下城垛用。”“麵陸斗伍勝，壘行像堂及下城［垛］用。”敦煌文獻常用“下”表示除下、摘下、卸下意。P. 2040 背《浄土寺食物等品入破曆》：“大衆下桃來就僧統院分時，看判官等用。”S. 6981 背《某寺諸色斛斗破曆》：“粟壹斗，下柰子日就園看判官用”。P. 2049 背《浄土寺直歲保護牒》：“粟二斗，僧官窟上下彭（棚）回來日沽酒衆僧用。”“下彭（棚）”即拆除施工中的脚手架。“易麥”當指清理原有的爛掉的麥子。從敦煌文獻記載來看，寺院倉庫中每年會有一部分麥子因爲蟲咬、潮濕等原因壞掉。P. 2049 背《浄土寺直歲保護牒》：“麥肆碩伍斗，逐年圖下濕爛蟲喫不堪用。”“易麥”當指對這部分麥子進行處理。

敦煌文獻又有“易墼”的記載。

（10）麵壹碩伍升，弈（易）墼及接牆聚僧食用。（P. 2032

背《浄土寺食物等品入破曆》)

(11) 麵五斗五升，弈（易）墼及接牆僧食用。(P. 2032 背《浄土寺食物等品入破曆》)

(12) 麵壹碩壹斗，般（搬）墼衆僧齋時用。麵貳斗，易墼兩日衆僧齋時用。(P. 2049 背《浄土寺直歲願達牒》)

(13) 麵貳斗，兩日易墼僧食用。(P. 2049 背《浄土寺直歲願達牒》)

(14) 麵壹斗，園内易墼齋時用。(P. 2049 背《浄土寺直歲保護牒》)

(15) 麵陸斗伍勝，兩日般墼隨車牛人夫衆僧等用。麵壹斗伍勝，第三日衆僧易墼齋時解齋用。(P. 2776《諸色斛斗入破曆會算稿》)

(16) 麵陸斗，兩日般墼車牛人夫及衆僧食用。麵三斗，第三日衆僧衆僧易墼解齋齋時及夜飯等用。(P. 2776《諸色斛斗入破曆會算稿》)

(17) 麵肆斗，兩日搬墼衆僧及人夫食用。麵斗半易墼日三時看沙彌用。(P. 2776《諸色斛斗入破曆會算稿》)

(18) 豆伍斗，兩日般墼貼粟沽酒用。豆三斗，易墼日兩上沽酒用。(S. 366《某寺諸色斛斗破曆》)

“墼”指未燒過的土坯。《急就篇》卷 3：“墼壘廥廏庫東箱。”顏師古注：“墼者，抑泥土爲之，令其堅激也。”① 張小鱧認爲“易墼”指翻轉土坯，使其上下位置互換，以便它乾透，爲“脱墼”過程中的一道工序②。于正安認爲義同“般（搬）墼”③，均不確切。從例（12）、(15)、(16)、(17)、(18) 的記載來看，“易墼”均在

① （漢）史遊著，（唐）顏師古注：《急就篇》卷 3，岳麓書社 1989 年影印版，第 235 頁。

② 張小鱧：《敦煌社會經濟文獻語詞論考》，上海人民出版社 2013 年版，第 162 頁。

③ 于正安：《敦煌曆文詞彙研究》，中國經濟出版社 2014 年版，第 142 頁。

“般（搬）墼”之後，尤其例（15）和（16）明顯是説經過兩日的“般（搬）墼”完成後到第三日方才“易墼”。張小豔認爲“般（搬）墼”指“將製作成型的土坯搬運到砌牆蓋舍的地方”[1]，既然“易墼”發生在“般（搬）墼”之後，説明“脱墼”的過程已經完成，“易墼”當不是“脱墼”的工序，意思上也不同於“搬墼”。陳曉强認爲“般（搬）墼”“易墼”有别，“搬墼指將碼垛在制墼場地周邊已晾曬風乾的墼，搬運到固定儲存的地方，所以需要車馬和專門的‘搬墼人’”，“易墼”則指從固定儲存的地方“將墼移送至建築工地”[2]。但既然“般（搬）墼”之後馬上就要“易墼”，而不是“般（搬）墼”後儲存一段時間再轉，爲什麽不直接從制墼場地轉運至建築工地？筆者認爲“易”義當同于“易沙”“易城垛”“易麥”之“易”，爲移除義。“易墼”指拆除原有用土墼砌成的牆上的“墼”。敦煌文獻還有“上墼”的記載。S. 6161《刺河西節度兵部尚書張公德政之碑》：“豎四牆，後隨締構。曳其栿檁，憑八股之鉾轤；上墼運泥，斡雙輪於霞際。”“上墼”即往上堆壘土墼。“易墼”當與“上墼”意義相反。《爾雅・釋詁》：“馳，易也。”郝懿行義疏：“易，亦移之叚借也。”[3] 王引之《經義述聞・通説上・易》：“移、易二字同義。家大人曰：移、易二字同義。《盤庚》曰：‘我乃劓殄滅之，無遺育，無俾易種於兹新邑。’言毋使移種於新邑也。”[4] 由“轉移”義引申爲清理，移除。

三　釋情狀

【並畔】

（1）上件地水，往來施工不便，出賣與神沙鄉百姓義琛……

---

① 張小豔：《敦煌社會經濟文獻語詞論考》，上海人民出版社 2013 年版，第 162 頁。

② 陳曉强：《論敦煌文獻中的“墼”》，《敦煌研究》2017 年第 6 期。

③ （清）郝懿行：《爾雅義疏》卷上又一，《中國古代工具書叢編》，天津古籍出版社 1999 年影印版，第 3 册，第 820 頁。

④ （清）王引之著：《經義述聞》，商務印書館 1936 年標點版，第 5 册，第 1217 頁。

自賣已後，永世琛家子孫男女稱為主記者，為唯有吴家兄弟及別人侵射此地來者，一仰地主面上並畔覓好地充替。（P. 3649 背《後周顯德四年吴盈順賣田契（抄）》）

（2）又口分地出□……當房兄弟及別人擾該論來者，一仰□兒並伴覓上好地充替。（P. 4017《出賣口分地契》）

（3）官有處分，許博換田地，各取穩便。僧張月光子父將上件宜秋平都南枝渠園舍地道池井水計貳拾伍畝，博僧吕智通孟授惹（蔥）同渠地伍畦共拾壹畝兩段……立契［已］［後］，或有人忏悋園林舍宅田地等稱為主記者，一仰僧張月光子父知（祇）當，並畔覓上好地充替，入官措案。（P. 3394《唐大中六年僧張月光、吕智通易地契》）

（4）陰國政只是一身……永世為業……稱為主者，一仰叔祇當，並畔覓上好地充替。（S. 2385《年代不詳陰國政賣地契》）

吴蘊慧認爲例中“‘伴’‘畔’皆當通讀爲拚。‘拚’音 pàn，有豁出去、捨棄不顧之義，字又作‘判’‘潘’等。‘伴覓’‘畔覓’皆謂盡力覓取也。”① 這種理解有失妥當。把“畔”“伴”連後讀，那麼“並”字該如何解釋呢？蔣禮鴻認爲“並畔”應該是“鄰居”的意思。② 黑維强則認爲“畔”與“並”爲同義連文，“‘畔’即‘鄰’‘鄰近’”③。蔣禮鴻與黑維强的證據均是他們發現了敦煌文獻中還有一些例證與此類句子格式十分相似，如：

（5）更親姻及你別稱忍（認）主記者，一仰保人祇當，鄰近覓上好地充替。（P. 3155 背《天復四年令狐法性租地契》）

（6）中間或有兄弟房從及至姻親，稱為主記者，一仰舍主宋

① 吴蘊慧：《〈敦煌社會經濟文獻真跡釋録〉研究》，花木蘭出版社 2013 年版，第247 頁。
② 蔣禮鴻：《敦煌變文字義通釋》（第四次增訂本），上海古籍出版社 1988 年版，第 37 頁。
③ 黑維强：《敦煌、吐魯番社會經濟文獻詞彙研究》，民族出版社 2010 年版，第176 頁。

欺忠及妻男鄰近穩便買舍充替，更不許異語東西。（P. 3331《丙戌歲十一月十八日兵马使兵馬使張骨子買舍契》）

（7）若右（有）親因（姻）論治此舍來者，一仰醜撻並鄰覓上好舍充替一院。（BD03295 背《宋開寶九年莫高鄉百姓鄭醜撻賣宅舍契》）

（8）若中閑（間）有兄弟及别人争論此舍來者，一仰口承二人面上取並鄰舍充替。（S. 1398《太平興國七年（982 年）二月廿日赤心鄉百姓吕住盈、阿鸞兄弟賣地契》）

蔣禮鴻認爲“‘並鄰’‘臨近’‘並畔’爲同義詞，‘並鄰’就是‘鄰並’的倒説”[①]。黑維强認爲“其中的‘鄰’‘鄰近’與‘畔’所表達的意思没有什麼不同”[②]。張小豔不同意黑維强的意見，“竊以爲其所釋畔之鄰近、附近義，實爲‘並畔’二字所傳達，並非‘畔’字所獨有”[③]。她的這種看法是對的，但她也認爲“並畔”爲同義複詞，指邻近、附近，“並”爲“靠近、臨接”的意思，而“畔”爲“旁邊、附近”義。然而“並”爲“靠近、臨接”的意思，而“畔”爲“邊、側”的意思，一爲動詞性的，一爲名詞性的，怎麼構成同義連文呢？

“並畔”一詞究竟該怎麼理解呢？《説文·田部》：“畔，田界。”也就是説“畔”本指田界，後來可泛稱一切邊界，而“並”有比並、靠近之義，典籍習見。“並畔”的結構應與“並肩”類似，字面意思爲“田畔鄰近（的）”，即田畔挨着田畔的。從例（1）至例（4）來看，前三例中均能明顯的看出與田地相關，例（1）中提到的“地水”即田地，在敦煌文獻中又稱“田水”。例（2）中“口分地”即

① 蔣禮鴻：《敦煌變文字義通釋》，《蔣禮鴻集》（第一卷），浙江教育出版社 2000 年版，第 43 頁。

② 黑維强：《敦煌、吐魯番社會經濟文獻詞彙研究》，民族出版社 2010 年版，第 176 頁。

③ 張小豔：《敦煌書儀語言研究》，商務印書館 2007 年版，第 46—47 頁。

指“按人頭分得的田地”。例（3）中有“許博换田地”，説明該契約也是與田地有關的。例（4）殘缺成分較多，但從内容上看也當與田地相關。例（6）至例（8）均爲買宅舍的契約，其中用的詞語爲“鄰近”或“並鄰”，而未用“並畔”，這説明“並畔”與“鄰近”“並鄰”還是有區别的。“並畔”只能用在田地方面，指田地相鄰的，不是所有的“臨近”都能叫“並畔”。P. 3964《乙未年趙僧子典男苟子契》的“知見人”（見證人）當中提到了有“並畔村人楊清忽”，楊清忽當即是與趙僧子田地相鄰的人。敦煌文獻中還有“連畔”一詞，如S. 3877背《戊戌年正月洪潤鄉百姓令狐安定請射同鄉女户令狐什伍地畝狀》：“右安定一户兄弟二人，總受田拾伍畝，非常地少窄窘。今又同鄉女户令狐什伍地壹拾伍畝，先共安定同渠舍宅，連畔耕種，其地主今緣年來不辦承料。……安定今欲請射此地。”又作“蓮畔”。S. 466《廣順三年（953年）十月廿二日莫高鄉百姓龍祐定兄弟出典地契》：“莫高鄉百姓龍章祐、弟祐定，伏緣家内窘闕，無物用度。今將父祖口分地兩畦子共貳畝中半，只（質）典已（與）蓮（連）畔押衙羅思朝。”“蓮畔”“連畔”，都指田界相連，與“並畔”義近。

【謐】

凡論邑義，濟苦救貧。社衆值難逢災，赤（亦）要衆堅。忽有謐衆投告，説苦道貧，便須剖已從他，赤（亦）令滿他心願。（S. 6537背《文樣·社條》）

《真跡釋録》第1輯（282頁）録爲“謐”，《社邑輯校》（51頁）録爲“謚”，均不誤。“謐”爲“謚”的俗訛字。《龍龕手鑒·言部》：“謐，誤；謚，正。”① 吴藴慧：“‘謐’字，俟考。”② “謚”“勚”《集韻·至韻》同有“神至切”一讀，音同可通。“勚”有勞苦、辛苦之意。《詩·小雅·雨無正》：“正大夫離居，莫知我勚。”

① （遼）釋行均：《龍龕手鑒》卷1《言部》，中華書局2006年影印版，第50頁。

② 吴藴慧：《〈敦煌社會經濟文獻真跡釋録〉研究》，花木蘭出版社2013年版，第245頁。

毛傳：“勩，勞也。”① 《廣雅·釋詁四》：“勩，苦也。”② 典籍習見用例。《續資治通鑒長編》卷319《宋神宗元豐四年》：“臣竊計士久暴露，水落草枯，人馬瘏勩，未可以前。”③《明史·秦逵傳》：“帝念逵勤勩，詔有司復其家。”④ “勩衆”指勞苦之衆。

【凶荒】

張使君性本凶荒，……有正卯之五盜，無日禪之一心。（P. 2942《唐永泰間河西巡撫使判集》）

“凶荒”典籍常見，多指年成不好。如《周禮》卷4《地官·遺人》：“縣都之委積，以待凶荒。”唐賈公彦疏：“凶荒，謂年穀不熟。”⑤ 然而此判集中“凶荒”與“忠謹”相對，顯然不是指年成。“荒”有疏忽、怠惰義。《大戴禮記》卷12《投壺》：“無荒無傲。”清孔廣森補注：“志怠曰荒。”⑥《孔子家語》卷8《辯樂》：“若非有司失其傳，則武王之志荒矣。”⑦ 金王若虛《君事實辨上》：“利一時之貲，而貽後日之悔；知守法於其終，而不知防患於其始，武帝之志荒矣。”⑧ “凶荒”謂凶暴怠惰，義與“忠謹”正相反。

【痛烈】

及至葬送，亦須痛烈，便供親兄弟一般輕（繳）舉，不許憎嫌嬾

① （漢）毛亨傳，（漢）鄭玄箋，（唐）孔穎達疏：《詩經注疏》卷12，（清）阮元校刻《十三經注疏》，江蘇廣陵古籍出版社1995年影印版，上册，第447頁。

② （三國魏）張揖著，（清）王念孫疏證：《廣雅疏證》卷4，江蘇古籍出版社2000年影印版，第119頁。

③ （宋）李燾：《續資治通鑒長編》卷319《宋神宗元豐四年》，《文淵閣四庫全書》，台灣商務印書館1986年影印版，史部，第319册，第442頁。

④ （清）張廷玉：《明史》，中華書局1974年點校本，第13册，第3974頁。

⑤ （漢）鄭玄注，（唐）賈公彦疏：《周禮註疏》卷13，（清）阮元校刻《十三經注疏》，江蘇廣陵古籍出版社1995年影印版，上册，第728頁。

⑥ （清）孔廣森：《大戴禮記補註》卷12，《叢書集成初編》，中華書局1985年据畿辅丛书本排印，第2册，第150頁。

⑦ 《孔子家語》卷8《辯樂》，《文淵閣四庫全書》，台灣商務印書館1986年影印版，子部，第695册，第79頁。

⑧ （金）王若虛：《君事實辨上》，《滹南遺老集》卷25，台灣商務印書館1986年影印版，集部，第1190册，第404頁。

（穢）汙。［S. 5629**《燉煌等某乙社條壹道（二通）》**］

“痛烈”指“十分悲痛”“十分痛苦”。“烈”爲“猛烈、激烈、厲害”之意。《漢書》卷27《五行志下之上》：“用兵彌烈。”顔師古注：“烈，猛也。”[①]“痛烈”，唐五代墓誌有用例。《大周西州天山縣前天山府校尉上柱國張府君墓誌》：“哀子運端等，嗚呼痛烈，踴絶躃於塗車；知與不知，并傷情於素馬。”[②] 後代仍沿用。明藕益大师《病中口號》：“夜長似小劫，痛烈如刀山。”[③] 又清黄宗羲編《明文海》卷414載明王邦才《任烈婦傳》：“原刃在床邊，余曰苦烈，婦曰不苦；余曰痛烈，婦曰不痛。”[④]

【偘偘】

（1）五乘之奥探玄，七祖之宗窮妙。威稜偘偘，淩霜之氣有殊；處衆兟兟，獨顯卓然之象。（P. 4640**《翟家碑》**）

（2）威稜偘偘，皎性潔於冰壺；儀貌藏昂，質相俠於龍虎。（P. 3718**《唐河西釋門氾和尚寫真贊並序》**）

例（1）《碑銘贊》（55頁）、《全唐文新編》第5部第1册俱録爲“侃侃”[⑤]，例（2）《邈真贊校録》（276頁）、《全唐文新編》第5部第1册、《碑銘贊》（417頁）亦俱録爲“侃侃”[⑥]，唯《真跡釋録》二例直録爲“偘偘”而未出校。二例原卷俱爲“偘偘”，例（2），張志勇據《碑銘贊》與《邈真贊校録》録爲“侃侃”，而釋爲“剛直

---

① （漢）班固著，（唐）顔師古注：《漢書》，中華書局1962年點校版，第5册，第1469—1470頁。

② 周紹良主編：《全唐文新編》，吉林文史出版社2000年標點版，第5部第4册，第14770頁。

③ （明）藕益大師著，于德隆等點校：《藕益大師文集》，九州出版社2013年標點版，第589頁。

④ （明）王邦才：《任烈婦傳》，（清）黄宗羲編《明文海》卷414，台灣商務印書館1986年影印版，集部，第1457册，第754頁。

⑤ 周紹良主編：《全唐文新編》，吉林文史出版社2000年標點版，第5部第1册，第12606頁。

⑥ 同上書，第12590頁。

貌”[①]。“偘”確爲“侃”的一種異體字。《玉篇·人部》：“侃，樂也，又强直也，偘，同上。”[②] 但“侃”有兩種常見義，一是和樂，一是剛直。“侃侃”與“侃”意義大致類似。“威稜”又寫作“威棱”，爲“威力、威勢”之意。《漢書》卷54《李廣傳》：“是以名聲暴於夷貉，威稜憺乎鄰國。”清王先謙《漢書補注》卷24：“《廣韻》：‘稜，俗棱字。’《説文》：‘棱，柧也。’《一切經音義》18引《通俗文》：‘木四方爲棱。’人有威，如有棱者然，故曰威稜。”[③] 若“侃侃”作“和悦”義，説“威力、威勢”和悦，文意不暢，而“侃侃”作“剛直”義，常形容人人品正直剛正、不阿曲。柳宗元《柳常侍行狀》：“（柳渾）立誠之節，侃侃焉無所屈也。”[④]《新唐書》卷162《陳廷老傳》：“在公卿間，偘偘（侃侃）不干虛譽，推爲正人。”[⑤] 而“威力”用剛正不阿形容亦似不妥。此“偘”當爲“儼”之俗字。清邢澍《金石文字辨異·上聲·炎韻》：“《唐朗空大師塔銘》‘偘禪師等’，按‘偘’即‘儼’。”[⑥] S. 2614《大目乾連救母圖冥間救母變文》；“獨自俄俄師子步，虎行偘偘象王回。”其中偘字，《敦煌俗字典》收録爲“儼”的俗字，是。[⑦]“儼”有莊重嚴肅之意。《禮記·曲禮上》：“毋不敬，儼若思。”鄭玄注：“儼，矜莊貌。人之坐思，貌必儼然。”[⑧]“儼”常用來形容“威”“威儀”。《孟子·梁惠王上》：“望之不似人君，就之而不見所畏焉。”趙岐注：“魏之嗣王

① 張志勇：《敦煌邈真讚釋譯》，人民出版社2015年版，第219頁。

② （南朝梁）顧野王著，（宋）陈彭年等重修：《宋本玉篇》卷3，中國書店1983年據張氏澤存堂本影印，第59頁。

③ （清）王先謙：《漢書補註》，上海古籍出版社2012年標點本，第8册，第3942頁。

④ （唐）柳宗元：《柳常侍行狀》，《柳河東集》卷8，《文淵閣四庫全書》，台灣商務印書館1986年影印版，史部，第1076册，第74頁。

⑤ （宋）歐陽修：《新唐書》，中華書局1975年點校本，第16册，第5003頁。

⑥ （清）邢澍：《金石文字辨異》卷8，《續修四庫全書》，上海古籍出版社2002年影印嘉慶十五年刻本，經部，第240册，第104頁。

⑦ 黄征：《敦煌俗字典》，上海教育出版社2005年版，第477頁。

⑧ （漢）鄭玄注，（唐）孔穎達疏：《禮記注疏》卷1，（清）阮元校刻《十三經注疏》，江蘇廣陵古籍出版社1995年影印版，上册，第1229頁。

也，望之無儼然之威儀也，就之而不見所畏焉。"[1]《詩·邶風·柏舟》："威儀棣棣，不可選也。"孔穎達疏："非有心志堅平，過於石、席，又有儼然之威，俯仰之儀，棣棣然富備，其容狀不可具數。"[2] P. 3718《後唐河西敦煌府釋門劉和尚生前邈真贊並序》："森森龍象，偘偘威全，異相多備，種好俱圓。"《邈真贊校録》（264頁）、《全唐文新編》第5部第1册、《碑銘贊》（432頁）亦俱録作"侃"[3]，也應爲"儼"之俗體。敦煌文獻中又以"肅肅"形容"威棱"。P. 4660《瓜州刺史康使君邈真贊並序》："剛柔正直，率下勸農。威棱肅肅，治道雍雍。""肅肅"與"儼儼"義正類似。嚴，古文有作"嚴"者。《説文·吅部》："[illegible]（嚴），古文嚴。"[4] 又變作"㘙"。《集韻·儼韻》："儼，或作嚴，古作㘙。"[5] 清方成珪考證："㘙，當從《説文》作嚴。"[6] 明閔齊伋《訂正六書通·琰韻》收録"儼"古文有作"[illegible]"者[7]，右部從古文"[illegible]（嚴）"而稍變，"儼"當即"[illegible]"隸定後的省略形式，右上部"[illegible]"隸定正應作"品"。P. 3276背《結社修窟功德記抄》："粵有托西大王曹公，諱厶，德符成一，雅葉半千，心機朗而慨慨（?），相貌異而偘偘，可謂作天大柱，爲國嘉様。"諸家俱直録而未出校釋，按文意也應校爲"儼儼"，"相貌異而偘偘"指曹氏統治者相貌奇異而有威嚴。

【憲】

唯公乃金聲夙鎮（振），玉譽早聞；列位名班，升榮憲職。

---

① （漢）趙岐注，（宋）孫奭疏：《孟子注疏》卷1，（清）阮元校刻《十三經注疏》，江蘇廣陵古籍出版社1995年影印版，下册，第2670頁。

② （漢）毛亨傳，（漢）鄭玄箋，（唐）孔穎達疏：《詩經注疏》卷2，（清）阮元校刻《十三經注疏》，江蘇廣陵古籍出版社1995年影印版，上册，第297頁。

③ 周紹良主編：《全唐文新編》，吉林文史出版社2000年標點版，第5部第1册，第12594頁。

④ （漢）許慎著，（宋）徐鉉校訂：《説文解字》卷2，汲古閣本。

⑤ （宋）丁度等：《集韻》卷6，上海古籍出版社1985年影宋述古堂本，上册，第454頁。

⑥ （清）方成珪：《集韻考證》卷6，《續修四庫全書》，上海古籍出版社2002年影印道光27年刻本，經部，第253册，第270頁。

⑦ （明）閔齊伋：《訂正六書通》，上海古籍書店1981年影印本，第238頁。

(S. 663《**文様・沙佛文**》)

"憲職"在此處不通。"憲"當爲"顯"之借字。"憲"典籍中可借爲"顯"。《禮記》卷16《中庸》:"《詩》曰:'嘉樂君子,憲憲令德。'"① 今《詩・大雅・假樂》作"嘉樂君子,顯顯令德"②。敦煌典籍中也有"憲"通"顯"的例子。P. 3882《府君元清邈真贊並序》:"輸勞每轉於員,納效有超於憲位。""憲位"即爲"顯位"。P. 2547《齋琬文》:"金聲夙振,玉譽早聞,位列名班,榮升顯職。"與印沙佛文中這段文字類似,"憲職"正作"顯職",可證。"顯職"指"顯要的職位"。憲,《廣韻》曉母,願韻;顯,曉母,銑韻。中古音近,可通。

四 釋虛字

【罕】

(1)**求蒙彩筆,願勒碑銘。誠罕免於固辭,粗云云而記述。**(S. 530《**鉅鹿索法律和尚義辯墓志铭**》)

(2)**求蒙彩筆,願勒碑銘。誠罕免固辭,粗云云而記述。**(P. 4640《**沙州釋門索法律窟銘**》)

"罕免"猶不免、莫免也。"罕免於固辭""罕免固辭"是説堅決推辭(邀請)但也不能推掉。P. 3718《唐河西公生前寫真贊並序》:"頻邀固辭,終不獲免。"與此義近。又:

> 如聞銅衡廣運,天門仰而莫窮;金牓遥臨,地户虧而罕測。(《大唐阿彌陀石像塔銘並序》)③
>
> 或變體處多,罕測其本;轉筆者衆,莫識其源。(宋・朱長文《晉王羲之筆勢論》)

---

① (漢)鄭玄注,(唐)孔穎達疏:《禮記注疏》卷52,(清)阮元校刻《十三經注疏》,江蘇廣陵古籍出版社1995年影印版,下册,第1628頁。

② (漢)毛亨傳,(漢)鄭玄箋,(唐)孔穎達疏:《詩經注疏》卷17,(清)阮元校刻《十三經注疏》,江蘇廣陵古籍出版社1995年影印版,上册,第540頁。

③ 張沛編:《昭陵碑石》,三秦出版社1993年版,第210頁。

然則十地虛廓，六道交横。仰之者，莫測其源；演之者，罕窮其理。（S. 2113《乾宁三年（896 年）沙洲龍興寺上座德勝勤修功德記》）

然則十地虛廓，六趣交横，仰之者，不測其淺深，演之者，罕窮其理。（P. 3490《於當居創造佛刹功德記》）

大方廣佛華嚴經者，斯乃諸佛之蜜（密）藏，如來之性海，視之者莫識其指歸，挹之者罕测其涯际。（P. 2481 背《大周新譯大方廣佛華嚴經序》）

例中“罕”與“莫”“不”皆構成對文，意義相同。“罕”常用義爲稀少，《詩·鄭風·太叔于田》：“叔馬慢忌，叔發罕忌。”毛傳：“罕，希也。”[①]“希”即“稀”，“希”“稀”都有稀少義，古代常通用，《文選》卷 29 載三國魏曹植《朔風詩》：“朱華未希。”李善注：“希與稀同，古字通。”[②]

具有鮮少義的詞多有“空無”的意義。《文選》卷 4 載晉左思《三都賦》：“狖騰希而競捷，虎豹長嘯而永吟。”劉良注：“希，空虛也。”[③]“鮮”也有“空、無”的意思。《周易》卷 7《繫辭上》：“百姓日用而不知，故君子之道鮮矣。”唐陸德明釋文：“鮮，盡也。”[④]“盡”即“空、無”。“罕”也有“無”義。《文選》卷 40 南朝梁任昉《奏彈曹景宗》：“東關無一戰之勞，塗中罕千金之費。”唐劉良注：“罕，亦無也。”[⑤]“罕”與“無”對文同義。“罕”“鮮”“希”

① （漢）毛亨傳，（漢）鄭玄箋，（唐）孔穎達疏：《詩經注疏》卷 4，（清）阮元校刻《十三經注疏》，江蘇廣陵古籍出版社 1995 年影印版，上册，第 338 頁。

② （魏）曹植：《朔風詩》，《六臣注文選》（15）卷 29，《四部叢刊初編》，上海商務印書館影宋本，集部，1908 册。

③ （晉）左思：《三都賦》，《六臣注文選》（3）卷 4，《四部叢刊初編》，上海商務印書館影宋本，集部，1896 册。

④ （魏）王弼注，（唐）孔穎達（疏）：《周易注疏》卷 7，（清）阮元校刻《十三經注疏》，江蘇廣陵古籍出版社 1995 年影印版，上册，第 78 頁。

⑤ （南朝梁）任昉：《奏彈曹景宗》，《六臣注文選》（21）卷 40，《四部叢刊初編》，上海商務印書館影宋本，集部，1914 册。

當“空”“無”講，當是由“稀少”義引申出來的，少到極點則爲無、没有。而“罕”副詞性的“不”“莫”義當由動詞性的“無”“没有”義發展來的。

【被】

（1）右再通，先者早年房兄張富通便被再通自身傳買與賈醜子，得絹陸疋，總被兄富通收例，再通寸尺不見。（S. 4489**《慈惠鄉百姓張再通牒》**）

（2）［獄］子再三不肯，雀兒被美語相遮。（P. 4019**《燕子賦》**）

例（1）中，從意思上來看，顯然賣人者爲張富通，被賣者爲張再通，所以“張富通便被再通自身傳買與賈醜子”只能理解成“張富通把張再通轉賣給賈醜子”，也就是説“被”只能理解成“把”“將”。例（2）“雀兒被美語相遮”，“遮”有“遮囑”“請托”義，蔣禮鴻已揭[①]。“雀兒被美語相遮”謂黄雀用美言請托獄卒爲他打開枷鎖。“被”在此顯然是“用”“拿”之義。黄征認爲“被”爲衍字[②]，不確切。“被”的“用”“拿”“把”義是“被”字詞義引申的結果。“被”可指“把中，手握持處”，《周禮》卷12《考工記·廬人》：“凡爲殳，五分其長，以其一爲之被而圍之。”鄭玄注：“被，把中也。圍之，圜之也。”唐陸德明釋文：“被，皮義反。”清孫詒讓正義：“《説文·手部》云：‘把，握也。’言當手握處之中也。”[③] 引申爲握持。北魏酈道元《水經注》卷2《河水二》：“勤躬禱祀，水猶未減，乃列陣被杖，鼓譟讙叫，且刺且射，大戰三日，水乃迴減。”[④] 而“被”的“用”“拿”“把”義正是由“握持”義發展來

① 蔣禮鴻：《敦煌變文字義通釋》，《蔣禮鴻集》（第一卷），浙江教育出版社2000年版，第192頁。

② 黄征：《〈變文字義待質録〉考辯》，《敦煌語言文字學研究》，甘肅教育出版社2002年版，第67頁。

③ （清）孫詒讓著，王文錦等點校：《周禮正義》，中華書局1987年版，第14册，第3411頁。

④ （北魏）酈道元著，王國維校：《水經注校》，上海人民出版社1984年標點版，第37頁。

的。這與“把”“將”等詞的引申模式一樣。

五　釋其他

在這一部份我們主要解釋一些不能歸入以上四類的短語、詞組。

【表門】

夢見墓上有表門，大吉。（S. 620**《解梦書·塚墓棺槨篇》**）

鄭炳林注：“表，指外。當指墳墓園林之門。”①

這種解釋可備一説。但是解夢書中强調“夢見墓上有表門”，而不説“夢見墓之表門”，説明此種“表門”并非所有墳墓都可具有。而古代對於那些所謂的對社會有突出貢獻的人有刻石立碑以旌表的習俗。典籍中屢見記載。南朝梁庾信《彭城公夫人爾朱氏墓誌銘》：“紀黄絹之碑表，對青松之墓門。”② 唐權德輿（一説劉禹錫）《湖南觀察使故相國袁公輓歌二首》其二：“表墓雙碑立，尊名一字褒。”③ 宋真德秀《西山先生文集》卷35《慈湖先生行述》：“今狀其事者亦既有人銘於體爲最重，述其道當最詳，非門人高第不可也。如德秀者，或使之序其梗槩而表於墓門，則其責差輕而可勉正。”④ 元貢師泰《玩齋集》卷10《贈奉訓大夫中書兵部郎中飛騎尉天臺縣男張君墓表》：“君子之施德於人也，不報於其身，則在其子孫。今兵部君生雖不耀而以子官獲承休命，豈偶然也？樹表墓門以張厥美，宜哉！”⑤ 不難看出，這種刻石勒銘以記死者善行的行爲在古代被稱作“表墓”“表墓門”。我們認爲《解夢書》裡的“表門”即是“表墓門”之義，而“夢見墓上有表門”是指夢見墓上

---

① 鄭炳林：《敦煌寫本解夢書校録研究》，民族出版社2005年版，第284頁。

② （南北朝）庾信：《彭城公夫人爾朱氏墓誌銘》，《庾子山集》卷16，《文淵閣四庫全書》，台灣商務印書館1986年影印版，集部，第1064册，第787頁。

③ （清）彭定求等：《全唐詩》，中華書局1979年標點本，第11册，第4023頁。

④ （宋）真德秀：《西山先生文集》卷35《慈湖先生行述》，《文淵閣四庫全書》，台灣商務印書館1986年影印版，集部，第1179册，第549頁。

⑤ （元）貢師泰：《贈奉訓大夫中書兵部郎中飛騎尉天臺縣男張君墓表》，《玩齋集》卷10，《文淵閣四庫全書》，台灣商務印書館1986年影印版，集部，第1215册，第722頁。

有表墓門之物。在解夢書中夢見塚墓及塚墓上連帶的東西興旺發達常被解爲吉事。如：P. 3908《新集周公解夢書·塚墓棺材兇具章》："夢見墓林茂盛，家旺。""夢見墓林茂盛，家旺。"S. 620《解夢書·塚墓棺槨篇》："夢見塚墓高，大富貴。"反之，塚墓遭破壞則是壞事。S. 620《解夢書·塚墓棺槨篇》："夢見塚墓上樹折，凶。"《夢林玄解》卷11《夢占·政事部·喪葬》"修整墳塋"條："凡夢墓塚毀壞，必有不吉。"[①] 此處説夢見墓上有表門之物，則爲墳墓顯赫之象徵，所以斷語爲"大吉"。

【當天下稱陽】

夢見火燒䑛，當天下稱陽。（S. 620《**解夢書·火篇**》）

此條劉文英校爲："夢見火燒地，當天下□□。"[②] 後二字缺而未録。鄭炳林校爲："夢見火燒蛇，當天下稱陽。"[③]

查原卷，"燒"後一字作"　"，當隸定爲"䑛"。P. 2901 玄應《一切經音義》："舓手，古文舓、䑛，今作狧，又作舐，同，食爾反。"以舌取食。"䑛""舓"均爲"舔舐"的"舐"的異體字。"夢見火燒舐"當指夢見火舌燒舔自己。

"當天下稱陽"，鄭炳林雖校録正確，但未作解釋。夢見火燒自身在夢書中被解爲吉兆。傳世版《周公解夢書》："火燒自身主興旺。"S. 620《解夢書·火篇》："夢見火炭及身，吉，榮貴。"所以此處"當天下稱陽"應與"榮貴""興旺"意義相近。"當天下"有"管理天下、治理天下"的意思，如：

（1）其銘記文甚多，奥不可解，略曰："木子當天下。"又曰："止戈龍。"又曰："李代代不可移宗。"又曰："中鼎顯真容。"又曰："基千萬歲。"所謂木子當天下者，蓋言唐氏受命

① （宋）邵雍：《夢林玄解》卷11《夢占·政事部》，明崇禎刻本。

② 劉文英：《中國古代的夢書》，中華書局1998年版，第54頁。

③ 鄭炳林：《敦煌寫本解夢書校録研究》，民族出版社2005年版，第263頁。

也。止戈龍者，言天后臨朝也。(唐・張讀《宣室志》卷5)①

(2) 蓋謂召公若去周公，以一身當天下，必遑遽怵迫，不得安暇，若留以共治，則三聖賢爕理于一朝之上，其治天下必綽綽有餘裕故也。(宋・夏僎《夏氏尚書詳解》卷21)②

(3) 堯知四岳之可以當天下，而實欲遜四岳，言否德，蓋自揆于心，有毫釐之未盡，而實不敢當以天下與。(宋・吕祖謙《增修東萊書説》卷1)③

(4) 舜遜非文具之遜，亦非自揆其德不足以當天下而遜。當是時也足以受堯之天下者，無以易舜。(同上，卷2)④

"稱陽"一詞其他典籍未見，應與"當天下"意義相近。在古代"陽"(太陽)可用來比喻"天子"。《左傳・文公四年》："昔諸侯朝正於王，王宴樂之，於是乎賦《湛露》，則天子當陽，諸侯用命也。"杜預注："言露見日而乾，猶諸侯稟天子命而行。"楊伯峻注："寧武子解此詩，又以陽喻天子，天子向明而治，謂之當陽。"⑤ 典籍中常用"當陽"一詞來表示當天子或統治天下。如：

(5) 崔生高朗，折而不撓，所以策名魏武，執笏霸朝者，蓋漢主當陽，魏後北面者哉。(晉・袁宏《三國名臣序贊》)⑥

(6) 朕臨兹寶極，位在崇高，負扆當陽，雖受宗枝之敬，退

① (唐) 張讀:《宣室志》卷5,《文淵閣四庫全書》,台灣商務印書館1986年影印版，子部，第1042册，第735頁。

② (宋) 夏僎:《夏氏尚書詳解》卷21,《文淵閣四庫全書》,台灣商務印書館1986年影印版，經部，第56册，第853頁。

③ (宋) 吕祖謙著，(宋) 時瀾增:《增修東萊書説》卷1，中華書局1985年據金華叢書本排印，第1册，第11頁。

④ (宋) 吕祖謙著，(宋) 時瀾增:《增修東萊書説》卷2，中華書局1985年據金華叢書本排印，第1册，第17頁。

⑤ 楊伯峻:《春秋左傳注》，中華書局1981年標點版，第535—536頁。

⑥ (晉) 袁宏:《三國名臣序贊》,《六臣注文選》(24) 卷47,《四部叢刊初編》，上海商務印書館影宋本，集部，1917册。

朝私謁，仍用家人之禮。(《舊唐書》卷7《中宗》)①

疑“稱陽”中“陽”即用來指代天子，“稱陽”與“稱孤”“稱寡”類似，即“當天子、統治天下”的意思。

【當當來世】

若也中路拋棄（棄），當（來）當來世，死墮地獄，受罪既畢，身作畜生。搭鞍垂鐙，口中銜鐵，已負前愆。（S. 2037**《廬山遠公話》**）

《變文校注》（258頁）：“原録‘來’字無。項楚校：‘奪一來字’。下行‘當當來來世’也應作‘當來當來世’。按：原卷作‘當﹅來世’，來下脱重文符號；後例原卷作‘當﹅來﹅世’即‘當來當來世’，今皆徑予以補正。……當來即將來。”

按：其中下行例指的是“若也盡阿郎一世，當來當來世，十地果圓，同生佛會”。“當當來世”之“來”下可不必補重文符號，佛典或與佛教相關的文獻中“當當來世”習見。唐齊士員《獻陵造像碑》：“此報聖上之恩，冀存萬代，但恐無識之徒，輒有輕毀，後若有人敲打佛像、破滅經字者，願當當來世，恒墮三塗地獄，世世不復人身，常值災窮之報。”② 白居易《畫彌勒上生幀記》：“常日日焚香佛前，稽首發願，願當當來世，與一切衆生，同彌勒上生，隨慈氏下降，生生劫劫與慈氏俱永離生死流，終成無上道。”③ 二例中均有“世世”“生生”等語，可知“當當來世”非指一世，而是來生無數世。“當當來世”，佛典中用例也頗多。唐宗密述《圓覺經道場修證儀》卷8：“多生若未同緣者，願皆相遇結深緣。當當來世總團圓，長作菩提親眷屬。”（X74p432a）多生，佛家認爲一個人要經歷許多

---

①（後晉）劉昫：《舊唐書》，中華書局1975年點校本，第1册，第138頁。

② 周紹良主編：《全唐文新編》，吉林文史出版社2000年標點版，第1部第3册，第1774頁。

③（唐）白居易：《畫彌勒上生幀記》，《白氏文集》卷70，《四部叢刊初編》，上海商務印書館影宋本，集部，747册。

次生死，丁福保："多生，多數之生死。輪回六道而經多數之生也。"[①] 唐義浄譯《根本説一切有部毗奈耶破僧事》卷17："行願如佛，當當來世有佛出時誓當供養。"（T24p187c）高麗僧一然《三國遺事》卷4載唐法藏《與義湘書》："伏願當當來世，捨身受身，相與同於盧舍那。"（T49p1007a）清智證《慈悲道場水懺法隨聞録》卷2："捨身受身者。謂生生死死。捨此身又受他身也。"（X74p692b）既然"捨身受身"是指"生生死死"，也可證上面《與義湘書》中的"當當來世"非指一世。敦煌文獻中也有"當當來世"的説法，P. 3491《亡妣文》："惟願亡者，生西方，見諸佛，聞正法，悟無生，當當來世，還與至孝作菩提卷（眷）屬。"

还有"當當來代"的説法：

（1）當當來代，還以（與）父母作（菩提善因）。（S. 4992《亡男文》）

（2）當當來代，還與齋主作同爐善因；彌勒下生，為同爐眷屬。（S. 5637《文樣·僮僕德》）

敦煌願文中有與上二例相似的發願語句：

（3）以茲勝業，奉福尊靈，願超三途，登臨七浄，世世生生還為眷屬。（P. 2205《大般涅槃經等王海題記願文》）

（4）願於將來無量劫中，世世生生，還共弟子深結善因、菩提眷屬。（日本書道博物館《佛説妙好寶車經張佛果題記願文》）

願文中此四例均是對亡者的祝願，發願者希望這些死去的人將來還能與自己有親眷關係，後二例中有"世世生生""將來無量劫中，

① 丁福保：《佛學大辭典》，上海書店出版社1991年版，上册，第1049頁。

世世生生”的説法，那麼“當當來代”也應與之類似，指將來世世代代。

佛典中還有“當當來生”的説法。唐佛陀波利譯《佛説長壽滅罪護諸童子陀羅尼經》：“願汝得道，當濟度我。唯願我等，在在處處，當當來生，常得與汝同共一處，作善知識，宣説是經，救度一切罪苦衆生。”（X1p395c）“在在處處”即“所在之處、到處”。從用例來看，“當當來生”與“當當來代”“當當來世”意義是相同的。

因此“當當來”+“生、世、代”應是佛典中一種固定説法，表示生生世世、世世代代，變文中的“當來當來世”，項楚解釋爲“來生無數世”，則“當當來世”與“當來當來世”義同，“來”後可不必補重文符號。

【地火暗背】

將謂轅門之内，分君主之多憂；州府之中，設機謀之（以）佐國。豈期地火暗背，靈性歸常。（S. 289 背《李存惠邈真贊》）

張志勇：“地火暗背：地火，爐火；暗背，當是指變暗而離去。”① 這種解釋頗爲牽强。從“地火暗背，靈性歸常”上下文來看，應與佛教相關。佛家認爲人身由地、火、水、風四大物質構成。P. 2718《茶酒論一卷並序》：“人生四大，地火水風。”四大相違背、不和就會得病。唐李通玄《新華嚴經論》卷36：“世間四大不和病以湯藥治。”（T36p971a）南齊伽跋陀羅譯《善見律毘婆沙》卷11：“是故無兒，或女人四大不和，風吹而滅，或兒處有蟲，亦生蟲噉而滅，是故名爲無兒。”（T24p753a）隋慧遠《大乘義章》卷8：“四大不和，而不喪命，刀兵劫時，少增瞋恚。”（T44p627a）四大相和合就會身體健康。清工布查布《佛説彌勒菩薩發願王偈》：“如地水火風，四大無觸背。”（T20p601b）“地火”指“地、火、水、風”中的兩種，地、火違背也會致病。宋法雲《翻譯名義集》卷6：“四百四病

① 張志勇：《敦煌邈真讚釋譯》，人民出版社2015年版，第387頁。

者四大爲身，常相侵害，一一大中百一病起，冷病有二百二，水風起故，熱病有二百二，地火起故。”（T54p1166a）“地火暗背”字面意思是地與火暗中觸背，實指李存惠得病。“歸常”猶言“歸真”，佛教可喻指死亡。“真”即真如，佛教認爲的真實不虚、常住不變者。唐玄奘《成唯識論》卷2：“真謂真實，顯非虚妄。如謂如常，表無變易，謂此真實於一切法，常如共性，故曰真如。”（T31p48a）唐神清《北山録》卷1：“夫居終而不能死者非聖人也。”宋慧寶注：“聖人與物無滯，其生也示相同凡，其滅也示化歸真，雖現生而無生，雖示滅而非滅也。”（T52p579c）宋道誠《釋氏要覽》卷下《初亡》：“釋氏死，謂涅槃、圓寂、歸真、歸寂、滅度、遷化、順世，皆一義也，隨便稱之。蓋異俗也。”“常”當即“常住”，佛家指不生不滅不變不壞的真常之理。佛家認爲涅槃時即走向常住。宋元照《四分律行事鈔資持記》卷中：“至涅槃時決了權疑，同歸常住。”（T40p260c）“歸常”佛典有用例。唐圓照《貞元新定釋教目録》卷16：“寶應元聖文武皇帝批曰：‘和上發跡五天，周遊萬里。宣演正法，拯晤生靈。涅槃歸常，考行崇謚。’”（T55p891a）故“地火暗背”指李存惠生病，“靈性歸常”言其死亡。

【蜂午挺妖】

徐員（圓）朗竊據沂兖，稱兵淮泗。龜蒙積沴，蜂午挺妖。（P. 2640《常何墓碑》）

孫寧認爲“龜蒙”指龜山與蒙山，碑文中代指沂兖地區[①]，這是對的，但他又認爲“蜂午”與“龜蒙”對偶，午也應爲名詞，又推出午可指蜂類事物，這種論述不確切。且看他的論述[②]：

> 《説文解字》卷6《夊部》云：“夆，啎也。”同書卷14《午

① 孫寧：《敦煌〈常何墓碑〉寫本“龜蒙積沴，蜂午挺妖”正詁》，《敦煌研究》2011年第4期。

② 未避免斷章取義，在這裡對孫文對“午“的論述全部引用。

部》：“午，牾也。五月陰氣午逆陽，冒地而出。”清人王筠撰《説文句讀》卷28云：“《廣雅》：‘午，仵也。’《淮南·天文訓》：‘午者，忤也。’仵、忤，皆牾之俗體。”可知，午與仵、忤以及牾三字是有關係的。那“午”與“夆”就不是陌路了，進一步説“午”應與“夆”甚至“蜂”是同一事物。

宋代學者丁度所撰《集韻》卷1《平聲·鐘韻》云：“夆，《説文》：‘牾也。’或作蜂。”此處《説文》所引與筆者引證的略有不同，不能排除雕版印刷的原因，況《説文·牛部》未收此“牾”字。又《正字通》巳集《牛部》指出“牾，與忤、逻通。又與牾同。”午作為違逆、觸犯來講固然正確，但在這裡與前後文義、對偶是難以契合的。所以，寫本中的“蜂午挻妖”的蜂與午都指蜂或蜂一類的昆蟲。

再者，《集韻》卷二《平聲·模韻》：“牾，獸名。”《論衡·物勢篇》云：“午，亦火也，其禽，馬也。”從這點出發，蜂和午也是並列的，而不是句法上的主謂關係。①

從他前三段論述來看，他認爲“午”有“牾”義，“夆”也可訓釋爲“牾”，所以“午”與“夆”不是陌路，又從而推證“午”應與“夆”甚至“蜂”應該是同一事物。接著又舉了《集韻》中的例子，認爲《集韻》中説“夆，《説文》：‘牾也。或作蜂”，就是蜂、夆、牾意思相通，又從而推證蜂與午都指蜂或蜂一類的昆蟲。他的這一系列論證顯然很缺乏説服力。古代的詞大多爲多義詞，“午”與“夆”二字都有忤逆義，不等於“午”與“夆”的所有義項都完全一樣，僅憑“午”與“夆”二字都有忤逆義就推出“午”與“夆”甚至“蜂”爲同類事物未免過於牽强。而從《集韻》對“夆”的解釋來看，引《説文》是爲了説明“夆”有“牾”義。《説文·夂部》：

① 孫寧：《敦煌〈常何墓碑〉寫本“龜蒙積沴，蜂午挻妖”正詁》，《敦煌研究》2011年第4期。

“夆，牾也。”段注：“《午部》曰：‘啎，逆也。’夆訓啎，猶逢迎逆遇遻互相爲訓。《釋訓》曰：‘甹夆，掣曳也。’掣曳者，啎逆之意。”① 馬敘倫認爲：“夆，此爲逢之初文……或以追而遇之，故從夂也。”② 從段玉裁、馬敘倫等人的解釋來看，“啎”即忤逆、相逢之義，夆（逢）就是與别人對面碰上，恰有逆義。《集韻》引《説文》“牾”作“啎”，顯然“啎”與“牾”同爲忤逆、相逢之義。《集韻》“夆，或作蜂”，是説在“啎”（忤逆、相逢）的意義上“夆”也能寫作“蜂”，“蜂”作“忤逆、相逢”講未見於傳世典籍。但“蜂”可解釋爲“牾”，僅能説明“蜂”“牾”二字都有忤逆、相逢的意思，不等於就能説“啎”字也可指飛蟲類的蜂。孫文最後一段又引證《集韻·模韻》“啎，獸名”，既然説“啎”是獸名，顯然就不是蜂類的動物，否則應該釋爲蟲名才對。而《論衡》説“午，其禽，馬也”，那是古人以十二時辰比附十二生肖，十二時辰的午對應十二生肖裡的馬，這更不能作爲午是蜂類動物的依據。

其實，“蜂午”在文獻中屬習語，本出自《史記》。《史記》卷7《項羽本紀》：“今君起江東，楚蠭午之將皆争附君者，以君世世楚將，爲能複立楚之後也。”裴駰《集解》引如淳曰：“蠭午猶言蜂起也。衆蠭飛起，交横若午，言其多也。”③ “蜂”本作“蠭”。《説文·䖵部》：“蠭，飛蟲螫人者。”《玉篇·䖵部》：“蠭，亦作蜂。”④ 後來常用在統治者形容造反或謀逆之人。明胡翰《東征詩》：“寇值我勞，謂可拾取。蝟興蜂午，鼎來縱横，深絶其澗，高馮其陵。”⑤

① （漢）許慎著，（清）段玉裁注：《説文解字注》卷5，浙江古籍出版社2006年影印版，第237頁。

② 馬敘倫：《説文解字六書疏證》，中國書店1985年版，第108頁。

③ （漢）司馬遷撰，（南朝宋）裴駰集解，（唐）司馬貞索隱，（唐）張守節正義：《史記》，中華書局1963年點校本，第1册，第300—301頁。

④ （南朝梁）顧野王著，（宋）陈彭年等重修：《宋本玉篇》卷25，中國書店1983年據張氏澤存堂本影印，第470頁。

⑤ （明）胡翰：《東征詩》，袁奂若《中華文匯·明文匯》，臺北中華叢書委員會1958年版，第243頁。

又明曹學佺《石倉歷代詩選》卷342《明詩初集六十二》載高廩《唐宮行》："銷兵假瑞誣昇平，長垣盗起如蠭午。"①　"蠭午"即"蜂午"。《集韵·钟韵》："蠭，《说文》：'飞虫螫人者。'或作蠭，通作蜂。""蜂午"古代其他碑文墓誌銘亦見。《大隋故内史令金紫光禄大夫楊公（約）墓誌銘》："複屬陸梁數州，江南妖逆，聚同蟻結，起若蠭午。"②《隋故開府儀同三司楊君墓誌銘並序》："宣德始基，蝨賊蜂午。屯逼洛湄，頻登五伐。"③在《常何墓碑》中，"蜂午"可視爲用典，用"蜂午"説徐圓朗謀逆，正合典籍慣常用法。

"挻妖"，鄧文寬認爲是指"篡權之妖孽"④。這種説法也值得商榷。"挻妖"傳世典籍亦見。《文苑英華》卷647載駱賓王《兵部奏姚州破逆賊諾没弄楊虔柳露布》："征風召雨，蜎起蜂飛，驅雜種以挻妖。"⑤《駱丞集》卷4載同篇作"挻災"。⑥《箋注駱臨海集》卷10載同篇作"挻災"。⑦"挻災"傳世典籍習見。李白《天長節使鄂州刺史韋公德政碑》："孽胡挻災，大人有作。雷霆發揚，欃槍有落。"⑧"挻"有"延及、招引"義。上李白《天長節使鄂州刺史韋公德政碑》，清王琦注引《增韵》："挻，引也。"⑨　"挻災"即招引災禍。"挻災""挻妖"可互爲異文，説明"挻災""挻妖"意思相類。

---

①（明）高廩：《唐宮行》，明曹學佺《石倉歷代詩選》卷342《明詩初集六十二》，《文淵閣四庫全書》，台灣商務印書館1986年影印版，集部，第1391册，第666頁。

② 王其禕、周曉薇：《隋代墓誌銘匯考》，綫裝書局2007年版，第4册，第384頁。

③ 周紹良主編：《全唐文新編》，吉林文史出版社2000年版，第5部第3册，第13763頁。

④ 鄧文寬：《敦煌常何墓碑校詮》，中國敦煌吐魯番學會等編《敦煌吐魯番研究》卷11，上海古籍出版社2008年版，第383頁。

⑤（唐）駱賓王：《兵部奏姚州破逆賊諾没弄楊虔柳露布》，《文苑英華》卷647，《文淵閣四庫全書》，台灣商務印書館1986年影印版，集部，第1339册，第131頁。

⑥（唐）駱賓王：《駱丞集》卷4《兵部奏姚州破逆賊諾没弄楊虔柳露布》，《文淵閣四庫全書》，台灣商務印書館1986年影印版，集部，第1065册，第503頁。

⑦（清）陳熙晉箋注，中華書局上海編輯所編輯：《駱臨海集箋注》，中華書局1961年重排標點本，第343頁。

⑧（清）王琦：《李太白集注》卷29《天長節使鄂州刺史韋公德政碑》，《文淵閣四庫全書》，台灣商務印書館1986年影印版，集部，第1067册，第521頁。

⑨ 同上書，第521—522頁。

“妖”可指反常、怪異的事物。《吕氏春秋》卷5《慎大》：“晝見星而天雨血，此吾國之妖也。”① “挻妖”即引致妖邪之事。至於“挻災”當是“挻”“挻”字形相似，“挻”訛爲“挺”。

孫文認爲“黽蒙積沴，蜂午挻妖”之“午”必須要解釋爲蜂類動物的前提是此篇碑文是墓誌銘，爲駢文形式，“黽蒙”與“蜂午”處於對稱位置，“黽蒙”是名詞，所以“蜂午”必須是名詞。其實雖然《常何墓碑》是以駢體形式爲主，但也有不少的散句。“祖親鄭氏，每撫而歎曰：此子志度非常，必興吾族，終當不減蕭相國。故令與相國同名。”“武德二年，令與劉弘基等，至百崖招慰。軍還，又與宇文穎平夏縣。太宗文皇帝出討東都，以公爲左右驍騎。”“七年，奉太宗令追入京，賜金刀子一枚，黄金卅挺，令於北門領健兒長上。仍以數十金刀子委公錫驍勇之夫。”這幾段不但字數長短不一樣，結構上也不對稱。還有一些雖然字數上下句大致相等，但是結構上却不對稱。“料安危之勢，審肖亡之跡；抗言於密，請歸朝化。”“料安危之勢，審肖亡之跡”對得很好，但是“抗言於密，請歸朝化”則明顯不能歸爲對偶。“爲充所覺，奇謀不成。”上句“爲……所”結構，下句是普通主謂結構，也不是對稱結構。這樣的句子還有“禮畢還京，遠近欽羨”“方殄餘噍，奉命旋師”“諸將希功，咸規反噬”等。還有一些即便是對偶結構對得也不是很整齊。如“竊據沂兗，稱兵淮泗”，“沂兗”與“淮泗”均爲地名，但“竊據”一個是狀中結構，一個“稱兵”是動賓結構，只能算爲寬對。其實即使是對對仗要求比較嚴格的唐代律詩，有時也使用寬對。如崔顥《黄鶴樓》：“黄鶴一去不復返，白雲千載空悠悠。”“黄鶴”與“白雲”，“一”與“千”都可看作是對偶，但是剩下的就對不上了。筆者認爲此“黽蒙積沴，蜂午挻妖”也屬於半對半不對的寬對。“黽蒙積沴，蜂午挻妖”謂他們（指徐圓朗等人）在黽蒙之地積下災禍，又如蜂一樣亂

① （戰國）吕不韋等：《吕氏春秋》15《慎大》，《文淵閣四庫全書》，台灣商務印書館1986年影印版，子部，第848册，第378頁。

飛引來妖邪之事。“積沴”“挻妖”可爲對偶，其餘則不是。

【過除】

夢見謝竈，過除。（S. 2222**《周公解夢書·舍宅章》**）

“過除”劉文英、鄭炳林均録爲“遇除”[①]，“遇除”不辭。查原卷“遇”字作“過”，實爲“過”之俗體字。

“謝竈”即祭竈，感謝竈神的恩德。竈神又稱“竈君”“竈王爺”。祭竈神起源甚早，周代即被列爲五祀之一。《禮記》卷1《曲禮下》：“（天子）祭五祀。”鄭玄注：“五祀，户、灶、中霤、門、行也。”[②] 先秦時期，竈神職司灶事，後來又成爲天帝派往人間伺察人們功過的神祇。[③] 晉葛洪《抱朴子·内篇》卷6《微旨》：“月晦之夜，竈神亦上天白人罪狀。大者奪紀，紀者，三百日也。小者奪筭，筭，一百日也。”[④] 唐段成式《酉陽雜俎》前集卷14《諾臯記上》的記載與《抱朴子》基本相同：“竈神名隗，狀如美女。又姓張名單，字子郭，夫人字卿忌，有六女皆名察洽。常以月晦日上天白人罪狀，大者奪紀，紀三百日，小者奪算，算一百日。故爲天地督使，下地爲精。”[⑤] 也就是説罪過大的會被奪取三百天的壽命，罪過小的會被奪取一百天壽命。正因爲人們認爲灶神掌管着賞罰大權，出於恐懼心理，爲了消除災難，古人每年定時祭灶。爲了堵住灶神的嘴，祭灶的食物往往十分豐富。宋代范成大的《祭竈詞》對當時民間祭竈作了極其生動的描寫：“古傳臘月二十四，灶君朝天欲言事。雲車風馬小留連，家有盃盤豐典祀。豬頭爛熱雙魚鮮，豆沙甘鬆粉餌團。男兒酌

① 劉文英：《中國古代的夢書》，中華書局 1998 年版，第 33 頁；鄭炳林：《敦煌寫本解夢書校録研究》，民族出版社 2005 年版，第 205 頁。

② （漢）鄭玄注，（唐）孔穎達疏：《禮記注疏》卷 5，（清）阮元校刻《十三經注疏》，江蘇廣陵古籍出版社 1995 年影印版，上册，第 1268 頁。

③ （漢）鄭玄注，（唐）孔穎達疏：《禮記注疏》卷 46，（清）阮元校刻《十三經注疏》，江蘇廣陵古籍出版社 1995 年影印版，下册，第 1590 頁。

④ （晉）葛洪：《抱朴子》，《四部叢刊初編》，上海商務印書館影印魯藩刊本，子部，539 册。

⑤ （唐）段成式著，方南生点校：《酉陽雜俎》，中華書局 1981 年標點版，第 128 頁。

獻女兒避，酹酒燒錢灶君喜。婢子鬬争君莫聞，貓犬觸穢君莫嗔。送君醉飽登天門，杓長杓短勿復云，乞取利市歸來分。"[①] 爲了討好灶王，祭灶時還特製糖果、糖餅類的東西以期灶王爺多説好話。明劉侗《帝京景物略》卷 2《城東内外》："廿四日，以糖劑餅、黍糕、棗、栗、胡桃、炒豆祀竈君，以槽草秣灶君馬。謂竈君翌日朝天去白家一歲事，祝曰：'好多説，不好少説。'"[②] 當然祭竈的習俗一直保留到現在。

在敦煌解夢書中夢見祭祀爲吉兆。P. 3571 背《占夢書》："夢見祀事者，大富貴。"而從上段的論述中我們又可以看出，民間祭灶目的是希望灶王少説人過、多説好話，所以"夢見謝竈，過除"之"過除"應指罪過消除。

【禍愆靈佑】

至孝等自云："福愆靈佑，疊隔慈襟；俯寒泉以窮哀，踐霜露而增感。"（P. 3562 背《道家雜齋文・亡考文》）

《願文集》（757 頁）録此段文字，但"福"字均未校。例中"福"當爲"禍"之形訛字。"禍愆靈祐"敦煌願文習見。S. 5573《文樣・亡齋文一道並小序》："禍愆靈祐，盟（蒙）隔慈顔，撫泉以窮哀，踐霜露而增感。"S. 6417《文樣・亡尼》："但以金烏西轉，玉兔東移；時運不停，俄經百日。至孝等自云：'禍愆靈佑，畔（釁）隔兹（慈）襟；俯（撫）寒泉以窮哀，踐霜露而增感。'"其中"禍"字，《願文集》（780 頁）録成"福"，查原卷實爲"禍"。Φ263《釋文文範》："時運不停，俄經某七，至孝等自云：'禍愆令（靈）祐，疊隔慈襟。付（俯）寒泉以窮哀，殘（踐）霜露以增感。'""禍愆靈佑"指有災禍的時候也没有神靈保佑。"愆"在這裡當"喪失、缺失"講。典籍中有用例。《左傳・昭公二十六年》："王

① （宋）范成大：《范石湖集》，上海古籍出版社 2006 年標點版，第 411 頁。
② （明）劉侗等著，欒保群注：《帝京景物略》，紫禁城出版社 2013 年標點版，第 66 頁。

昏不若，用愆厥位。”杜預注：“愆，失也。”①

【和陟娉】

乃述祭詞：維年月日，謹以清酌之奠，祭漢公主王昭君之靈：惟靈天降之精，地降之靈，姝越世之無比，婥妁傾國和陟娉，丹青寫刑（形）遠嫁。（P. 2553《王昭君變文》）

《變文校注》（160 頁）：“約，原録作‘妁’，類化字，而，原録作‘和’。按‘和’當爲‘如’之訛，通‘而’。下文‘嫁’字原卷亦從‘禾’旁。‘陟娉’，遠路求聘。又：項楚校作：‘姝越世上無比，婥妁傾國和娉。’”趙家棟認爲：“‘和’當爲‘知’之形訛，‘知’有‘想欲、期望’義。‘陟娉’當爲‘致娉’，謂前來問名求婚之義。”②“陟娉”或“致娉”均不妥當，“惟靈天降之精，地降之靈。姝越世之無比，婥妁傾國和陟娉”，是站在昭君的角度敘述的，若以“陟娉”爲“遠路求聘”義，或讀爲“致娉”，爲“問名求婚”義，都是站在他人的角度敘述的，語義不暢。況且“致”字，《廣韻》陟利切，知母，至韻；陟字，《廣韻》竹力切，知母，職韻。一爲去聲，一爲入聲，雖然唐五代西北方音塞音韻尾很多已開始弱化，但並不代表二者此時已同音，敦煌文獻亦未見二者通用之例。疑此“陟”當爲“敕”的借字。二者通用典籍習見。《史記》卷 1《夏本紀》：“帝用此作歌曰：‘陟天之命，維時維幾。’”裴駰集解引孔安國曰：“奉正天命以臨民，惟在順時，惟在慎微。”③《尚書・益稷》作“勑”。④《尚書・立政》：“亦越成湯，陟丕釐上帝之耿命。”孫星衍疏：“陟，同敕。”⑤ 敕，《廣韻》恥力切，徹母，職韻；陟，知母，

① （晉）杜預注，（唐）孔穎達疏：《左傳注疏》卷 52，（清）阮元校刻《十三經注疏》，江蘇廣陵古籍出版社 1995 年影印版，下册，第 2114 頁。

② 趙家棟：《敦煌文獻疑難字詞研究》，博士學位論文，南京師範大學，2011 年。

③ （漢）司馬遷撰，（南朝宋）裴駰集解，（唐）司馬貞索隱，（唐）張守節正義：《史記》，中華書局 1963 年點校本，第 1 册，第 81—82 頁。

④ （漢）孔安國傳，（唐）孔穎達疏：《尚書注疏》卷 5，（清）阮元校刻《十三經注疏》，江蘇廣陵古籍出版社 1995 年影印版，上册，第 144 頁。

⑤ （清）孫星衍：《尚書今古文注疏》，中華書局 1986 年標點版，下册，第 471 頁。

職韻，僅聲母有知、徹之别，可得相通。“娉”本指聘問。《説文·女部》：“娉，問也。”段注：“凡娉女及聘問之禮，古皆用此字……而經傳概以‘聘’代之。”① 後引申爲“婚配”“嫁娶”義。S.1441 曲子詞《鳳歸雲》：“娉得良人爲國遠長征，争名定難，未有歸程。”元白樸《東牆記》第二折：“畫簷鐵馬喧，紗窗夢不成，佳人才子何時娉。”② “和陟”之“和”當爲“如”訛字，“如”本爲遵從、依照義。《説文·女部》：“如，從隨也。”“如×敕”典籍習見。《舊五代史》卷127《和凝傳》：“及聞唐、鄧奏報，鄭王如所勅，遣騎將李建崇、監軍焦繼勳等領兵討焉，相遇于湖陽，從進出於不意，甚訝其神速，以至於敗，由凝之力也。”③ 清徐松《宋會要輯稿·食貨一》：“遂罷此詔，止如舊敕施行。”④《明史》卷51《志二十七》：“帝命如舊敕行，遂祧宣宗。”⑤ “如敕聘”即遵奉皇帝的詔令而婚配。關於昭君奉敕出嫁典籍有記載。《後漢書》卷89《南匈奴列傳》：

> 初，單于弟右谷蠡王伊屠知牙師以次當為左賢王。左賢王即是單于儲副。單于欲傳其子，遂殺知牙師。知牙師者，王昭君之子也。昭君字嬙，南郡人也。初，元帝時，以良家子選入掖庭。時，呼韓邪來朝，帝敕以宫女五人賜之。昭君入宫數歲，不得見御，積悲怨，乃請掖庭令求行。呼韓邪臨辭大會，帝召五女以示之。昭君豐容靚飾，光明漢宫，顧景裴回，竦動左右。帝見大驚，意欲留之，而難於失信，遂與匈奴。⑥

---

① （漢）許慎著，（清）段玉裁注：《説文解字注》卷12，浙江古籍出版社2006年影印版，第622頁。

② 徐征等主编：《全元曲》，河北教育出版社1998年標點版，第2卷，第812页。

③ （宋）薛居正：《舊五代史》，中華書局1976年點校本，第5册，第1673頁。

④ （清）徐松著，劉琳等校點：《宋會要輯稿》，上海古籍出版社2014年版，第13册，第7699頁。

⑤ （清）張廷玉：《明史》，中華書局1974年點校本，第5册，第1320頁。

⑥ （南朝宋）范曄：《後漢書》，中華書局1965年點校本，第10册，第2941頁。

【井昵】

夢見井昵，家有衰。（S. 2222《**周公解夢書·水章**》）

此句劉文英録爲："夢見井旺，家有喪。"[①] 鄭炳林録爲"夢見井昵，家有衰"。[②] 查原卷，實爲"夢見井昵，家有衰"。但鄭炳林未對"井昵"加以解釋。"井昵"當爲"井泥"之訛。"井泥"指水井長期得不到治理，污泥堆積。"井泥"的這種意思最早見於《周易》。《周易》卷5《井卦》："井泥不食，舊井無禽。"三國魏王弼注："井泥而不可食，則是久井不見渫治者也。久井不見渫治，禽所不向，而況人乎？"[③]"渫"指清除污穢，《説文·水部》："渫，除去也。""井泥"的這一用法後世仍沿用。唐徐堅等編《初學記》卷7《井六》："久不滦滌爲井泥。"[④] 宋唐庚《客至説》："貧家無酒食待客，惟有茶湯尔。山郡無佳茗，而湯材亦不嘗有，顧惟有水。自入夏，江水渾而井泥不可飲，客至相對清談。"[⑤] 在古代夢書中，"井興"往往被視爲吉兆，S. 2222《周公解夢書·水章》："夢見作井者，富貴。""井涸""井廢"則被視爲凶兆，爲家衰、家貧之兆。《夢林玄解》卷15《夢占·棟宇部·第宅》"井涸"條下説："夢此主貧乏。"又"井崩損、傾涸、汙塞"條下説"此敗家之兆"。[⑥] 而此條夢語中説"夢見井昵（泥）"，正與"井涸""井崩損、傾涸、汙塞"類似，所以占夢的斷辭爲"家有衰"。

【慕擾鬱濤】

先尊镌窟，奇功有殘。子能繼紹，修飾俱全。功成九仞，慶設皆圓。助修大像，勾當廚筵。始終不倦，僧愛無偏。内思紆回，外直如

① 劉文英：《中國古代的夢書》，中華書局1998年版，第35頁。

② 鄭炳林：《敦煌寫本解夢書校録研究》，民族出版社2005年版，第206頁。

③ （魏）王弼注，（唐）孔穎達（疏）：《周易注疏》卷5，（清）阮元校刻《十三經注疏》，江蘇廣陵古籍出版社1995年影印版，上册，第60頁。

④ （唐）徐堅等：《初學記》，中華書局1962年版，第1册，第153頁。

⑤ （宋）唐庚：《客至説》，《眉山唐先生文集》卷28，《四部叢刊三編》，上海商務印書館1936年影印閩侯龔氏大通樓藏舊鈔本，集部，第422册。

⑥ （宋）邵雍：《夢林玄解》卷15《夢占·棟宇部》，明崇禎刻本。

弦。慕擾鬱濤，匪戀恬閑。於家治理，衆口稱傳。（P. 4660**《沙州釋門勾當福田判官辭弁邈真贊》**）

“鬱濤”，《碑銘贊》（149 頁）徑録無校。《邈真贊校録》（181—182 頁）校作“淘”，注云：“濤，陳作陶。”校作“陶”是。“鬱陶”有憂思、哀思之意，典籍習見。《尚書・五子之歌》：“鬱陶乎予心，顔厚有忸怩。”孔傳：“鬱陶，言哀思也。”陸德明釋文：“鬱陶，憂思也。”[①]《孟子・萬章上》：“象曰：‘鬱陶思君爾。’”[②]《楚辭》卷 8《九辯》：“豈不鬱陶而思君兮，君之門以九重。”王逸注：“憤念蓄積盈胸臆也。”[③] 唐陳子昂《臨邛縣令封君遺愛碑》：“鬱陶增思，寤寐永歎。”宋祖無擇《濟上夜泊寄杜秘校》：“猶興明發譖相見，願奉清言散鬱陶。”[④] 張小豔認爲“慕擾鬱濤”意思是：“辭弁喜好撫平（或派遣）他人（或自己）心中積聚的憂思。”[⑤] 張志勇認爲：“慕擾鬱濤，是説由於傾慕佛法，擾動喜而未暢的心情，變得更加舒暢了。”兩種解釋均比較牽强。按“慕”疑爲“莫”的訛字。“慕”與“匪”對文義同。張小豔以爲：“不難看出，辭弁身充寺院福田司的判官，他總是做一些對大家（對自己）都有益的善事，比如儲穀積物，繼父鑿窟，造像設筵，整理般若真經等……足見‘慕擾鬱濤，匪戀恬閑’乃實有所指，並非文飾之詞。”[⑥] 但從“始終不倦，僧愛無偏。內思紆回，外直如弦。慕擾鬱濤，匪戀恬閑”這幾句話來看，實際上是在説辭弁爲人處事的方式，“憎愛無偏”憎惡什喜歡什麼没有偏

---

① （漢）孔安國傳，（唐）孔穎達疏：《尚書注疏》卷 7，（清）阮元校刻《十三經注疏》，江蘇廣陵古籍出版社 1995 年影印版，上册，第 157 頁。

② （漢）趙岐注，（宋）孫奭疏：《孟子注疏》卷 9，（清）阮元校刻《十三經注疏》，江蘇廣陵古籍出版社 1995 年影印版，下册，第 2734 頁。

③ （漢）王逸：《楚辭章句》卷 8，《文淵閣四庫全書》，台灣商務印書館 1986 年影印版，集部，第 1062 册，第 57 頁。

④ （宋）祖無擇：《濟上夜泊寄杜秘校》，《龍學文集》卷 2，台灣商務印書館 1986 年影印版，集部，第 1098 册，第 799 頁。

⑤ 張小豔：《敦煌邈真讚校讀記》，《出土文獻與古文字研究》第 3 輯，復旦大學出版社 2010 年版，第 405 頁。

⑥ 同上。

頗，“内思紆回”内心思考問題翻來覆去，考慮得很全面，“外直如弦”外在行爲很正直。“慕（莫）擾郁濤（陶）”是指辭弁作爲一個僧人，不易受壞心情的干擾，與“匪戀恬閑”（不貪戀舒適悠閒的生活），無論從結構上還是意義上都能照應。

【鳥將兩成】

夫以同胎共氣，昆季情深。玉葉金枝，相美兄弟。將為同居一世，情有不知。鳥將兩成，分飛四海。堂煙習習，冬夏推移，庭前荆樹，猶自枯觜（悴）。分離四海，中（終）歸一別。（S. 6537 背《文樣・兄弟分書》）

“鳥將兩成”不辭，“兩”當爲“雨”之形訛。“雨”“兩”形近，古代常混。Φ096《雙恩記》：“經如是我聞，一時佛在王舍城耆闍屈（崛）山中。六種成就‘如是’雨字，信成就；‘我聞’雨字，聞成就；‘一時’雨字，時成就。”其中“雨字”之“雨”並當是“兩”字之訛。雨字、兩字在俗體字中常混而不分。S. 2037《盧山遠公話》：“雲慶見和尚再三不肯迴避，兩淚悲啼，自家走出寺門，隨衆波逃。”“兩淚”即“雨淚”，謂淚如雨下，典籍習見。

而“雨”又當是“羽”之音訛。雨、羽俱屬《廣韻》云母、麌韻，可通。ДX. 12012《分書》内容與 S. 6537 背《分書》大致相似，其中前幾句作“夫以同胎共乳，昆季情深，玉葉金枝，骨肉兄弟。將爲人秀國壽，情有不知。鳥忽羽成，分飛四海”。可證“雨”即“羽”之借字。“鳥將羽成，分飛四海”乃化用典故，出自《孔子家語》。其書卷 5《顔回》：“孔子在衛，昧旦晨興。顔回侍側，聞哭者之聲甚哀。子曰：‘回，汝知此何所哭乎？’對曰：‘回以此哭聲非但爲死者而已，又有生離别者也。’子曰：‘何以知之？’對曰：‘回聞桓山之鳥，生四子焉，羽翼既成，將分于四海，其母悲鳴而送之，哀聲有似於此。'"① 後來人們用"四鳥分飛"比喻骨肉別離。

【水次逼近】

(1) 上件渠人，今緣水次逼近，切要通底河口，人各鍬钁壹事，白刺二束，枝兩束，掘一莖。帖至，限今日廿二日卯時，於栗子口頭取齊。(P. 5032《渠人轉帖》)

(2) 上件渠人，今緣水次逼近，切要修治瀉口，人各白刺五束，壁木三莖，各長五尺、六尺，鍬钁壹事。帖至，限今月三(十) 日卯時，並身及柴草於瀉口取齊。(P. 5032《渠人轉帖》)

(3) 以上渠人，今緣水次逼近，要通底河口，人各鍬钁壹事，白刺一束，檉壹笙（莖），須得莊（壯）夫，不用斯（廝）兒，帖至限今（月）十六日卯時皆（階）河口頭取齊。(P. 3412背《壬午年渠人轉帖》)

(4) 以上渠人，今緣水次逼近，要通底河口，人各鍬钁壹事，白刺三束，幸請諸公等，帖至，限今月廿二日卯（時）於口頭取齊。(P. 5032《渠人轉帖》)

(5) 以上（渠）人，今緣水次逼近，切要修治沙渠口，人各檉一束，白刺一束，柒尺掘一笙，幸請諸公等，帖至，限今月十七日限夜沙渠口取齊。(P. 5032《渠人轉帖》)

(6) 已上渠人，今緣水次逼斤（近），切要通底河口，人各枝兩束，亭（衍）白刺壹不（衍）束，掘兩笙，鍬钁一事，兩日糧食。是酒（須）壯夫，不用廝兒女。限今月廿九日卯時於口頭取齊。(P. 4017《渠人轉帖》)

(7) 以上渠人，今緣水此（次）逼近，切要修裹（理），人各鍬一張，支（枝）一束，白刺一束，掘一笙（莖），帖至限今月十日卯時於口頭取齊。(BD09520背《渠人轉帖稿》)

---

① 《孔子家語》卷5《顏回》，《文淵閣四庫全書》，台灣商務印書館1986年影印版，子部，第695冊，第46頁。

以上均出自渠人轉帖文書，從内容上看是通知渠人參加修渠活動的。這些文書中均出現了“水次逼近”，此詞並没有人明確作過解釋。馮培紅認爲：“每年春夏水汛，經常發生水災，沖毁渠堰，造成極大危害。”① 並舉了例（1）、例（2）爲證，又説：“這類因水患漫延並沖壞渠口瀉處的渠人轉帖文書還有很多，由録事發帖，告示渠社，組織人力，配帶鍬钁檉等物，協同洩洪排澇，解除水患。”② 可以看出，他認爲“水次逼近”就是要發洪水的意思。余欣也説：“都河水漲一般是在二月或九月，P. 5032 抄録甲申年渠人轉帖多件，提到‘今緣水次逼近，切要通底河口’的，分是二月二十日、二十九日和九月二十一日。”③

認爲“水次逼近”指要發洪水恐不確切。實際上，“水次”不只出現在渠人轉帖中，P. 3560 背《沙州敦煌縣行用水細則》也出現了“水次”，“如天時温暖，河水消澤，水若流行，即須預前收用，要不待到期日，唯早最甚，必天温水次早到北府，澆用周遍，未至埸苗之期，東河已南百姓即得早澆粟地。”此段是討論敦煌地區如何分配灌溉用水的問題。敦煌地區屬於西北乾旱少雨地區，水資源極爲稀缺，而灌溉用水的合理分配直接關係到收成的好壞，爲使水資源能够在整個敦煌農業灌溉區得到合理使用，也爲了減少用水糾紛，《沙州敦煌縣行用水細則》中嚴格規定了用水的輪次：

辛渠、趙渠、上八渠、張桃渠、張填渠、曹家渠、張冗渠、劉家渠、六尺渠、上瓜渠、索忩（總）同渠、吴家渠、馬其渠、

① 馮培紅：《唐五代敦煌的河渠水利與水司管理機構初探》，《敦煌學輯刊》1997 年第 2 期。

② 同上。

③ 余欣：《神祇的“碎化”——唐宋敦煌社祭變遷研究》，《歷史研究》2006 年第 3 期。

> 王家渠、廉家渠、小弟（第）一渠、神威渠、中瓜渠。右件子渠，並三支渠大河兩畔水。若千渠已下水多不受，放河南北辛趙渠以減急。如其洎少，還塞向下。下灌親渠，大壤渠、延康渠、澗渠、多農渠。右件子渠，若千渠口已下水破了，即放灌親等子渠，亦用兩冈（罔）等渠水承漏，依次收用。
>
> 鄉大河母，依次承開陽，神農了，即放都鄉、東支渠、西支渠、宋渠、仰渠、解渠、胃渠、縣解渠、塚忩（總）渠、李忩（總）渠、索家渠。右件已前渠水，都鄉河下尾依次收用。若水不受，即向減入階和、宜穀等渠。階和宜穀渠、雙樹渠、曹忩（總）同渠、麴家渠、翟忩（總）同渠。右件渠次承宜穀等渠後，依次收用。

《沙州敦煌縣行用水細則》中提到的“水次早到北府”，“北府”又稱“北府渠”，是敦煌地區境内甘泉河的一大幹渠。“水次早到北府”當指“灌溉用水按照次序提早到北府渠”。“水次逼近”也應指“灌溉用水依次逼近”，也就是説要輪到（該渠）灌溉用水了。每年每個渠段未開始澆灌之前都要預先對溝渠進行維修，所以發帖通知渠人攜帶工具參加勞動。S. 6123《戊寅年七月十四日宜秋西枝渠人轉帖》：“上件渠人，今緣水次澆粟湯（場?），准舊看平水相量，幸請諸渠等，帖至，限今月十五日卯時於普光寺（門）（前）取齊。”這件文書“水次”用在了“澆粟”的前面，很明顯“水次”是與澆灌田地有關。

吐魯番出土文獻也有“水次”一詞。73TAM509《唐城南營小水田家牒稿爲舉老人董思舉檢校取水事》，也提到了“水次”：

> 城南小水營小水田家狀上
>
> 老人董思舉
>
> 右件人等所營小水田，皆用當城四面豪（壕）坑内水，中間

亦有口分，亦有私種者。非是三家五家。每欲澆溉之晨，漏並無准。只如家有三人兩人者，重澆三回。惸獨之流，不蒙升合。富者因滋轉贍，貧者轉複更窮。總緣無檢校人，致使有强欺弱。前件老人性直清平，諳識水利，望差檢校，庶得無漏。立一牌牓，水次到，轉牌看名用水，庶得無漏。如有不依次第取水用者，請罰車牛一道遠使，無車牛家罰單功一月日驅使。即無漏並，長安穩，請處分。①

這是一份地方鄉紳向當地官府提出的行政議案，該文狀要求把灌溉民户的姓名寫在牌牓上，在輪到此地澆灌之日按户名次序灌溉。可見，不只渠與渠之間存在依次取水的問題，一渠内部也存在這個問題。

因此，“水次逼近”不是指發洪水，洪水也不可能按照輪次走，“水次逼近”之“水”實指灌溉用水，“水次逼近”是指按次序快輪到（該渠）澆水灌溉了。

【時長不當】

恐時僥伐（代）之（衍）薄，人情以（與）往日不同，互生分然，複怕各生己見。所以厶乙等壹拾伍人從前結契，心意一般，大者同父母之情，長時供奉，少者一如赤子，必不改彰（章）。雖則如此，難保終身。盞酒臠（臠）肉，饑荒儉世，濟危救死，益死榮生，割己從他，不生吝惜。所以上下商量，人心莫逐時改轉，因兹衆意一般，乃立文案，結為邑義，世代追崇，件段條流，一一別識。(S. 6537 背《文樣·社條》)

“時長不當”，諸家徑録無校。“臠”本指切肉。《説文·肉部》：“臠，切肉也。”後引申爲量詞，用於塊狀的魚肉。《淮南子·説林訓》：“嘗一臠肉，而知一鑊之味。”② 但“盞酒臠肉，時長不當”若

① 唐長孺主編：《吐魯番出土文書》，文物出版社 1992 年版，第 4 册，第 339 頁。
② 何寧：《淮南子集釋》，中華書局 1998 年版，下册，第 1157 頁。

理解爲“一盞酒，一塊肉，時間長了不恰當”語義不暢。疑“當”爲“嘗”的借字。《墨子》卷4《兼愛上》：“當察亂何自起？起不相愛。”孫詒讓閒詁：“當讀爲嘗，同聲叚借字……嘗，試也。”① 《墨子》卷8《明鬼下》：“昔日鄭穆公，當晝日中處乎廟，有神入門而左。”孫詒讓閒詁：“當，吴鈔本作嘗，古字通用。”② 二者通借敦煌典籍也習見。S. 1441《勵忠節鈔》：“郭象曰：‘庾異行，言必行之，若心有擬（疑），未當複行也，佇聞未信，未嘗複説。’”“魏文侯當出遊，見人反裘而負薪，問之，對曰：‘吾愛其毛。’文侯曰：‘皮之不存，毛將安附？’”屈直敏均校“當”爲“嘗”，是。③

不只肉時間長了會腐敗無法食用，美酒放時間長了也腐敗發酸。《韓非子》卷13《外儲説右上》：“宋人有酤酒者，升概甚平，遇客甚謹，爲酒甚美，縣幟甚高著，然不售，酒酸。”④ 敗酒也不適合人飲用。《藝文類聚》卷24《人部八》引王孫子《新書》曰：“楚莊王攻宋，廚有臭肉，罇有敗酒。將軍子重諫曰：‘今君廚肉臭而不可食，罇酒敗而不可飲。’而三軍之士皆有饑色，欲以勝敵，不亦難乎？”⑤ “盞酒臠肉，時長不當（嘗）”是説一杯酒一塊肉雖是美味但時間長了，變了味道也會不適合人食用。上文説雖然十五人無論長幼情義深厚（大者同父母之情，長時供奉，少者一如赤子），但時間長了人心難免會發生變化，“雖則如此，難保終身”，“盞酒臠肉，時長不當（嘗）”是這種形象化的比喻。

【恬笔记事】

恬筆記事，丕業無窮。（P. 4660《**瓜州刺史康使君邈真贊並序**》）

---

① （清）孫詒讓：《墨子閒詁》，中華書局2001年版，上册，第99頁。

② 同上書，第227頁。

③ 屈直敏：《敦煌寫本類書勵忠節鈔研究》，民族出版社2007年版，第255、322頁。

④ （戰國）韓非：《韓非子》卷13《外儲説右上》，《文淵閣四庫全書》，台灣商務印書館1986年影印版，子部，第729册，第725頁。

⑤ 《藝文類聚》卷24《人部八》，《文淵閣四庫全書》，台灣商務印書館1986年影印版，子部，第887册，第540頁。

《真跡釋録》第5輯（121頁）、《碑銘贊》（151頁）、《全唐文新編》第5部第1册均録而未校。[①]《邈真讚校録》（180頁）認爲“似應作舔”。鄧文寬認爲應校爲“掂”。[②]校爲“舔”或“掂”均不確切。《孟子·盡心下》：“士未可以言而言是以言餂之也，可以言而不言是以不言餂之也，是皆穿踰之類也。”朱熹集注：“餂，探取之也。今人以舌取物曰餂，即此意也。”[③]《正字通·舌部》：“舔，俗餂字。”[④]可知“用舌舔”是“餂”之“探取”義引申出來的後起晚出義，“舔”又爲“餂”的後起字。而“掂”作“掂量”講是元明以後的晚出字，作“拿、提”講則又是由其掂量義引申出來的，時代又更晚。鄭炳林認爲“本篇當寫于乾符三年（876年）至六年（879年）年之間”[⑤]，乾符爲唐僖宗年號，朱熹爲南宋時人，敦煌文獻中未發現“餂（舔）”當“舔舐”講的實際用例，在這裡出現可疑。相傳秦將蒙恬曾經改進毛筆製作工藝，後人遂有“蒙恬制筆”的傳説。晉崔豹《古今注》卷下《問答釋義》：“牛亨問曰：‘自古有書契以來，便應有筆，世稱‘蒙恬制筆，何也?’答曰：‘蒙恬始造，即秦筆耳。以枯木爲管，鹿毛爲柱，羊毛爲被。所謂蒼毫，非兔毫竹管也。”[⑥]李商隱《爲滎陽公賀牛相公狀》其二：“始者召入紫宸，親承清問。仲舒演《春秋》之奥，孫弘闡《洪範》之微，抉摘姦豪，指切貴近，雲霞動色，日月迴光，超絶古今，喧傳華夏，蒙恬之筆鋒斯

① 周紹良主編：《全唐文新編》，吉林文史出版社2000年標點版，第5部第1册，第12613頁。

② 鄧文寬：《敦煌邈真贊文獻中的唐五代河西方音通假字例釋》，《鄧文寬敦煌天文曆法考索》，上海古籍出版社2010年版，第434頁。

③（宋）朱熹集注：《四書章句集注》，上海古籍出版社2006年標點版，下册，第470頁。

④（明）張自烈：《正字通》未集，《續修四庫全書》，上海古籍出版社2002年影康熙二十四年秀水吴源起清畏堂刊本，經部，第235册，第326頁。

⑤ 鄭炳林：《敦煌碑銘贊輯釋》，甘肅教育出版社1992年版，第151頁。

⑥（晉）崔豹：《古今注》卷下，《叢書集成初編》，中華書局1985年顧氏文房本排印版，第22頁。

挫，張永之紙價彌高。"[①] 因紙筆聯繫緊密，古人又常以"蒙恬造筆""蔡倫造紙"並稱，有"恬筆""倫紙"之説。南朝梁周興嗣《千字文》："恬筆倫紙，鈞巧任釣。"

"恬笔记事""恬笔"当即用蒙恬造笔的典故，"恬笔"即代指"毛笔"。

【耶气】

夢見婦人，耶氣。（ДХ. 10787《解夢書》）

鄭炳林將此句録爲："夢見婦人肥，氣。"[②] 查原卷，"肥"字實作"耶"，當隸定爲"耶"。清吴任臣《字彙補·耳部》："耶，音義缺。出《釋藏》，恐是'耶'字之譌。"[③]"耶"的確是"耶"的異體字。P. 2299《太子成道經》："聖主摩耶往後園，採女（嬪）妃奏樂喧。""耶"字作"耶"（當隸定爲"耶"），而 P. 2999、S. 548《太子成道經》均作"耶"。"摩耶"即指佛祖釋迦牟尼的母親摩訶摩耶。S. 361《書儀》："耶孃萬福，厶恒遺，不審何當複［得］詡（衹）對?"趙和平校"耶"爲"耶"，是。[④]

事實上，達世平、沈光海認爲"耶"又原是"邪"的俗字。[⑤]《干禄字書·平聲》："耶邪，上通，下正。"[⑥]《字彙·耳部》："耶，徐皆切，音邪，與邪同。"[⑦] 典籍中"耶"當邪僻、邪惡講的很多。如《禮記》卷 37《樂記》："中正無邪，禮之質也；莊敬恭順，禮之

① 劉學鍇、余恕誠：《李商隱文編年校注》，中華書局 2002 年標點本，第 1 册，第 268 頁。

② 鄭炳林：《敦煌寫本解夢書校録研究》，民族出版社 2005 年版，第 258 頁。

③（清）吴任臣：《字彙補》未集，《續修四庫全書》，上海古籍出版社 2002 年影康熙五年刻本，經部，第 233 册，第 627 頁。

④ 趙和平：《敦煌寫本書儀研究》，臺北出版社 1993 年版，第 279 頁。

⑤ 達世平、沈光海：《古漢語常用字字源字典》，上海書店出版社 1989 年版，第 63 頁。

⑥ 施安昌編：《顔元孫書〈干禄字書〉》，紫禁城出版社影故宫博物院拓本，第 28 頁。

⑦（明）梅膺祚：《字彙》未集，《續修四庫全書》，上海古籍出版社 2002 年影印版，經部，第 233 册，第 179 頁。

制也。”唐陸德明音義：“邪字又作耶，同似嗟反。”[①] P. 3817《太子入山修道贊》：“衆生命，盡信耶言，不解學參禪。”“耶言”即“邪言”。P. 3833 王梵志詩《行善爲基路》：“偷盜五不做，耶淫五不當。”“耶淫”即“邪淫”。S. 6836《葉淨能詩》：“不禁小耶（邪），忽要拔地移山，即使一神符。”“小耶”即“小邪”，小的邪魔。S. 4318《屍陀林發願文》：“舍耶歸正，發菩提心，永除三障，永離貧窮。”“耶”與“正”相對，“舍耶”即“舍邪”。張涌泉説：“‘牙’‘耳’隸書中相似，故從牙、從耳古多相亂。”[②] 所以“邪”會有“耶”這樣的俗體字。

而“邪”“耶”表示邪惡之義其實均是借字，表邪惡義的本字作“衺”，《説文·衣部》：“衺，㝞也。從衣，牙聲。”段注：“今字作‘邪’。”[③] 宋毛晃、毛居正《增修互注禮部韻略·麻韻》：“衺，徐嗟切，不正也，奸思也，圜也。亦作邪、耶。”[④] “邪（耶）”本是地名。P. 2129 背王仁昫《刊謬補缺切韻·麻韻》：“耶，以遮反，琅耶郡。”“邑”部作偏旁在俗體字中草寫先演變爲“⿱㇆㇟”，後來“⿱㇆㇟”又進一步簡化爲“阝”，如《碑别字新編》載“⿰冄⿱㇆㇟（魏韓顯造祖像）”“⿰丰⿱㇆㇟（魏霍陽碑）”“⿰耳⿱㇆㇟（齊法懃禪師塔銘）”就分别是“那”“邦”和“邪”的俗體字。[⑤] 因“⿱㇆㇟”筆劃繁複，不易書寫，與“㔾”又相似，所以“⿰耳⿱㇆㇟”又演變爲“⿰耳㔾”，此條夢語中之“⿰耳㔾”即是“邪”之俗體字，爲邪祟之義。句子應斷作“夢見婦人，⿰耳㔾（邪）氣”。意思是説夢見婦人不吉利。

① （漢）鄭玄注，（唐）孔穎達疏：《禮記注疏》卷 37，（清）阮元校刻《十三經注疏》，江蘇廣陵古籍出版社 1995 年影印版，下册，第 1530 頁。

② 張涌泉：《敦煌俗字研究》下編《敦煌俗字匯考》，上海教育出版社 1996 年版，第 571 頁。

③ （漢）許慎著，（清）段玉裁注：《説文解字注》卷 8，浙江古籍出版社 2006 年影印版，第 396 頁。

④ 宋毛晃、毛居正：《增修互注禮部韻略》卷 2，《文淵閣四庫全書》，台灣商務印書館 1986 年影印版，子部，第 237 册，第 402 頁。

⑤ 秦公：《碑别字新編》，文物出版社 1985 年版，第 45—46 頁。

這條夢語與古代陰陽學説有關。古人認爲天地之間萬事萬物均包含着陰陽對立的兩個方面。西漢馬王堆帛書《黄帝四經·稱》:“凡論必以陰陽□大義,天陽地陰,春陽秋陰,晝陽夜陰。”① 宋黎靖德編《朱子語類》卷65《讀易綱領》:“天地之間,無往而非陰陽;一動一静,一語一默,皆是陰陽之理。”② 古人又往往把積極的、運動的、光明的與“陽”聯繫在一起,而把消極的、静止的、陰暗的與“陰”聯繫在一起,甚而把善良、正義、生養與“陽”聯繫在一起,把邪惡、肅殺、死亡與“陰”聯繫在一起。漢荀悦《申鑒》卷3《俗嫌》:“凡陽氣,生養;陰氣,消殺。”③ 又卷5《雜言下》:“善,陽也;惡,陰也。”④ 古代把五月特别是夏至節氣視爲不太吉祥的時候。《禮記》卷5《月令》講夏至“陰陽争、死生分”。鄭玄注:“争者,陽方盛,陰氣起也。”孔穎達疏:“死生分,陰氣既起,故物半死半生。”⑤ 漢崔寔《四民月令》:“五月,芒種節後,陽氣始虧,陰慝將萌。”⑥ 可見,古人之所以會把五月看作惡月,就是因爲根據陰陽學説五月是陽氣到達極點而虧、陰惡萌生的月份。

古人認定男子是屬陽的,女子是屬陰的。《周易》卷8《繫辭下》王弼注:“乾,陽物也;坤,陰物也。”⑦ 又《周易》卷7《繫辭上》:“乾道成男,坤道成女。”⑧ 而占夢畢竟是一種迷信活動,占夢者對許多夢語的論斷實際上都遵循了陰陽五行學説。所以解夢語中婦女形象

① 馬王堆漢墓帛書整理小組編:《馬王堆帛書——經法》,文物出版社1976年版,第94頁。

② (宋)黎靖德編,楊繩其等校點:《朱子語類》,岳麓書社1997年標點版,第2册,第1436頁。

③ 陳志堅主編:《諸子集成》,北京燕山出版社2008年標點版,第5册,第207頁。

④ 同上書,第210頁。

⑤ (漢)鄭玄注,(唐)孔穎達疏:《禮記注疏》卷16,(清)阮元校刻《十三經注疏》,江蘇廣陵古籍出版社1995年影印版,上册,第1370頁。

⑥ (漢)崔寔著,石聲漢注:《四民月令校注》,中華書局1965年版,第35頁。

⑦ (魏)王弼注,(唐)孔穎達疏:《周易注疏》卷8,(清)阮元校刻《十三經注疏》,江蘇廣陵古籍出版社1995年影印版,上册,第90頁。

⑧ (魏)王弼注,(唐)孔穎達疏:《周易注疏》卷7,(清)阮元校刻《十三經注疏》,江蘇廣陵古籍出版社1995年影印版,上册,第76頁。

往往與陰邪、不吉利聯繫在一起。《夢林玄解》卷6《夢占·人物部·男女類》"見女子"條下說：

> 凡男子夢見女人者，主情意所通，或疾病所侵，或鬼物秏擾，或鬼物乞命，皆非吉祥之占。夢見女子而欲得之者，主酒食；夢召女人至家，主凶事；夢被女人呼喚，主失財；夢與婦人同行走，主事阻財退；夢與女人廝毆，主失財；夢見婦人廝毆，主訟事；夢與女人奸好者，凡事有凶；夢與女人陰謀，主營謀不遂；夢見女子觀天象星斗雲霧者，主凶事至。

"男子化女"條下說："凡男人忽夢身化女人者，主陰禍臨身，陰疾侵人之兆。凡夢男子化爲女人者，主做事不成，謀事不遂，訟者不成，戰者必敗，名利難求，災病將生。"[①] S. 620《解夢書·捕禁刑罰篇》中也說："夢見婦人走，官有事得散。"婦人跑走意味着陰邪之氣散了，所以官司也就了結了。

【亦須論】

適從遠來至宫門，正見鬼子一群群，就中有個黑論敦，條身直上舍頭蹲。耽氣袋，戴火盆。眼赫赤，著緋褌。青雲烈，碧温存。中庭沸呃呃，院裏亂紛紛。喚鐘夔，攔著門。去頭上，放氣熏。慑（摺）肋折，抽却筋。拔出舌，割却唇。正南直須千里外，正北遠去亦須論。（P. 3552《兒郎偉·驅儺文》）

黄征認爲："'亦'字當爲'不'之形誤，蓋'亦'字俗作⺈，與'不'相似。此二句謂將鬼驅趕到正南面一千里之外，即吐蕃統治區；趕到正北不須計數的遠處，即北地回鶻統治區。從這裏可以明顯看出强烈的政治内容。"[②]

黄説可商。"亦"字非形誤。"正南直須千里外"之"直須"不

① （宋）邵雍：《夢林玄解》卷6《夢占·人物部》，明崇禎刻本。
② 黄征：《敦煌文學〈兒郎偉〉輯録校注》，《新疆文物》1990年第3期。

是“一直要”的意思，而是“應當”“應該”之義，近代漢語常見。唐·杜秋娘《金縷衣》：“有花堪折直須折，莫待無花空折枝。”①宋·歐陽修《朝中措》：“行樂直須年少，尊前看取衰翁。”②“正南直須千里外”是説捉鬼正南面应该追到一千里之外。“正北遠去亦須論”與此相對，是説正北面即使遠去的鬼也要予以追究，有趕盡殺絶之義。

① （清）彭定求等：《全唐詩》，中華書局1979年標點本，第22册，第8862頁。
② 唐圭璋主編：《全宋詞》，中州古籍出版社1996年版，上册，第86頁。

結　語

一百多年來敦煌非經文獻語言文字學者的隊伍不斷壯大，敦煌非經文獻字詞考釋方面的各種成果層出不窮。但至今仍有許多疑難問題没有得到合理的解決，也還有一些俗語詞至今無人關注。不解決字詞方面的問題，勢必給閱讀和理解敦煌文獻造成很大的障礙，也對敦煌非經文獻校録整理的品質造成了嚴重的負面影響。基於此種原因，本書對部分敦煌非經文獻予以了校訂，並分俗訛字考釋和疑難語詞考釋兩部分分析了一批疑難俗訛字和疑難語詞。

由於筆者功力有限，本書對於一些語詞的考釋可能並不完美，有些例證並不豐富，還有一些語詞可能有進一步研究的必要。